토익, 생각의 순서를 잡아주는

유수연 토익 LC PART 1,2,3,4 강의노트

유수연 토익 LC PART 1, 2, 3, 4 강의노트

지은이 유수연
초판 1쇄 발행 2017년 7월 7일
초판 4쇄 발행 2020년 2월 7일

발행인 박효상 **편집장** 김현 **기획·편집** 김준하, 김설아, 배수현
디자인 이연진 **본문·표지디자인** 고희선
마케팅 이태호, 이전희 **관리** 김태옥

종이 월드페이퍼 **인쇄·제본** 현문자현

출판등록 제10-1835호 **발행처** 사람in **주소** 04034 서울시 마포구 양화로 11길 14-10 (서교동) 3F
전화 02) 338-3555(代) **팩스** 02) 338-3545 **E-mail** saramin@netsgo.com
Website www.saramin.com

ISBN
978-89-6049-636-1 14740
978-89-6049-634-7 (세트)

우아한 지적만보, 기민한 실사구시 사람in

토익, 생각의 순서를 잡아주는

유수연 토익 LC

PART 1, 2, 3, 4

강의노트

유수연 지음

사람in

ALL ABOUT TOEIC

TOEIC은 Test of English for International Communication으로 업무상 커뮤니케이션을 위한 듣기와 문서 등의 이해를 원활하게 할 수 있는지를 묻는 TEST이다. 현재 한국과 일본을 비롯해 전 세계 약 150여개 국가의 기업과 기관에서 인력 채용 및 평가, 승진, 영어 학습 프르그램 등에 활용되고 있다.

TOEIC, 출제 의도를 알아야 단기간에 끝낼 수 있다.
TOEIC은 각 파트별 구성과 묻고자 하는 출제자의 의도를 정확하게 파악해야 단기간에 원하는 점수를 얻을 수 있다.
PART 1은 각 상황별 어휘 및 표현 구사력을 묻고, PART 2는 질문에 대한 빠른 판단으로 적절한 응답을 고를 수 있는지를 묻는다. 상대적으로 내용이 긴 PART 3와 PART 4는 대화나 담화를 듣고 주어진 문제에 대한 적절한 응답을 찾는다.

TOEIC 시험 구성

구성	PART	유형		문항 수	시간	점수
Listening	PART 1	사진 묘사		6	45분	495점
	PART 2	질의응답		25		
	PART 3	짧은 대화		39		
	PART 4	설명문		30		
Reading	PART 5	단문 공란 메우기		30	75분	495점
	PART 6	장문 공란 메우기		16		
	PART 7	독해	단일지문 (10)	29		
			이중지문 (2)	10		
			삼중지문 (3)	15		
	총 7개 PART			200문항	120분	990점

출제 범위 및 기준
출제 기관인 ETS에 따르면, TOEIC의 출제 기준은
영어를 모국어로 사용하는 특정 국가에서만 쓰이는 표현이나 문법, 관용어들은 피한다.
또 특정 문화나 직업 분야에만 해당되거나 생소한 상황은 나오지 않는다.
L/C의 경우 여러 나라 사람들의 이름, 다양한 영어 발음과 악센트(미국, 영국, 캐나다, 호주, 뉴질랜드)가 출제된다.

출제 분야	세부 분야
General Business (일반 업무)	계약, 협상, 마케팅, 세일즈, 비즈니스 계획, 회의
Manufacturing (제조)	공장 관리, 조립 라인, 품질 관리
Finance, Budgeting (금융, 예산)	은행, 투자, 세금, 회계, 청구
Corporate Development (개발)	연구, 제품 개발
Office Work (사무실 업무)	임원회의, 위원회의, 편지, 메모, 전화, 팩스, E-mail, 사무 장비와 가구
Personnel (인사)	구인, 채용, 퇴직, 급여, 승진, 취업 지원과 자기소개
Housing, Corporate Property (주택, 기업 부동산)	건축, 설계서, 구입과 임대, 전기와 가스 서비스
Travel (여행)	기차, 비행기, 택시, 버스, 배, 유람선, 티켓, 일정, 역과 공항 안내, 자동차 렌트, 호텔, 예약, 연기와 취소

유수연 토익 LC PART 1, 2, 3, 4 강의노트

해도 해도 LC 점수가 오르지 않는다면,
내 귀를 탓하지 말고 이 책의 전략을 숙지하자!

▶ 듣기에도 전략적인 접근이 필요하다.
각 파트별로 제시되는 풀이 전략 Step을 차근차근 따라 하자. 그 동안 이해는 했는데 적용이 안 되었던 문제들도 더 쉽게 풀릴 것이다.

PART 1

한 문장씩 듣고 사진을 제대로 묘사하는 문장을 고르는 쉬운 파트이지만, 사진에 대한 시선 처리가 중요한 파트이다. 배경에 대한 답이 나오는 경우가 많으므로, 보기를 들으면서 즉각적으로 오답을 소거하는 전략이 필요하다.

STEP 1 보기를 듣기 전, 사진에 따라 시선 처리의 순서나 위치가 달라진다는 점을 파악한다.
STEP 2 보기를 들으면서 포인트가 되는 명사와 동사를 적어 보며 오답을 소거한다.
STEP 3 사진의 유형에 따라 들어야 하는 명사와 동사 등을 파악하며, 모범 답안과 함께 확인해 본다.
STEP 4 사진의 유형 및 상황에 따른 유의점을 정리 및 숙지한다.

PART 2

간단한 유형의 대화를 주고받는 것으로, 무조건 정답이 되는 유형과 오답 유형을 암기해야 한다.

STEP 1 질문과 보기를 들으면서 중요 단어를 정리한다.
STEP 2 질문의 첫 3단어와 보기의 오답 근거를 확인한다.
STEP 3 정답과 오답의 이유를 정리한다.
STEP 4 Reaction! 오답의 가능한 질문을 파악해 둔다.

PART 3-4

문제의 순서와 대화의 진행 순서가 일치한다는 특징이 있다. 따라서 자주 나오는 내용에 대한 정리가 필요한 파트이다. 고득점 유형들이 자주 나오므로 문제 유형에 따른 대화의 힌트 위치나 답이 나오는 키워드 단어(ex. actually, unfortunately 등)를 미리 읽고 답을 찾는 훈련이 요구된다.

STEP 1 대화를 듣기 전 문제의 유형, 남녀 구분 및 문제와 보기의 키워드를 정리한다.
STEP 2 대화를 들으며 대화와 보기가 일치하는 것을 정답으로 고른다.
STEP 3 복습 단계 – 정답이 되는 이유와 답 결정 키워드를 파악한다.
STEP 4 오답의 이유와 빈출 오답 유형을 파악해 두자.

이렇게 활용하세요!

유수연의 토익 노하우가 고스란히 담긴 핵심 강의노트
스스로 문제 풀면서 전수 받는다!

PART 1

제목만 딱 봐도 '아~!' 하는
토익 문제 풀이 공식과 설명

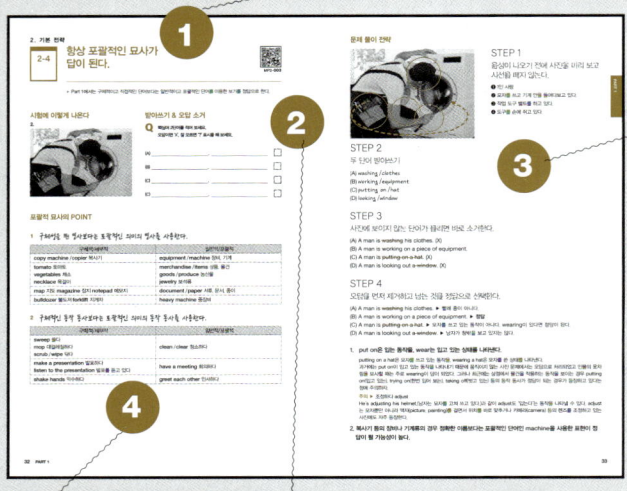

PART 1 만점 공략을 위한
4단계 문제 풀이 전략

STEP 1 한눈에 사진을 파악하는 연습
STEP 2 핵심어 받아쓰기 답안 확인
STEP 3 오답 소거
STEP 4 정답 도출

출제 유형과
문제 풀이 공식에 맞춘
POINT 설명

핵심어 받아쓰기와 정답 추측

PART 2

14개 출제 유형별 정리와
주요 출제 패턴 한눈에 보기

제목만 딱 봐도 '아~!' 하는
토익 문제 풀이 공식과 설명

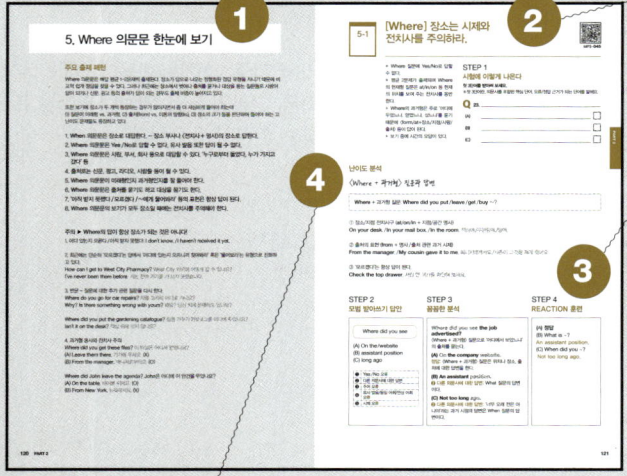

PART 2 고득점 비법을
완전 체화시키는 4단계 훈련

STEP 1-2 짧은 대화를 잘 듣는 법
➜ 첫 3단어 받아쓰기 + 답안 확인

STEP 3 정답을 잘 고르는 법
➜ 5가지 오답 유형을 이용한 오답 제거
+ 정답 패턴 훈련

STEP 4 더 빨리 고득점에 가까워지는 법
➜ 오답 보기의 질문을 제시하는
REACTION 훈련

출제 유형과 문제 풀이 공식에 맞춘
POINT 설명

기본 전략에서 최신 유형과
고득점 유형까지
각 PART의
출제 유형별 맞춤 강의

PART 3/4

제목만 딱 봐도 파악되는
토익 출제 패턴과 설명

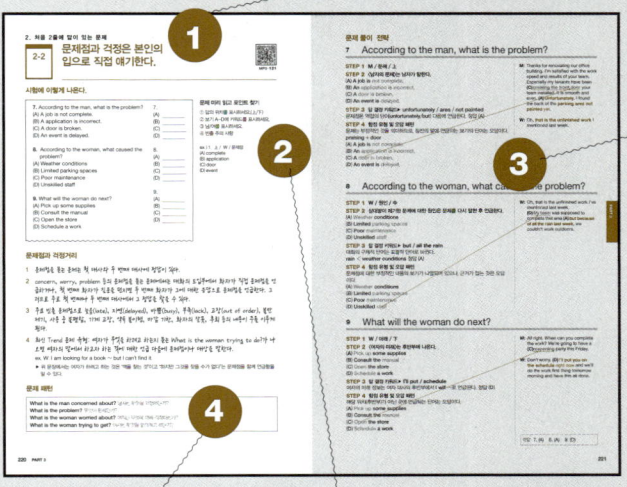

**고득점 공략을 위한
4단계 문제 풀이 전략**

STEP 1 질문 분석 + 질문 유형에
맞춰 포인트 찾기

STEP 2 대화를 잘 듣는 법
➡ 답의 예상 위치 파악하기

STEP 3 정답을 잘 고르는 법
➡ 답 결정 키워드 찾기

STEP 4 오답 실수를 줄이는 법
➡ 함정 유형 및 오답 패턴 연습

출제 유형과
문제 풀이 공식에 맞춘
POINT 설명

문제 미리 읽고 포인트 찾기
- 답의 예상 위치(上/中/下) 표시
- 남/여(PART 3), 화자/청자(PART 4) 표시
- 빈출 주의 사항 표시

FINAL TEST

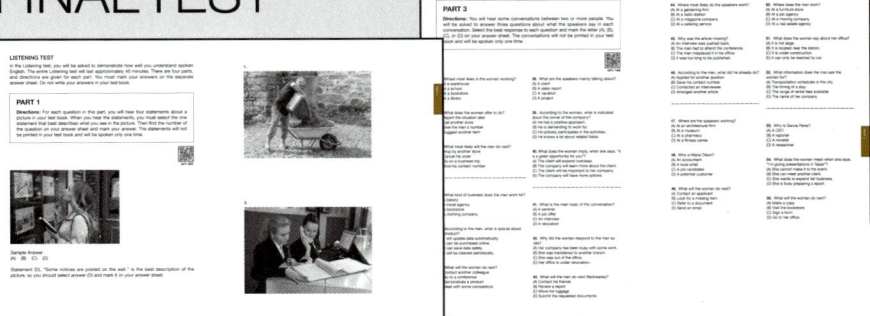

파트별 실전 문제로
확실한 마무리

문제가
술~술~
풀리네!

교재의 대본 & 해석 모음집
사람in 홈페이지에 실린
〈교재의 대본 & 해석 모음집〉을
반복 학습에 활용하세요!

특별한 동영상 무료 강의 제공
한 달 목표로, 토익 완주!

PART 1

PART 1 귀가 뻥~ 뚫리는, 토익 강의노트 활용 Intro

1. PART 1의 기본 설명

PART 1 기본 전략, 이것만 알면 700점!

2. 기본 전략

사람/사물/장소에 따른 문제 유형 마스터

3. 1-2인이 등장하는 사진

4. PART 1 빈출 장소

5. 사물을 위주로 묘사하는 사진

PART 1 최신 유형과 고득점 전략 마스터

6. 최신 유형과 고득점 유형

PART 2

PART 2 귀가 뻥~ 뚫리는, 토익 강의노트 활용 Intro

1. PART 2의 개요 및 공부법

PART 2 기본 전략, 이것만 알면 700점!

2. 기본 전략

14개 출제 유형 마스터

3. Who

4. When

5. Where

6. How

PART 3

PART 3 답이 보이는, 토익 강의노트 활용 Intro

1. PART 3 문제 풀이 전략

PART 3 절대 불변, 기본 답의 위치

2. 처음 2줄에 답이 있는 문제

3. 대화 중간에 답이 있는 문제

4. 마지막 2줄에 답이 있는 문제

PART 3 최신 유형과 고득점 유형 마스터

5. 3인 대화

6. 화자 의도 파악

7. 시각 자료

8. 고득점 유형

PART 4

PART 4 답이 보이는, 토익 강의노트 활용 Intro

1. 문제 풀이 전략

PART 4 절대 불변, 기본 답의 위치

2. 답의 위치에 따른 문제 유형

PART 4 지문의 종류에 따른 문제 유형 마스터

3. Meeting

4. Talk

5. Telephone message

6. Announcement & Broadcast

7. Introduction & Advertisement

PART 4 최신 유형과 고득점 유형 마스터

8. 최신 유형과 고득점 유형

PART
1

PART 1
귀가 뻥~ 뚫리는,
토익 강의 노트 활용 Intro

PART 1-1강

---

1. PART 1의 기본 설명

PART 1
문제 풀이 전략

PART 1 만점 받기 5가지 POINT!

1. 사진에 대한 시선 처리
2. 빈출 문장의 패턴
3. 소거법과 순발력을 키우기 위한 받아쓰기
4. 스크립트 분석
5. 빈출 표현 암기

1 사진에 대한 시선 처리

Part 1의 경우 본격적인 듣기 훈련 이전에 자주 등장하는 상황(사진)들에 대해 숙지하고 그 상황별 어휘를 습득하는 것이 꼭 필요하다. 전반적으로 포괄적인 묘사가 정답이 잘 되므로 보기를 듣기 전에 사진을 보면서 빠르게 상황을 판단하는 것이 좋다.

① 사진의 특징이 되는 인물을 비롯한 중심부 → 중심부에서 벗어난 주변의 장소나 사물
② 사람/사물 여부 → 1인 주어 or 2인 이상의 주어 → 주변 사물과의 동작이나 상태
③ 사물의 명칭 → 사물들 간의 위치 관계나 상태

2 빈출 문장의 패턴

Part 1에서 가장 자주 쓰이는 문장 패턴은 능동태의 현재진행형이다. 이는 사진 속의 동작이나 상태를 묘사하는 문장의 패턴과 상황에 맞는 패턴을 알고 있어야 들을 수 있다는 것도 명심하자.

3 소거법과 순발력을 키우기 위한 받아쓰기

언어 문제에서 사실 정답이 하나밖에 없다는 것은 말이 안 된다. 따라서 오답 소거를 먼저 하고 오류가 없는 것을 남겨서 정답으로 선택한다는 생각을 가지고 문제를 해결해야 한다.

정답의 80%는 문장의 중·후반부에서 결정된다. 주어보다는 동사와 마지막 명사에 집중해라. 등장하는 보기 (A)~(D)는 대부분 같은 주어로 시작하기 때문에 주어보다는 문장의 후반부에 등장하는 동사나 명사를 듣고 그림에 있는지, 없는지만 확인하여 소거법을 적용한다.

문장의 핵심어(동사, 명사)를 받아쓸 경우, 문장 전체를 받아쓰면 순발력이 떨어지기 때문에 오히려 역효과가 날 수 있다. 따라서 듣는 속도에 맞추어 한 문장에서 keyword 1~2단어 정도만 받아쓰며 빠른 판단력을 키우는 것이 더 중요하다.

4 스크립트 분석

Part 1은 구성 자체가 간단하기 때문에 문제만 풀고 넘어가는 경우가 많다. 하지만 만점을 위해서는 반드시 사진과 스크립트를 대조하고 단어들의 쓰임을 정확하게 알고 등장할 만한 어휘나 표현들을 함께 공부해야 한다.

5 유형별 빈출 정답 표현/어휘

앞에서 언급한 전략만으로는 만점을 받기 어렵다. 아무리 쉬운 단어라도 모르는 단어나 표현은 절대 들리지 않기 때문에 자주 등장하는 어휘에 대한 학습이 반드시 선행되어야 한다.

6 정답을 유추하지 말고 보이는 것만 믿어라.

정답과 오답을 가르는 가장 큰 특징은 추상적인 묘사보다는 사진에 기반한 사실적인 묘사가 답이 되고, 구체적인 묘사보다는 전반적인 동작/상황 묘사가 답이 된다는 것이다. 사진 속의 상황을 절대 유추하지 말고 보이는 것만 믿어라.

PART 1

① 전반적인 묘사 > 상세한 묘사	두 사람이 대화를 하고 있는 모습의 사진에서 질문을 하고 있다거나 매출에 대한 이야기를 하고 있다는 내용들은 답이 될 수 없다. → **A man is asking some questions to another. (X)** 사진 속의 상황을 일반화하여 이야기하는 것이 정답이다. → **They are having a conversation. (O)**
② 사실적인 묘사 > 추상적인 묘사	한 남자가 웃고 있는 사진에서 남자의 추상적인 감정 등을 표현하는 내용은 정답이 될 수 없다. → **The man is happy. (X)** 사진 속의 상황을 있는 그대로 묘사하는 표현이 정답이다. → **The man is smiling. (O)**
③ 객관적인 묘사 > 주관적인 묘사	한 여자가 게시판을 보고 있는 사진에서 일자리를 찾고 있을 것이라는 주관적인 판단은 금물이다. → **She is looking for a job. (X)** 게시물(**notice**)이나 문서(**document**)를 보고 있다는 객관적인 묘사가 정답이 된다. → **She is looking at a notice. (O)**

※ 감정, 속도, 무게, 온도 등의 정도를 나타내는 표현들은 정답이 되지 않는다.

PART 1
문제 풀이 순서

MP3-**001**

①

②

③

STEP 1

음성이 나오기 전에 사진을 미리 보고 시선을 떼지 않는다.

1) 다수 사람 사진 파악
2) 서 있는 남자가 보드 위에 무언가를 쓰고 있고, 다른 사람들은 앉아 있음을 확인 – ①
3) 책상 위에 노트북과 메모지가 있음을 확인 – ②
4) 앉아 있는 사람들이 서 있는 남자의 발표를 보고 있음을 확인 – ③

STEP 2

음성을 들으면서 빠르게 핵심어 한 두 단어를 받아쓴다.

이때 안 들리는 단어나 모르는 단어가 있다면 신경 쓰지 말고 들을 수 있는 단어만을 받아쓴다.
(A) woman /writing
(B) opening /door
(C) having /meeting
(D) being turned on

STEP 3

사진에서 보이지 않는 단어(동사, 명사)가 들리면 바로 소거한다.

(A) A ~~woman~~ is ~~writing~~ something down on a board. (X)
(B) A man is ~~opening~~ a door. (X)
(C) People are having a meeting.
(D) Some equipment is ~~being turned on~~. (X)

STEP 4

오답을 먼저 제거하고 남는 것을 정답으로 선택한다.

(A) A ~~woman~~ is ~~writing~~ something down on a board. ▶ 여자가 쓰고 있는 동작이 아니다.
(B) A man is ~~opening~~ a door. ▶ 문에 손을 대고 있는 사람이 없다.
(C) People are having a meeting. ▶ 정답
(D) Some equipment is ~~being turned on~~. ▶ 장비를 켜고 있는 사람이 없다.

※ 이때 잘 들리지 않거나 모르는 표현이 나왔다고 하더라도 당황하지 말고 물음표(?)나 세모(△)로 표시하고 넘겨야 한다.

PART 1
기본 전략, 이것만 알면 700점!

PART 1-**2**강

---

2. 기본 전략

PART 1의
7개 사진 출제 유형

▶ Part 1에서 출제되는 사진들이나 표현들은 반복되어 출제되기 때문에 자주 나오는 사진 유형에 적응하는 것이 중요하다. 어떤 유형의 사진들과 어떤 어휘와 표현이 출제되었었는지 알면 고득점을 받기가 쉬운 파트이다.

1. 사무실, 작업 공간

- **talking on the phone**
  전화하고 있다
- **writing something down**
  무언가를 쓰고 있다

가장 많이 등장하는 유형의 사진으로 1인 혹은 2인 이상의 사람들이 여러 업무 및 작업 환경에서 일하고 있는 모습으로 출제된다. 특히 사무실 유형은 서류 업무를 보는 모습이거나 컴퓨터, 복사기 등의 사무실 집기가 함께 나와 출제되고 있다.

2. 쇼핑, 상점, 식당

- **examining an item**
  물건을 살펴보고 있다
- **Some jewelry is on display.**
  보석이 진열되어 있다.

옷, 잡화, 의류, 식품 등을 판매하는 상점 외에 서점이나 자동차, 자전거 등을 수리하는 정비소도 등장한다. 물건이 진열된 상점에서 물건의 상태 묘사나 이를 살펴보는 것이 출제된다. 손님들이 가득한 식당이나 텅 빈 식당, 또는 주문을 받거나 음식을 나르는 등 손님을 접대하는 내용의 사진도 등장한다.

3. 가정, 실내

- **doing/washing dishes**
  설거지를 하고 있다

일상생활에서 쉽게 접할 수 있는 집안의 방이나 거실 또는 부엌, 세탁실을 배경으로 집안일을 하거나 휴식을 취하는 사람 위주의 사진이 등장하며, 최근에는 사람 유무에 관계없이 사물의 위치를 묻는 문제가 주로 출제되고 있다.

4. 길거리, 도로, 건물, 물가

- **be parked along the wall**
  벽을 따라 주차되어 있다

거리에 자동차나 자전거가 주차되어 있는 장면이 자주 출제된다. 또한 길거리에 있는 건물에 대해 묘사하는 내용도 자주 출제되므로 유의하자. 물가 관련 사진은 최근에 자주 나오지는 않지만(3회당 한 문제), 정해진 표현이 있으므로 잘 암기해 두자.

5. 교통수단

- **A train is stopped at a station.**
  기차가 역에 서 있다.

기차역이나 공항, 터미널, 항구 등의 모습과 더불어 이용객들의 모습을 담은 사진들이 등장한다. 주로 기다리고 있는 모습, 탑승하거나 하차하는 모습, 터미널에서 가방을 들고 이동하는 모습 등이 자주 등장한다.

6. 휴식, 공연, 연주, 운동

- **Some people are watching a game.**
  사람들이 경기를 보고 있다.

공원의 잔디밭이나 정원, 분수대 등에서 여가 시간을 보내거나 모임을 갖는 등의 사진들이 등장하며, 주로 여러 명의 사람들이 등장하여 장소와 어우러진 모습을 묘사하거나 단순화하여 묘사하는 경우가 많다. 주로 갤러리 같은 곳에서 그림을 감상하거나 공연장이나 경기장 등의 매표소에 줄을 서 있거나 관람하는 모습이 출제된다.

2. 기본 전략

음성이 들리기 전에 그림을 먼저 분석한다.

▶ Part 1에서는 음성이 들리기 전에 먼저 사진을 분석하는 것이 중요하다.
▶ 시선 처리는 다음의 3가지로 크게 나뉜다.

1. 기본 패턴 시선 처리: 가장 눈에 띄는 부분에 주목한다. ▶ 앉아 있다

2. 다수의 사람이 나오는 사진에서는 주변 사물을 나타내는 명사들에 주의한다. ▶ 노트북

3. 사물이 중심인 사진 혹은 사람과 사물이 함께 있는 사진이라 하더라도 주변 배경이 크게 부각되는 사진이면 포괄적으로 묘사하는 답을 찾는다. ▶ 진열대

2-3 오답을 먼저 소거한 후에 정답을 찾는다.

MP3-**002**

▶ Part 1에서 사진에 안 보이는 명사, 동사들은 모두 답이 아니다. 소거법은 이렇기 사진 내용과 상관없는 오답을 제거해 가며 정답을 남기는 방법을 말한다. 따라서 답이 아닌 것은 'X'로, 모르는 것은 '△' 혹은 '?'로 표시하면서 빨리 판단할 수 있어야 한다.

▶ 특히 최근에는 사진에 대한 정확한 묘사라기 보다 가능할 법한 묘사가 정답이 되는 경향이 많기 때문에 소거법의 중요성이 더욱 강조되고 있는 추세로, 답을 찾는 중요한 전략임을 알아두자.

시험에 이렇게 나온다

1.

받아쓰기 & 오답 소거

Q 핵심어 2단어를 적어 보세요.
오답이면 'X', 잘 모르면 '?' 표시를 해 보세요.

(A) _____, _____ ☐

(B) _____, _____ ☐

(C) _____, _____ ☐

(D) _____, _____ ☐

소거법 POINT

1   사진에서 보이지 않는 명사, 동사가 들리면 모두 오답이다.

2   1인 사람 사진 → 주어는 대부분 통일되기 때문에 동사와 뒷부분을 위주로 받아쓰기를 한다.

3   다수 사람 사진 → 주어의 단·복수에 맞는 동사를 파악하자.

4   보기가 사물 주어로 시작하면 완료형 '이미 ~한 상태'가 주로 답이 된다.

5   사람이 없는 사진에서 진행형 수동태 be being p.p.가 들리면 오답이다.

문제 풀이 전략

STEP 1

음성이 나오기 전에 사진을 미리 보고 시선을 떼지 않는다.

❶ 다수 사람
❷ 모두 하나의 테이블 주위에 서 있다.
❸ 책상 위에 여러 가지 물건들이 있다.
❹ 한 남자의 의견을 듣는 모습이다.

STEP 2

두 단어 받아쓰기

(A) a woman /writing
(B) board /being posted
(C) people /around a table
(D) a desk /been cleared

STEP 3

사진에 보이지 않는 단어가 들리면 바로 소거한다.

(A) A woman is ~~writing~~ down something ~~on a board~~. (X)
(B) A board is ~~being posted~~. (X)
(C) People are gathered around a table.
(D) A desk has ~~been cleared~~ of objects. (X)

STEP 4

오답을 먼저 제거하고 남는 것을 정답으로 선택한다.

(A) A woman is ~~writing~~ down something ~~on a board~~. ▶ 여자가 무엇을 쓰고 있는 동작은 나오지 않는다.
(B) A board is ~~being posted~~. ▶ 사람이 무엇을 걸고 있는 동작은 묘사되어 있지 않다.
(C) People are gathered around a table. ▶ **정답**
(D) A desk has ~~been cleared~~ of objects. ▶ has been cleared는 '책상이 이미 치워졌다'는 동작의 완료를 의미하므로 책상 위에 물건들이 없어야 한다.

주의 ▶
'모이다, 모으다' 의미의 gather는 다수의 사람 사진에서 모여 있는 사람들의 상태를 표현하는 단어로 자동사/타동사로 모두 쓸 수 있으므로 능동태/수동태 모두 답이 될 수 있다.

2. 기본 전략

항상 포괄적인 묘사가 답이 된다.

MP3-**003**

▶ Part 1에서는 구체적이고 직접적인 단어보다는 일반적이고 포괄적인 단어를 이용한 보기를 정답으로 한다.

시험에 이렇게 나온다

2.

받아쓰기 & 오답 소거

Q 핵심어 2단어를 적어 보세요.
오답이면 'X', 잘 모르면 '?' 표시를 해 보세요.

(A) _____ , _____ ☐

(B) _____ , _____ ☐

(C) _____ , _____ ☐

(D) _____ , _____ ☐

포괄적 묘사의 POINT

1 구체성을 띤 명사보다는 포괄적인 의미의 명사를 사용한다.

구체적/세부적	일반적/포괄적
copy machine /copier 복사기	equipment /machine 장비, 기계
tomato 토마토 vegetables 채소 necklace 목걸이	merchandise /items 상품, 물건 goods /produce 농산물 jewelry 보석류
map 지도 magazine 잡지 notepad 메모지	document /paper 서류, 문서, 종이
bulldozer 불도저 forklift 지게차	heavy machine 중장비

2 구체적인 동작 동사보다는 포괄적인 의미의 동작 동사를 사용한다.

구체적/세부적	일반적/포괄적
sweep 쓸다 mop 대걸레질하다 scrub /wipe 닦다	clean /clear 청소하다
make a presentation 발표하다 listen to the presentation 발표를 듣고 있다	have a meeting 회의하다
shake hands 악수하다	greet each other 인사하다

문제 풀이 전략

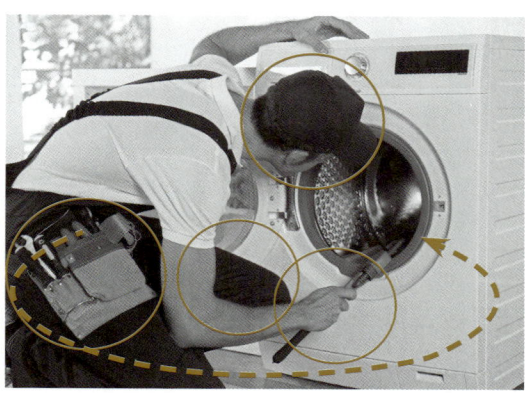

STEP 1

음성이 나오기 전에 사진을 미리 보고 시선을 떼지 않는다.

❶ 1인 사람
❷ 모자를 쓰고 기계 안을 들여다보고 있다.
❸ 작업 도구 벨트를 하고 있다.
❹ 도구를 손에 쥐고 있다.

STEP 2

두 단어 받아쓰기

(A) washing / clothes
(B) working / equipment
(C) putting on / hat
(D) looking / window

STEP 3

사진에 보이지 않는 단어가 들리면 바로 소거한다.

(A) A man is ~~washing~~ his clothes. (X)
(B) A man is working on a piece of equipment.
(C) A man is ~~putting on a hat~~. (X)
(D) A man is looking out ~~a window~~. (X)

STEP 4

오답을 먼저 제거하고 남는 것을 정답으로 선택한다.

(A) A man is ~~washing~~ his clothes. ▶ 빨래 중이 아니다.
(B) A man is working on a piece of equipment. ▶ **정답**
(C) A man is ~~putting on a hat~~. ▶ 모자를 쓰고 있는 동작이 아니다. wearing이 있다면 정답이 된다.
(D) A man is looking out ~~a window~~. ▶ 남자가 창밖을 보고 있지는 않다.

1. **put on은 입는 동작을, wear는 입고 있는 상태를 나타낸다.**

   putting on a hat은 모자를 쓰고 있는 동작을, wearing a hat은 모자를 쓴 상태를 나타낸다.
   과거에는 put on이 입고 있는 동작을 나타내기 때문에 움직이지 않는 사진 문제에서는 오답으로 처리되었고 인물의 옷차림을 묘사할 때는 주로 wearing이 답이 되었다. 그러나 최근에는 상점에서 물건을 착용하는 동작을 보이는 경우 putting on(입고 있는), trying on(한번 입어 보는), taking off(벗고 있는) 등의 동작 동사가 정답이 되는 경우가 등장하고 있다는 점에 주의하자.

   주의 ▶ 조정하다 adjust
   He's adjusting his helmet.(남자는 모자를 고쳐 쓰고 있다.)과 같이 adjust도 '입는다'는 동작을 나타낼 수 있다. adjust는 모자뿐만 아니라 액자(picture, painting)를 걸면서 위치를 바로 맞추거나 카메라(camera) 등의 렌즈를 조정하고 있는 사진에도 자주 등장한다.

2. **복사기 등의 장비나 기계류의 경우 정확한 이름보다는 포괄적인 단어인 machine을 사용한 표현이 정답이 될 가능성이 높다.**

2-5 looking for가 들리면 오답이다.

MP3-**004**

▶ '모르겠다, 알 수 없다' 등의 의미는 답이 될 수 없다. 특히 추측성 표현인 '찾다, 생각하다, 행복하다, 기쁘다'와 같은 표현은 사람의 생각이나 마음을 알 수 없기 때문에 오답이다.

시험에 이렇게 나온다

3.

받아쓰기 & 오답 소거

Q 핵심어 2단어를 적어 보세요.
오답이면 'X', 잘 모르면 '?' 표시를 해 보세요.

(A) _____ , _____ ☐

(B) _____ , _____ ☐

(C) _____ , _____ ☐

(D) _____ , _____ ☐

추측성 표현 오답 POINT

1 '찾다'의 find, look for, search for는 사진 속에서 찾는 대상을 나타낼 수 없으므로 답이 될 수 없다.

2 사진으로 판단할 수 없는 빈출 오답 중 하나는 '이미 떠났다'라는 의미의 have left, have been taken off이다. 이런 표현은 주로 활주로나 기차역, 버스 정류장 등에서 버스나 기차가 사진에 보이지 않는 상황에서 등장한다. 이 경우 버스가 떠난 것인지 오지 않은 것인지 알수 없기 때문에 답이 될 수 없다.

A train has been left. 기차가 이미 떠났다.
A plane has taken off. 비행기가 이미 이륙했다.

문제 풀이 전략

STEP 1

음성이 나오기 전에 사진을 미리 보고 시선을 떼지 않는다.

❶ 1인 사람
❷ 펜과 노트를 들고 있다.
❸ 벽에 붙은 공지를 보고 있다.
❹ 공지가 나란히 붙어 있다.

STEP 2

두 단어 받아쓰기

(A) looking for / job
(B) carrying / some pens
(C) reading / book
(D) notices / are posted

STEP 3

사진에 보이지 않는 단어가 들리면 바로 소거한다.

(A) A woman is ~~looking for~~ a job. (X)
(B) A woman is carrying ~~some pens~~. (X)
(C) A woman is reading ~~a book~~. (X)
(D) Some notices are posted on the wall.

STEP 4

오답을 먼저 제거하고 남는 것을 정답으로 선택한다.

(A) A woman is ~~looking for~~ a job. ▶ 일자리를 찾고 있는지는 사진으로 알 수 없다.
(B) A woman is carrying ~~some pens~~. ▶ 펜 하나를 들고 있다.
(C) A woman is reading ~~a book~~. ▶ 공지를 보고 있다.
(D) Some notices are posted on the wall. ▶ **정답**

주의 ▶
1. 1인 사람 사진에서도 사물이 주어가 되는 경우에는 난이도가 높아진다.
2. **Part** 1에서 사물을 묘사하는 경우에는 그 상태나 위치를 나타내는 〈전치사 + 명사〉구가 중요하다.

PART 1
사람/사물/장소에 따른 문제 유형 마스터

3. 1-2인이 등장하는 사진

PART 1-3강

3-1   1인 사진은 사람의 동작과 외관에 집중한다.

3-2   2인 이상의 사진은 공통된 동작이나 포괄적인 상태가 답이다.

3-3   2인 이상 사진에서 특정 단수 주어로 시작하는 보기는
그 특정 주어의 상태에 집중한다.

4. PART 1 빈출 장소

PART 1-4강

4-1   업무 관련 사무실, 연구실, 미팅, 회의실, 회사 로비 등이
최다 출제 장소이다.

4-2   식당, 쇼핑센터, 시장. 가게 등 일상생활 관련 장소가 출제된다.

4-3   도서관, 학교, 박물관 등의 공공장소 또한 자주 출제된다.

4-4   교통수단 사진에는 기차역과 공항, 자동차, 기차, 버스, 비행기등과 승객들이 등장한다.

5. 사물을 위주로 묘사하는 사진

PART 1-5강

5-1   사람이 없는 사진에서 2가지 오답을 기억하라.

5-2   사물의 위치는 마지막 〈전치사 + 명사〉를 통해 파악하자.

5-3   사람이 있더라도 배경이 부각되는 경우 사물의 상태를 위주로 듣는다.

5-4   사물 주어의 경우 be being p.p.를 주로 언급한다.

3-1 1인 사진은 사람의 동작과 외관에 집중한다.

MP3-005

▶ Part 1의 1-2번 문제, 특히 1번은 주로 1인 사진이 출제된다. 1인 사진은 시선 처리를 주로 사진 중심부에 집중해 눈에 띄는 동작과 상태를 미리 파악해야 한다.

시험에 이렇게 나온다

4.

받아쓰기 & 오답 소거

Q 핵심어 2단어를 적어 보세요.
오답이면 'X', 잘 모르면 '?' 표시를 해 보세요.

(A) _____ , _____ ☐

(B) _____ , _____ ☐

(C) _____ , _____ ☐

(D) _____ , _____ ☐

1인 사진의 POINT

1 1인 사진은 동작이나 상태에 대한 묘사를 염두에 둬야 한다.

2 최신 경향! 〈손 → 눈 → 의복〉에 해당하는 순서로 집중한다.

사진 유형	정답 유형
사람의 상반신이 나왔을 경우	① 구체적인 동작 묘사 → ② 주변의 장소나 상황에 맞는 행위 묘사 → ③ 외모, 외형과 관련된 상태 묘사 → ④ 주변(장소)의 상황이나 사물 묘사
사람의 전신이 나왔을 경우	① 상황에 맞는 행위 묘사 → ② 구체적인 동작 묘사 → ③ 외모, 외형과 관련된 상태 묘사 → ④ 주변(장소)의 상황이나 사물 묘사

STEP 1

음성이 나오기 전에 사진을 미리 보고 시선을 떼지 않는다.

❶ 1인 중심
❷ 자전거를 잡고 서 있다.
❸ 스카프/재킷을 착용하고 있다.

STEP 2

두 단어 받아쓰기

(A) standing / bicycle
(B looking / into a bag
(C) riding / bicycle
(D) putting on / jacket

STEP 3

사진에 보이지 않는 단어가 들리면 바로 소거한다.

(A) A woman is standing by a bicycle.
(B) A woman is looking ~~into a bag~~. (X)
(C) A woman is ~~riding~~ a bicycle. (X)
(D) A woman is ~~putting on~~ a jacket. (X)

STEP 4

오답을 먼저 제거하고 남는 것을 정답으로 선택한다.

(A) A woman is standing by a bicycle. ▶ **정답**
(B) A woman is looking ~~into a bag~~. ▶ 가방이 보이지 않는다.
(C) A woman is ~~riding~~ a bicycle. ▶ 자전거를 타는 동작이 아니다.
(D) A woman is ~~putting on~~ a jacket. ▶ 재킷을 이미 착용한 상태이다.

주의 ▶ 자전거나 오토바이가 사진에 나오면 **riding**의 동작 동사가 나온다.

riding은 '타다'의 뜻으로 말, 자전거, 자동차, 오토바이 등의 사진에서 거의 매달 출제되는 동사이다.

3-2 2인 이상의 사진은 공통된 동작이나 포괄적인 상태가 답이다.

MP3-006

▶ 2인 이상의 사진은 Part 1 중반에 위치하여 난이도가 높은 편에 속하지는 않지만, 1인 사진과 달리 여러 대상의 동작이나 상태, 그리고 사물을 파악해야 하므로 주의해야 한다.
　　▶ 주어에 따라서 집중해야 하는 대상이 달라지기 때문에 순발력이 필요한 문제이다.

시험에 이렇게 나온다

5.

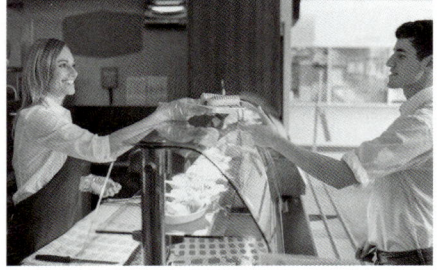

받아쓰기 & 오답 소거

Q 핵심어 2단어를 적어 보세요.
오답이면 'X', 잘 모르면 '?' 표시를 해 보세요.

(A) _____, _____ ☐

(B) _____, _____ ☐

(C) _____, _____ ☐

(D) _____, _____ ☐

2인 사람 사진의 POINT

1　2인 사진은 〈공통점 → 구체적인 세부 사항〉 순으로 시선 처리를 해야 한다.

2　주로 왼쪽에서 오른쪽으로 시선을 이동한다.

3　두 사람이 주고 받는 사물이 주어가 되는 경우 주로 진행형 수동태로 묘사된다.

4　주어가 사물인 경우에는 주변 사물의 상태를 판단한다.

사진 유형	정답의 빈출 순위
2인 사진이 나왔을 경우	① 두 사람이 함께 하는 공통 행위와 상황 묘사 ② 1인 또는 2인의 구체적인 동작 묘사 ③ 사람들의 외모, 외형과 관련된 상태 묘사 ④ 두 사람 사이에 있는 사물의 움직임이나 상태 묘사 ⑤ 주변(장소)의 상황이나 사물

문제 풀이 전략

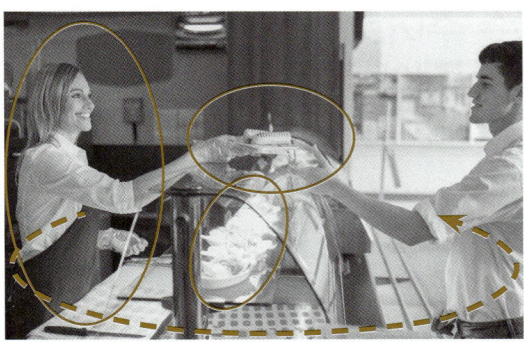

STEP 1

음성이 나오기 전에 사진을 미리 보고
시선을 떼지 않는다.

❶ 2인 등장
❷ 물건을 건네고 있다.
❸ 서로를 마주보고 있다.
❹ 여자는 앞치마를 매고 있다.
❺ 진열장 안에 물건이 진열되어 있다.

STEP 2

두 단어 받아쓰기

(A) taking / order
(B) food / baked / oven
(C) papers / posted / wall
(D) facing / each other

STEP 3

사진에 보이지 않는 단어가 들리면 바로 소거한다.

(A) A man is ~~taking an order~~. (X)
(B) Food is ~~being baked~~ in an ~~oven~~. (X)
(C) Papers are ~~being posted~~ on the wall. (X)
(D) They are facing each other.

STEP 4

오답을 먼저 제거하고 남는 것을 정답으로 선택한다.

(A) A man is ~~taking an order~~. ▶ 주문을 받는 직원은 여자이므로 오답이다.
(B) Food is ~~being baked~~ in an ~~oven~~. (X) ▶ 오븐이 보이지 않으므로 오답이다.
(C) Papers are ~~being posted~~ on the wall. (X) ▶ 종이를 벽에 걸고 있는 사람이 없으므로 오답이다.
(D) They are facing each other. ▶ 정답

주의 ▶
1. 〈사물 주어 + be being p.p.〉는 사물과 사람의 손이 연결되어 있는 부분에 답이 있다.
   진행형 수동태인 **be being p.p.**는 '사람에 의해서 사물의 동작이 진행되고 있다'는 표현이므로 사람과 사물 주어가 연결되어 있을 때만 정답이다.
2. '마주하다'의 **facing each other**는 사람과 사람이 마주할 때만 사용하는 것이 아니라, 사물과 사물, 사물과 사람이 마주 보고 있을 때에도 사용한다.
   A man is facing a chair. 남자가 의자와 마주하고 있다.

3-3 2인 이상 사진에서 단수 주어로 시작하는 보기는 그 특정 주어의 상태에 집중한다.

MP3-007

▶ 다수의 사람들이 등장하는 사진은 주로 공통된 동작이나 전체 배경에 대해 언급한다.
▶ 최근에는 다수 사람 중 한 명을 언급하여, 특정 동작이나 상태의 특징을 답으로 하는 문제가 출제된다.

시험에 이렇게 나온다

6.

받아쓰기 & 오답 소거

Q 핵심어 2단어를 적어 보세요.
오답이면 'X', 잘 모르면 '?' 표시를 해 보세요.

(A) _____ , _____ ☐

(B) _____ , _____ ☐

(C) _____ , _____ ☐

(D) _____ , _____ ☐

2인 이상 사진의 POINT

1 특정인 한 명을 언급할 때는 One of the men의 표현과 함께 동작과 상태의 차이점을 나타낸다.

2 Some people 혹은 They 등의 표현이면 공통된 동작/상태가 답이 된다.

ex **They are having a meeting.** 사람들이 회의를 하고 있다.
Some people are participating in a parade. 일부 사람들이 퍼레이드에 참가하고 있다.

사진 유형	정답 유형
다수 사람이 나왔을 경우	① 다수의 공통 행위와 상황 묘사 ② 특정인 한 명의 구체적인 동작 묘사 ③ 주변의 상황 묘사

문제 풀이 전략

STEP 1

음성이 나오기 전에 사진을 미리 보고 시선을 떼지 않는다.

❶ 다수 사람들 등장
❷ 한 남자가 안경을 쓰고, 무언가를 적고 있다.
❸ 여자는 펜을 들고 있다.
❹ 몇 명의 사람들이 보드를 보고 있다.

STEP 2

두 단어 받아쓰기

(A) one / men / wearing / glasses
(B) men / notes
(C) woman / presentation
(D) curtain / pulled

STEP 3

사진에 보이지 않는 단어가 들리면 바로 소거한다.

(A) One of the men is wearing glasses.
(B) Some men are ~~taking notes~~. (X)
(C) A woman is giving a ~~presentation~~. (X)
(D) A curtain has ~~been pulled down~~. (X)

STEP 4

오답을 먼저 제거하고 남는 것을 정답으로 선택한다.

(A) One of the men is wearing glasses. ▶ 정답
(B) Some men are ~~taking notes~~. (X) ▶ 쓰는 동작은 한 명의 남자가 하고 있다.
(C) A woman is giving a ~~presentation~~. (X) ▶ 여자는 무언가를 쓰고 있다.
(D) A curtain has ~~been pulled down~~. (X) ▶ 커튼은 옆으로 모아져 있으므로 처져 있는 상태가 아니다.

주의 ▶

1. **One of the men, One of the women**이 들리면 해당 명사로 시선을 빠르게 움직인다.
2. **Some men, Some of**는 사람들의 공통된 동작이나 상태를 확인한다.
3. **They**로 시작하면 주변 배경에 대해 언급하는 답이 주로 등장한다. '회의와 발표, 공연, 시장 구경' 등의 넓은 장소에서 공통 동작들이 자주 언급된다.

4-1 업무 관련 사무실, 연구실, 미팅, 회의실, 회사 로비 등이 최다 출제 장소이다.

MP3-**008**

▶ 사무실과 연구실 사진은 정해진 사진들과 표현들이 반복 출제된다.

▶ 다수 인물 사진의 경우 주로 사람들의 공통적인 동작이나 주변 배경이 답이 된다.

▶ 보기의 주어가 다수인지 혹은 특정한 한 명을 지칭하는지에 따라 판단 기준이 달라진다. 특정인 한 명을 언급하는 경우 다수와 구별되는 그 사람만의 다른 행동, 위치, 상태 등에 집중한다.

시험에 이렇게 나온다

7.

받아쓰기 & 오답 소거

Q 핵심어 2단어를 적어 보세요.
오답이면 'X', 잘 모르면 '?' 표시를 해 보세요.

(A) _____, _____ ☐

(B) _____, _____ ☐

(C) _____, _____ ☐

(D) _____, _____ ☐

사무실 사진의 POINT

유사 발음을 주의하라.

문제의 난이도를 높이기 위한 유사 발음이나 연상 함정 어휘에 주의하자. 예를 들어 **floor**(바닥), **flower**(꽃), **flour**(가루) 또는 **work**나 **walk** 등이다. 이때는 함께 등장하는 동사와 명사의 의미를 확인해야 한다.

1 work vs. walk 구별 – 동사 뒤의 전치사로 구별한다.

– 발음 구별이 어려운 **work**와 **walk**는 전치사를 이용하여 구별한다.

– '일하다'의 **work**는 주로 **at/on/in**의 전치사를 동반하므로, 이러한 전치사가 들리지 않는 경우 '워킹'은 '걷다'로 파악하자.

A man is working on the floor. 남자가 바닥에서 작업 중이다.
A man is walking along the street. 남자가 길을 따라 걷고 있다.

2 have a discussion 관련 표현

– 다수의 사람들이 한 자리에 모여 앉아 있는 경우, 주로 '논의하다, 회의하다'의 표현이 정답이다.

– **have a discussion** 논의하다, **have a meeting** 회의하다, **give a presentation** 발표하다

3 gather 관련 표현

– 여러 사람들이 모여 있을 때, 특정 동작(ex. 앉아 있다, 서 있다, 보고 있다)으로 표현할 수 있지만, 포괄적인 의미의 '모여 있다'로도 표현한다.

People are gathered around a table. 사람들이 탁자 주위에 모여 있다.
People have gathered in a lobby. 사람들이 로비에 모여 있다.

4 좌석이 비어 있다, 다 채워져 있다

– 테이블과 의자가 있는 공간이 나오는 사진을 묘사하는 대표적인 표현이다.

– 주어의 **All**과 **Some**을 통해 전부인지 일부인지를 파악해야 한다.

All tables are occupied/taken. 모든 테이블이 다 채워져 있다. ◀ 사진의 모든 테이블에 사람들이 있어야 한다.
Some chairs are unoccupied. 의자 몇 개는 비어 있다.

문제 풀이 전략

STEP 1

음성이 나오기 전에 사진을 미리 보고
시선을 떼지 않는다.

❶ 다수 인물 사진
❷ 회의 중이다.
❸ 여자는 펜을 들고 있다.
❹ 한 명의 남자가 노트북을 가지고 작업 중이다.

STEP 2

두 단어 받아쓰기

(A) coffee / poured / cup
(B) people / gathered / table
(C) people / standing
(D) laptop / placed / lap

STEP 3

사진에 보이지 않는 단어가 들리면 바로 소거한다.

(A) Coffee is ~~being poured~~ into a cup. (X)
(B) People have gathered around a table.
(C) Some people are ~~standing~~ behind a desk. (X)
(D) A laptop has been placed on a ~~man's lap~~. (X)

STEP 4

오답을 먼저 제거하고 남는 것을 정답으로 선택한다.

(A) Coffee is ~~being poured~~ into a cup. ▶ 커피 잔은 있지만, 따르고 있는 사람은 없다.
(B) People have gathered around a table. ▶ 정답
(C) Some people are ~~standing~~ behind a desk. ▶ 모든 사람들이 앉아 있다.
(D) A laptop has been placed on a ~~man's lap~~. ▶ 노트북은 책상 위에 있다.

4-2 식당, 쇼핑센터, 시장, 가게 등 일상생활 관련 장소가 출제된다.

MP3-**009**

▶ 마트 사진은 '살펴보다(examine, study, inspect, look at)', '카트(cart)'가 주로 답이 된다.
▶ 사진에 사람들이 있다고 해도 전체 배경이 부각되는 경우에는 전반적인 상태를 묘사하는 것이 답이다.
▶ '물건이 진열되어 있다'와 같은 포괄적인 묘사가 답이 된다.

시험에 이렇게 나온다

8.

받아쓰기 & 오답 소거

Q 핵심어 2단어를 적어 보세요.
오답이면 'X', 잘 모르면 '?' 표시를 해 보세요.

(A) _____ , _____ ☐

(B) _____ , _____ ☐

(C) _____ , _____ ☐

(D) _____ , _____ ☐

쇼핑 사진의 POINT

1 be purchasing은 오답이다.

– 쇼핑 사진에서 '사다'라는 동사가 정답 키워드가 되는 경우는 사진에서 '돈을 주고받을 때'이다.
– '사다(**purchase, buy, pay**)'의 표현을 함께 암기하자.

2 be being displayed는 정답이다.

– 물건을 진열하는 사람이 동작을 하고 있거나, 물건이 이미 진열되어 있는 상태에도 **be being displayed**가 정답이다.
– '진열되어 있다'의 다른 표현으로 **have been displayed, be displayed, be on display**도 사용한다.

3 야외 시장 – shade / shelter / parasol

– 야외 시장에서는 천막과 우산을 자주 언급한다.
All umbrellas are folded. 모든 우산이 접혀 있다.
Some canopies are open. 천막이 처져 있다.
A canopy is casting a shadow. 천막이 그림자를 드리우고 있다.

4 직원 – arrange / shelves

– 마트의 경우, 직원이 물건을 채우고 있는 동작을 나타낸다.
A man is stocking items on a shelf. 남자가 선반 위에 물건을 채우고 있다.
Some items are being arranged. 일부 물건이 정리되고 있는 중이다.

문제 풀이 전략

STEP 1

음성이 나오기 전에 사진을 미리 보고 시선을 떼지 않는다.

❶ 다수 사람 사진
❷ 천막이 펼쳐져 있다.
❸ 물건들이 진열되어 있다.
❹ 물건을 살펴보는 사람도 있다.

STEP 2

두 단어 받아쓰기

(A) shoppers / examining / outdoor market
(B) man / putting / bag
(C) boxes / being unpacked
(D) market / closed

STEP 3

사진에 보이지 않는 단어가 들리면 바로 소거한다.

(A) Some shoppers are examining items at an outdoor market.
(B) A ~~man~~ is ~~putting~~ items into a grocery ~~bag~~. (X)
(C) Some ~~boxes~~ are ~~being unpacked~~. (X)
(D) The market is ~~closed~~ today. (X)

STEP 4

오답을 먼저 제거하고 남는 것을 정답으로 선택한다.

(A) Some shoppers are examining items at an outdoor market. ▶ 정답
(B) A ~~man~~ is ~~putting~~ items ~~into~~ a grocery ~~bag~~. ▶ 가방에 물건을 담고 있는 남자의 모습이 없다.
(C) Some ~~boxes~~ are ~~being unpacked~~. ▶ 상자와 이를 풀고 있는 사람이 없다.
(D) The market is ~~closed~~ today. ▶ 시장은 영업 중이다.

도서관, 학교, 박물관 등의 공공장소 또한 자주 출제된다.

4-3

MP3-**010**

▶ 도서관이나 박물관은 물건들이 전시되어 있는 것에 대한 묘사가 주를 이룬다.
▶ 반드시 책이나 그림만이 답이 되는 것은 아니다. 조명이나 바닥, 천장 상태 등 주변을 묘사하는 것이 답이 되기도 한다.

시험에 이렇게 나온다

9.

받아쓰기 & 오답 소거

Q 핵심어 2단어를 적어 보세요.
오답이면 'X', 잘 모르면 '?' 표시를 해 보세요.

(A) _____ , _____ □

(B) _____ , _____ □

(C) _____ , _____ □

(D) _____ , _____ □

정답은 다른 각도나 시선으로 묘사된다.

사진에서 제일 먼저 알아볼 수 있는 행위를 묘사한 보기가 정답이 되기도 하지만,
자칫 사진을 잘 묘사한 것이 정답이 될 것이라는 생각 때문에 생각하지 못한 시선이나 각도로
묘사한 정답에 다소 당황할 수 있다.

예를 들면, 한 남자가 책을 정리하고 있는 사진이 등장한 경우에는 일반적으로 A man is arranging some books.로 표현
할 것이라 생각하지만, 정답은 A man is standing in front of the bookcase.인 경우가 있다.

문제 풀이 전략

STEP 1

음성이 나오기 전에 사진을 미리 보고
시선을 떼지 않는다.

❶ 2인 사진
❷ 장소는 도서관이다.
❸ 남자가 책 한 권을 빼고 있다.
❹ 여자는 책을 읽고 있다.

STEP 2

두 단어 받아쓰기

(A) books / being organized
(B) woman / applying / labels
(C) lights / being turned
(D) a man / taking a book

STEP 3

사진에 보이지 않는 단어가 들리면 바로 소거한다.

(A) Books are being organized on the shelves. (X)
(B) A woman is applying labels to some books. (X)
(C) Lights are being turned on. (X)
(D) A man is taking a book from a bookcase.

STEP 4

오답을 먼저 제거하고 남는 것을 정답으로 선택한다.

(A) Books are being organized on the shelves. ▶ 책을 정리하고 있는 사람이 없다.
(B) A woman is applying labels to some books. ▶ 여자는 책을 읽고 있다.
(C) Lights are being turned on. ▶ being turned on은 켜고 있는 동작으로 사진에서 알 수 없다.
(D) A man is taking a book from a bookcase. ▶ **정답**

주의 ▶ **shelf**(선반), **bookshelf**(책 선반), **bookcase**(책장)
흔히 책이 들어 있는 선반을 '책장, 책꽂이'라고 하므로 영어로도 **bookshelf, bookcase**의 표현을 예상하지만, 일반적인 묘
사가 구체적 묘사보다 우선하므로 **shelf**라는 표현을 사용해도 무방하다.

49

4-4 교통수단 사진에는 기차역과 공항, 자동차, 기차, 버스, 비행기 등과 승객들이 등장한다.

MP3-**011**

▶ 교통수단 사진은 사람이 함께 있는 경우 해당 교통수단의 유무에 따라
  ① 사진에 교통수단이 있으면 → '탑승하다', ② 없으면 → '기다리다'가 정답이다.
▶ 사람들의 얼굴 방향에 주의해야 한다. '타고 있다(get on /broad)' vs. '내리고 있다(get off)'

시험에 이렇게 나온다

10.

받아쓰기 & 오답 소거

Q 핵심어 2단어를 적어 보세요.
오답이면 'X', 잘 모르면 '?' 표시를 해 보세요.

(A) _____ , _____ ☐

(B) _____ , _____ ☐

(C) _____ , _____ ☐

(D) _____ , _____ ☐

교통수단의 출제 POINT

1 자동차가 주차되어 있는 모습

A car has been parked along the curb. 길가에 차가 세워져 있다.

▶ 자동차가 주차되어 있는 사진에서 **He is parking a car.**는 오답이다. 사진으로 운전 중인 것은 판단할 수 있지만 주차중인지는 알 수 없다. **A car has been parked.**와 같이 완료시제가 나와야 답이 된다.

2 자전거가 세워져 있는 모습

Bicycles have been parked along the wall. 벽을 따라서 자전거가 세워져 있다.

3 자동차, 버스, 열차 등 탈것에 승하차하는 승객의 모습

> getting on/off a train 기차에 오르다/내리다
> stepping up/down on a plane 비행기에 오르다/내리다
> boarding a bus 버스에 탑승하다
> embarking/disembarking on a plane/ship 비행기/배에 탑승하다/하차하다

4 버스, 열차 등 대중교통을 기다리는 승객의 모습

> waiting at a platform 플랫폼에서 기다리다
> waiting in a lounge 라운지에서 기다리다

문제 풀이 전략

STEP 1
음성이 나오기 전에 사진을 미리 보고 시선을 떼지 않는다.

❶ 다수 인물 사진
❷ 장소는 활주로이다.
❸ 사람들이 비행기에 탑승 중이다.

STEP 2
두 단어 받아쓰기

(A) plane / taking off
(B) passengers / embarking
(C) staircase / folded
(D) plane / preparing to land

STEP 3
사진에 보이지 않는 단어가 들리면 바로 소거한다.

(A) A plane is ~~taking off~~ the land. (X)
(B) Some passengers are embarking a plane.
(C) A staircase is ~~being folded~~. (X)
(D) A plane is ~~preparing to land~~. (X)

STEP 4
오답을 먼저 제거하고 남는 것을 정답으로 선택한다.

(A) A plane is ~~taking off~~ the land. ▶ '비행기가 이륙하고 있다'는 말은 정지 화면의 사진을 통해 파악하는 데 한계가 있는 표현이다. 따라서 오답이다. '이륙하다'의 반대말인 '착륙하다'의 land 역시 진행형 시제인 be landing은 오답이다.
(B) Some passengers are embarking a plane. ▶ **정답**
(C) A staircase is ~~being folded~~. ▶ 계단은 이미 펼쳐져 있다.
(D) A plane is ~~preparing to land~~. ▶ 비행기는 이미 착륙해 있다.

주의 ▶ ramp를 주의하라.

ramp는 '경사로'를 뜻하며 높이가 다른 상황에서 이를 연결하는 비스듬한 경사로를 나타낸다.
최근 시험에 나오는 ramp의 표현을 알아 두자.
ex. **A man is walking along a ramp.** 남자가 경사로를 따라 걷고 있다.
ex. **There is a ramp behind the truck.** 트럭 뒤에 경사로가 있다.

5-1 사람이 없는 사진에서 2가지 오답을 기억하라.

MP3-**012**

▶ 사물 사진의 소거 포인트 1: 사람 명사가 들리면 오답이다.
▶ 사물 사진의 소거 포인트 2: be being p.p.는 오답이다.

시험에 이렇게 나온다

11.

받아쓰기 & 오답 소거

Q 핵심어 2단어를 적어 보세요.
오답이면 'X', 잘 모르면 '?' 표시를 해 보세요.

(A) _____ , _____ ☐

(B) _____ , _____ ☐

(C) _____ , _____ ☐

(D) _____ , _____ ☐

사물 사진의 소거 POINT

1 가장 부각되는 사물의 위치나 상태, 주변의 사물, 배경을 확인하라.

❶ 가장 부각되는 사물의 위치 및 상태를 확인한다.
❷ 주변 사물을 확인한다.
❸ 장소 및 배경을 확인한다.
❹ 사람이 없는 사진에 사람 명사가 나오면 오답이니 바로 소거한다.
❺ 사진에 없는 사물을 언급한 오답에 주의한다.

2 be being p.p.는 오답이다.

– 〈사물 주어 + be being p.p.〉는 '사람이 사물을 가지고 동작을 진행하고 있다'의 의미로 이해해야 하므로,
사람이 없는 사진에서는 오답이다.
– [예외] display(진열하다)의 경우 상태의 지속을 나타내어 사람이 없더라도 진행형 수동태를 쓸 수 있다.
ex. Some items are being displayed. 물건이 진열되고 있다.

문제 풀이 전략

STEP 1

음성이 나오기 전에 사진을 미리 보고
시선을 떼지 않는다.

❶ 사람이 없는 사물 위주 사진
❷ 자전거가 세워져 있다.
❸ 선반 위에 화분 몇 개가 놓여 있다.

STEP 2

두 단어 받아쓰기

(A) man / riding
(B) cart / filled
(C) bicycle / parked
(D) flowers / being planted

STEP 3

사진에 보이지 않는 단어가 들리면 바로 소거한다.

(A) A ~~man~~ is riding a bicycle. (X)
(B) A cart has been ~~filled~~ with items. (X)
(C) A bicycle is parked by the shelf.
(D) Some flowers are ~~being planted~~. (X)

STEP 4

오답을 먼저 제거하고 남는 것을 정답으로 선택한다.

(A) A ~~man~~ is riding a bicycle. ▶ 사람이 없는 사물 사진이다.
(B) A cart has been ~~filled~~ with items. ▶ 바구니는 비어 있다.
(C) A bicycle is parked by the shelf. ▶ **정답**
(D) Some flowers are ~~being planted~~. ▶ be being p.p.는 사람 사진에서 언급한다.

주의 ▶ park 주차하다, 정차하다
최근에는 위와 같이 자전거의 정차/주차 상태에 대한 사진을 자주 출제하므로 주의하자. 특히 자전거 주차 사진은 공간 안(**in an area**)보다는 '~를 따라서(**along the railing/wall**, ~에 기대어(**against the stairs**)'의 표현들이 자주 사용되고 있다.

5-2 사물의 위치는 마지막 〈전치사 + 명사〉를 통해 파악하자.

MP3-**013**

▶ 사람이 없는 사물 위주의 사진은 명사들의 위치나 주변 배경에 대해 묘사한다.
▶ 장소 묘사를 위한 위치는 〈전치사 + 명사〉의 전명구로 나타내는데, Part 1에서의 전명구는 문장의 맨 끝에 위치하므로 보기에서 들리는 명사가 맞는 것이라고 해도 끝까지 내용을 들어야만 정답 여부를 파악할 수 있다.

시험에 이렇게 나온다

12.

받아쓰기 & 오답 소거

Q 핵심어 2단어를 적어 보세요.
오답이면 'X', 잘 모르면 '?' 표시를 해 보세요.

(A) _____ , _____ ☐

(B) _____ , _____ ☐

(C) _____ , _____ ☐

(D) _____ , _____ ☐

장소 위치 출제 POINT

1 위치를 나타내는 사물 사진은 '～에 있다'가 기본 표현으로, 현재 시제 혹은 현재완료로 나타낸다. '～에 위치해 있다'는 의미의 표현은 다음 표현을 암기하면 쉽게 들을 수 있다.

❶ be placed
❷ be left
❸ be arranged
❹ be set up
❺ be situated
❻ be put
❼ be hung
❽ There is/are

2 자동사의 경우, 진행형으로 상태를 표현하므로 유의하자.

❶ be lying 놓여 있다
❷ be hanging 걸려 있다

문제 풀이 전략

STEP 1

음성이 나오기 전에 사진을 미리 보고
시선을 떼지 않는다.

❶ 사람이 없는 사물 위주
❷ 벽난로 위에 액자가 있다.
❸ 창문들에 블라인드가 쳐져 있는 것과
 없는 것들이 있다.
❹ 소파 위에 쿠션이 있다.
❺ 탁자 위에 장식품이 있다.

STEP 2

두 단어 받아쓰기

(A) cushions / stacked / floor
(B) paper / spread / table
(C) frames / placed / fireplace
(D) man / reading

STEP 3

사진에 보이지 않는 단어가 들리면 바로 소거한다.

(A) Cushions are stacked up on the floor. (X)
(B) Some papers are spread on the table. (X)
(C) Some picture frames are placed over the fireplace.
(D) A man on a stool is reading a book. (X)

STEP 4

오답을 먼저 제거하고 남는 것을 정답으로 선택한다.

(A) Cushions are stacked up on the floor. ▶ 쿠션은 소파 위에 있다.
(B) Some papers are spread on the table. ▶ 테이블 위에는 종이가 없다.
(C) Some picture frames are placed over the fireplace. ▶ 정답
(D) A man on a stool is reading a book. ▶ 사람이 없으므로 오답이다.

5-3 사람이 있더라도 배경이 부각되는 경우 사물의 상태를 위주로 듣는다.

MP3-**014**

▶ 사람과 사물이 함께 있는 사진이라고 해도 후반부 문제에서는 사람과 사물의 비중이 비슷하게 출제된다.
▶ 사람이 있는 사진이라고 하더라도 들리는 주어가 무엇이냐에 따라 동사의 형태와 시제가 달라질 수 있으므로 주의해야 한다.

시험에 이렇게 나온다

13.

받아쓰기 & 오답 소거

Q 핵심어 2단어를 적어 보세요.
오답이면 'X', 잘 모르면 '?' 표시를 해 보세요.

(A) _____, _____ ☐

(B) _____, _____ ☐

(C) _____, _____ ☐

(D) _____, _____ ☐

사람이 등장해도 반드시 사람을 묘사한 것이 정답은 아니다.

가끔 사진에서 제일 먼저 알아 볼 수 있는 행위를 묘사한 것이 정답이 되기도 하지만, 생각하지 못한 내용의 묘사가 정답으로 출제되어 당황해 할 수 있다.

가령 벤치에 앉아서 신문을 읽고 있는 사람이 중심이 된 사진이 등장했을 때, 행위나 동작을 묘사하지 않고 주변 사물의 위치나 상태를 묘사한 것이 답으로 등장할 수 있다는 것을 명심하자.

행위나 동작 묘사		주변 사물의 위치나 상태 묘사
A man is reading a newspaper. 남자가 신문을 읽고 있다. **A man is holding a piece of paper.** 남자가 종이를 들고 있다. **A man is sitting on a bench.** 남자가 의자에 앉아 있다.	→	**There is a bench next to the grassy area.** 잔디밭 옆에 벤치가 있다.

문제 풀이 전략

STEP 1

음성이 나오기 전에 사진을 미리 보고 시선을 떼지 않는다.

❶ 사람과 주변 배경
❷ 남자가 창문을 고치고 있다.
❸ 남자는 사다리 위에 있다.

STEP 2

두 단어 받아쓰기

(A) ladder / unfolded
(B) window / fixed
(C) wearing / tool belt
(D) climbing / ladder

STEP 3

사진에 보이지 않는 단어가 들리면 바로 소거한다.

(A) A ladder is ~~being unfolded~~. (X)
(B) A window is being fixed.
(C) A man is wearing ~~a tool belt~~. (X)
(D) A man is ~~climbing up~~ a ladder. (X)

STEP 4

오답을 먼저 제거하고 남는 것을 정답으로 선택한다.

(A) A ladder is ~~being unfolded~~. ▶ 사다리를 접고 있는 사람은 없다.
(B) A window is being fixed. ▶ **정답**
(C) A man is wearing ~~a tool belt~~. ▶ 남자는 도구 벨트를 착용하고 있지 않다.
(D) A man is ~~climbing up~~ a ladder. ▶ 사다리에 이미 올라가 있으므로 '올라가고 있는 중'의 표현은 오답이다.

주의 ▶ 창문이나 지붕, 바닥에서 작업하는 사람 사진은 다음의 표현들을 주로 정답으로 출제한다.
① **fix** 고치다, **work** 작업하다
② **on a ladder** 사다리 위에 있다, **on a roof** 지붕 위에 있다
③ **wearing a safety hat/protective gear** 안전모를 착용하고 있다
④ **holding a tool/hammer** 도구를 들고 있다

5. 사물을 위주로 묘사하는 사진

사물 주어의 경우 be being p.p.를 주로 언급한다.

MP3-**015**

▶ 〈사람 + 사물〉 사진에서 사물 주어로 시작하는 경우 〈진행형 수동태 be being p.p.〉를 사용할 확률이 높다.
▶ 〈사물 주어 + be being p.p.〉 = 〈사람이 사물을 ~ing 하고 있는 중이다.〉

시험에 이렇게 나온다

14.

받아쓰기 & 오답 소거

Q 핵심어 2단어를 적어 보세요.
오답이면 'X', 잘 모르면 '?' 표시를 해 보세요.

(A) _____ , _____ ☐

(B) _____ , _____ ☐

(C) _____ , _____ ☐

(D) _____ , _____ ☐

사람과 사물이 혼합되어 있는 사진의 POINT

1 사람의 비중과 배경의 비중을 판단한다.

2 사진 속 장소와 주변 사물의 위치 및 상태를 확인한다.

3 사진에서 부각되는 사물의 특징과 관련 단어들을 암기해 두어야 한다.

4 사람의 동작과 무관한 동사를 사용한 오답에 주의한다.

5 사진에 없는 사물을 언급한 오답에 주의한다.

문제 풀이 전략

STEP 1

음성이 나오기 전에 사진을 미리 보고
시선을 떼지 않는다.

❶ 〈사람 + 사물〉 사진
❷ 두 사람이 나란히 걷고 있다.
❸ 각자 가방을 끌고 가고 있다.
❹ 천장에 불이 켜져 있다.

STEP 2

두 단어 받아쓰기

(A) floor / being cleaned
(B) luggage / being wheeled
(C) light / being turned on
(D) corridor / crowded

STEP 3

사진에 보이지 않는 단어가 들리면 바로 소거한다.

(A) A floor ~~is being cleaned~~. (X)
(B) Luggage is being wheeled.
(C) A light ~~is being turned~~ on. (X)
(D) A corridor is ~~crowded~~. (X)

STEP 4

오답을 먼저 제거하고 남는 것을 정답으로 선택한다.

(A) A floor ~~is being cleaned~~. ▶ 청소 중인 사람이 없다.
(B) Luggage is being wheeled. ▶ **정답**
(C) A light ~~is being turned on~~. ▶ 전등을 켜고 있는 사람이 없다.
(D) A corridor is ~~crowded~~. ▶ 복도가 혼잡하지는 않다.

PART 1
최신 유형과 고득점 유형 마스터

6. 최신 유형과 고득점 유형

6-1   be being displayed는 사람이 없어도 정답이다.

6-2   반쯤 열린 문을 잡고 있는 자세는 opening이 정답이다.

6-3   계단/길 + lead to = '계단/길이 ~로 나 있다'

6-4   사진의 중앙이 아니라 배경을 정답으로 한다.

6-5   wait와 purchase는 빈출 정답 어휘이다.

6-1 be being displayed는 사람이 없어도 정답이다.

MP3-**016**

▶ '진열하다'는 마트, 시장, 보석상, 빵집, 옷가게 사진의 빈출 표현이다.
▶ '진열하다'는 사람이 없거나 그 행위를 하고 있지 않아도 진행형 수동태인 be being displayed가 정답이 될 수 있다.

시험에 이렇게 나온다

15.

받아쓰기 & 오답 소거

Q 핵심어 2단어를 적어 보세요.
오답이면 'X', 잘 모르면 '?' 표시를 해 보세요.

(A) _____ , _____ ☐

(B) _____ , _____ ☐

(C) _____ , _____ ☐

(D) _____ , _____ ☐

'진열하다'의 표현

진열되어 있는 상태는 현재, 현재진행형, 현재완료형이 모두 답이 될 수 있다.

❶ be on display
　– **Books are on display.** 책이 진열되어 있다.

❷ be displayed
　– **Clothing is displayed on racks.** 옷이 선반에 진열되어 있다.

❸ be being displayed
　– **Cakes are being displayed.** 케이크가 진열되고/진열되어 있다.

문제 풀이 전략

STEP 1

음성이 나오기 전에 사진을 미리 보고 시선을 떼지 않는다.

❶ 〈사람 + 사물〉 사진
❷ 손님들이 물건을 살펴보고 있다.
❸ 상인이 일하고 있는 중이다.
❹ 상품들이 진열되어 있다.

PART 1

STEP 2

두 단어 받아쓰기

(A) shoppers / buying
(B) vendor / sitting
(C) umbrella / being folded
(D) merchandise / displayed / outdoors

STEP 3

사진에 보이지 않는 단어가 들리면 바로 소거한다.

(A) Shoppers are ~~buying~~ some fruit. (X)
(B) A vendor is ~~sitting~~ in a store. (X)
(C) Umbrellas are ~~being folded~~. (X)
(D) Merchandise is being displayed outdoors.

STEP 4

오답을 먼저 제거하고 남는 것을 정답으로 선택한다.

(A) Shoppers are ~~buying~~ some fruit. ▶ '사다'의 동작은 돈을 주고받을 때 사용해야 한다.
(B) A vendor is ~~sitting~~ in a store. ▶ 상인은 서 있다.
(C) Umbrellas are ~~being folded~~. ▶ 우산을 접고 있는 사람은 보이지 않는다.
(D) Merchandise is being displayed outdoors. ▶ 정답

주의 ▶ fold 접다
→ 우산, 옷이 나오는 사진에서 가장 많이 등장하는 오답이다.
→ **be being p.p.**의 진행형 수동태을 이용한 오답 형태를 알아 두자.
   Umbrellas are being folded. 우산이 접히고 있는 중이다.
   Clothing is being folded. 옷이 접히고 있는 중이다.

6-2 반쯤 열린 문을 잡고 있는 자세는 opening이 정답이다.

MP3-**017**

▶ Part 1의 사진은 정지 상태를 나타내므로, 정지 상태나 사진으로 파악이 가능한 동작에 대해서만 진행 형태를 사용할 수 있다.

▶ 다음의 동사는 진행형일 때 정확한 동작이 판단되지 않기 때문에 항상 오답이다.

주차하고 있는 중	A man is parking a car.
불을 켜고/끄고 있는 중	A man is turning on/off a light.

▶ 문이 반쯤 열려 있는 상태의 사진에서 최근에 opening을 정답으로 출제한 사례가 있어 주의해야 한다.

시험에 이렇게 나온다

16.

받아쓰기 & 오답 소거

Q 핵심어 2단어를 적어 보세요.
오답이면 'X', 잘 모르면 '?' 표시를 해 보세요.

(A) _____ , _____ ☐

(B) _____ , _____ ☐

(C) _____ , _____ ☐

(D) _____ , _____ ☐

시험에 자주 출제되는 장소의 전명구

❶ **on the table/floor/desk/ceiling** 테이블/바닥/책상/천장 위에

❷ **A clock is hanging over the fireplace.** 벽난로 위에 시계가 걸려 있다.

❸ **in the building** 건물 안에

❹ **between chairs** 의자들 사이에(둘 사이에)

❺ **beside a column, next to a column** 기둥 옆에

❻ **along the street** 길을 따라서

문제 풀이 전략

STEP 1
음성이 나오기 전에 사진을 미리 보고 시선을 떼지 않는다.

❶ 〈사람 + 사물〉 사진
❷ 여자가 기구의 문 쪽에 손을 대고 있다.
❸ 접시를 잡고 있다.
❹ 찬장의 문이 하나 열려 있다.

STEP 2
두 단어 받아쓰기

(A) door / being opened
(B) food / prepared
(C) dishes / washed
(D) utensils / in use

STEP 3
사진에 보이지 않는 단어가 들리면 바로 소거한다.

(A) A door of the equipment is being opened.
(B) ~~Food~~ is being ~~prepared~~. (X)
(C) Dishes are being ~~washed~~. (X)
(D) Some utensils are ~~in use~~. (X)

STEP 4
오답을 먼저 제거하고 남는 것을 정답으로 선택한다.

(A) A door of the equipment is being opened. ▶ 정답
(B) ~~Food~~ is being ~~prepared~~. ▶ 음식이 보이지 않는다.
(C) Dishes are being ~~washed~~. ▶ 설거지를 하고 있지 않다.
(D) Some utensils are ~~in use~~. ▶ 조리 도구를 사용하고 있지 않다.

주의 ▶ A door is being opened. = A woman is opening a door.
→ 여자가 문을 잡고 반쯤 열린 상태를 유지하고 있으므로 정답이 된다.
→ 사물 주어일 때 be being p.p. 표현은 사람 손과의 연결이 중요함을 꼭 기억하자.

6-3 계단/길 + lead to = '계단/길이 ～로 나 있다'

MP3-**018**

▶ Part 1의 lead to는 길이나 계단이 어떤 곳으로 향해 있을 때 사용하는 표현이다. 야외 사진에서 오솔길이 특정 장소로 향해 있을 때 주로 사용하지만, 최근에는 계단이 향해 있는 장소를 표현할 때도 사용하므로 유의하자.

시험에 이렇게 나온다

17.

받아쓰기 & 오답 소거

Q 핵심어 2단어를 적어 보세요.
오답이면 'X', 잘 모르면 '?' 표시를 해 보세요.

(A) _____, _____ ☐

(B) _____, _____ ☐

(C) _____, _____ ☐

(D) _____, _____ ☐

계단/길 사진의 POINT

1 lead to: ～로 향하다, ～로 길이 나 있다

2 '계단/길'과 관련된 표현을 알아 두자.

계단 표현은 실내 및 실외 모두 사용할 수 있으므로 표현을 정리해 두어야 한다.

계단	길
❶ 계단: stairs, steps, staircase (에스컬레이터 escalator도 자주 출제된다.) ❷ 난간: railing ❸ 오르다: step up, ascend, go up ❹ 내려오다: step down, descend, go down	❶ 도로: road, street, pavement ❷ 오솔길: path
The stairway is located near some railroad tracks. 철로 근처에 계단이 있다. A woman is walking up a stairway. 여자가 계단을 올라가고 있다. There are stairs in the building's entrance. 빌딩 입구에 계단이 있다. There is a railing in the middle of the stairs. 계단 한 가운데에 난간이 있다.	People are crossing the street. 사람들이 길을 건너고 있다. Lines have been painted on the road. 도로에 선들이 그려져 있다. Cars are parked in a row. 차가 일렬로 주차되어 있다.

문제 풀이 전략

STEP 1

음성이 나오기 전에 사진을 미리 보고 시선을 떼지 않는다.

❶ 〈사람 + 사물〉 사진
❷ 한 남자가 연주를 하고 있다.
❸ 몇몇 사람들이 계단에 앉아 감상하고 있다.
❹ 배경에 아치 모양의 기둥이 있다.

STEP 2

두 단어 받아쓰기

(A) audience / sitting chairs
(B) man / performing / hall
(C) steps / lead archway
(D) all entrances / closed

STEP 3

사진에 보이지 않는 단어가 들리면 바로 소거한다.

(A) An audience is sitting on ~~chairs~~. (X)
(B) A man is performing in the ~~concert hall~~. (X)
(C) Steps lead to the archway.
(D) ~~All~~ entrances are ~~closed~~. (X)

STEP 4

오답을 먼저 제거하고 남는 것을 정답으로 선택한다.

(A) An audience is sitting on ~~chairs~~. ▶ 사람들은 계단 위에 앉아 있다.
(B) A man is performing in the ~~concert hall~~. ▶ 남자는 야외에서 공연하고 있다.
(C) Steps lead to the archway. ▶ 정답
(D) ~~All~~ entrances are ~~closed~~. ▶ 하나의 출입구가 열려 있으므로 모두 닫혀 있진 않다.

6-4 사진의 중앙이 아니라 배경을 정답으로 한다.

MP3-**019**

▶ 사진의 배경에 고층 건물이나 동상과 같이 다른 대상보다 높은 것이 등장할 때, 배경 묘사를 정답으로 출제하기도 한다.

시험에 이렇게 나온다

18.

받아쓰기 & 오답 소거

Q 핵심어 2단어를 적어 보세요.
오답이면 'X', 잘 모르면 '?' 표시를 해 보세요.

(A) _____ , _____ ☐

(B) _____ , _____ ☐

(C) _____ , _____ ☐

(D) _____ , _____ ☐

overlook 내려다보다

1 배경의 건물이나 동상 등이 높은 위치에 있는 경우에 사용한다.

2 강가에 건물이나 나무가 높이 있는 경우에 사용한다.

ex. Buildings overlook a river. 빌딩들이 강을 내려다보고 있다.

문제 풀이 전략

STEP 1

음성이 나오기 전에 사진을 미리 보고 시선을 떼지 않는다.

❶ 〈사람 + 사물(배경)〉 사진
❷ 사람들로 가득 찬 야외 시장에 높은 건물이 위치해 있다.
❸ 건물의 창문이 하나 열려 있다.
❹ 잎이 무성한 나무가 옆에 있다.

PART 1

STEP 2

두 단어 받아쓰기

(A) people / in a hall
(B) all windows / open
(C) tree / no leaves
(D) building / overlook / market

STEP 3

사진에 보이지 않는 단어가 들리면 바로 소거한다.

(A) People are gathered ~~in a hall~~. (X)
(B) ~~All~~ windows are ~~open~~. (X)
(C) A tree has ~~no leaves~~. (X)
(D) A building overlooks the outdoor market.

STEP 4

오답을 먼저 제거하고 남는 것을 정답으로 선택한다.

(A) People are gathered ~~in a hall~~. ▶ 사람들은 야외에 있다.
(B) ~~All~~ windows are ~~open~~. ▶ 창문들이 모두 열려 있진 않다.
(C) A tree has ~~no leaves~~. ▶ 나무에 잎사귀가 많다.
(D) A building overlooks the outdoor market. ▶ **정답**

6-5 wait와 purchase는 빈출 정답 어휘이다.

MP3-**020**

▶ '기다리다'와 '사다'는 정해진 상황에서만 답이 된다.

시험에 이렇게 나온다

19.

받아쓰기 & 오답 소거

Q 핵심어 2단어를 적어 보세요.
오답이면 'X', 잘 모르면 '?' 표시를 해 보세요.

(A) _____ , _____ ☐

(B) _____ , _____ ☐

(C) _____ , _____ ☐

(D) _____ , _____ ☐

wait & purchase

의미	출제 동사	장소	사진
1. 사다, 구매하다	buy purchase pay	판매대	① 직원이 손님에게 물건을 건넬 때 ② 손님 혹은 직원이 지불 수단(돈, 신용카드)을 내밀고 있을 때
2. 기다리다	wait	① 판매대	판매대 밖으로 사람들이 줄 서 있을 때
		② 버스 정류장, 기차역, 공항	해당 교통수단이 없이 사람들이 서 있거나 앉아 있을 때
		③ 대기실	몇몇 사람들이 앉아서 잡지 등을 읽고 있을 때

문제 풀이 전략

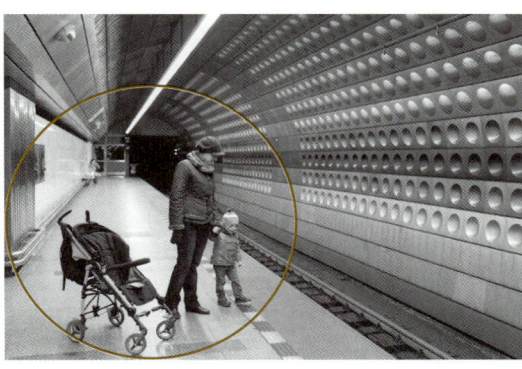

STEP 1

음성이 나오기 전에 사진을 미리 보고
시선을 떼지 않는다.

❶ 사람 사진
❷ 기차역에 사람들이 있다.
❸ 기차가 없다.

STEP 2

두 단어 받아쓰기

(A) waiting / platform
(B) baby / in a stroller
(C) train / approaching / station
(D) baby / walking / entrance

STEP 3

사진에 보이지 않는 단어가 들리면 바로 소거한다.

(A) People are waiting on a platform.
(B) A baby is ~~in a stroller~~. (X)
(C) A ~~train~~ is approaching a station. (X)
(D) A baby is walking ~~toward the entrance~~. (X)

STEP 4

오답을 먼저 제거하고 남는 것을 정답으로 선택한다.

(A) People are waiting on a platform. ▶ **정답**
(B) A baby is ~~in a stroller~~. ▶ 유모차 안에 아기가 없다.
(C) A ~~train~~ is approaching a station. ▶ 열차가 보이지 않는다.
(D) A baby is walking ~~toward the entrance~~. ▶ 아기는 플랫폼 위에 있으므로, 입구 쪽으로 가고 있지 않다.

상황별
빈출 표현 정리

1. 사무실과 연구실

1인 사진 – 사무실

① 특정 동작에 집중
talking on the phone 통화를 하고 있다
writing a memo 메모를 하고 있다
wearing a jacket 재킷을 입고 있다 (상태)
typing on a keyboard 키보드를 치고 있다
looking at a monitor 모니터를 보고 있다
working on a laptop 노트북으로 작업 중이다
reading a document 문서를 읽고 있다

② 주변 사물에 집중 (책상을 중심으로)
potted plants are arranged on the desk 책상 위에 화분이 배치되어 있다
a desk has been cleared 책상이 치워져 있다

1인 사진 – 연구실

▶ 연구실 사진은 주로 1인 사진을 중점으로 출제되고 있다.

① 특정 동작에 집중
using equipment 도구를 사용 중이다
something is being measured with a tool
무엇인가 도구로 측정되고 있다
wearing a lab coat/gloves/protective gears
보호 장비를 착용 중이다 (상태)
reaching into a drawer 서랍 안으로 (손을) 뻗고 있다

② 주변 사물에 집중
some equipment is laid out on a work surface 작업대 위에 장비들이 놓여 있다

다수 사진 – 사무실 (공통 동작)

▶ 다수 동작은 1인 사진 표현과 동일하다.
having a meeting 회의를 하고 있다
participating in a lecture/presentation 강의/발표에 참석하고 있다
working at the workstation 작업장에서 일하고 있다

2. 쇼핑, 상점, 식당

마트와 시장

① 특정 동작
picking up some merchandise 물건을 고르고 있다
looking at the items 물건을 보다
pushing a cart 카트를 밀고 있다
arranging items 물건을 진열하고 있다
reaching for an item 물건 쪽으로 손을 뻗고 있다

② 배경, 공통 동작
walking in an outdoor market 야외 시장을 걷고 있다
examining some items 물건을 살펴보고 있다
items are on display 물건들이 진열되어 있다
merchandise has been placed on the shelves
상품들이 선반 위에 놓여 있다
some canopies have been opened
천막이 펼쳐져 있다

식당

▶ 식당 사진은 2인 이상이 등장하거나 사람이 없는 사진이 주로 출제된다.

① 주문
taking/placing an order 주문을 받고/하고 있다
studying a menu 메뉴판을 살펴보고 있다

② 음식
setting the table 테이블을 차리고 있다
serving food to the customer
음식을 손님에게 제공하고 있다
having a meal 식사하고 있다
eating in a dining area 식탁에서 식사하고 있다
holding a serving tray 쟁반을 들고 있다

③ 사물 위주의 사진
tables are unoccupied 테이블이 비어 있다
a table has been set 식탁이 차려져 있다
plates are stacked 접시들이 쌓여 있다

3. 가정, 실내

집안일을 하다

doing/washing dishes 설거지를 하고 있다
cleaning a room 청소하고 있다
loading a cart with the laundry
세탁물을 바구니에 담고 있다
hanging a picture on the wall 벽에 그림을 걸고 있다

사물의 위치

be spread out on a table
테이블 위에 (무엇이) 펼쳐져 있다

4. 길거리, 도로, 건물, 물가

길거리, 도로, 건물

be parked along the wall 벽을 따라 주차되어 있다
chairs set up in front of the building
건물 앞에 의자가 놓여 있다
loading a vehicle with furniture
가구를 차량에 싣고 있다
crossing the street 길을 건너고 있다
descending some stairs 계단을 내려오고 있다

물가

walking along the water 물가를 따라 걷고 있다
boats have docked in a harbor
항구에 배가 정박해 있다
holding an oar 노를 잡고 있다

5. 교통수단

▶ 해당 교통수단의 유무에 따라서 '기다리다'와
'승차/하차하다'를 정답으로 한다.

① 교통수단이 없으면 '기다리다'
Some people are waiting for a bus.
사람들이 버스를 기다리고 있다.
A woman is on the platform.
여자가 승강장에 서 있다.
A traveler is waiting inside the terminal.
여행객이 터미널 안에서 기다리고 있다.
People are standing at the station.
사람들이 역에 서 있다.

② 교통수단이 있으면 '승차/하차하다'
People are boarding a bus.
사람들이 버스에 탑승하고 있다.
Passengers are exiting a taxi.
승객들이 택시에서 내리고 있다.
People are disembarking an airplane.
사람들이 비행기에서 내리고 있다.

③ 교통수단은 있는데,
사람이 없으면 '멈춰 있다, 정차하다'
An airplane has stopped at the terminal.
비행기가 터미널에 정차해 있다.
Boats are docked at the harbor.
배들이 항구에 정박해 있다.

6. 휴식, 공연, 연주, 운동

a path leads to a building 길이 건물 쪽으로 나 있다

casting some shadows 그림자를 드리우고 있다

resting by a fountain 분수대 옆에서 쉬고 있다

reading some materials on the steps 계단 위에서 무언가를 읽고 있다

admiring a work of art 예술품을 감상하고 있다

7. 도서관과 서점

도서관

reading/looking at a book 책을 읽고/보고 있다
holding a book 책을 들고 있다
standing near a bookcase 책장 근처에 서 있다
taking a book from the bookcase
책장에서 책을 꺼내고 있다
The shelves are full of books.
선반에 책들이 가득 차 있다.
The shelf has been filled with reading material.
선반에 읽을거리들이 가득 차 있다.

서점

▶ 도서관과 서점을 구별하는 중요한 키워드는 'counter (판매대)'의 유무이다. counter가 있고 그 안쪽으로 사람이, 바깥쪽에 또 다른 사람이 있다면 책이 많이 있는 공간이라고 해도 서점으로 볼 수 있다. 서점은 물건을 판매하는 공간이므로 앞서 언급한 표현들 외에도 다음의 표현이 답이 될 수 있다.

purchasing a book 책을 구입하고 있다
paying for a book 책을 구입하고 있다
waiting at a counter 계산대에서 기다리고 있다

FINAL TEST

PART 1
실전 모의고사

LISTENING TEST

In the Listening test, you will be asked to demonstrate how well you understand spoken English. The entire Listening test will last approximately 45 minutes. There are four parts, and directions are given for each part. You must mark your answers on the separate answer sheet. Do not write your answers in your test book.

PART 1

Directions: For each question in this part, you will hear four statements about a picture in your test book. When you hear the statements, you must select the one statement that best describes what you see in the picture. Then find the number of the question on your answer sheet and mark your answer. The statements will not be printed in your test book and will be spoken only one time.

MP3-**021**

Sample Answer
(A)   (B)   (C)   (D)

Statement (D), "Some notices are posted on the wall." is the best description of the picture, so you should select answer (D) and mark it on your answer sheet.

1.

2.

3.

4.

5.

6.

PART
2

PART 2
귀가 뻥~ 뚫리는,
토익 강의 노트 활용 Intro

PART 2-1강

1. PART 2의 개요 및 공부법

PART 2
공부의 순서

MP3-**022**

문제 Sample

> Where did you find the schedule for the lecture series?
> (A) I found it online.
> (B) Yes, for a couple of months.
> (C) A series of events.

STEP 1
받아쓰기 – 앞부분을 위주로 2–3단어를 받아 적는다.

문제: 의문사/주어/동사 + 보기: 앞 단어 기준

Where did you find ~?
(A) I found ~ online
(B) Yes,
(C) Series ~ events

STEP 2
모범 받아쓰기 답안 – 질문과 답변의 키워드 확인

STEP 3
꼼꼼한 분석 – 5가지 오답 유형을 이용한 오답 제거

Where did you find this article? ▶ Where 의문사
(A) I found it online. ▶ 정답
(B) Yes, I did. ▶ ❶번 오류
(C) Series of historical events. ▶ ❹번 오류

❶	Yes /No 오류
❷	다른 의문사에 대한 답변
❸	주어 오류
❹	유사 발음/동일 어휘/연상 어휘 오류
❺	시제 오류

STEP 4
REACTION 훈련 – 다시 듣기를 통해 나머지 보기들의 질문을 제시

800점 후반대의 학생들이 주로 사용하면 좋은 방법이다.

Where did you find ~?
(A) 정답
(B) Did you ~?의 답
(C) What did you find ~?의 답

PART 2 고득점 비법

1. 14개 유형의 80%는 답이 앞의 3단어이다. (부가/평서/간접의문문 제외)
2. 5개 유형에 해당하는 오답 제거가 정답보다 중요하다.
3. 문제를 듣고 보기를 듣기 전에 14개 출제 유형 분류를 염두에 두고 보기를 듣기 시작해야 한다.
4. 중급은 받아쓰기를 위주로, 고득점자는 Reaction을 위주로 공부해야 한다.

14개 출제 유형 &
5개 오답 유형

14개 출제 유형

9~11 문제 출제	1. Who 의문문	(1) 사람이나 단체(이름, 직업, 직책, 회사명 등)로 대답한다. (2) **Yes/No**로 대답할 수 없다. (3) **You, We, I**로 대답할 수 있다. (4) **He, She, They**로 대답할 수 없다. (5) 최신 유형 ① **someone, no one** 등의 부정대명사가 빈출 답변이다. (6) 최신 유형 ② 장소/광고로 답변하는 경우도 있다.
	2. Where 의문문	(1) 보통 장소 부사구(전치사 + 장소 명사(구))를 동반하여 '장소, 지점, 방향, 위치'의 의미를 나타내는 보기가 답이 된다. (2) **Yes/No**로 대답할 수 없다. (3) 시간 관련 오답이 문제당 하나씩 나온다. (4) 최신 유형 ① 정보의 출처, 출신으로 대답한다. (5) 최신 유형 ② 문제의 모든 보기가 전치사로 제시되는 경우를 주의하자.
	3. When 의문문	(1) '시간, 시점'을 의미하는 부사구 표현으로 정답을 제시하는 것이 일반적이다. (2) **Yes/No**로 대답할 수 없다. (3) 장소 관련 오답이 문제당 하나씩 나온다. (3) **after, when, as soon as**와 같은 시간 부사절 접속사가 포함된 표현이 자주 출제된다. (4) **When** 의문문에 대한 답변은 특히 시제에 유의해야 한다. (5) **When**과 **How long**의 답변을 구별해야 한다.
	4. Why 의문문	(1) 원인이나 이유를 설명하는 보기가 가장 일반적인 정답이며, 최근에는 이유가 되는 문제점들 혹은 **busy, another work, cancel** 등의 이유가 주로 답이 된다. (2) **Yes/No**로 대답할 수 없다. (3) **to** 부정사나 **because, because of** 등의 목적/이유 구문이 빈출 정답 패턴이다. (4) **How come, What made**로 이유를 물을 수 있다.
	5. How 의문문	(1) **Yes/No**로 대답할 수 없다. (2) 〈**How do ~ 조동사**〉는 방법이나 수단으로 답한다. (3) 〈**How be ~ go**〉는 상태 형용사나 부사로 답한다. (4) 〈**How + 형용사/부사**〉의 다양한 의문사 표현을 숙지한다. (5) **How**의 구어체 표현을 연습해 둔다. 　　– **How come ~?, How about ~?, How does she look like?** 등
	6. What/Which 의문문	(1) **Yes/No**로 대답할 수 없다. (2) **What**은 뒤의 명사가 답을 결정한다. (3) **Which** 의문문의 빈출 정답 표현을 알아 두자. 　　– **the one** + 수식어구/비교급 　　– **both, either, neither** 　　– **anything, whichever** (4) 동종명사가 답이 된다. (5) **What**의 구어체 의문문을 연습해 둔다. 　　– **What about ~?, What made ~?, What is he like?** 등

2회당 1문제 출제	7. 간접의문문	**Do you know ~?, Can you tell me ~?, Excuse me?** 등으로 시작하는 의문문은 뒤의 의문사를 들어야 답을 판단할 수 있다.
4-5문제 출제	8. 조동사의문문	(1) '∼인지, ∼하는지' 등의 사실 여부를 확인하는 질문이다. (2) **Yes/No**로 시작되는 답변이 많다. (3) 조동사의문문은 끝까지 들어야 선택/부가/부정의문문인지 알 수 있다.
3-4문제 출제	9. 선택의문문	(1) 선택의문문의 빈출 정답 표현을 알아 두자. 　　– **the one** + 수식어구/비교급 　　– **both, either, neither** 　　– **anything, whichever** 　　– **or** 앞뒤의 선택 사항 중 하나를 택한 표현 (2) 〈단어 **or** 단어〉, 〈구 **or** 구〉 질문에는 **Yes/No**로 대답할 수 없다. (3) 〈문장 **or** 문장〉 질문은 빈출 표현을 암기해 두자.
	10. 권유/제안/ 요청 의문문	(1) 권유/제안/요청 의문문의 빈출 질문 표현을 알아 두자. 　　– **Why don't you ~?** 　　– **How about ~?** 　　– **What about ~?** 　　– **Do you want ~?** 　　– **Should we ~?** 　　– **Let's ~.** (2) 제안/요청 의문문에 대한 답변 패턴을 알아 두자. 　　– 동의, 찬성, 허락, 승인: **That's good/great/interesting** 등 　　– 거절, 부정: **I am sorry/afraid** 등
4-5문제 출제	11. 부가/부정 의문문	(1) 부가의문문의 핵심은 평서문의 뒷부분이다. (2) 긍정이든 부정이든 평서문의 내용이 긍정이면 무조건 **Yes**, 부정이면 무조건 　 **No**로 대답한다. (3) 〈평서문, **right?**〉의 최신 유형을 알아 두자.
4문제 출제	12. 평서문	(1) 기본 답변은 동의, 맞장구이다. (2) 일반 평서문 　　① 다음 행동을 제시하는 답변을 한다. 　　② 추가 관련 질문의 답변을 한다. 　　③ 추가 설명의 답변을 한다. (3) 권유형 평서문의 표현을 정리하자. (4) 명령형 평서문의 표현을 정리하자.
	13. **I don't know**	'모른다' 유형의 다양한 표현을 정리하자. (1) **I don't know** (2) **I wish I knew.** (3) **I'll check.** (4) **Ask your supervisor.** (5) **It's not decided yet.** (6) **It depends.** (7) **I don't know** ∼가 길어지면 주의해야 한다. 　　– 오답 패턴의 예: 다음과 같은 오답 패턴도 출제되니 주의하자. 　　　　A: **Who is he?** 　　　　B: **I don't know where he was.**
	14. 반문	질문에 대한 직접적인 대답을 하지 않고, 그 질문과 관련된 다른 질문으로 답한다.

5개 오답 유형

1. 유사 발음 오류	Where can I put my coat? (A) I have put it in the red one. (유사 발음 오류) (B) In that cabinet by the door. (O) (C) Yes, they are sugar coated. (유사 발음 오류) ▶ 질문에 나왔던 발음이 보기에서 반복되면 90% 이상 오답이다.
2. 주어 오류	Where can I put my coat? (A) I have put it in the red one. (주어 오류) (B) In that cabinet by the door. (O) (C) Yes, they are sugar coated. (주어 오류) ▶ 질문에서 I로 물어보았으므로, 대답은 주로 **You can put** ~으로 시작해야 한다.
3. 시제 오류	Where can I put my coat? (A) I have put it in your room. (시제 오류) (B) In that cabinet by the door. (O) (C) Yes, they are sugar coated. ▶ 질문은 현재 시제인데 보기 (A)는 현재완료 시제이다.
4. Yes / No 오류	Where can I put my coat? (A) I put it in the red one. (B) In that cabinet by the door. (O) (C) Yes, they are sugar coated. (Yes/No 오류) ▶ 의문사 의문문은 Yes/No로 답할 수 없다.
5. 다른 의문사에 대한 답변	Where can I put my coat? (A) I have put it in the red one. (다른 의문문의 답) (B) In that cabinet by the door. (O) (C) Yes, they are sugar coated. (다른 의문문의 답) ▶ (A) the ~ one으로 답하기 위해서는 선택의문문이 와야 한다. ▶ (C) Yes/No로 답하기 위해서는 일반의문문이 와야 한다.

받아쓰기 & 오답 제거 훈련

MP3-**023**

▶ 질문의 의도를 파악할 수 있는 가장 큰 단서는 시작 부분에 있으며 여기에서 정답을 찾는 데 필요한 핵심 정보의 70% 정도가 제시된다. 특히 의문사 의문문은 주로 의문사와 동사, 주어가 포함된 첫 3~4단어를 잘 들어야 하며, 연음으로 연결되는 표현들은 반복적인 듣기와 따라 읽기를 통해 익혀 두는 것이 좋다.

STEP 1
시험에 이렇게 나온다

첫 3단어를 받아써 보세요.

※첫 3단어란, 의문사를 포함한 핵심 단어, 오류/정답 근거가 되는 단어를 말해요.

Q 1. _____

(A) _____ ☐

(B) _____ ☐

(C) _____ ☐

질문을 기준으로 오답을 먼저 소거하고 정답을 찾는다.

5가지 오답 유형

① Yes/No 오류
② 다른 의문사에 대한 답변
③ 주어 오류
④ 유사 발음, 동일 어휘, 의미 연상 어휘 오류
⑤ 시제 오류

STEP 2
모범 받아쓰기 답안

You/available

(A) No/it/stock
(B) Check in
(C) Sure

❶	Yes/No 오류
❷	다른 의문사에 대한 답변
❸	주어 오류
❹	유사 발음/동일 어휘/연상 어휘 오류
❺	시제 오류

STEP 3
꼼꼼한 분석

You'll be available to check the documents, won't you?
끝이 〈조동사 + 주어〉로 끝나는 부가의문문이다. You'll be available의 첫 3단어가 질문의 핵심이다.

(A) No, it's out of stock.
❸ 주어 오류: it으로 받을 수 있는 구체적인 명사가 질문에 없다.

(B) Check in at the front desk.
❹ 유사 발음 오류: 질문의 check를 반복하고 있다.

(C) Sure, I'll look at them later today.
정답: 질문의 you를 I로, documents를 them으로 받는 적절한 답변이다.

STEP 4
REACTION 훈련

(A) Is it available ~?
No, it's out of stock.
(B) How should I do ~?
Check in at the front desk.
(C) 정답

PART 2
기본 전략, 이것만 알면 700점!

PART 2-2강

2. 기본 전략

2-1 의문사로 시작하면 Yes/No 답변은 오답이다.

2-2 질문과 다른 의문사의 답변은 오답이다.

2-3 혼동을 주기 위한 유사 의미나 유사 발음은 오답이다.

2-4 질문의 주어와 다른 주어는 오답이다.

2-5 질문의 의도와 맞지 않는 시제는 오답이다.

2-6 '모른다'는 무조건 정답이다.

2-7 최고의 난이도 문제는 반문이다.

2-1 의문사로 시작하면 Yes / No 답변은 오답이다.

MP3-**024**

▶ Who, Where 등의 의문사는 묻는 내용이 인물, 장소 등으로 정해져 있다. 따라서 구체적 정보로 답변을 해야 하기 때문에 긍정/부정을 나타내는 Yes/No는 적절한 답변이 될 수 없다.

STEP 1
시험에 이렇게 나온다

첫 3단어를 받아써 보세요.
※첫 3단어란, 의문사를 포함한 핵심 단어, 오류/정답 근거가 되는 단어를 말해요.

Q 2. _____

(A) _____ □

(B) _____ □

(C) _____ □

의문사 질문과 답변 유형

의문사는 '언제, 어디서, 누가, 무엇을, 어떻게, 왜, 어떤'이라는 육하원칙의 질문을 하므로, 이에 맞는 구체적인 대상으로 답변해야 한다.

Who's your financial consultant? 누가 재정 컨설턴트입니까?
Yes, Mr. Kim. 네, 김 씨입니다.

→ '누구'에 대해 묻고 있으므로 '예'의 **Yes** 답변은 부적절하다.

STEP 2
모범 받아쓰기 답안

> How / I / contact

(A) I / usually / walk
(B) contract
(C) Yes / stairs

❶	Yes / No 오류
❷	다른 의문사에 대한 답변
❸	주어 오류
❹	유사 발음/동일 어휘/연상 어휘 오류
❺	시제 오류

STEP 3
꼼꼼한 분석

How can I contact David in the office upstairs?
방법을 묻는 질문으로 How / I / contact 첫 3단어가 첫 3단어이다.

(A) I usually just walk up there.
정답: 방법의 walk를 언급하고 있다.

(B) The other contract.
❷ **다른 의문사에 대한 답변:** 선택을 나타내는 Which의 답변이다.

(C) Yes, there are stairs.
❶ **Yes/No 오류:** 의문사는 Yes/No 답변이 불가하다.

STEP 4
REACTION 훈련

(A) 정답
(B) Which contract ~?
The other contract.
(C) Are there ~?
Yes, there are stairs.

MP3-025

2-2 질문과 다른 의문사의 답변은 오답이다.

▶ Part 2 빈출 오답 유형 중 하나가 다른 의문사에 대한 답변이다. When 질문에 장소 답변을 제시하는 것이 한 예이다. 특히 When과 Where는 상대편 의문사에 대한 답변이 자주 오답으로 등장한다. 이는 의문사를 잘 듣지 못하였을 경우 더욱 치명적이니 앞부분을 잘 들어야 한다.

STEP 1
시험에 이렇게 나온다

첫 3단어를 받아써 보세요.
※첫 3단어란, 의문사를 포함한 핵심 단어, 오류/정답 근거가 되는 단어를 말해요.

Q 3. _____

(A) _____ ☐

(B) _____ ☐

(C) _____ ☐

의문사 질문과 답변 유형

최근 Who 질문의 답으로 '장소'가, Where 질문의 답으로 '사람'이 나오는 고난이도 정답을 출제하고 있다.

> **주의**
> **When will the conference be held?** 언제 컨퍼런스가 열릴 예정입니까?
> **I wrote it on your scheduler.** 제가 당신의 스케줄러에 적어 두었습니다.
>
> → '언제'를 묻지만, **on your scheduler**의 장소 부사구가 정답이다.
>   '장소'의 답변같이 보이지만, **scheduler**는 시간 관련 명사이므로 **When**의 정답이다.

STEP 2
모범 받아쓰기 답안

> Where / you / get

(A) delivered / workstation
(B) sent / this morning
(C) Every day

❶	Yes / No 오류
❷	다른 의문사에 대한 답변
❸	주어 오류
❹	유사 발음/동일 어휘/연상 어휘 오류
❺	시제 오류

STEP 3
꼼꼼한 분석

Where do you get your mail?
'어디로 받느냐'의 장소를 묻는 질문으로 Where / you / get의 첫 3단어가 첫 3단어이다.

(A) It's delivered to my workstation. week. 정답: '나의 작업장으로 배달된다.'의 의미로 장소를 뜻한다.

(B) I sent you a letter this morning.
❺ 시제 오류, ❷ 다른 의문사에 대한 답변: 시제 불일치 및 When 질문의 답변이다.

(C) Every day before 9 o'clock.
❷ 다른 의문사에 대한 답변: When 질문의 답변이다.

STEP 4
REACTION 훈련

(A) **정답**
(B) When did you ~?
I sent you a letter this morning.
(C) When do you ~?
Every day before 9 o'clock.

혼동을 주기 위한
유사 의미나 유사 발음은 오답이다.

MP3-**026**

▶ 유사 발음과 연상 어휘에 속지 말고 문맥을 살펴라. 질문에 나온 단어나 표현을 이용한 오답 역시 빈번하게 출제된다. 예를 들어 질문에 **work**가 나오면 오답 보기에 유사 발음 관계인 **walk**나, 의미 연상 관계인 **report**, **office** 등이 나온다. 의문사 중심으로 질문의 핵심 의도를 파악한다면 이런 오답은 쉽게 피해갈 수 있다.

STEP 1
시험에 이렇게 나온다

첫 3단어를 받아써 보세요.
※첫 3단어란, 의문사를 포함한 핵심 단어, 오류/정답 근거가 되는 단어를 말해요.

Q 4. _____

(A) _____ ☐

(B) _____ ☐

(C) _____ ☐

빈출 오답 유형

1 유사 발음 오답은 주로 '동일 단어이지만 다른 품사'로 사용된다.

– 하나의 단어가 여러 품사로 사용되는 경우 발음은 같으나 뜻이 다르게 쓰이면서 오답으로 유도된다.
Did you go to the store? – **Store them in the warehouse.**
질문의 **store**(가게)는 명사, 답변의 **store**(저장하다)는 동사로 의미가 다르므로 오답이다.

2 비슷한 발음의 단어를 사용한다.

– 단어만 들었을 때는 구별이 어렵지만, 문장에서는 같이 어울리는 특정 대상들이 있으므로, 연결 대상을 함께 알아 두면 쉽게 오답을 구별할 수 있다.
– **walk outside**와 **work on the desk**와 같이 어떤 단어들과 함께 쓰이는가를 같이 연습해 두어야 실제 시험에서 빠르게 판단할 수 있다.

3 유사 발음 오류 중 가장 어려운 것이 연상어의 오류이다.

– 질문의 특정 단어에서 연상할 수 있는 단어를 사용하여 오답을 유도하는 것인데, 해당 오류는 일정한 패턴이 있으므로 정리 및 암기해 두도록 하자.

STEP 2
모범 받아쓰기 답안

Are / you / working

(A) He
(B) walk
(C) No / I will / next Monday

❶	Yes / No 오류
❷	다른 의문사에 대한 답변
❸	주어 오류
❹	유사 발음/동일 어휘/연상 어휘 오류
❺	시제 오류

STEP 3
꼼꼼한 분석

Are you working off-site this week?
일반의문문의 형태로 Are you working의 첫 3단어가 핵심이다.

(A) He left for the conference last week.
❸ **주어 오류:** he로 받을 수 있는 구체적인 사람 명사가 질문에 없다.

(B) I like walking in the morning.
❹ **유사 발음 오류:** 질문의 working과 비슷한 발음의 walking을 사용했다.

(C) No, but I will next Monday.
정답: '일하고 있습니까?'의 질문에 '아니요, 하지만 할 거예요.'로 말하는 정답이다.

STEP 4
REACTION 훈련

(A) Did Mr. Kim ~?
He left for the conference last week.
(B) What are you doing ~? I like walking in the morning.
(C) 정답

질문의 주어와 다른 주어는 오답이다.

▶ 질문과 맞지 않는 대명사나 시제가 나오면 오답이다. 올바른 답변은 질문과 내용뿐 아니라 문법적으로도 맞아야 한다. 질문에 맞지 않는 대명사나 시제 오류는 내용만 보면 적절한 답변처럼 들릴 수 있기 때문에 오답을 골라내기 매우 까다롭지만 질문을 들을 때 첫 3단어에 포함된 주어와 동사를 잘 기억해 둔다면 이 역시 피해갈 수 있다.

STEP 1
시험에 이렇게 나온다

첫 3단어를 받아써 보세요.

※첫 3단어란, 의문사를 포함한 핵심 단어, 오류/정답 근거가 되는 단어를 말해요.

Q 5. _____

(A) _____ ☐

(B) _____ ☐

(C) _____ ☐

질문과 답변에서 적절한 대명사의 쓰임

1 질문의 주어가 일반명사나 고유명사이면, 3인칭 대명사의 답변을 한다.

2 질문의 주어가 you이면 답변은 I로, 질문의 주어가 I이면 답변은 you로 시작한다.

Did you see Owen last night? 당신은 Owen 씨를 어젯밤에 보았습니까?
It's the last one. 그것이 마지막 것입니다.
→ 질문의 주어는 you, 답변은 it이므로 오답이다.

Did you like the hotel you stayed in? 당신이 묵었던 호텔이 마음에 드십니까?
Yes, the location was great. 네, 위치가 훌륭했습니다.
→ the location은 the hotel을 다시 받는 명사로, 의미상 연결되므로 정답이다.

STEP 2
모범 받아쓰기 답안

> Are you going to call

(A) It goes
(B) At /meeting
(C) Yes /he told

❶	Yes /No 오류
❷	다른 의문사에 대한 답변
❸	주어 오류
❹	유사 발음/동일 어휘/연상 어휘 오류
❺	시제 오류

STEP 3
꼼꼼한 분석

Are you going to call Mr. Russo?
'당신은 ~할 예정인가요?'의 의미로 앞으로의 할 일을 묻는 질문이다.

(A) It goes over there.
❹ 유사 발음 오류: 질문의 going을 go로 반복했다.

(B) At our last meeting.
❷ 다른 의문사에 대한 답변: Where 질문의 답변이다.

(C) Yes, he told me to call at noon.
정답: Yes, (I am.) He told me ~의 구조로, 질문의 Mr. Russo를 he로 받았다.

STEP 4
REACTION 훈련

(A) Where does it ~?
It goes over there.
(B) Where ~?
At our last meeting.
(C) 정답

2-5 질문의 의도와 맞지 않는 시제는 오답이다.

MP3-028

▶ Part 2의 질문과 답변의 시제는 일치하는 것이 원칙이다.
▶ 일반의문문에서 부연 설명의 시제는 질문의 시제와 일치하지 않아도 된다.

STEP 1
시험에 이렇게 나온다

첫 3단어를 받아써 보세요.
※첫 3단어란, 의문사를 포함한 핵심 단어, 오류/정답 근거가 되는 단어를 말해요.

Q 6. _____

(A) _____ ☐

(B) _____ ☐

(C) _____ ☐

질문과 답변의 시제 일치

1 질문의 시제가 과거이면, 답변의 시제도 대부분 과거로 답한다.

When can we schedule an appointment? 우리가 약속을 언제 정할 수 있습니까?
(A) **It was last week.** 그것은 지난주였습니다.
(B) **I'm available after** 2. 저는 2시 이후가 괜찮습니다.
→ 질문의 시제는 현재 혹은 미래이므로 답변의 시제가 현재인 (B)가 정답이다.

2 예외: 시제 불일치에도 정답이 되는 경우, 정답의 '특정 부사 및 단어'를 함께 쓴다.

> [정답을 만드는 특정 부사 및 단어]
> actually / just / already / but

Will you go there? 당신은 거기에 갈 건가요?
Actually, I went there yesterday. 사실, 어제 거기에 갔었어요.
→ 질문의 시제는 미래, 답변의 시제는 과거로 시제가 일치하지 않지만, **Actually**의 부사도 우회적 답변이 되는 형태이다.

STEP 2
모범 받아쓰기 답안

> Did you receive

(A) employees / take
(B) Yes / it's / model
(C) No / I wasn't

❶	Yes / No 오류
❷	다른 의문사에 대한 답변
❸	주어 오류
❹	유사 발음/동일 어휘/연상 어휘 오류
❺	시제 오류

STEP 3
꼼꼼한 분석

Did you receive the computer training yesterday?
'받았습니까?'의 과거 시제 질문으로 Did you receive가 첫 3단어이다.

(A) **Most employees take the train.**
❺ 시제 오류: 현재 시제는 습관을 의미한다.

(B) **Yes, it's a used model.**
❸ 주어 오류: model을 나타내는 it으로 받을 수 있는 구체적인 명사가 질문에 없다.

(C) **No, I wasn't here.**
정답: '받았습니까?'에 대해 '아니요, 저는 이곳에 없었습니다.'라고 말하는 정답이다.

STEP 4
REACTION 훈련

(A) How do ~? Most employees take the train.
(B) Is it ~? Yes, it's a used model.
(C) 정답

'모른다'는 무조건 정답이다.

MP3-029

▶ 모든 질문에는 '모른다'라고 말할 수 있다.

STEP 1
시험에 이렇게 나온다

첫 3단어를 받아써 보세요.
※첫 3단어란, 의문사를 포함한 핵심 단어, 오류/정답 근거가 되는 단어를 말해요.

Q 7. _____

(A) _____ ☐

(B) _____ ☐

(C) _____ ☐

PART 2

무조건 정답이 되는 답변 유형

'모른다'가 나오면 천하무적이다.

I don't know. – 기본 답변 (몰라요)
I don't know. 몰라요. **Not that I know of.** 그건 몰라요. **Not to my knowledge.** 아는 바가 없어요. **I have no idea.** 모릅니다. **Who knows?** 누가 알아요? **Nobody knows.** 아무도 몰라요. **I wish I knew.** 저도 알았으면 좋겠습니다.

알려 주지 않았어요.	확인해 보겠습니다. / 물어보세요.
I haven't heard about anything yet. 저는 아직 들은 것이 없습니다. **They didn't tell me anything.** 그들은 내게 말해 주지 않았습니다. **They didn't give me the exact day.** 그들은 제게 정확한 날짜를 주지 않았습니다.	**Let me check.** 확인해 보겠습니다. **I'll go check.** 확인해 보겠습니다. **Ask your supervisor.** 당신의 상관에게 문의하세요. **I'll ask Jane from the marketing department.** 제가 마케팅 부의 Jane에게 물어볼 것입니다.

결정된 게 없습니다.
It is not decided/confirmed/announced yet. 아직 결정/확정/발표되지 않았습니다.

STEP 2
모범 받아쓰기 답안

> Did we meet/sales goals

(A) Because of
(B) We/haven't/introduced
(C) Ms. Walker/know

❶	Yes/No 오류
❷	다른 의문사에 대한 답변
❸	주어 오류
❹	유사 발음/동일 어휘/연상 어휘 오류
❺	시제 오류

STEP 3
꼼꼼한 분석

Did we meet our sales goals for this year?
'우리가 충족시켰습니까?'의 일반의문문의 질문으로 Did we meet / sales goals가 첫 3단어이다.

(A) Because of the delay.
❷ **다른 의문사에 대한 답변:** because of는 Why 질문의 답변이다.

(B) We haven't been introduced.
❺ **시제 오류:** 질문이 과거이므로 현재완료 시제의 답변은 오답이다.

(C) Ms. Walker might know.
정답: '제3자라면 알지도 모른다.' 즉, '나는 모르겠다.'라는 의미로 정답이다.

STEP 4
REACTION 훈련

(A) Why did ~?
Because of the delay.
(B) Have you ~?
We haven't been introduced.
(C) 정답

최고의 난이도 문제는 반문이다.

MP3-030

▶ 반문은 최근 출제에서 가장 난이도가 높은 질문 중의 하나로 관련 질문이나 추가 정보를 묻는 질문 등이 답이 된다. '확인해 보았습니까?'라고 묻는 Have you checked ~? 표현 등의 반문이 최다 빈출 정답이다.

▶ 회피성 대답은 '모르겠다'의 일종으로 간접적으로 상황을 돌려서 설명하거나 상대에게 오히려 책임을 넘기는 종류의 답이 나온다.

STEP 1
시험에 이렇게 나온다

첫 3단어를 받아써 보세요.

※첫 3단어란, 의문사를 포함한 핵심 단어, 오류/정답 근거가 되는 단어를 말해요.

Q 8. _____

(A) _____ ☐

(B) _____ ☐

(C) _____ ☐

반문 표현과 회피성 대답

1 반문

Why are they hanging the picture now? 왜 그들은 지금 그림을 걸고 있나요?
Is the noise bothering you? 소음 때문에 성가신가요?

Why has the orientation been extended? 왜 오리엔테이션이 연장되었나요?
Have you seen all the training items? 모든 훈련 항목을 보셨나요?

2 회피성

What did you tell the customer about the missing parts for the shipment?
배송물의 빠진 부품에 대해 고객에게 뭐라고 말했습니까?
Weren't you going to email them? 당신이 이메일을 보내려 하지 않았습니까?

What happened at the conference last Monday?
지난 월요일의 컨퍼런스에서 무슨 일이 일어났나요?
I missed it, too. 저도 가지 못했습니다.

STEP 2
모범 받아쓰기 답안

> When will KM/invest/marketing

(A) Has it/approved
(B) He expanded/market
(C) 500

❶	Yes/No 오류
❷	다른 의문사에 대한 답변
❸	주어 오류
❹	유사 발음/동일 어휘/연상 어휘 오류
❺	시제 오류

STEP 3
꼼꼼한 분석

When will KM Corporation invest in our marketing project?
'언제 투자할 것인가?'의 질문으로 When will / invest가 첫 3단어이다.

(A) Has it been approved?
정답: 회피성 답변의 반문 표현이다.

(B) He expanded to an international market.
❸ 주어 오류: He로 받을 수 있는 구체적인 명사가 질문에 없다.

(C) 500 dollars.
❷ 다른 의문사에 대한 답변 오류: How much에 대한 답변이다.

STEP 4
REACTION 훈련

(A) 정답
(B) What did Mr. Kim ~? He expanded to an international market.
(C) How much ~? 500 dollars.

PART 2
14개 출제 유형 마스터

PART 2
14개 출제 유형 마스터

10. Do/be/조동사

PART 2-**10**강

11. 권유/제안/부탁

PART 2-**11**강

12. 부정/부가의문문

PART 2-**12**강

13. 평서문

PART 2-**13**강

14. I don't know (모르겠다)

PART 2-**14**강

15. 반문

PART 2-**15**강

3. Who 의문문 한눈에 보기

주요 출제 패턴

– Who 의문문은 매달 평균 1문제씩 출제된다. 답이 되는 유형은 주로 (1) 사람 이름, 사람을 대신하는 대명사 (2) 직위나 관계 (3) 부서나 회사 이름 등이 있다.
– Who 의문문을 받아쓰기 할 때는 〈Who / 주어 / 동사〉를 위주로 한다.

1. **Who 의문문은 사람 이름이나 직위로 대답한다. 따라서 회사에서 자주 쓰이는 직책이나 직위를 영어로 미리 익혀 두는 것이 중요하다.**

2. **Who 의문문은 Yes/No로 답할 수 없다.**

3. **Who 의문문에서 대명사가 답이 되는 경우는 상당한 주의를 요한다.**
   (1) I, You, We 등은 답이 될 수 있다.
   (2) He, She 등은 질문에 Ms.나 Mr.가 없는 경우 답이 되지 않는다.
   (3) No one, Someone 등은 답이 될 수 있다.

4. **Who 의문문에서 I don't know. 유형의 정답 혹은 제3의 답이 오는 경우는 다소 난이도가 높은 유형이다.**

5. **사람 이름이 바로 나오는 경우가 아니라 문장의 시작 부분에 부가 설명들이 나오는 경우도 있으니 보기를 끝까지 듣고 문장 중간에 사람 이름이 언급되는지 확인하여야 한다.**
   Who needs a copy of the annual report? 누가 연례 보고서의 사본이 필요합니까?
   I think Isabella does. 제 생각에는 Isabella입니다.

6. **Who ~ belong to, Whose 등 소유격 형태의 질문들도 간간이 등장한다.**

7. **'누가 ~할 것인가?, 누구에게 ~해야 하는가?, 누가 ~했는가?' 등의 질문은 '~에게 물어봐라, ~에게 시켜라' 등의 명령형의 질문들이 답이 된다.**

시험에 이렇게 나온다! He와 She는 왜 답이 되지 않는가?

Who 의문문에서는 He, She, They가 나오면 오답이므로 주의해야 한다. Who라는 질문에 '그가' 혹은 '그녀가'라고 대답을 한다면 여전히 누구인지 알 수 없기 때문에 Who is he/she?라고 다시 질문을 해야 한다. 따라서 막연히 '그/그녀가'라고 하는 것은 대답이 될 수 없다. 정확히 특정 사람 이름이나 직위 등 그 사람을 정확히 지칭할 수 있는 답이 나와야 한다. 그러나 '너와 나, 우리'의 I/You/We 등은 그 정체가 분명하기 때문에 답이 될 수 있다.

주의 ▶ 질문에서 Mr.나 Ms.가 언급된 경우에는 He, She로 시작하는 답이 나올 수도 있으며 〈He/She is + 이름/직위〉가 나오는 경우도 답이 될 수 있다.
Who is the man? 그 남자는 누구입니까?
He is our new manager. 그는 우리의 새 매니저입니다.

Who brought this chair? 누가 이 의자를 가져왔습니까?
(A) Jade might know. Jade가 알 것입니다. ▶ 정답
(B) They did. 그들이 그랬습니다. → 질문에서 언급되지 않은 3인칭 대명사는 오답이다.
(C) Yes, I know. 네, 저는 압니다. → 의문사의문문에서는 Yes /No로 답하지 않는다.

3-1 [Who] 사람 이름이나 직위로 대답한다.

MP3-031

▶ Yes나 No로 답할 수 없다.
▶ 평균 1문제가 출제되며, 특정 업무나 책임을 맡은 사람은 '특정 사람 이름/직책 명사'로 대답한다.
▶ 최근 '책임자가 누구냐'는 Who's in charge of ~?, Who's responsible for ~?가 자주 출제되고 있다.

STEP 1
시험에 이렇게 나온다

첫 3단어를 받아써 보세요.
※ 첫 3단어란, 의문사를 포함한 핵심 단어, 오류/정답 근거가 되는 단어를 말해요.

Q 9. _____

(A) _____ ☐

(B) _____ ☐

(C) _____ ☐

사람 이름, 직위를 이용한 Who의 답변

'책임자가 누구입니까?'의 최신 기출 답변 – 특정하고 구체적인 사람 관련 명사를 이용한다.

Who's responsible for ~? 누가 담당하고 있나요? / 책임자가 누군가요?

① 구체적인 직위나 사람 이름을 제시
· 사람 이름, **the managing director**. 관리 감독

② 과거의 담당자를 언급, '현재는 모르겠다.'
· **Last year it was John**. 작년에는 John이었습니다.

③ 특정 직책 명사
· **The factory supervisor**. 공장 감독입니다.

④ 고난이도 정답, '확인해야 합니까?'의 반문 표현
· **What needs to be changed**? 변경할 것이라도 있습니까?

STEP 2
모범 받아쓰기 답안

> Who / charge

(A) Mr. Nelson
(B) Yes, it took
(C) It's / account

❶	Yes / No 오류
❷	다른 의문사에 대한 답변
❸	주어 오류
❹	유사 발음/동일 어휘/연상 어휘 오류
❺	시제 오류

STEP 3
꼼꼼한 분석

Who's in charge of the accounting division?
'누가 책임자인가'의 질문으로 Who / charge가 첫 3단어이다.

(A) Mr. Nelson, the manager.
정답: 특정 사람으로 언급하고 있다.

(B) Yes, it took four days.
❶ Yes / No 오류: 의문사 질문에는 Yes / No 답변을 하지 않는다.

(C) It's the savings account.
❹ 유사 발음 오류: 질문의 accounting과 비슷한 발음의 account를 사용했다.

STEP 4
REACTION 훈련

(A) 정답
(B) Did it take ~? Yes, it took four days.
(C) What ~? It's the savings account.

[Who] 부서나 회사 이름으로 대답한다.

MP3-032

▶ ① '부서나 회사 이름', ② '어느 부서에게 배당한 일이다', ③ '~의 책임/일이다' 등으로 답한다.

STEP 1
시험에 이렇게 나온다

첫 3단어를 받아써 보세요.
※첫 3단어란, 의문사를 포함한 핵심 단어, 오류/정답 근거가 되는 단어를 말해요.

Q 10. _____

(A) _____ ☐

(B) _____ ☐

(C) _____ ☐

부서, 회사 이름을 이용한 Who의 답변

Who will inform the employees of these changes?
누가 직원들에게 이 변경 사항에 대해 알릴 것입니까?

① 부서나 회사 이름
The personnel department. 인사부입니다.
② 어느 부서에게 배당한 일이다
They've been assigned to the marketing department. 그것들은 마케팅 부서에 할당되었습니다.
③ ~의 책임/일이다
It's the maintenance department's responsibility. 그것은 보수부의 업무입니다.
④ turn/shift (차례/순서)
It's my turn. 제 차례입니다.

STEP 2
모범 받아쓰기 답안

Who collects/data

(A) Max's group does it.
(B) Sales/down
(C) At/meeting

❶	Yes/No 오류
❷	다른 의문사에 대한 답변
❸	주어 오류
❹	유사 발음/동일 어휘/연상 어휘 오류
❺	시제 오류

STEP 3
꼼꼼한 분석

Who collects the data for the R&D department?
'누가 수집하는가'의 Who가 행위의 주체로서 Who collects / data가 첫 3단어이다.

(A) Max's group does it.
정답: Who가 행위의 주체인 경우 부서나 회사로 답한다.

(B) Sales are down.
❷ 다른 의문사에 대한 답변: 의견을 묻는 How 질문의 답변이다.

(C) At a board meeting.
❷ 다른 의문사에 대한 답변: 장소를 묻는 Where 질문의 답변이다.

STEP 4
REACTION 훈련

(A) 정답
(B) How is the ~? Sales are down.
(C) Where ~? At a board meeting.

[Who] 일반적으로 He나 She는 오답이다.

▶ I/We/You의 1·2인칭 대명사는 답이 가능하다.

▶ He/She는 일반적으로는 오답이지만 질문에 특정한 사람, Ms.나 Mr.가 언급된다면 답이 될 수 있다.

▶ Who에 대한 답을 it으로 받거나 I think, I heard로 시작하는 것이 최근 출제 정답 패턴이다.

STEP 1
시험에 이렇게 나온다

첫 3단어를 받아써 보세요.
※첫 3단어란, 의문사를 포함한 핵심 단어, 오류/정답 근거가 되는 단어를 말해요.

Q 11. _____

(A) _____ ☐

(B) _____ ☐

(C) _____ ☐

who의 답변 유형

1 He/She가 답이 되는 예외 표현

▶ 질문에서 구체적인 사람을 언급하는 경우, He/She의 답변이 정답이 될 수 있다.
Who is the restaurant manager? 누가 그 식당 매니저입니까?
She's the one in the red shirt. 그녀는 빨간색 셔츠를 입고 있습니다.

2 내가 해 주겠다

▶ 최근에는 '내가 해 주겠다'의 답으로 많이 제시된다.
Who can open the door? 누가 문을 열어 줄 수 있나요?
I have the key. 제가 열쇠를 갖고 있습니다.

3 Who에 대한 답을 it으로 받거나 I think, I heard로 시작

▶ 누가 했나요? Who used ~? / Who was promoted ~?

Who used the copier last?
I think it was Martine. ⇦ '누가 마지막으로 복사기를 썼나요?'의 질문 전체를 it으로 받았다.
Who was promoted to the manager?
I heard it was Miranda Shin. ⇦ '누가 승진되었나요?'의 질문 전체를 it으로 받았다.
Who will collect tickets?
It'll be Karl and Mattew. ⇦ '누가 표를 걷을 것인가요?'의 질문 전체를 it으로 받았다.

STEP 2
모범 받아쓰기 답안

┌─────────────────────────┐
│ Who / to be / director │
└─────────────────────────┘

(A) John
(B) No thanks
(C) She / next week

❶	Yes / No 오류
❷	다른 의문사에 대한 답변
❸	주어 오류
❹	유사 발음/동일 어휘/연상 어휘 오류
❺	시제 오류

STEP 3
꼼꼼한 분석

Who's going to be the new assistant director?
director와 동격의 Who에 관한 질문으로 Who / to be / director가 첫 3단어이다.

(A) I think John got the job.
정답: 구체적인 사람 이름을 언급하고 있다.

(B) No thanks, I don't need any help.
❷ 다른 의문사에 대한 답변: No thanks는 거절의 의미로, 권유/제안 의문문의 답변이다.

(C) She'll be going next week.
❸ 주어 오류: She로 받을 수 있는 구체적인 명사가 질문에 없다.

STEP 4
REACTION 훈련

(A) 정답
(B) Would you like ~? No thanks, I don't need any help.
(C) When will Lisa ~? She'll be going next week.

[Who] 고득점 유형 1
– 최신 유형은 부정대명사가 정답이다.

3-4

MP3-034

▶ 최근에는 부정대명사인 someone/anyone/no one 등으로 답하는 문제들이 출제된다.

STEP 1
시험에 이렇게 나온다

첫 3단어를 받아써 보세요.
※첫 3단어란, 의문사를 포함한 핵심 단어, 오류/정답 근거가 되는 단어를 말해요.

Q 12. _____

(A) _____ ☐

(B) _____ ☐

(C) _____ ☐

PART 2

부정대명사를 이용한 Who의 답변

1 someone: 누군가

2 anyone: 누군가, 누구든지

3 no one: 누구도 아닌

4 whoever: 누구든지

Who can help me with transferring money? 제가 돈을 이체하는 것을 누가 도울 수 있나요?
Someone will help you shortly. 누군가가 당신을 곧 도와 드릴 것입니다.

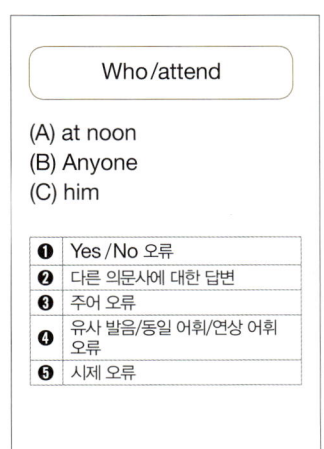

STEP 2
모범 받아쓰기 답안

> Who / attend

(A) at noon
(B) Anyone
(C) him

❶	Yes / No 오류
❷	다른 의문사에 대한 답변
❸	주어 오류
❹	유사 발음/동일 어휘/연상 어휘 오류
❺	시제 오류

STEP 3
꼼꼼한 분석

Who's supposed to attend the meeting?
▶ '누가 참석할 예정이냐?'의 질문으로 Who / attend가 첫 3단어이다.

(A) The next one is at noon.
❷ 다른 의문사에 대한 답변: at noon은 When 질문의 답변이다.

(B) Anyone who's interested.
정답: '관심 있는 누구든지'의 부정대명사를 이용한 답변이다.

(C) I met him yesterday.
❸ 주어 오류: him으로 받을 수 있는 구체적인 명사가 질문에 없다.

STEP 4
REACTION 훈련

(A) When will the meeting ~? The next one is at noon.
(B) 정답
(C) How did you know Mr. Kim ~? I met him yesterday.

[Who] 고득점 유형 2
– 장소나 출처로 답한다.

MP3-**035**

▶ 최근에는 사람이 아닌 출처나 장소 부사로 답하는 문제가 등장한다.

STEP 1
시험에 이렇게 나온다

첫 3단어를 받아써 보세요.
※첫 3단어란, 의문사를 포함한 핵심 단어, 오류/정답 근거가 되는 단어를 말해요.

Q 13. _____

(A) _____ ☐

(B) _____ ☐

(C) _____ ☐

장소 부사구를 이용한 답변

Who의 기본 답변은 사람이지만, 그 외 고난이도 답변 유형을 알아 두자.

▶ 장소는 **Where** 질문의 답변이지만, 사람 이름을 포함하는 '명단'을 뜻하는 다음의 명사를 통해 **Who**의 예외적인 답변으로도 가능하다.

> 명단: list / directory / register / roll

Who will attend the meeting? 누가 회의에 참석할 예정인가요?
The list is in your email. 목록이 귀하의 이메일에 있습니다.
→ in your email은 장소 부사구로 **Where**의 답변이지만, the list(명단)를 통해 **Who**의 답변이 되는 구조이다.
Take a look at the employee directory. 직원 명부를 보세요.
→ 명부에 있으니 확인해 보라는 답변이다.

STEP 2
모범 받아쓰기 답안

> Who / managing / line

(A) two weeks
(B) Lisa
(C) From / warehouse

❶	Yes / No 오류
❷	다른 의문사에 대한 답변
❸	주어 오류
❹	유사 발음/동일 어휘/연상 어휘 오류
❺	시제 오류

STEP 3
꼼꼼한 분석

Who's managing the production line at the moment?
'누가 관리하고 있는가?'의 질문으로 Who / managing / line이 첫 3단어이다.

(A) In about two weeks.
❷ **다른 의문사에 대한 답변:** 시점을 나타내는 When 질문의 답변이다.

(B) It's Lisa's shift.
정답: 순서/차례를 나타내는 shift를 이용한 답변이다.

(C) From the warehouse.
❷ **다른 의문사에 대한 답변:** 장소 부사구를 이용한 Where 질문의 답변이다.

STEP 4
REACTION 훈련

(A) When will the meeting ~? In about two weeks.
(B) 정답
(C) Where is ~? From the warehouse.

[Who] 고득점 유형 3
– '아직 결정 나지 않았다'

3-6

▶ '들은 바가 없다, 결정된 바 없다, 모른다'는 빈출 정답이다.

▶ 부정어인 not과 any/yet을 함께 사용한다.

STEP 1
시험에 이렇게 나온다

첫 3단어를 받아써 보세요.
※첫 3단어란, 의문사를 포함한 핵심 단어, 오류/정답 근거가 되는 단어를 말해요.

Q 14. _____

(A) _____ ☐

(B) _____ ☐

(C) _____ ☐

들은 바가 없다, 결정된 바 없다

1 not ~ any / not ~ yet: ~하지 않은

They didn't tell me anything. 그들은 내게 어떤 것도 말하지 않았어요.
It hasn't been decided yet. = **We're still deciding.** 아직 결정된 바가 없어요.
That project hasn't been given. 그 프로젝트는 주어지지 않았습니다.

2 still: 여전히 → 부사 still을 이용한 돌려 말하기가 최근 많이 출제되고 있다.

We are still conducting interviews. 여전히 면접을 진행 중입니다.

Who do you recommend for this assignment? 당신은 이 업무에 대해 누구를 추천하겠습니까?
I still need to find someone. 저도 누군가를 찾아야만 합니다.

STEP 2
모범 받아쓰기 답안

> Who's reviewing

(A) at 9
(B) positive reviews
(C) assignment hasn't/ given

❶	Yes / No 오류
❷	다른 의문사에 대한 답변
❸	주어 오류
❹	유사 발음/동일 어휘/연상 어휘 오류
❺	시제 오류

STEP 3
꼼꼼한 분석

Who's reviewing the online customer survey?
'누가 검토하고 있는가?'의 책임자를 묻는 질문으로 Who's reviewing이 첫 3단어이다. .

(A) We're open at 9 a.m.
❷ 다른 의문사에 대한 답변: When 질문의 답변이다.

(B) They've got positive reviews.
❹ 유사 발음 오류: 질문의 reviewing과 같은 단어를 사용했다.

(C) That assignment hasn't been given out.
정답: '결정된 바 없다'라는 의미의 정답이다.

STEP 4
REACTION 훈련

(A) When is your store ~?
We're open at 9 a.m.
(B) How did the performance ~? They've got positive reviews.
(C) 정답

4. When 의문문 한눈에 보기

주요 출제 패턴

When 의문문은 매달 평균 1–2문제씩 출제된다. 최근 Part 2의 경향을 보면, 정답의 지문이 점차 길어지고 되묻는 형태의 답(반문)이 자주 등장하므로, 시점을 포함한 긴 문장 혹은 회피성 형태(I don't know)의 답까지 모두 예측하면서 시험에 임해야 한다. When 의문문은 받아쓰기를 할 때 〈When / 주어 / 동사〉를 위주로 받아쓰는 연습을 해야 한다. When 의문문에는 장소 오답이 많이 등장한다.

1. When 의문사는 행위나 사건이 일어나는 한 순간, 즉 시점을 묻는다.

2. When 의문문은 Yes / No로 답할 수 없다.

3. When 의문문은 동사의 시제를 정확하게 들어야 한다. When 뒤의 조동사 또는 동사가 시제 (과거, 현재, 미래)를 결정하므로, 다른 의문사 질문보다 질문의 시제를 정확히 들어야 한다. 정답의 시제는 주로 질문의 시제와 일치하지만 간혹 다른 경우도 있다.

4. 최근의 경향을 보면, When 의문문은 단순 시간 부사보다 시간 부사절의 정답을 선호한다.

5. When 의문문에서 I don't know 유형의 정답은 다소 난이도가 높은 유형이다.

6. When 의문문에 '기간'으로 답하면 오답이다. When은 '특정 한 순간'을 나타내는 개념이다.

[When] 시제를 주의하라.

▶ When 질문에 Yes/No로 답할 수 없다.

▶ 평균 1~2문제가 출제되는 When은 '시간'을 나타내므로, 질문과 답변의 '시제 일치'가 기본이다.

▶ 시제 불일치의 오답 유형은 〈미래 시제의 질문에 과거 시제의 오답〉이 자주 출제된다.

STEP 1
시험에 이렇게 나온다

첫 3단어를 받아써 보세요.

※ 첫 3단어란, 의문사를 포함한 핵심 단어, 오류/정답 근거가 되는 단어를 말해요.

Q 15. _____

(A) _____ ☐

(B) _____ ☐

(C) _____ ☐

PART 2

난이도 분석 ▶ 예외: 시제 불일치 정답 유형

1 정답을 만들어 내는 특정 부사를 암기하자.

▶ 다음은 질문과 답변의 시제가 달라도 정답이 되는 부사이다. actually / just / already

---

① **actually / just** – 이유 / 변명을 나타내는 부사로, 거의 모든 시제의 답이 될 수 있다.

When did you pick up the files? 파일을 언제 수령했나요? [과거]
Actually, I'm going to get them today. 사실, 오늘 그것들을 가지러 갈 거예요. [미래, 변명]

When do you expect to finish the quarterly sales report? 분기 매출 보고가 언제 끝나리라고 예상하고 있나요? [미래]
I've just got the final figures. 최종 수치를 막 받았어요. [현재완료, 변명]

---

② **already** – '이미, 벌써'의 의미로 질문의 시제와 관계없이 When의 답이 된다.

When can we get the package? 소포를 언제 받을 수 있나요? [현재, 미래]
I sent it already. 그거 이미 보냈어요. [과거]

---

2 '모른다'의 표현은 질문과 답변의 시제가 달라도 정답이다.

When were these forms authorized? 언제 문서 승인을 받았나요? [과거]
Our supervisor will know. 우리 상사가 알 거예요. [미래]

When is the team from Conrad Company expected to arrive? Conrad 회사 팀은 언제 도착할 건가요? [미래]
Ahmed made all those arrangements. Ahmed가 모든 준비를 했어요. (그한테 물어보세요) [과거]

When does the warranty on your computer expire? 컴퓨터의 보증서 만기가 언제이죠? [미래]
I lost all that paperwork when I moved. 이사할 때 모든 서류를 잃어버렸어요. (몰라요) [과거]

STEP 2
모범 받아쓰기 답안

┌─────────────────────┐
│ When / Mr. / planning │
└─────────────────────┘

When is / planning
(A) Three / ago
(B) by train
(C) Within two months

❶	Yes / No 오류
❷	다른 의문사에 대한 답변
❸	주어 오류
❹	유사 발음 / 동일 어휘 / 연상 어휘 오류
❺	시제 오류

STEP 3
꼼꼼한 분석

When is Mr. Thomas planning to retire?
'언제 할 계획인가?'의 미래를 묻는 질문으로 When / Mr. / planning이 첫 3단어이다.

(A) Three weeks ago.
❺ **시제 오류:** ago는 과거 시제로 질문의 시제와 불일치한다.

(B) Probably by train.
❷ **다른 의문사에 대한 답변:** by train은 수단 / 방법의 How 질문의 답변이다.

(C) Within two months.
정답: 두 달 이내의 시점을 나타내는 When 질문의 답변이다.

STEP 4
REACTION 훈련

(A) When did you go ~?
Three weeks ago.
(B) How do you go ~?
Probably by train.
(C) 정답

[When] 구체적인 시점 부사가 기본 정답이다.

MP3-038

▶ When은 시간을 유도하는 의문사로 〈시점 부사(구)〉로 답한다.
▶ 시간 관련 전치사뿐만 아니라, 시간 명사도 미리 파악해 두자.

STEP 1
시험에 이렇게 나온다

첫 3단어를 받아써 보세요.
※첫 3단어란, 의문사를 포함한 핵심 단어, 으류/정답 근거가 되는 단어를 말해요.

Q 16. _____

(A) _____ ☐

(B) _____ ☐

(C) _____ ☐

난이도 분석

1 시간과 장소 표현이 둘 다 가능한 명사 – 전치사로 시간과 장소를 구분한다.

> meeting / conference / orientation / workshop / training session / seminar

→ **at** + meeting/conference/orientation은 When 질문의 답변이다.
When will we review the final figures? 최종 수치를 언제 검토할 것입니까?
At the next meeting/conference. 다음 회의/컨퍼런스에서요.

→ **in** + meeting/conference/orientation은 Where 질문의 답변이다.
Where will the manual be handed out? 그 매뉴얼은 어디에서 배포될 예정입니까?
In the orientation. 오리엔테이션에서요.

2 It is로 시작하는 시간 답변은 현재 시간을 물어볼 때만 정답이다.

When will the music festival begin? 그 음악 축제는 언제 시작됩니까? [미래]
(A) **It's** 5 o'clock. 지금은 5시입니다. ⇦ 현재 시제의 답변이므로 **What time is it**?의 질문이어야 한다.
(B) **Next Monday**. 다음 주 월요일입니다. ⇦ 미래 시제의 답변으로 정답이다.

STEP 2
모범 받아쓰기 답안

> When / they appoint

(A) At / next meeting
(B) He got
(C) In / department

❶	Yes / No 오류
❷	다른 의문사에 대한 답변
❸	주어 오류
❹	유사 발음/동일 어휘/연상 어휘 오류
❺	시제 오류

STEP 3
꼼꼼한 분석

When will they appoint the new vice president?
'언제 임명할 것인가?'의 미래 시제 질문으로 When / they appoint가 첫 3단어이다.

(A) At the next meeting.
정답: 시점을 나타내므로 When 질문의 답변이다.

(B) He got the position.
❸ 주어 오류, ❺ 시제 오류: He로 받을 수 있는 구체적 명사가 질문에 없고, 과거 시제이므로 시제 불일치이다.

(C) In the marketing department.
❷ 다른 의문사에 대한 답변: Where 질문의 답변이다.

STEP 4
REACTION 훈련

(A) **정답**
(B) What did Mr. Kim ~?
He got the position.
(C) Where is ~? In the marketing department.

4-3

[When] 시간 부사절로 시작하면 정답이다.

▶ 시간 부사절의 답변은 고난이도 답이지만, 접속사가 정해져 있으므로 미리 암기해 두도록 한다.

STEP 1
시험에 이렇게 나온다

첫 3단어를 받아써 보세요.

※첫 3단어란, 의문사를 포함한 핵심 단어, 오류/정답 근거가 되는 단어를 말해요.

Q 17. _____

(A) _____ ☐

(B) _____ ☐

(C) _____ ☐

빈출 〈시간 부사절 접속사〉 표현

When ～할 때 / as soon as ～하자마자
after 이후에 / before 이전에
by the time ～할 무렵 / not until ～이 되면 비로소 / once 일단 ～하면

STEP 2
모범 받아쓰기 답안

When / you / give

(A) after / speaks
(B) Yes
(C) In / hall

❶	Yes / No 오류
❷	다른 의문사에 대한 답변
❸	주어 오류
❹	유사 발음/동일 어휘/연상 어휘 오류
❺	시제 오류

STEP 3
꼼꼼한 분석

When are you going to give your presentation to the new clients?
'언제 당신은 ～할 것인가?'의 미래 질문으로 When / you / give가 첫 3단어이다.

(A) Right after Billy speaks.
정답: after 절을 이용한 When 질문의 적절한 답변이다.

(B) Yes, it went very well.
❶ Yes / No 오류: 의문사 질문에서 Yes / No는 오답이다.

(C) In the event hall.
❷ 다른 의문사에 대한 답변: 장소를 나타내는 Where 질문의 답변이다.

STEP 4
REACTION 훈련

(A) 정답
(B) Did it goes ~? Yes, it went very well.
(C) Where is ~? In the event hall.

[When] 보기 중에 장소 오답이 있다.

MP3-**040**

▶ 발음이 비슷한 When과 Where
는 보기에 서로의 답변이 오답으로
등장한다.

STEP 1
시험에 이렇게 나온다

첫 3단어를 받아써 보세요.
※첫 3단어란, 의문사를 포함한 핵심 단어, 오류/정답 근거가 되는 단어를 말해요.

Q 18. _____

(A) _____ ☐

(B) _____ ☐

(C) _____ ☐

시험에 나온 When에 대한 장소 관련 오답

질문에서 연상할 수 있는 장소 부사를 오답으로 이용한다.

When can we expect the order? 언제 주문을 예상할 수 있습니까?
At the ~~warehouse~~ on Palm Street. Palm Street의 창고에서요. ⇦ **Where**의 답
→ order로 연상되는 장소 명사 - **warehouse** 창고, **place** 장소, **store** 상점, **restaurant** 식당

When will the food be prepared? 음식이 언제 준비될까요?
From the ~~grocery store~~. 식료품점으로부터요. ⇦ **Where**의 답
→ food, meals에서 연상되는 장소 명사 - **grocery store** 식료품점, **market** 시장, **dining room** 식당,
department store 백화점

When is the best time to call Ms. Park? Park 씨에게 전화할 가장 좋은 때는 언제입니까?
At the ~~customer service center~~. 고객 서비스 센터에서요. ⇦ **Where**의 답
→ call에서 연상되는 장소 명사 - **customer service center** 고객 서비스 센터, **conference** 컨퍼런스

STEP 2
모범 받아쓰기 답안

When's/demonstration

(A) not/until
(B) At/stadium
(C) For/five hours

❶	Yes /No 오류
❷	다른 의문사에 대한 답변
❸	주어 오류
❹	유사 발음/동일 어휘/연상 어휘 오류
❺	시제 오류

STEP 3
꼼꼼한 분석

When's the new product demonstration?
'언제인가요?'의 시점을 묻는 질문으로 When's / demonstration이 첫 3단어이다.

(A) It does not start until 1 o'clock.
정답: 시점의 not until을 주의하자. '1시면 시작한다.'

(B) At the stadium.
❷ **다른 의문사에 대한 답변:** Where 질문의 답변이다.

(C) For about five hours.
❷ **다른 의문사에 대한 답변:** 기간을 나타내는 How long 질문의 답변이다.

STEP 4
REACTION 훈련

(A) 정답
(B) Where is ~?
At the stadium.
(C) How long will it ~?
For about five hours.

[When] 고득점 유형 1
– When vs. How long

▶ until은 상태의 지속이나 진행 기간으로 How long 질문의 답변이다.

▶ by는 동작의 완료를 나타내는 시점으로 When 질문의 답변이다.

▶ 예외적으로 not until(비로서 ~하는)은 시점을 나타내는 When 질문의 답이다.

When does the store open?
언제 상점이 문을 엽니까?
Not until 9:00 in the morning.
오전 9시나 되어야 합니다.

STEP 1
시험에 이렇게 나온다

첫 3단어를 받아써 보세요.
※첫 3단어란, 의문사를 포함한 핵심 단어, 오류/정답 근거가 되는 단어를 말해요.

Q 19. _____
(A) _____ ☐
(B) _____ ☐
(C) _____ ☐

난이도 분석

When vs. How long

How long will you stay at this hotel? 이 호텔에서 얼마나 머물 예정입니까?
Until Friday. 금요일까지요.
→ '얼마나 오랫동안'의 기간을 묻는 질문에 **until Friday**는 '금요일까지 (머무를 것이다)'라는 상태의 지속을 나타낸다.

When will you arrive at this hotel? 이 호텔에 언제 도착할 예정입니까?
Not until Friday. 금요일이나 되어서요.
→ '언제'의 시점을 묻는 질문에 **not until Friday**는 '금요일이 되면 비로소'라는 뜻이므로 '금요일에 도착한다'는 시점을 표현한다.

STEP 2
모범 받아쓰기 답안

When did /visit

(A) Before she volunteered
(B) One /community
(C) For /three days

❶	Yes /No 오류
❷	다른 의문사에 대한 답변
❸	주어 오류
❹	유사 발음/동일 어휘/연상 어휘 오류
❺	시제 오류

STEP 3
꼼꼼한 분석

When did Lorraine visit the community center?
'언제 방문했는가?'로 When did ~ visit가 첫 3단어이다.

(A) Before she volunteered.
정답: before의 시간 부사절을 이용해 시점을 나타내는 정답이다.

(B) One of the community members.
❹ 유사 발음 오류: community의 발음 반복 오답이다.

(C) For about three days.
❷ 다른 의문사에 대한 답변: 기간을 나타내는 How long 질문의 답변이다.

STEP 4
REACTION 훈련

(A) 정답
(B) Who is ~? One of the community members.
(C) How long will it ~? For about three days.

When vs. How long

When - 때/시점

How long - 기간

질문	답변1 - 시간 부사	답변2 - 시간 부사	답변3 - 시간 부사절	답변4 - 시간 부사	답변5 - 전치사
When (언제)	**ago** (전에) **in** + 기간 (이후에)	**during** + 특정 시점 (시점 동안)	**when / while** 주어 + 동사 (때 / 동안)	기간 + **later** (뒤에)	**by** + 시점 **not until** + 시점 (~까지 완료)
How long (얼마 동안)	**since** 시점 (이후로 계속)	**for** + 기간 (기간 동안)	**since** + 주어 + 동사 (이후로 계속)	**three days** (3일간)	**until** + 시점 (~까지 계속)

예시1) **How long will you stay here**? 여기 얼마 동안 머무르실 건가요?
정답1) **For two hours.** 2시간 동안이요.
정답2) **I'll be here until 2 p.m.** 2시까지 여기 있을 예정입니다.

예시2) **When will you come to the office**? 사무실에 언제 오실 건가요?
정답1) **During the lunch break.** 점심시간 동안이요.
정답2) **I'll not be there until 2 p.m.** 2시나 되어서요.

How long will it take to get to the city hall? 시청까지 얼마나 걸립니까?
(A) **It's Saturday.** 오늘은 토요일입니다. → **When** 질문의 답변
(B) **About 30 minutes.** 약 30분입니다. → **How long** 질문의 답변 ▶ 정답

How much longer do you need to complete the report?
그 보고서를 완성하는 데 얼마나 시간이 더 필요합니까?
(A) **I will compete on the weekends.** 저는 주말마다 시합을 할 예정입니다. → **When** 질문의 답변
(B) **Just a couple of hours.** 딱 2시간이요. → **How long** 질문의 답변 ▶ 정답

4-6

[When] 고득점 유형 2
– 장소로 답변하는 최신 경향 문제

MP3-042

▶ When의 답으로 장소 부사를 이용하는 고난이도의 정답 유형이다.
▶ 장소나 시간이 아닌 관련 명사에 초점을 맞춰야 한다.

STEP 1
시험에 이렇게 나온다

첫 3단어를 받아써 보세요.
※첫 3단어란, 의문사를 포함한 핵심 단어, 오류/정답 근거가 되는 단어를 말해요.

Q 20. _____

(A) _____ ☐

(B) _____ ☐

(C) _____ ☐

PART 2

최신 경향 – When 질문에 장소로 대답

'언제 열릴 예정인가요?'의 미래 시점을 묻는 질문에서 장소가 정답이 되는 최신 경향 표현을 알아 두자.

When's ~ scheduled for? 언제 ~할 예정입니까?
I wrote it **on your calendar**. 제가 당신의 달력에 적어 두었습니다.

When will ~ arrive? 언제 도착할 것입니까?
It's delayed **at the airport**. 공항에서 지연되고 있습니다.

When is the next meeting scheduled? 다음 회의는 언제입니까?
We should make a reservation online. 저희가 온라인으로 예약해야 합니다.
→ When 질문의 답으로 수단이나 장소의 online을 이용해 '온라인으로 예약해야만 알 수 있다'는 내용의 답이다.

STEP 2
모범 받아쓰기 답안

> When will the conference

(A) Press one/conference
(B) I wrote it/scheduler
(C) They make

❶	Yes / No 오류
❷	다른 의문사에 대한 답변
❸	주어 오류
❹	유사 발음/동일 어휘/연상 어휘 오류
❺	시제 오류

STEP 3
꼼꼼한 분석

When will the conference be held?
'언제 열릴 것인가?'의 미래 시점을 묻는 질문이다.

(A) Press one to start a conference call.
❹ 유사 발음 오류: 질문에 나온 conference를 반복한 답변이다.

(B) I wrote it on your scheduler.
정답: 장소 질문의 답변 같지만 scheduler는 시간 관련 명사이므로 When 질문의 정답이다.

(C) They make many kinds of toys.
❸ 주어 오류: they로 받을 수 있는 구체적인 명사가 질문에 없다.

STEP 4
REACTION 훈련

(A) How can I ~?
Press one to start a conference call.
(B) 정답
(C) What is the factory ~?
They make many kinds of toys.

[When] 고득점 유형 3
– I was going to /I thought

MP3-**043**

▶ I was going to ～의 '～하려고 했어요'는 일종의 가정으로, 결국 '～하지 못했다'의 의미이다.

▶ I thought ～ 역시, '～하려 했지만 못했다'는 의미로 답이 될 수 있다.

STEP 1
시험에 이렇게 나온다

첫 3단어를 받아써 보세요.
※ 첫 3단어란, 의문사를 포함한 핵심 단어, 오류/정답 근거가 되는 단어를 말해요.

Q 21. _____

(A) _____ ☐

(B) _____ ☐

(C) _____ ☐

When 질문의 답변

1 I was going to /I thought ～ (～하려고 했어요, ～라고 생각했어요)

When is the deadline? 마감일이 언제입니까?
I thought it was next week. 저는 다음 주라고 생각했어요.

When do you go to see the movie. 당신은 언제 그 영화를 보러 갑니까?
I was going to buy a ticket. 저는 표를 사려고 했어요.

2 '취소했다' 혹은 '변경했다'는 답을 주의하라.

When should we send the package? 언제 소포를 보내야 합니까?
The customer just cancelled it. 고객이 그것을 막 취소했어요.

STEP 2
모범 받아쓰기 답안

When /coupon /expire

(A) Street
(B) Food /good
(C) I lost /wallet

❶	Yes /No 오류
❷	다른 의문사에 대한 답변
❸	주어 오류
❹	유사 발음/동일 어휘/연상 어휘 오류
❺	시제 오류

STEP 3
꼼꼼한 분석

When does the coupon for the restaurant expire?
'만기일이 언제인가?'에 대한 질문으로 When / coupon /expire가 첫 3단어이다.

(A) On Perrel Street.
❷ **다른 의문사에 대한 답변**: Where 질문의 답변이다.

(B) Food was good.
❷ **다른 의문사에 대한 답변**: How에 대한 답으로 restaurant에 대한 연상 어휘이다.

(C) I lost my wallet yesterday.
정답: 쿠폰의 정보를 묻는 질문에 지갑을 잃어버려 확인할 수 없다고 하는 정답이다.

STEP 4
REACTION 훈련

(A) Where is it ~?
On Perrel Street.
(B) How was it ~?
Food was good.
(C) 정답

4-8 [When] 고득점 유형 4 – When의 최고 난이도 답변

MP3·044

▶ 답이 되는 고난이도 유형이다. 기본 응답은 '모른다'이지만 반문 등의 특이 유형을 암기하자.

STEP 1
시험에 이렇게 나온다

첫 3단어를 받아써 보세요.
※첫 3단어란, 의문사를 포함한 핵심 단어, 오류/정답 근거가 되는 단어를 말해요.

Q 22. _____

(A) _____ ☐

(B) _____ ☐

(C) _____ ☐

When 질문의 답변

나는 모른다 / 내 담당이 아니다 / ~가 준비(arrange, schedule)했다
When is the new hires' first day? 신입 직원들의 첫 근무일이 언제입니까?   **I'm not in charge of the orientation this year.** 올해는 제가 오리엔테이션을 담당하지 않았습니다.   **When is the team from SGG Software expected to visit?** SGG 소프트웨어사의 팀은 언제 방문할 것입니까?   **Ms. Chen made all those arrangements.** Chen 씨가 모든 준비를 했습니다.
still /need /more /working 아직 끝나지 않았다
When do you finish reviewing the report today? 오늘 언제 그 보고서 검토가 끝납니까?   **I still have a lot to do.** 저는 할 일이 많습니다.
already 이미 끝났다
When should we complete the marketing analysis? 언제 그 마케팅 분석을 완성해야만 합니까?   **I already submitted it.** 저는 이미 그것을 제출했습니다.
반문
When will the survey results of the new products be released? 신제품의 설문조사 결과가 언제 발표됩니까?   **Have they been completed?** 완성이 되었습니까?
간접적인 대답, 대안 제시
When will the bus come to take us to the city hall? 시청에 가는 버스가 언제 올 예정입니까?   **John will give us a ride.** John이 우리를 태워 줄 거예요.

STEP 2
모범 받아쓰기 답안

When / payment

(A) hasn't / processed
(B) Yes / good
(C) In cash

❶	Yes / No 오류
❷	다른 의문사에 대한 답변
❸	주어 오류
❹	유사 발음/동일 어휘/연상 어휘 오류
❺	시제 오류

STEP 3
꼼꼼한 분석

When will the payment for the travel expenses be reimbursed?
언제 지급이 될 것인지를 묻는 문제로 When / payment가 첫 3단어이다.

(A) Hasn't it been processed yet?
정답: '아직 발급을 안 했느냐' 되묻는 반문 형태의 정답이다.

(B) Yes, it was very good.
❶ Yes / No 오류: 의문사의 질문에는 Yes /No의 답변은 오답이다.

(C) In cash.
❷ 다른 의문사에 대한 답변: How 질문의 답변이다.

STEP 4
REACTION 훈련

(A) 정답
(B) Was the concert ~?
Yes, it was very good.
(C) How do you ~?
In cash.

5. Where 의문문 한눈에 보기

주요 출제 패턴

Where 의문문은 매달 평균 1~2문제씩 출제된다. 장소가 답으로 나오는 정형화된 정답 유형을 지니기 때문에 비교적 쉽게 정답을 찾을 수 있다. 그러나 최근에는 장소에서 벗어나 출처를 묻거나 대상을 묻는 질문들로 사람이 답이 되거나 신문, 광고 등의 출처가 답이 되는 경우도 출제 비중이 높아지고 있다.

또한 보기에 장소가 두 개씩 등장하는 경우가 많아지면서 좀 더 세심하게 들어야 하는데
(1) 질문이 미래형 vs. 과거형, (2) 출처(from) vs. 이동의 방향(to), (3) 장소의 크기 등을 판단하며 들어야 하는 고난이도 문제들도 등장하고 있다.

1. Where 의문문은 장소로 대답한다. – 장소 부사나 〈전치사 + 명사〉의 장소로 답한다.
2. Where 의문문은 Yes /No로 답할 수 없다. 유사 발음 또한 답이 될 수 없다.
3. Where 의문문은 사람, 부서, 회사 등으로 대답할 수 있다. '누구로부터 들었다, 누가 가지고 갔다' 등
4. 출처로는 신문, 광고, 라디오, 사람들 등이 될 수 있다.
5. Where 의문문이 미래형인지 과거형인지를 잘 들어야 한다.
6. Where 의문문은 출처를 묻기도 하고 대상을 묻기도 한다.
7. '아직 받지 못했다 /모르겠다 /~에게 물어봐라' 등의 표현은 항상 답이 된다.
8. Where 의문문의 보기가 모두 장소일 때에는 전치사를 주의해야 한다.

주의 ▶ Where의 답이 항상 장소가 되는 것은 아니다!

1. 어디 있는지 모른다 /아직 받지 못했다: I don't know. /I haven't received it yet.

2. 최근에는 단순히 '모르겠다'는 답에서 '어디에 있는지 모르니까 찾아봐라' 혹은 '물어보라'는 유형으로 진화하고 있다.
How can I get to West City Pharmacy? West City 약국에 어떻게 갈 수 있나요?
I've never been there before. 저는 전에 거기를 가 보지 못했습니다.

3. 반문 – 질문에 대한 추가 관련 질문을 다시 한다.
Where do you go for car repairs? 차를 고치러 어디로 가나요?
Why? Is there something wrong with yours? 왜요? 당신 차에 문제라도 있나요?

Where did you put the gardening catalogue? 정원 가꾸기 카탈로그를 어디에 두었나요?
Isn't it on the desk? 책상 위에 있지 않나요?

4. 과거형 동사와 전치사 주의
Where did you get these files? 이 파일은 어디서 얻었나요?
(A) Leave them there. 거기에 두세요. (X)
(B) From the manager. 매니저로부터요. (O)

Where did John leave the agenda? John은 어디에 이 안건을 두었나요?
(A) On the table. 테이블 위에요. (O)
(B) From New York. 뉴욕에서요. (X)

[Where] 장소는 시제와 전치사를 주의하라.

MP3-045

▶ Where 질문에 Yes/No로 답할 수 없다.

▶ 평균 2문제가 출제되며 Where 의 현재형 질문은 at/in/on 등 현재 의 위치를 보여 주는 전치사를 동반 한다.

▶ Where의 과거형은 주로 '어디에 두었느냐, 얻었느냐, 샀느냐'를 묻기 때문에 〈form/at+장소/지점/사람/ 출처〉 등이 답이 된다.

▶ 보기 중에 시간의 오답이 있다.

STEP 1
시험에 이렇게 나온다

첫 3단어를 받아써 보세요.
※첫 3단어란, 의문사를 포함한 핵심 단어, 오류/정답 근거가 되는 단어를 말해요.

Q 23. _____

(A) _____ ☐

(B) _____ ☐

(C) _____ ☐

난이도 분석

〈Where + 과거형〉 질문과 답변

Where + 과거형 질문: Where did you put / leave / get / buy ~?

① 장소/지점 전치사구 (at/on/in + 지점/공간 명사)
On your desk. / In your mail box. / In the room. 책상에./우편함에./방에.

② 출처의 표현 (from + 명사 / 출처 관련 과거 시제)
From the manager. / My cousin gave it to me. 매니저에게서요./사촌이 그것을 제게 줬어요.

③ '모르겠다'는 항상 답이 된다.
Check the top drawer. 서랍 맨 위칸을 확인해 보세요.

STEP 2
모범 받아쓰기 답안

Where did you see

(A) On the /website
(B) assistant position
(C) long ago

❶	Yes /No 오류
❷	다른 의문사에 대한 답변
❸	주어 오류
❹	유사 발음/동일 어휘/연상 어휘 오류
❺	시제 오류

STEP 3
꼼꼼한 분석

Where did you see the job advertised?
〈Where + 과거형〉 질문으로 '어디에서 보았느냐' 의 출처를 묻는다.

(A) On the company website.
정답: 〈Where + 과거형〉 질문은 위치나 장소, 출 처에 대한 답변을 한다.

(B) An assistant position.
❷ 다른 의문사에 대한 답변: What 질문의 답변 이다.

(C) Not too long ago.
❷ 다른 의문사에 대한 답변: '너무 오래 전은 아 니야'라는 과거 시점의 답변은 When 질문의 답 변이다.

STEP 4
REACTION 훈련

(A) 정답
(B) What is ~?
An assistant position.
(C) When did you ~?
Not too long ago.

[Where] 정지 상태 vs. 이동 방향

MP3-046

▶ Where의 미래형 질문, 주로 '어디에 두어야 하는가'를 묻는 질문은 ① 이동 방향 전치사 to, ② 명령문으로 답한다.

▶ Where did you leave the book?
In the drawer. – (정답) 현재나 과거의 답이다. (in은 현재나 과거의 정지 상태를 보여 준다.)
To Seoul. – (오답) to는 미래의 답이다. (to는 어디로 이동하라는 방향을 알려 준다.)

STEP 1
시험에 이렇게 나온다

첫 3단어를 받아써 보세요.
※첫 3단어란, 의문사를 포함한 핵심 단어, 오류/정답 근거가 되는 단어를 말해요.

Q 24. _____

(A) _____ ☐

(B) _____ ☐

(C) _____ ☐

난이도 분석

〈Where + 미래형〉 질문과 답변

> Where + 미래형 질문: **Where can I leave ～?** / **Where should I put ～?**

① 방향의 전치사구: **to/into/down** + 장소 명사
Where do you want me to place the files? 파일을 어디에 둘까요?
On the top of the bookcase. 책장 맨 위에 두세요.

Where should I put these boxes? 이 상자들을 어디에 둘까요?
On the table by the door. 문 옆의 테이블 위에요.

② 명령문(～해라): 동사원형 ～ / **You should ～** / **You can ～**
Where can I buy some postage stamps? 어디서 우표를 살 수 있나요?
Try the shop next door. 옆집의 상점에 가 보세요.

STEP 2
모범 받아쓰기 답안

> Where should I attach

(A) attachment
(B) To the top
(C) I brought

❶	Yes /No 오류
❷	다른 의문사에 대한 답변
❸	주어 오류
❹	유사 발음/동일 어휘/연상 어휘 오류
❺	시제 오류

STEP 3
꼼꼼한 분석

Where should I attach this photograph?
'어디에 ～해야만 하는가?'를 묻는 질문으로 Where should I attach가 첫 3단어이다.

(A) A different attachment.
❹ 유사 발음 오류: 질문의 동사 attach의 명사형인 attachment를 반복한 답변이다.

(B) To the top of the form.
정답: Where의 미래형 질문은 방향을 나타내는 전치사구가 정답이다.

(C) I brought my camera.
❺ 시제 오류: 질문은 미래이고, 답변은 과거이므로 오답이다.

STEP 4
REACTION 훈련

(A) What kind of ~?
A different attachment.
(B) 정답
(C) What did you ~?
I brought my camera.

5-3

[Where] 사람이나 신문, 뉴스, 광고, website 등의 출처로 답변한다.

▶ 최근에는 장소가 아닌 출처나 대상을 언급한다.

STEP 1
시험에 이렇게 나온다

첫 3단어를 받아써 보세요.
※ 첫 3단어란, 의문사를 포함한 핵심 단어, 오류/정답 근거가 되는 단어를 말해요.

Q 25. _____

(A) _____ ☐

(B) _____ ☐

(C) _____ ☐

PART 2

사람/신문/광고/뉴스로 대답하는 Where 의문문

질문 ▶
Where did you get /find /hear /learn ~? 어디서 얻었습니까 / 찾았습니까 / 들었나요 / 배웠나요?

정답 ▶
① **From + 사람/신문/광고/뉴스: From the advertisement. /From one of my colleagues.**
② 과거 시제: **Your security took it.** 당신의 보안 요원이 그것을 가져갔습니다.
　　　　　　It was a gift. 그것은 선물이었습니다.
③ 지나가다 들렸다, 소문으로 들었다

질문 ▶ **Where are the results?** 그 결과는 어디에 있습니까?

정답 ▶ '누가 가져갔다, 누가 가지고 있다'
① **The manager has them.** 매니저가 갖고 있습니다.
② **Check the bottom drawer.** 첫 번째 서랍을 확인하세요.
③ **There's a notice board near the elevator.** 엘리베이터 근처의 공지 게시판이 있습니다.

STEP 2
모범 받아쓰기 답안

> Where did Bill find

(A) In /April
(B) Margaret gave
(C) fine

❶	Yes /No 오류
❷	다른 의문사에 대한 답변
❸	주어 오류
❹	유사 발음/동일 어휘/연상 어휘 오류
❺	시제 오류

STEP 3
꼼꼼한 분석

Where did Bill find the letter?
'어디서 찾았니?'의 출처를 묻는 질문으로 Where did Bill find가 첫 3단어이다.

(A) In the middle of April.
❷ 다른 의문사에 대한 답변: 시점을 나타내는 When 질문의 답변이다.

(B) Margaret gave it to him.
정답: 출처로 사람을 나타내는 정답이다.

(C) It's fine with me.
❹ 유사 발음 오류: 질문의 find와 비슷한 발음의 fine을 이용한 답변이다.

STEP 4
REACTION 훈련

(A) When is ~? In the middle of April.
(B) 정답
(C) What about ~? It's fine with me.

5-4 [Where] 보기에 2개의 장소가 언급되면 장소의 크기가 답을 결정한다.

MP3-048

▶ 장소 명사들이 보기에 2개 이상 등장하면서 난이도가 높아진다.

STEP 1
시험에 이렇게 나온다

첫 3단어를 받아써 보세요.
※첫 3단어란, 의문사를 포함한 핵심 단어, 오류/정답 근거가 되는 단어를 말해요.

Q 26. _____

(A) _____ ☐

(B) _____ ☐

(C) _____ ☐

출처를 묻는 질문과 답변

보기에 장소 명사가 2개 이상 언급되면 크기가 큰 장소가 정답이다.

Where is Michael going? Michael은 어디에 가나요?
(A) **On the desk**. 책상 위에요.
(B) **To Marseille**. 마르세이유에요.

→ **Where** 질문의 고난이도 유형의 문제로 장소 명사가 두 개 이상 언급 될 때에는 장소의 상대적인 크기를 구분할 수 있는 것을 언급한다. 질문은 **Michael**이 떠나는 장소를 묻는 문제로, 사람이 주어일 때는 desk와 **Marseille** 중 크기가 큰 **Marseille**가 정답이다.

Where's the closest railway station? 가장 가까운 기차역은 어디입니까?
(A) **On the train to Brussels**. 브뤼셀로 가는 열차에서요.
(B) **Near the post office**. 우체국 근처에요.

→ 질문의 주어가 사물이므로, **Brussels**와 **post office** 중 장소의 크기가 작은 (**B**)가 정답이 된다.

STEP 2
모범 받아쓰기 답안

> Where can I buy

(A) In /row
(B) No /buy
(C) At /theater

❶	Yes /No 오류
❷	다른 의문사에 대한 답변
❸	주어 오류
❹	유사 발음/동일 어휘/연상 어휘 오류
❺	시제 오류

STEP 3
꼼꼼한 분석

Where can I buy tickets for tonight's play?
'어디서 살 수 있나요'의 질문으로 Where can I buy가 첫 3단어이다.

(A) **In the second row.**
❹ **유사 발음 오류**: 질문의 play(연극)에서 row(열)를 연상시키는 답변이다.

(B) **No, I didn't buy it.**
❶ Yes /No 오류: 의문사 질문에서는 Yes /No 답변을 하지 않는다.

(C) **At the theater.**
정답: 사람 주어가 buy할 수 있는 장소로 row와 theater 중 크기가 큰 theater가 정답이다.

STEP 4
REACTION 훈련

(A) Where is the item ~?
In the second row.
(B) Did you purchase ~?
No, I didn't buy it.
(C) 정답

[Where] 고득점 유형 1
– 장소를 시간으로 답변하는 최신 경향 문제

5-5

MP3-049

▶ Where 질문에 시간 부사로 답하는 고난이도의 정답 유형이다.

▶ 주로 변명이나 상황 설명으로 답하는 유형이다.

STEP 1
시험에 이렇게 나온다

첫 3단어를 받아써 보세요.

※첫 3단어란, 의문사를 포함한 핵심 단어, 오류/정답 근거가 되는 단어를 말해요.

Q 27. _____

(A) _____ ☐

(B) _____ ☐

(C) _____ ☐

PART 2

최신 경향 – Where 질문에 시간으로 대답

대상의 위치를 묻는 질문에 대해 변명조의 답변으로 시간 부사를 이용한다.

질문 ▶ **Where are ~?** 어디에 있습니까?, 어디에서 열리나요?

Where are the half-priced books? 반값 책은 어디에 있습니까?
Where should we take our clients for lunch? 고객과의 점심을 어디에서 해야만 합니까?

정답 ▶

That sale ended last week. 세일은 지난주에 끝났습니다. (이제는 없습니다.)
I decided the last time. 지난번에 제가 정했습니다. (이번에는 당신이 정하세요.)

STEP 2
모범 받아쓰기 답안

> Where will/attendees
> be staying?

(A) Unless/pays
(B) on/security solutions
(C) They informed/
yesterday

❶	Yes/No 오류
❷	다른 의문사에 대한 답변
❸	주어 오류
❹	유사 발음/동일 어휘/연상 어휘 오류
❺	시제 오류

STEP 3
꼼꼼한 분석

Where will the conference attendees be staying?
'어디서 머물 예정인가'의 질문으로 Where will / attendees be staying이 첫 3단어이다.

(A) Unless the company pays.
❷ **다른 의문사에 대한 답변**: Should I pay의 답이다.

(B) It is on the security solutions.
❷ **다른 의문사에 대한 답변**: 주제를 나타내는 What 질문의 답변이다.

(C) They informed Susan yesterday.
정답: '그들이 어제 Susan에게 알려 줬다.', 즉 Susan이 알고 있다는 정답이다.

STEP 4
REACTION 훈련

(A) Should I pay ~?
Unless the company pays.
(B) What is the conference about? It is on the security solutions.
(C) 정답

[Where] 고득점 유형 2
– John에게 물어보세요.(Ask John.)

MP3-**050**

▶ '모르겠다. 제3자에게 물어봐라 (확인해 봐라)' 식의 돌려 말하기 표현을 익혀 두자.

STEP 1
시험에 이렇게 나온다

첫 3단어를 받아써 보세요.

※첫 3단어란, 의문사를 포함한 핵심 단어, 오류/정답 근거가 되는 단어를 말해요.

Q 28. _____

(A) _____ ☐

(B) _____ ☐

(C) _____ ☐

제3자를 이용한 '돌려 말하기'의 최신 기출 표현

Let's ask our supervisor. 저희 상사에게 물어보세요.
We won't know until March. 3월이 되어야 알 수 있습니다.
Ms. Ramirez has a floor plan. Ramirez 씨가 평면도를 가지고 있습니다.
Kiko left them there. Kiko 씨가 거기에 그것들을 두었습니다.
Jennifer's more familiar with the vendors. Jennifer 씨가 그 업체들을 잘 알고 있어요.
Messy emailed them. Messy 씨가 그것들을 이메일로 보냈어요.
Everyone should make an appointment online. 모든 사람들은 온라인으로 약속해야만 합니다.
Mohamed made all those arrangements. Mohamed 씨가 모든 준비를 했어요.

STEP 2
모범 받아쓰기 답안

> Where are /reports

(A) Kiko /know
(B) As soon as
(C) was interesting

❶	Yes /No 오류
❷	다른 의문사에 대한 답변
❸	주어 오류
❹	유사 발음/동일 어휘/연상 어휘 오류
❺	시제 오류

STEP 3
꼼꼼한 분석

Where are the budget reports for our department?
'어디에 있나요'의 질문으로 Where are / reports 가 첫 3단어이다.

(A) Kiko might know.
정답: '제3자라면 알 수 있을 거예요', 즉 '나는 모르니 다른 사람에게 물어보세요'의 의미로 정답이다.

(B) As soon as they arrived.
❷ 다른 의문사에 대한 답변: When의 응답이다.

(C) It was interesting.
❺ 시제 오류: 질문의 시제는 현재이고, 응답의 시제는 과거이므로 오답이다.

STEP 4
REACTION 훈련

(A) 정답
(B) When will ~?
As soon as they arrived.
(C) How was ~?
It was interesting.

6. How 의문문 한눈에 보기

주요 출제 패턴

How 의문문은 매달 1~2문제 정도 출제되며, 다음과 같이 크게 2가지 유형이다.

- 〈How + 형용사/명사〉 (How long, How many, How much…)
  '정도'를 묻는 질문은 구체적인 숫자나 양 또는 추상적인 개념(ex. It shouldn't take much longer. 그리 오래 걸리진 않아요.)으로 답한다.

- 〈How + 동사〉
  '방법'이나, '의견'을 묻는 질문은 비교적 평이한 난이도에 속한다. 그러나 '의견'이나 '진행 상황'을 묻는 경우, 구어체적 표현이 질문으로 출제되므로 질문과 빈출 답을 따로 외워 놓아야 한다.

시험에는 이렇게 나온다.

1. How는 뒤에 따라오는 형용사나 부사에 맞추어 답을 한다.

▶ How long – 일반적으로 '기간'이나 '소요 시간'으로 답한다.
▶ How many – 수로 답한다. 주로 '사람의 수'를 묻는다거나 날짜, 짐이나 박스 등의 '물건의 수량'을 묻는다.
▶ How much – '가격'이나 '소요 시간'을 묻는다.
   ex. How much does it cost? 얼마인가요?
      How much time do you need? 얼마나 걸리나요?
▶ How often - '빈도'를 묻는 질문에 주로 every, per, a 등의 '횟수나 빈도'를 확인할 수 있는 표현으로 답한다.
▶ How late – '얼마나 늦게'의 시간을 묻고, 시간으로 답을 한다.
   ex. How late is the store open tonight? 그 상점은 오늘 밤 몇 시까지 문을 여나요?
▶ How far – '얼마나 먼지, 얼마나 떨어져 있는지'를 묻는 질문에 '걸어서 몇 분 거리다'라고 답하기도 한다.
▶ How soon – '얼마나 빨리' 일이 진행되는지를 묻고, 시간으로 답을 한다.

2. How do/be/조동사의문문은 주로 수단과 방법을 묻는 질문이다.

3. How about ~?은 권유의 질문으로 '승낙 혹은 거절'의 답이나 That's good. 등의 답을 선택한다.

4. How를 이용한 질문은 의견, 상태 등을 주로 묻는다.

▶ How do you like ~? – 어떤가요? (의견)
▶ How is it going? – 어떻게 되어 가나요? (상태)
▶ How does she look like? 그녀는 어떻게 생겼나요? (외모)
▶ How come ~? – 왜 그런가요? (이유)

5. How get/arrange + 장소? – 교통수단 등으로 답한다.

How are we going to the stadium? 경기장에 어떻게 갑니까?
I called a taxi. 저는 택시를 불렀어요.

How do I get to the fitness center? 피트니스 센터에 어떻게 가죠?
Turn left at the corner. 모퉁이에서 좌회전하세요.

6. I don't know 등의 회피성 답변이 나올 수 있기 때문에 다양한 의견이나 진행 상황을 미리 공부해 놓아야 한다.

[How] 〈How + 형용사 / 부사〉는 숫자나 수량형용사로 답한다.

MP3-051

▶ Yes/No로 답할 수 없다.
▶ 〈How + 형용사 / 부사〉는 최근 How 질문 유형 중 평균 1~2문제가 출제된다.
▶ 숫자나 수량형용사를 동반한 답변을 한다.

STEP 1
시험에 이렇게 나온다

첫 3단어를 받아써 보세요.
※첫 3단어란, 의문사를 포함한 핵심 단어, 오류/정답 근거가 되는 단어를 말해요.

Q 29. _____

(A) _____ ☐

(B) _____ ☐

(C) _____ ☐

〈How + 형용사/부사〉 질문과 답변 유형

질문	답변
How long (기간, 소요 시간)	for two hours 2시간 동안 It takes about three weeks. 3주가 걸립니다. the rest of the month 그 달의 나머지 enough time to do ~하기에 시간이 충분한
How many (수)	50 boxes 50개 상자 200 people 200명의 사람들
How much (가격, 소요 시간)	200 dollars 200달러
How often (빈도, 횟수)	three times a week 일주일에 3번 every Monday 월요일마다
How late (얼마나 늦게까지)	until 10 p.m. 오후 10시까지 at 9 o'clock 9시에
How far (얼마나 먼지)	10 minutes away 10분 먼 three miles 3마일
How soon (얼마나 빨리)	by the end of the day 그날 오후까지 in an hour 한 시간 내로 tomorrow morning 내일 아침

STEP 2
모범 받아쓰기 답안

How soon / you finish

(A) Yes / she
(B) In about an hour
(C) It's closed

❶	Yes / No 오류
❷	다른 의문사에 대한 답변
❸	주어 오류
❹	유사 발음/동일 어휘/연상 어휘 오류
❺	시제 오류

STEP 3
꼼꼼한 분석

How soon will you finish the trend report?
'얼마나 빨리 끝낼 것인가?'의 질문으로 How soon / you finish가 첫 3단어이다.

(A) Yes, she said she would.
❶ Yes / No 오류: 의문사 질문에는 Yes / No로 답할 수 없다.

(B) In about an hour.
정답: How soon 질문에 시점으로 답변한 정답이다.

(C) It's closed today.
❷ 다른 의문사에 대한 답변: When 질문의 답변이다.

STEP 4
REACTION 훈련

(A) Did she ~? Yes, she said she would.
(B) 정답
(C) When is the ~? It's closed today.

[How] ⟨How + do/조동사⟩는 방법이나 수단으로 답한다.

6-2

MP3-**052**

▶ How do / can / should 등으로 시작하는 방법을 묻는 질문에 대한 답은 주로 명령문, by ~ing, '누구에게 물어봐라, 누가 알려 줄 것이다, 무엇을 확인해 봐라' 등이 답이 된다.

STEP 1
시험에 이렇게 나온다

첫 3단어를 받아써 보세요.
※첫 3단어란, 의문사를 포함한 핵심 단어, 오류/정답 근거가 되는 단어를 말해요.

Q 30. _____

(A) _____ ☐

(B) _____ ☐

(C) _____ ☐

PART 2

수단/방법의 질문과 답변 유형

1 How can/should I ~? 제가 어떻게 할 수 있나요?

① 명령문 ② You should ~ ③ by ~ing ④ '누가 도와줄 것이다'	**Just dial zero.** 0번으로 전화하세요. **You should check it online.** 온라인으로 그것을 확인하세요. **By the tracking number on your order form.** 귀하의 주문서에 있는 추적 번호로요. **I'll show you.** 제가 보여 드리겠습니다. **Here's a copy of the manual.** 여기 매뉴얼의 사본이 있습니다. **Kelly will take care of that.** Kelly 씨가 그것을 처리할 것입니다. **You can use mine.** 당신은 제 것을 사용하실 수 있습니다.

2 How ~ get to + 장소? 어떻게 가나요?

① 교통수단 (by + 교통수단)	**By bicycle.** 자전거로요. **I take the local train.** 저는 지역 열차를 탑니다. **Sorry, I'm not from around here.** 미안합니다만, 저는 여기 근처에 살지 않습니다.

STEP 2
모범 받아쓰기 답안

How do I participate

(A) No/part-time
(B) The winner/100
(C) The instructions/website

❶	Yes /No 오류
❷	다른 의문사에 대한 답변
❸	주어 오류
❹	유사 발음/동일 어휘/연상 어휘 오류
❺	시제 오류

STEP 3
꼼꼼한 분석

How do I participate in your competition?
'어떻게 제가 하나요?'의 미래형 1인칭 질문으로 How do I participate가 첫 3단어이다.

(A) No, I don't want a part-time job.
❶ Yes /No 오류: 의문사 질문에는 Yes /No로 답하지 않는다.

(B) The winner gets $100.
❷ 다른 의문사에 대한 답변: How much의 답변이다.

(C) The instructions are on our website.
정답: 방법을 묻는 How 질문에 방법 부사구 on our website로 답변한 정답이다.

STEP 4
REACTION 훈련

(A) Do you ~? No, I don't want a part-time job.
(B) How much ~? The winner gets $100.
(C) 정답

[How] How be ~는 상태나 의견의 형용사로 답한다.

MP3-053

▶ 상태나 의견은 구어체적 질문과 답변이 출제되므로 관련 표현을 암기해 둘 필요가 있다.

▶ 주로 형용사나 부사를 이용해 답변하며, I enjoyed it a lot.과 같은 의견을 나타내는 동사 답변도 나온다.

STEP 1
시험에 이렇게 나온다

첫 3단어를 받아써 보세요.
※첫 3단어란, 의문사를 포함한 핵심 단어, 오류/정답 근거가 되는 단어를 말해요.

Q 31. _____

(A) _____ ☐

(B) _____ ☐

(C) _____ ☐

상태/의견의 질문과 답변 유형

1 How be 동사 + 주어: 상태에 대한 의견을 묻는 유형	
How was my speech yesterday? 어제 제 연설이 어땠나요?	
① 형용사 답변 ② enjoy /learn /like 동사를 이용한 답변	① It was interesting. 흥미로웠어요. ② I learned a lot. 많이 배웠습니다.

2 How do you like ~: 상대의 의견을 묻는 유형	
How do you like the new apartment? 새 아파트는 어때요?	
① 상태 /판단의 형용사 답변 ② enjoy /learn /like 동사 답변	① It looks nice. 좋아 보여요. ② It's more spacious. 더 넓어요.

3 How did ~? /How would you like ~?	
How did the director react? 그 디렉터는 어떻게 반응했나요?	She was delighted, of course. 물론 기뻐했습니다.
How would you like your coffee? 커피를 어떻게 해 드릴까요?	With cream, please. 크림을 넣어 주세요.

STEP 2
모범 받아쓰기 답안

How is/campaign going

(A) Better
(B) Yes
(C) came by 2 p.m.

❶	Yes /No 오류
❷	다른 의문사에 대한 답변
❸	주어 오류
❹	유사 발음/동일 어휘/연상 어휘 오류
❺	시제 오류

STEP 3
꼼꼼한 분석

How is the advertising campaign going?
진행 상황을 묻는 질문으로 How is / campaign going이 첫 3단어이다.

(A) Better than expected.
정답: 형용사를 이용한 상태를 묻는 질문에 대한 답변이다.

(B) Yes, it's a healthy lifestyle.
❶ Yes /No 오류: 의문사 질문에는 Yes /No로 답하지 않는다.

(C) It came by 2 p.m.
❷ 다른 의문사에 대한 답변: 시점을 나타내는 When 질문의 답변이다.

STEP 4
REACTION 훈련

(A) 정답
(B) Is it ~? Yes, it's a healthy lifestyle.
(C) When did it ~? It came by 2 p.m.

[How] 사람/광고/신문/책 등의 출처로 답한다.

MP3-**054**

▶ How를 이용하여 '정보의 출처'를 묻는 고난이도 유형이다.

▶ How did you learn/find/hear ~?로 질문하고, 다양한 출처로 대답한다.

STEP 1
시험에 이렇게 나온다

첫 3단어를 받아써 보세요.
※첫 3단어란, 의문사를 포함한 핵심 단어, 오류/정답 근거가 되는 단어를 말해요.

Q 32. _____

(A) _____ ☐

(B) _____ ☐

(C) _____ ☐

출처를 묻는 질문과 답변 유형

질문 ▶ How did you learn/find/hear ~?

How did you learn/hear of the vacancies? 그 일자리를 어떻게 알게 되었습니까?
① '사람/광고/신문/책'을 언급한다.
They're available on our website. 그것들은 저희 웹사이트에서 이용할 수 있습니다.
② '오다가다 보았다'로 언급한다.
I saw your advertisement on your store. 당신의 상점에서 광고를 보았습니다.
③ '추천을 받았다'
My colleague recommended it. 제 동료가 그것을 추천했습니다.
④ '자신의 개인사'를 언급한다. (전공이 프랑스어이다, 내가 중국에서 태어났다.)

답변 ▶ <How do you get to + 장소>는 교통수단, 길 안내 등으로 답변한다.

How do you get to the shopping center from here? 여기에서 쇼핑센터로 어떻게 갑니까?
① **Turn left at Alderman Bank.** Alderman 은행에서 좌회전하세요.
② **Take a taxi.** 택시를 타세요.

STEP 2
모범 받아쓰기 답안

> How did you learn

(A) I saw /advertisement
(B) in a day
(C) Several /learning

❶	Yes /No 오류
❷	다른 의문사에 대한 답변
❸	주어 오류
❹	유사 발음/동일 어휘/연상 어휘 오류
❺	시제 오류

STEP 3
꼼꼼한 분석

How did you learn about the job opening?
'어떻게 알았나요?'의 출처를 묻는 질문으로 How did you learn이 첫 3단어이다.

(A) I saw an advertisement.
정답: 광고/웹사이트/사람 등의 출처를 이용한 정답이다.

(B) Probably in a day or so.
❷ **다른 의문사에 대한 답변:** in a day는 기간(하루 동안) 또는 시점(하루 이후)으로 How long /When 질문의 답변이다.

(C) Several required the learning courses.
❹ **유사 발음 오류:** 질문에 나온 learn의 파생어

STEP 4
REACTION 훈련

인 learning을 이용한 답변이다.
(A) 정답
(B) When will you ~?
Probably in a day or so.
(C) How many ~?
Several required the learning courses.

6-5 [How] How의 다양한 구어체 질문

MP3-**055**

▶ 최신 토익 경향은 구어체 질문과 답변으로, How는 수단, 방법, 정도 외에도 다양한 표현의 질문이 가능하므로 고득점을 위해 미리 정리해야 한다.

STEP 1
시험에 이렇게 나온다

첫 3단어를 받아써 보세요.
※첫 3단어란, 의문사를 포함한 핵심 단어, 오류/정답 근거가 되는 단어를 말해요.

Q 33. _____

(A) _____ ☐

(B) _____ ☐

(C) _____ ☐

How의 다양한 질문들

1 How do you like ~ (의견) → 의견, 감정, 상태 형용사나 부사로 답한다.

2 How come ~ (이유) → Why와 같은 질문이다.

3 How is it going/coming along? → 진행 상태의 형용사나 부사로 답한다.

4 How does she look like? (외모)

STEP 2
모범 받아쓰기 답안

┌─────────────────────────┐
│   How do you like   │
└─────────────────────────┘

(A) He's/today
(B) No/not a present
(C) He's/friendly

❶	Yes/No 오류
❷	다른 의문사에 대한 답변
❸	주어 오류
❹	유사 발음/동일 어휘/연상 어휘 오류
❺	시제 오류

STEP 3
꼼꼼한 분석

How do you like the new vice president?
'새 상사가 어떤가요?'의 의견을 묻는 말로 How do you like가 첫 3단어이다.

(A) He's out of the office today.
❷ 다른 의문사에 대한 답변: Where 질문의 답변이다.

(B) No, not a present.
❶ Yes/No 오류: 의문사 질문에는 Yes/No로 답하지 않는다.

(C) He's very friendly.
정답: 형용사로 의견을 표현한 정답이다.

STEP 4
REACTION 훈련

(A) Where is he now ~? He's out of the office today.
(B) Is this ~? No, not a present.
(C) 정답

6-6 [How] 고득점 유형 1 – '확인해 보세요'

MP3-056

▶ '확인해 보겠다'는 '모르겠다' 유형은 대표적인 정답이다.

▶ I'll check / Let me check(내가 확인해 보겠다)가 기본이지만, Check on your desk와 같이 상대방에게 확인하라고 지시하는 답도 등장하고 있다.

▶ check의 동의어인 refer to(참조하다, 살펴보다), consult(살펴보다)의 출제 확률이 높다.

STEP 1
시험에 이렇게 나온다

첫 3단어를 받아써 보세요.
※첫 3단어란, 의문사를 포함한 핵심 단어, 오류/정답 근거가 되는 단어를 말해요.

Q 34. _____

(A) _____ ☐

(B) _____ ☐

(C) _____ ☐

PART 2

'확인하다' 관련 표현

1 내가 확인해 보겠다

I'll check the folder. 폴더를 확인할게요.
Let me check the schedule. 일정을 확인해 보겠습니다.
Would you like me to check for you? 제가 확인해 볼까요?

2 확인해 보세요 (명령문)

Let's check the file. 파일을 확인해 보죠.
Check your calendar. 달력을 확인해 보세요.

3 Check의 대체 표현

Refer to the manual. 매뉴얼을 살펴보세요.
Consult the instructions. 설명서를 살펴보세요.
ex. How often will I need to report to my supervisor? 제 상관에게 얼마나 자주 보고할까요?
It's in the employee handbook. 그것은 직원 안내서에 나와 있습니다.

STEP 2
모범 받아쓰기 답안

How long will/stay

(A) Let me check
(B) It was
(C) In Shanghai

❶	Yes / No 오류
❷	다른 의문사에 대한 답변
❸	주어 오류
❹	유사 발음/동일 어휘/연상 어휘 오류
❺	시제 오류

STEP 3
꼼꼼한 분석

How long will the president stay in Singapore?
'얼마나 머물 것인가'의 기간을 묻는 How long 질문이다.

(A) Let me check his schedule.
정답: 질문과 관계없이 '확인해 보겠다'고 하면 정답이다.

(B) It was a long trip.
❺ 시제 오류: 질문은 will, 답변은 was로 시제 불일치 답변이다.

(C) In Shanghai.
❷ 다른 의문사에 대한 답변: Where 질문의 답변이다.

STEP 4
REACTION 훈련

(A) 정답
(B) How was ~?
It was a long trip.
(C) Where will ~?
In Shanghai.

[How] 고득점 유형 2 – How 최고 난이도

MP3-057

▶ How 질문에 대한 답으로 반문 표현, '아직 모른다' 형의 답변, 간접적으로 돌려 말하는 답변 등이 가능하므로 고득점을 위해 미리 정리해야 한다.

STEP 1
시험에 이렇게 나온다

첫 3단어를 받아써 보세요.
※첫 3단어란, 의문사를 포함한 핵심 단어, 오류/정답 근거가 되는 단어를 말해요.

Q 35. _____

(A) _____ ☐

(B) _____ ☐

(C) _____ ☐

How 질문의 답변 유형

1. 반문

How much should I pay to fix this computer? 이 컴퓨터를 고치는 데 얼마를 내야만 합니까?
Is it still under warranty? 보증 기간인가요?

How much will it cost to send it? 그것을 보내는 데 비용이 얼마나 듭니까?
When do you expect it to arrive? 언제 도착하기를 예상하시나요?

2. 아직 모른다

How will the new vice president of marketing be appointed? 신입 마케팅 부사장이 어떻게 임명될 예정인가요?
I haven't heard anything. 저는 어떤 것도 듣지 못했습니다.

How many projects will we work on? 우리가 몇 개의 프로젝트를 작업할 예정인가요?
The supervisor has to finish the schedule first. 먼저 상사가 그 일정을 끝내야만 합니다.

3. 간접적인 대답

How did you like the restaurant? 그 식당 어땠어요?
You were right. The view was very nice. 당신이 맞았어요. 전망이 정말 좋더군요.

How's the delivery service at Marson Office Supplies? Marson 사무용품의 배송 서비스는 어떤가요?
I would go somewhere else. 전 다른 곳을 갈 거예요.

STEP 2
모범 받아쓰기 답안

How long / flight

(A) It was / good
(B) In / terminal
(C) enough time / review

❶	Yes / No 오류
❷	다른 의문사에 대한 답변
❸	주어 오류
❹	유사 발음/동일 어휘/연상 어휘 오류
❺	시제 오류

STEP 3
꼼꼼한 분석

How long is the flight to Malaysia?
시간이 얼마나 걸리는지를 묻는 How long 질문이다.

(A) It was a good day to fly.
❺ 시제 오류: 현재 시제의 질문에 과거로 답변한 오답이다.

(B) In the domestic terminal.
❷ 다른 의문사에 대한 답변: Where 질문의 답변이다.

(C) There'll be enough time to review this report.
정답: '얼마나 걸리는지'에 대해 '보고서를 검토해도 될 만큼 충분한 시간이 있다'고 간접적으로 답하고 있다.

STEP 4
REACTION 훈련

(A) How was ~?
It was a good day to fly.
(B) Where is ~?
In the domestic terminal.
(C) 정답

7. Why 의문문 한눈에 보기

주요 출제 패턴

Why 의문문은 매달 2-3문제 출제된다. 보통 원인이나 목적의 질문이 1-2문제, 제안을 나타내는 Why don't you 형 질문이 1문제 출제된다. 의문사 Why가 이유를 묻는다고 해서 because로 시작하는 답변만을 기대해선 곤란하다. 예전에는 이유나 목적을 나타내는 for /as /because /to 부정사 등이 출제되었으나 최근에는 because, for, so that 등이 생략된 평서문 형태가 정답으로 나오는 경우나 문제점을 직접적으로 설명하는 경우가 증가하고 있다.

1. Why로 물으면 이유와 목적을 나타내는 구와 절이 정답이다.

because (of), due to로, 직접적으로 '~때문에'로 답하거나
'~을 위해'라는 목적을 나타내는 in order to나 to 부정사도 답이 된다.

2. Why로 물으면 이유가 될 만한 negative(부정적인) 내용의 문장이 정답이다.

주로 '문제가 있어서, 바빠서, 고장이 나서 혹은 기억하지 못해서' 등 부정적인 내용이 답이 된다.

3. Why did not 종류의 질문은 비난의 뉘앙스를 가지고 있기 때문에 이유와 변명이 답이 된다.

Why did not /Why does not /Why was not 등의 질문이 이에 속한다.
항상 그렇듯이 Yes /No 혹은 유사 발음은 답이 될 수 없다!

4. Why don't ~는 권유, 제안의 질문으로 '승낙 또는 거절'로 답한다.

5. Why를 이용하지 않고 이유를 묻는 질문들

Why를 대신해 What is causing /What's is the reason for /How come /For what 등의 표현을 사용하는 질문들이다. 이 형태의 의문문은 What이나 How만을 듣고 접근하면 오답을 고를 확률이 매우 높다. 그러므로 자주 나오는 질문 형태를 완벽하게 외워 함정에 빠지지 않도록 한다. 예를 들어 What took만 듣고 take를 '데리고 가다'로 여겨 교통수단을 묻는 것으로 오인할 수 있는 질문 형태이다. 이 경우 〈What took 사람 + 장소〉는 사람이 어떤 장소에 온 이유를 뜻한다.

▶ What is causing all the noise outside? 밖에 왜 이렇게 시끄러운 거예요?
▶ What made you come in so early today? 오늘 왜 이렇게 빨리 왔어요?
▶ What took you so long to get here? 여기 오는데 왜 이렇게 오래 걸렸어요?
▶ What brings you here? 무슨 일로 오셨나요?

7-1

[Why] 이유나 변명을 언급한다.

MP3-**058**

▶ Yes나 No로 답할 수 없다.
▶ Why 질문은 평균 2문제가 출제되며 주로 이유나 변명의 표현들이 정답이다.

STEP 1
시험에 이렇게 나온다

첫 3단어를 받아써 보세요.
※첫 3단어란, 의문사를 포함한 핵심 단어, 오류/정답 근거가 되는 단어를 말해요.

Q 36. _____

(A) _____ ☐

(B) _____ ☐

(C) _____ ☐

이유나 변명을 나타내는 단어들

1 이유의 전치사와 접속사

due to / because of / because / as / since (~ 때문에)

Why was our proposal rejected? 우리 제안서가 왜 거절되었나요?
Because the funding was limited. 자금이 제한되었기 때문입니다.

2 최다 정답 표현 '승진했다, 이직했다, 전근 간다'

Why is Jane leaving the company? Jane은 왜 회사를 그만둡니까?
She found a job in London. 런던에 일자리를 구했답니다.

STEP 2
모범 받아쓰기 답안

Why / meeting / canceled

(A) Yes
(B) I'll meet him
(C) Because

❶	Yes / No 오류
❷	다른 의문사에 대한 답변
❸	주어 오류
❹	유사 발음/동일 어휘/연상 어휘 오류
❺	시제 오류

STEP 3
꼼꼼한 분석

Why was the meeting with the clients canceled?
'왜 취소되었느냐'의 이유를 묻는 질문으로 Why / meeting / canceled가 첫 3단어이다.

(A) Yes, I heard about that.
❶ Yes / No 오류: 의문사 질문에는 Yes / No 답변을 하지 않는다.

(B) I'll meet him at 2 p.m.
❹ 유사 발음 오류: 질문의 meeting과 유사 어휘인 meet을 이용한 답변이다.

(C) Because Martine can't come.
정답: Why의 기본 답변 패턴이다.

STEP 4
REACTION 훈련

(A) Did you hear ~? Yes, I heard about that.
(B) When will you ~? I'll meet him at 2 p.m.
(C) 정답

[Why] 부정적인 내용이 정답이다.

MP3-**059**

▶ Why의 답은 주로 이유나 변명으로, '문제가 있어서, 바빠서, 고장이 나서, 기억하지 못해서' 등의 부정적인 내용이 정답이다.

STEP 1
시험에 이렇게 나온다

첫 3단어를 받아써 보세요.
※ 첫 3단어란, 의문사를 포함한 핵심 단어, 오류/정답 근거가 되는 단어를 말해요.

Q 37. _____

(A) _____ ☐

(B) _____ ☐

(C) _____ ☐

부정적 상황을 나타내는 표현 정리

부정적 상황에 대한 이유를 묻는 질문에 부정적인 내용으로 대답한다.

① 다른 업무나 약속, 일정 등이 있다(바쁘다) **too busy / had to work late / had a meeting**

② 특별한 행사가 있다 / 휴일이다 **private event / holiday**

③ 교통 정체 / 기차를 놓쳤다 **a traffic jam / missed the train**

④ 안 좋은 날씨 / 기술적인 문제로 **bad weather / technical problem**

⑤ 할 일이 많아서 / 마감 **have a lot of work / deadline**

⑥ 통보를 받지 못해서 / 몰라서 / 기억하지 못해서 **I'm not sure.**

⑦ 기계가 고장 나서 / 재고가 없어서 **Sorry, our system is down. / We ran out of ink.**

⑧ 아직 기다리는 중이라서 / 아직도 작업 중이라서 **It's still under review.**

STEP 2
모범 받아쓰기 답안

| Why / director called |

(A) Monday
(B) call back
(C) Because / results / disappointing

❶	Yes / No 오류
❷	다른 의문사에 대한 답변
❸	주어 오류
❹	유사 발음 / 동일 어휘 / 연상 어휘 오류
❺	시제 오류

STEP 3
꼼꼼한 분석

Why has the marketing director called a staff meeting?
'왜 회의를 소집했나요'의 질문으로 Why / director called가 첫 3단어이다.

(A) I met them on Monday.
❷ 다른 의문사에 대한 답변: Monday는 When 질문의 답변이다.

(B) Please call back in two hours.
❹ 유사 발음 오류: 질문의 call은 '소집하다', 답변의 call은 '전화 걸다'로 동일 단어 다른 품사의 답변이다.

(C) Because the survey results were disappointing.
정답: 이유를 나타내는 정답이다.

STEP 4
REACTION 훈련

(A) When did you ~?
I met them on Monday.
(B) Can I ~? Please call back in two hours.
(C) 정답

[Why] in order to부정사
'하기 위하여'로 답한다.

MP3-**060**

▶ 이유나 변명의 부정적인 이유와 함께 Why의 빈출 정답은 '목적'이다.

▶ 〈in order to /to 부정사 /for 목적〉으로 답한다.

▶ should, need, have to (~해야만 한다) 또한 목적을 나타내는 답이 된다.

STEP 1
시험에 이렇게 나온다

첫 3단어를 받아써 보세요.
※첫 3단어란, 의문사를 포함한 핵심 단어, 오류/정답 근거가 되는 단어를 말해요.

Q 38. _____

(A) _____ ☐

(B) _____ ☐

(C) _____ ☐

목적을 보여 주는 표현들

1 to 부정사

Why did you call Ms. Nicols? Nicols 씨에게 왜 전화했나요?
To confirm the appointment. 약속을 확인하기 위해서요.

2 for

Why have they blocked off the highway? 왜 그들은 도로를 폐쇄했나요?
For the parade. 퍼레이드 때문입니다.

3 should, need, must, have to

Why is the financial forecast still not finished? 왜 재무 예측이 아직도 끝나지 않았나요?
We need to add some missing data. 빠진 데이터를 추가할 필요가 있습니다.

STEP 2
모범 받아쓰기 답안

Why did Dr. Colline post

(A) To help
(B) On the report
(C) By using

❶	Yes /No 오류
❷	다른 의문사에 대한 답변
❸	주어 오류
❹	유사 발음/동일 어휘/연상 어휘 오류
❺	시제 오류

STEP 3
꼼꼼한 분석

Why did Dr. Colline post the research results online?
'왜 했느냐'의 질문으로 Why did Dr. Colline post가 첫 3단어이다.

(A) To help other researchers.
정답: 행위의 이유에 대해 목적으로 대답하는 정답이다.

(B) On the report.
❷ 다른 의문사에 대한 답변: Where 질문의 답변이다.

(C) By using the security service.
❷ 다른 의문사에 대한 답변: 방법을 나타내는 How 질문의 답변이다.

STEP 4
REACTION 훈련

(A) 정답
(B) Where did you ~?
On the report.
(C) How can I ~?
By using the security service.

7-4

[Why] Why ~ not에는 두 가지 질문이 있다.

▶ 권유/제안 – Why don't you/ we/I ~ 등의 질문은 수락 또는 거절로 답한다.

▶ 비난/이유 – Why didn't you ~ 등의 질문은 이유와 변명으로 답한다.

STEP 1
시험에 이렇게 나온다

첫 3단어를 받아써 보세요.

※첫 3단어란, 의문사를 포함한 핵심 단어, 오류/정답 근거가 되는 단어를 말해요.

Q 39. _____

(A) _____ ☐

(B) _____ ☐

(C) _____ ☐

Why ~ not 질문 유형

1 권유/제안 Why don't you/we/I ~?

Why don't we go for lunch? 점심 먹으러 갈까요?
[승낙] **Yes, that's a good idea.** 네, 좋은 생각입니다.
[승낙] **Okay, let's go.** 네, 가시죠.
[거절] **Sorry, I don't have time to go.** 미안합니다만, 저는 갈 시간이 없습니다.

2 비난/이유 Why didn't you ~?

Why didn't Mr. Benson attend the meeting? Benson 씨는 왜 회의에 참석하지 않았나요?
Actually, he just moved it up a week. 사실, 그는 그것을 일주일 앞당겼습니다.
There was a scheduling conflict. 일정상의 충돌이 있었어요.

STEP 2
모범 받아쓰기 답안

> Why don't we ask for

(A) great idea
(B) She works
(C) No/a few days

❶	Yes/No 오류
❷	다른 의문사에 대한 답변
❸	주어 오류
❹	유사 발음/동일 어휘/연상 어휘 오류
❺	시제 오류

STEP 3
꼼꼼한 분석

Why don't we ask for two sales associates?
'요청하는 게 어때요?'의 권유/제안 의문문으로 Why don't we ask for가 첫 3단어이다.

(A) Yes, that's a great idea.
정답: 제안에 대해 수락하는 표현이다.

(B) She works in marketing.
❸ 주어 오류: she로 받을 수 있는 구체적인 명사가 질문에 없다.

(C) No, just a few days.
❷ 다른 의문사에 대한 답변: 권유 의문문에 No로 답변하지 않으며, a few days는 How long 질문의 답변이다.

STEP 4
REACTION 훈련

(A) 정답
(B) Where is she working ~?
She works in marketing.
(C) Will you stay ~?
No, just a few days.

[Why] Why 이외에 이유를 묻는 질문

MP3-**062**

▶ Why로 묻지 않아도 이유 / 변명 / 목적의 대답이 가능한 질문들에 주의하자.

STEP 1
시험에 이렇게 나온다

첫 3단어를 받아써 보세요.
※첫 3단어란, 의문사를 포함한 핵심 단어, 오류/정답 근거가 되는 단어를 말해요.

Q 40. _____

(A) _____ ☐

(B) _____ ☐

(C) _____ ☐

Why의 유사 질문

How come V ~? = For what V ~?

What is causing + 명사 ~? → 어떤 일이 생겨난 경위를 묻는다.
What make + 사람 + 동사 ~? → 사람이 ~하게 된 원인을 묻는다.
What bring/take + 사람 ~? → 사람이 ~하게 된 원인을 묻는다.
What's the reason for + 명사 ~? → 어떤 일이 생겨난 이유를 묻는다.
What's the purpose of + 명사 ~? → 어떤 일의 목적을 묻는다.

STEP 2
모범 받아쓰기 답안

What made you buy

(A) months ago
(B) behind us
(C) They sell out

❶	Yes / No 오류
❷	다른 의문사에 대한 답변
❸	주어 오류
❹	유사 발음/동일 어휘/연상 어휘 오류
❺	시제 오류

STEP 3
꼼꼼한 분석

What made you buy the tickets in advance?
'미리 구입하는 이유'를 묻는 질문으로 What made you buy가 첫 3단어이다.

(A) A few months ago.
❷ **다른 의문사에 대한 답변:** When 질문의 답변이다.

(B) Right behind us.
❹ **연상 어휘 오류:** 질문에 나온 advance의 반대어인 behind를 이용한 답변이다.

(C) They sell out quickly.
정답: '미리 구입한 이유'에 대해 '빨리 팔리니까'로 답변한 정답이다.

STEP 4
REACTION 훈련

(A) When did you buy ~?
A few months ago.
(B) Where is it ~?
Right behind us.
(C) 정답

MP3-063

▶ 돌려 말하기로 같은 종류의 다른 대상을 가리키는 답변이 최근 출제되고 있다.

▶ 같은 단어가 반복되면 오답이지만, 같은 종류를 언급할 때는 정답이 될 수 있다.

STEP 1
시험에 이렇게 나온다

첫 3단어를 받아써 보세요.

※첫 3단어란, 의문사를 포함한 핵심 단어, 오류/정답 근거가 되는 단어를 말해요.

Q 41. _____

(A) _____ ☐

(B) _____ ☐

(C) _____ ☐

PART 2

대안 제시와 상황 해결

1 해결 방법 제시

Why can't I turn down the air conditioner? 왜 그 에어컨 온도를 줄일 수가 없나요?
You can just read the instructions. 이 설명서를 읽어 보시면 됩니다.

Why is the door closed? 그 문은 왜 닫혀 있나요?
I'm sure the librarian can open it. 사서가 그것을 열어 줄 수 있다고 확신해요.

2 해결했거나 해결 중이다

Why are these guidelines so complicated? 이 지침서들이 왜 이렇게 복잡하죠?
I've asked Paul to modify them. Paul에게 그것들을 수정하라고 요청했어요.

Why don't you try referring to the manual? 매뉴얼을 참고하는 게 어때요?
I already did that. 이미 했습니다.

STEP 2
모범 받아쓰기 답안

Why do you need / file

(A) Kate filed
(B) In the folder
(C) Mira corporation file

❶	Yes / No 오류
❷	다른 의문사에 대한 답변
❸	주어 오류
❹	유사 발음/동일 어휘/연상 어휘 오류
❺	시제 오류

STEP 3
꼼꼼한 분석

Why do you need the Marc company file?
'왜 그 파일이 필요한지'를 묻는 질문으로 Why do you need / file이 첫 3단어이다.

(A) Kate filed these yesterday.
❹ **유사 발음 오류:** 질문의 명사 file을 동사로 반복한 답변이다.

(B) In the folder on my desk.
❷ **다른 의문사에 대한 답변:** Where 질문의 답변이다.

(C) I meant the Mira corporation file.
정답: 동종이지만, 다른 대상인 file을 언급한다.

STEP 4
REACTION 훈련

(A) When did ~? Kate filed these yesterday.
(B) Where ~? In the folder on my desk.
(C) 정답

8. What 의문문 한눈에 보기

주요 출제 패턴

What 의문문은 기본적으로 Yes /No로 대답할 수 없고 What 뒤의 명사나 동사가 답을 결정한다. 매달 2문제 정도 출제되는데, 특히 What의 구어체가 나오면 전체적으로 난이도가 올라간다.

1. What의 구어체는 다양한 형태로 등장하게 된다. 시간, 장소, 권유, 제안, 선택 등에서 사실상 모든 의문사를 대신할 수 있기 때문에 What의 변형 의문문들을 사전에 모두 공부해 두어야 한다. What 의문문은 What 뒤의 명사와 동사를 반드시 받아쓰는 연습을 해 두어야 하며 다른 의문사로 전환시키는 훈련도 해 두어야 한다.

2. What은 단순한 사물에 대해서만 묻는 것이 아니라 좀 더 다양한 질문들을 만들어 낼 수 있으며 사실상 모든 의문사를 대신할 수 있다.

3. What은 What 뒤의 명사가 답을 결정한다.
What time ~의 경우 time에 맞추어 시간으로 답을 선택하고, What color ~는 색깔로 대답하며, What type of business ~는 업종으로 대답한다.

4. What 의문문은 뒤의 동사가 답을 결정하기도 한다.
What 뒤에 특정 명사가 오지 않는 경우에는 〈동사〉에 초점을 맞추어야 한다.
〈What + 주어 + 동사 ~〉에서 동사가 답을 결정한다는 의미이다.

▶ 시험에는 이렇게 나온다!

What + 장소 명사 = Where
What's the closest medical clinic? 가장 가까운 병원이 어디 있나요?
Right down the street. 길 바로 아래입니다.

What + the estimate/problem/charge/deadline = How 방법
What did Ms. Cho recommend to increase sales? Cho 씨는 판매량을 늘리기 위해 무엇을 제안했나요?
Using TV advertisements. TV 광고를 이용하는 것입니다.

What + price/cost/fee = How much ➡ 돈이나 액수로 답한다.
What is the monthly fee? 월 수수료가 얼마입니까?
$100. 100달러입니다.

What happened ➡ 일의 발생
What's going on = How 상태
What happened to the meeting? 회의에서 무슨 일이 있었습니까?
Oh, it was cancelled. 취소되었습니다.

What + way to get to + 장소 = How 방법 /교통수단
What's the fastest way to get to the hotel? 호텔로 가는 가장 빠른 방법은 무엇입니까?
Take an airport limousine. 공항 리무진을 타는 것입니다.

What would you like to ~?
What do you think (of /that) ~?
What would you say ~? ➡ 권유나 제안
What do you think ~?
What do you say ~?
How did ~? /Did you like ~? ➡ 의견
What do you think of our marketing strategy? 우리의 마케팅 전략에 대해 어떻게 생각하십니까?
It looks really well planned. 잘 계획된 것으로 보입니다.

[What] What 뒤에 나오는 명사가 답을 결정한다.

MP3-064

▶ What 의문문은
① What 뒤에 나오는 명사와 관련된 질문,
② What 뒤에 나오는 동사와 관련된 질문,
③ What의 구어체 질문으로 이뤄진다.

▶ 다른 의문사와 달리 What만으로는 답을 판단할 수 없으므로 명사나 동사까지 듣는 습관을 가지자.

STEP 1
시험에 이렇게 나온다

첫 3단어를 받아써 보세요.
※ 첫 3단어란, 의문사를 포함한 핵심 단어, 오류/정답 근거가 되는 단어를 말해요.

Q 42. _____

(A) _____ ☐

(B) _____ ☐

(C) _____ ☐

PART 2

〈What + 명사〉

What + time/deadline/day/date = When 시간
What time can we check in? 몇 시에 체크인 할 수 있어요?
Anytime after 4. 4시 이후는 언제든지 됩니다.

What + place/site/building/장소 명사 = Where 장소

What + the estimate/problem/charge = How 방법

What + price/cost/fee = How much 가격

What + way = How 방법/교통수단

STEP 2
모범 받아쓰기 답안

┌─────────────────────┐
│   What color paper   │
└─────────────────────┘

(A) I'm sure it is.
(B) Gray
(C) That's

❶	Yes / No 오류
❷	다른 의문사에 대한 답변
❸	주어 오류
❹	유사 발음/동일 어휘/연상 어휘 오류
❺	시제 오류

STEP 3
꼼꼼한 분석

What color paper should I use for the brochures?
'어떤 색깔을 사용해야 하나요?'의 질문으로 What color paper가 첫 3단어이다.

(A) I'm sure it is.
❸ 주어 오류: it으로 받을 수 있는 구체적인 명사가 질문에 없다.

(B) Gray would be good.
정답: 색깔로 언급한다.

(C) That's quite useful.
❷ 다른 의문사에 대한 답변: How 의문문의 답변이다.

STEP 4
REACTION 훈련

(A) Are you ~?
I'm sure it is.
(B) 정답
(C) Would you ~?
That's quite useful.

[What] 〈What + 조동사〉 질문은 본동사에서 답이 결정된다.

MP3-**065**

▶ What 질문은 명사나 동사에서 답이 나오므로 What 조동사 질문은 그 다음의 동사를 잘 듣자.

STEP 1
시험에 이렇게 나온다

첫 3단어를 받아써 보세요.
※첫 3단어란, 의문사를 포함한 핵심 단어, 오류/정답 근거가 되는 단어를 말해요.

Q 43. _____

(A) _____ ☐

(B) _____ ☐

(C) _____ ☐

〈What + 조동사〉 질문과 답변

〈What + 조동사 + 주어 + 동사〉는 본동사와 관련된 대답을 찾는다.

질문	답변
What did you have for lunch? (점심식사)	A sandwich with a chicken salad. 샌드위치와 치킨 샐러드입니다.
What did Mr. Kato say about the budget proposal? (말한 것)	He approved it. 그는 그것을 승인했습니다.
What did you buy at the shopping mall? (구입한 것)	Just a gift card. 기프트 카드입니다.
What do I have to do to renew my Internet service contract? (갱신 방법)	There's a form online. 온라인에 양식이 있습니다.

STEP 2
모범 받아쓰기 답안

What did you volunteer

(A) They help
(B) I'm working
(C) Donations

❶	Yes /No 오류
❷	다른 의문사에 대한 답변
❸	주어 오류
❹	유사 발음/동일 어휘/연상 어휘 오류
❺	시제 오류

STEP 3
꼼꼼한 분석

What did you volunteer to do for the medical conference?
'무엇을 지원했느냐'의 질문으로 What did you volunteer가 첫 3단어이다.

(A) They help small organizations.
❸ 주어 오류: they로 받을 수 있는 구체적인 명사가 질문에 없다.

(B) I'm working on the reception.
정답: you /volunteer에 대한 대상을 지칭하는 답변이다.

(C) Donations are welcome.
❹ 유사 발음 오류: volunteer에서 donations를 연상한 답변이다.

STEP 4
REACTION 훈련

(A) What did they ~?
They help small organizations.
(B) 정답
(C) What do ~?
Donations are welcome.

8-3

[What] What about은 권유/제안 의문문이다.

MP3-066

▶ 의문사로 시작하는 권유/제안 의문문의 한 형태이다.

STEP 1
시험에 이렇게 나온다

첫 3단어를 받아써 보세요.
※첫 3단어란, 의문사를 포함한 핵심 단어, 오류/정답 근거가 되는 단어를 말해요.

Q 44. _____

(A) _____ ☐

(B) _____ ☐

(C) _____ ☐

What의 다양한 질문들

1. What about ~? / What would you like to ~? (~하는 게 어때): 권유
수락/거절/미래 시제로 답한다.

2. What do you say ~? / What do you think about/of ~? (뭐라고 하나요): 의견
상태 형용사나 enjoy /like로 답변한다.
What do you think of the new package? 새 포장이 어떤가요?
It's a good design. 디자인이 좋습니다.

3. What made ~? (왜): 이유
이유의 부사구/절 혹은 부정적인 표현을 이용해 답한다.

4. What happened ~? / What's wrong ~? (무슨 일이에요): 설명
상황에 대한 설명 혹은 이유로 답한다.

5. What if ~? (만약 ~한다면 어떻겠는가?)
What if we moved the table to my room? 테이블을 제 방으로 옮기면 어떨까요?
That's a good idea. 좋은 생각입니다.

STEP 2
모범 받아쓰기 답안

What happened

(A) He was
(B) The supervisor wanted
(C) It happened

❶	Yes /No 오류
❷	다른 의문사에 대한 답변
❸	주어 오류
❹	유사 발음/동일 어휘/연상 어휘 오류
❺	시제 오류

STEP 3
꼼꼼한 분석

What happened to the reports I was working on?
'무슨 일이 있었느냐'의 설명을 요하는 질문으로 What happened가 첫 3단어이다.

(A) He was here, too.
❸ 주어 오류: He로 받을 수 있는 구체적인 명사가 질문에 없다.

(B) The supervisor wanted to see them.
정답: '무슨 일이 있었는지'에 대해 '상사가 보기를 원한다'고 설명하고 있다.

(C) It happened yesterday.
❹ 유사 발음 오류: 질문의 happened를 반복했으며, it의 지칭 대상이 질문에 없다.

STEP 4
REACTION 훈련

(A) I was here.
He was here, too.
(B) 정답
(C) When did ~?
It happened yesterday.

8-4 [What] 고득점 유형 – 간접적인 상황 설명과 회피성 답을 주의하라.

MP3-067

▶ 의문사에 해당하는 직접적인 답이 아니라 상황을 이해해야만 따라갈 수 있는 대화들이 고난이도 문제로 출제된다.

STEP 1
시험에 이렇게 나온다

첫 3단어를 받아써 보세요.
※첫 3단어란, 의문사를 포함한 핵심 단어, 오류/정답 근거가 되는 단어를 말해요.

Q 45. _____

(A) _____ ☐

(B) _____ ☐

(C) _____ ☐

What 고득점 유형 답변

1. 이미 끝났다, 없다
What's the agenda of the next engineering seminar? 다음 엔지니어링 세미나의 안건은 무엇입니까?   **The session ended last week.** 지난주에 세션이 끝났습니다.

2. 아직 못 받았다, 만나지 못했다, 곧 알 수 있다
What catering service did you choose for the retirement party?   은퇴 파티를 위해 어떤 케이터링 서비스를 선택하셨나요?   **I'm still waiting for some estimates.** 아직 가격 견적을 기다리고 있는 중입니다.

3. 대답을 할 수 없는 이유, 변명
What was the topic of the regional manager's meeting yesterday?   어제 지역 매니저들의 회의 주제는 무엇이었나요?   **I was out of the office for the business trip to London all day.**   저는 하루 종일 런던 출장 때문에 사무실에 없었습니다.

4. 기다려라
What kind of companies attended the London Expo? 런던 엑스포에는 어떤 종류의 회사들이 참석했었나요?   **I have the brochure for details on my desk.** 제 책상 위에 세부 사항에 대한 전단지가 있습니다.

STEP 2
모범 받아쓰기 답안

> What / Mr. Pablo / think

(A) I enjoyed
(B) They walked
(C) meeting / him

❶	Yes / No 오류
❷	다른 의문사에 대한 답변
❸	주어 오류
❹	유사 발음 / 동일 어휘 / 연상 어휘 오류
❺	시제 오류

STEP 3
꼼꼼한 분석

What did Mr. Pablo think of our work?
'뭐라고 합니까'의 의견을 묻는 질문으로 What / Mr. Pablo / think가 첫 3단어이다.

(A) I enjoyed it a lot.
❸ 주어 오류: Mr. Pablo를 나타내는 he로 답해야 한다.

(B) They walked along that street in the afternoon.
❹ 유사 발음 오류: work와 walk의 유사 발음 오류의 오답이다.

(C) I'm meeting with him tomorrow.
정답: 제3자의 의견에 대한 질문으로 '그를 내일 만날 것이다, 즉 내일 물어볼 것이다'의 간접적 답변이다.

STEP 4
REACTION 훈련

(A) How ~?
I enjoyed it a lot.
(B) When ~? They walked along that street in the afternoon.
(C) 정답

9. 선택의문문 한눈에 보기

주요 출제 패턴

Which-question은 매월 빠지지 않고 2문제가 꾸준히 출제되고 있는 질문의 형태로
① Which로 묻거나, ② Which 의문사가 없는 선택 구문은 or를 이용하여 〈A or B?〉로 묻는다.

기본적인 답변의 패턴은

1. Yes나 No가 나오면 바로 소거한다. 둘 중에서 하나를 선택해야 하는 상황이므로 일단 긍정이
   나 부정의 의미를 갖는 Yes/No 답변이 나올 수 없기 때문이다.

2. 'A다. /B다.' 둘 중에 하나를 선택해서 대답한다.

3. 'A, B 둘 다 좋거나 싫다'고 대답한다. both/either/neither

4. Whichever나 Anything처럼 '어떠한 것도 괜찮다' 또는 '상관없다' 등의 표현으로 둘 다 괜찮
   다고 대답한다. It doesn't (really) matter (to me). /I don't care.

5. Which/or의 최근 빈출 답의 유형은 one이다. the one과 수식어구가 등장하는데 주로 비교
   급이나 특정 수식어구를 동반하게 된다.

6. 예외적으로 〈문장 or 문장〉은 Yes/No로 답할 수 있으며 그 외에 특정한 답을 동반하는 빈출
   질문들은 반드시 정답과 함께 암기해 두어야 한다.

   Can you fix this computer, or should I call the service center?
   당신은 이 컴퓨터를 고칠 수 있습니까, 아니면 제가 서비스 센터에 전화해야 하나요?
   No, I don't think it can be repaired. 아니요, 그것을 고칠 수 없을 것 같습니다.

7. 〈Which + 명사〉는 해당 명사의 종류로 대답하거나 해당 명사를 구체적으로 설명하는 것이
   답이다.

   Which employees were transferred to the company headquarters?
   어떤 직원이 회사 본사로 전근되었습니까?
   Two people from the sales team. 영업 팀에서 두 명이요.

8. 의문사 Which 없이 선택의 choose/prefer/비교급 등 동사만으로도 질문 혹은 대답이 가
   능하다.

   Do you prefer the bigger or smaller model?
   당신은 더 큰 모델을 선호합니까, 더 작은 것을 선호합니까?
   I like the bigger one. 저는 더 큰 것이 좋습니다.

9. Where/How도 선택의 질문이 가능하다.

   How can I reach you more easily? 당신에게 더 쉽게 연락하려면 어떻게 합니까?
   Email is better for me. 이메일이 저에게는 더 낫습니다.

10. '잘 모르겠다' 혹은 '확인해 보겠다' 식의 답은 항상 빈출이다.

11. '당신이 했습니까? 아니면 제가 할까요?'

    Have you ~, or should I ~? (당신이 했습니까, 아니면 제가 ~할까요?)의 답은 다음의 3가지이다.
    ① 상대의 제안이나 요청을 받아들이거나,
    ② '혼자 할 수 있다 혹은 나중에 하겠다'고 거절하거나,
    ③ '이미 했다'고 답변할 수 있다.

[Which] 선택의문문은 either /both /neither가 들리면 답이다.

MP3-068

▶ Which/or의 선택 질문은 평균 2문제씩 출제되며 Yes/No로 답할 수 없다.
▶ Which는 A or B의 둘 중 하나의 선택을 한다.
▶ A와 B를 지칭하여 답하는 either /both/neither가 기본이다.
▶ What과 마찬가지로 〈Which + 명사〉로 질문하면 해당 명사로 대답한다.

STEP 1
시험에 이렇게 나온다

첫 3단어를 받아써 보세요.
※첫 3단어란, 의문사를 포함한 핵심 단어, 오류/정답 근거가 되는 단어를 말해요.

Q 46. _____

(A) _____ ☐

(B) _____ ☐

(C) _____ ☐

선택의문문의 답변 – 기본 답변

1 둘 중 하나를 선택하는 경우

① A or B 언급　　② either

2 둘 다 좋다

① **Both/Whichever/Anywhere will be fine.** 둘 다/어떤 것이든/어디든지 괜찮습니다.
② **It doesn't matter.** 상관 없어요.
③ **I don't mind either way.** 전 어떤 것도 괜찮습니다.
④ **all** 모두

3 둘 다 싫다

① **neither**
② **I'm fine, thanks.** 전 괜찮아요.

Are the employees from several departments, or only one?
직원들은 여러 부서에서 왔어요, 아니면 한 부서에서만 온 것인가요?
They're all from accounting. 그들은 모두 경리부에서 왔습니다.

STEP 2
모범 받아쓰기 답안

Which lamp/go well

(A) The lights
(B) either
(C) there

❶	Yes /No 오류
❷	다른 의문사에 대한 답변
❸	주어 오류
❹	유사 발음/동일 어휘/연상 어휘 오류
❺	시제 오류

STEP 3
꼼꼼한 분석

Which lamp do you think would go well with this room?
선택의문문으로 Which lamp / would go가 첫 3단어이다.

(A) The lights turn green.
❹ **연상 어휘 오류:** lamp에서 lights를 연상시킨 오답이다.

(B) I think either will be okay.
정답: 선택의 either를 언급한 정답이다.

(C) I'll see you there.
❷ **다른 의문사에 대한 답변:** 장소 부사 there는 Where 질문의 답변이다.

STEP 4
REACTION 훈련

(A) What color ~?
The lights turn green.
(B) 정답
(C) Where ~?
I'll see you there.

9-2 [Which] 〈The ～ one〉이 최다 빈출 정답이다.

▶ 〈Which + 명사〉는 동종명사나 해당 명사를 구체적으로 설명하는 것이 정답이다.

▶ 부정대명사 the one/ones가 나오면 정답이다.

▶ 부정대명사는 주로 형용사나 전명구, 비교급 등의 수식어구를 동반한다.

STEP 1
시험에 이렇게 나온다

첫 3단어를 받아써 보세요.

※첫 3단어란, 의문사를 포함한 핵심 단어, 오류/정답 근거가 되는 단어를 말해요.

Q 47. _____

(A) _____ ☐

(B) _____ ☐

(C) _____ ☐

선택의문문의 답변 – 부정대명사

1 the one/ones + 전명구

2 the + 형용사 + one/ones

Which caterer do you want for the company picnic?
회사 피크닉을 위해 어떤 음식 조달 업체를 원하십니까?

답변 ▶

The same one we used last year. 작년에 저희가 이용했던 곳과 같은 곳이요.
Any one you want. 당신이 원하시는 것으로요.
I like the one we used last year. 저는 작년에 우리가 이용했던 곳이 좋습니다.
The one with a patio. 베란다가 있는 곳이요.

STEP 2
모범 받아쓰기 답안

> Which show will

(A) enjoyed
(B) The one
(C) great view

❶	Yes/No 오류
❷	다른 의문사에 대한 답변
❸	주어 오류
❹	유사 발음/동일 어휘/연상 어휘 오류
❺	시제 오류

STEP 3
꼼꼼한 분석

Which show will be reviewed by the newspaper?
선택의문문으로 Which show will이 첫 3단어이다.

(A) I really enjoyed it.
❷ 다른 의문사에 대한 답변: 의견에 대한 답변이다.

(B) The one on Saturday night.
정답: show를 부정대명사 the one으로 지칭한 정답이다.

(C) It has a great view.
❹ 연상 어휘 오류: show의 연상 어휘 view를 이용한 오답이다.

STEP 4
REACTION 훈련

(A) How was ~?
I really enjoyed it.
(B) 정답
(C) How is ~?
It has a great view.

[Which] Whichever/Anything
아무거나 좋다

MP3-070

▶ 선택의문문의 A or B는 같은 종류의 대상을 나타내기 때문에 둘 중 하나를 선택하지 않는다면 동종의 다른 대안을 선택할 수 있다.

▶ 최근에는 선택 자체를 하지 않고 '아무거나 좋다'의 답을 자주 출제하고 있다.

STEP 1
시험에 이렇게 나온다

첫 3단어를 받아써 보세요.
※첫 3단어란, 의문사를 포함한 핵심 단어, 오류/정답 근거가 되는 단어를 말해요.

Q 48. _____

(A) _____ ☐

(B) _____ ☐

(C) _____ ☐

선택의문문의 답변 – '아무거나 좋다'

1 Whichever/Anywhere will be fine. 아무거나 좋아요.

2 It doesn't matter. 문제되지 않습니다.

3 I don't mind either way. 전 어떤 것도 괜찮습니다.

4 They were all good. 모두 좋았습니다.

STEP 2
모범 받아쓰기 답안

Which table

(A) really
(B) Yes
(C) Whichever

❶	Yes/No 오류
❷	다른 의문사에 대한 답변
❸	주어 오류
❹	유사 발음/동일 어휘/연상 어휘 오류
❺	시제 오류

STEP 3
꼼꼼한 분석

Which table would you like?
선택의문문으로 Which table이 첫 3단어이다.

(A) Not really.
❷ 다른 의문사에 대한 답변: 의견에 대한 답변이다.

(B) Yes, at 10 a.m.
❶ Yes/No 오류: 선택의문문에서는 Yes/No 답변을 하지 않는다.

(C) Whichever costs less.
정답: '아무거나 싼 거면 다 좋다'는 정답이다.

STEP 4
REACTION 훈련

(A) How was ~?
Not really.
(B) Do you ~?
Yes, at 10 a.m.
(C) 정답

[Which] 고득점 유형 1
– '취소/지연/변경'으로 답한다.

9-4

MP3-071

▶ 지연이나 변경의 답변은 이유를 나타내기 때문에 Why의 답변으로 볼 수 있지만, 그 외의 질문에서도 간접적으로 상황을 설명하는 중요한 대답이다.

▶ delay/postpone/change의 동사를 이용한 문장이 주로 출제되었지만, 최근에는 update/reschedule을 이용한 표현이 나오고 있다.

STEP 1
시험에 이렇게 나온다

첫 3단어를 받아써 보세요.
※첫 3단어란, 의문사를 포함한 핵심 단어, 오류/정답 근거가 되는 단어를 말해요.

Q 49. _____

(A) _____ ☐

(B) _____ ☐

(C) _____ ☐

PART 2

'지연/변경'의 답변 포인트 단어

1 지연되다/미뤄지다: delay/postpone

2 변경되다/바꾸다: change/update/reschedule

Which of the training courses should I sign up for?
어떤 훈련 코스를 제가 등록해야 합니까?

That program was rescheduled. 그 프로그램은 일정이 다시 잡혔습니다.

There was an email update about that. 그것에 대해 이메일 업데이트가 있었습니다.

It's been delayed. 그것은 연기되었습니다.

STEP 2
모범 받아쓰기 답안

> Which conference/
> attend

(A) reception desk
(B) From/research
(C) I think/changed

❶	Yes/No 오류
❷	다른 의문사에 대한 답변
❸	주어 오류
❹	유사 발음/동일 어휘/연상 어휘 오류
❺	시제 오류

STEP 3
꼼꼼한 분석

Which conference do we have to attend tomorrow?
'어떤 컨퍼런스에 참석할지'를 묻는 문제로 Which ~ attend가 첫 3단어이다.

(A) The reception desk in the lobby.
❷ **다른 의문사에 대한 답변:** Where 질문의 답변이다.

(B) From the marketing research.
❹ **연상 어휘 오류:** 질문의 conference를 이용해 research를 연상시키는 오답이다.

(C) I think it's been changed.
정답: '변경되었다'의 우회적인 답변으로 정답이다.

STEP 4
REACTION 훈련

(A) Where ~?
The reception desk in the lobby.
(B) How did you get ~?
From the marketing research.
(C) 정답

9-5 [or] or가 들리는 순간 or의 앞뒤 단어에 집중한다.

▶ 선택의문문은 Which로 시작하지 않고 문장 중간에서 or를 이용하기도 한다. 이때 선택의문문의 키워드가 질문의 후반부에 위치하므로 상대적으로 내용을 파악하기가 쉽지 않다.

▶ 질문의 앞부분보다는 or를 기준으로 앞뒤 단어에 집중하여 답을 선택한다.

▶ 〈A or B〉 중 A나 B가 아닌 그와 같은 종류인 제3의 대안으로 답할 수 있다.

STEP 1
시험에 이렇게 나온다

첫 3단어를 받아써 보세요.
※ 첫 3단어란, 의문사를 포함한 핵심 단어, 오류/정답 근거가 되는 단어를 말해요.

Q 50. _____

(A) _____ ☐

(B) _____ ☐

(C) _____ ☐

〈단어 or 단어?〉는 or 기준 앞뒤 단어만을 잡는다.

1 〈시간 or 시간〉 → 시간으로 대답한다.

or 앞에 시간이 나오면 '시간과 시간'을 묻는 형태로 보고 시간으로 답한다.
Would you like an appointment for next week or the following week?
다음 주에 약속을 잡을까요, 아니면 그 다음 주에 약속을 잡을까요?
Next week, please. 다음 주요.

2 〈장소 or 장소〉 → 장소로 대답한다.

Is the conference in Toronto or Ottawa this year? 올해 컨퍼런스가 Toronto에서 있나요, Ottawa에서 있나요?
It's in Washington. Washington에서 있습니다.

3 〈방법 or 방법〉 → 방법으로 대답한다.

Is it better to travel to Edinburgh by car or by train? Edinburgh로 가는 데 자동차가 더 좋나요, 열차가 더 좋나요?
The train is faster. 열차가 더 빠릅니다.

STEP 2
모범 받아쓰기 답안

> Would you like/desk or the floor

(A) Put/on this table
(B) a cup of coffee
(C) Yes

❶	Yes/No 오류
❷	다른 의문사에 대한 답변
❸	주어 오류
❹	유사 발음/동일 어휘/연상 어휘 오류
❺	시제 오류

STEP 3
꼼꼼한 분석

Would you like me to place the boxes on the desk or the floor?
'책상 or 바닥'의 선택의문문으로 첫 3단어는 Would you like이지만, 선택의문문의 경우 or 앞뒤 단어인 desk와 floor를 핵심 단어로 잡아야 한다.

(A) Put them on this table, please.
정답: 선택지에 게시된 둘 외의 제3의 대안을 선택하는 정답이다.

(B) I'd like a cup of coffee, thanks.
❹ 유사 발음 오류: like의 반복 오류와 함께 desk와 floor를 기준으로 들었다면 coffee는 선택할 수 없음을 유의하자. 선택의문문은 같은 종류의 대상 중에서 선택하는 것이 원칙이다.

(C) Yes, it's on the second floor.
❶ Yes/No 오류: 선택의문문은 Yes/No로 답변하지 않는다.

STEP 4
REACTION 훈련

(A) 정답
(B) Would you like coffee or tea? I'd like a cup of coffee, thanks.
(C) Is Kim's office in the building? Yes, it's on the second floor.

9-6

[or] 질문에 prefer/choose/비교급이 있으면 선택의문문이다.

MP3-073

▶ Which가 없는 선택의문문은 문장 파악이 쉽지 않지만, 질문에 다음의 표현이 나오면 선택의문문으로 봐야 한다. 〈더 좋아하다(prefer)/선택하다(choose)/비교급〉의 표현이 나오면 Which가 없더라도 선택의문문으로 이해하자.

▶ 비교급은 문제와 정답에서 모두 빈출 표현이다.

STEP 1
시험에 이렇게 나온다

첫 3단어를 받아써 보세요.
※첫 3단어란, 의문사를 포함한 핵심 단어, 오류/정답 근거가 되는 단어를 말해요.

Q 51. _____

(A) _____ ☐

(B) _____ ☐

(C) _____ ☐

1 선택의문문을 나타내는 포인트 단어

① 더 좋아하다, 선호하다: prefer   ② 선택하다: choose   ③ 더 ~한: 비교급

2 '모르겠다' 식의 답변

Is today's seminar in the conference hall or the meeting room?
오늘 세미나가 컨퍼런스 홀에서 하나요, 회의실에서 하나요?

The seminar invitation has the details. 세미나 초대장에 상세 설명이 있습니다.
Let's ask at the front desk. 프론트 데스크에 물어봅시다.

STEP 2
모범 받아쓰기 답안

better/car/ train

(A) train/faster
(B) they do
(C) No

❶	Yes /No 오류
❷	다른 의문사에 대한 답변
❸	주어 오류
❹	유사 발음/동일 어휘/연상 어휘 오류
❺	시제 오류

STEP 3
꼼꼼한 분석

Is it better to travel to Edinburgh by car or by train?
'A와 B중 더 나은 게 무엇인가'를 묻는 선택의문문이다. better의 비교급을 통해 선택의문문을 확신하면 car or train 수단의 선택지가 제시됨을 알 수 있다.

(A) The train is faster.
정답: 열차를 선택하는 정답이다.

(B) I think they do.
❸ 주어 오류: they로 받을 수 있는 구체적인 명사가 질문에 없다.

(C) No, he's not.
❶ Yes /No 오류: 선택의문문은 Yes /No로 답변하지 않는다.

STEP 4
REACTION 훈련

(A) 정답
(B) Do they ~?
I think they do.
(C) Is he ~?
No, he's not.

9-7 [or] 고득점 유형 2 – 문장 or 문장

▶ 선택의문문 중 가장 난이도가 높은 〈문장 or 문장〉 유형의 경우, 들어야 할 부분이 많아서 학생들이 가장 어려워하는 질문 형태 중 하나이다. 최근에는 매회 1문제 이상 출제되는 토익 출제자가 좋아하는 유형이므로 주의해야 한다.

▶ 선택의문문은 Yes/No의 답변을 할 수 없지만, 〈문장 or 문장〉은 Yes/No로 답변이 가능하다. 그러나 Yes/No 기준으로 정답이 결정되는 것은 아니다.

STEP 1
시험에 이렇게 나온다

첫 3단어를 받아써 보세요.
※첫 3단어란, 의문사를 포함한 핵심 단어, 오류/정답 근거가 되는 단어를 말해요.

Q 52. _____

(A) _____ ☐
(B) _____ ☐
(C) _____ ☐

〈문장 or 문장〉의 빈출 유형

1 지금 쉴까, 말까? / 계속 일할까, 말까?

Should we take a break now or carry on until we're finished?
지금 쉴까요, 아니면 끝날 때까지 계속할까요?
Let's continue working. 계속 일합시다.

2 지금 바쁜가요, 아닌가요? / 날 도와줄 수 있나요, 없나요?

Are you busy with work right now or could you help me move my desk?
당신은 지금 일하느라 바쁜가요, 아니면 제 책상을 옮기는 것을 도와줄 수 있나요?
I will be finished in a few minutes. 곧 끝나요.

STEP 2
모범 받아쓰기 답안

> finish / now / join

(A) A soup
(B) Yes
(C) come with you

❶	Yes / No 오류
❷	다른 의문사에 대한 답변
❸	주어 오류
❹	유사 발음/동일 어휘/연상 어휘 오류
❺	시제 오류

STEP 3
꼼꼼한 분석

Do you have to finish the report now, or can you join us for lunch?
'A / B야, 아니야'로 파악해야 하는 〈문장 or 문장〉의 형태이다. 짧은 쪽을 기준으로 파악하는 것도 방법이므로 뒷문장을 기준으로 '우리랑 같이 갈래요, 말래요'로 생각하는 것이 좋다.

(A) A soup, please.
❹ 연상 어휘 오류: 질문의 lunch에서 soup를 연상시킨 답변이다.

(B) Yes, I finished the project.
❺ 시제 오류: 질문은 미래형이고 답변은 과거이므로 시제 불일치 오답이다.

(C) I can come with you.
정답: '같이 갈래요, 말래요'의 질문에서 '같이 가자'라고 하는 선택의 답변이다.

STEP 4
REACTION 훈련

(A) What ~?
A soup, please.
(B) Did you ~?
Yes, I finished the project.
(C) 정답

[or] 고득점 유형 3 – 질문의 단어를 paraphrasing하거나 간접적으로 대답한다.

MP3-075

▶ 〈문장 or 문장?〉의 단골 질문은 '당신이 할래요 or 제가 할까요?'
▶ 답은 주로 3가지이다.
① I will ~ / let me ~ / ~ myself / later (내가 나중에 하겠다),
② I already did it (이미 했다),
③ Please ~ (도와 달라)

STEP 1
시험에 이렇게 나온다

첫 3단어를 받아써 보세요.
※첫 3단어란, 의문사를 포함한 핵심 단어, 오류/정답 근거가 되는 단어를 말해요.

Q 53. _____

(A) _____ ☐

(B) _____ ☐

(C) _____ ☐

질문의 표현을 paraphrasing하거나 간접적으로 대답

1 당신이 해 줄래요, 아니면 제가 직접 할까요?

Could you turn the music down, or should I do it myself?
당신이 음악을 줄여 줄 수 있나요, 아니면 제가 직접 할까요?
I'll take care of it right now. 제가 지금 할게요.

2 제가 보낼까요, 당신이 가지러 올래요?

Should I have the report sent to you or will you pick it up?
제가 당신에게 보고서를 보내야만 하나요, 아니면 당신이 가지러 올 건가요?
I'll come over to get it. 제가 가지러 갈게요.

3 반드시 해야 하는 것은 아닙니다.

Do you want me to make copies of this report or email it to our team?
제가 이 보고서를 복사할까요, 아니면 저희 팀에게 이메일을 보낼까요?
Not everyone needs a copy. 모두가 사본이 필요한 것은 아닙니다.

STEP 2
모범 받아쓰기 답안

> Should I call /
> or would you

(A) In / directory
(B) I'll call
(C) You shouldn't have

❶	Yes /No 오류
❷	다른 의문사에 대한 답변
❸	주어 오류
❹	유사 발음/동일 어휘/연상 어휘 오류
❺	시제 오류

STEP 3
꼼꼼한 분석

Should I call Michelle, or would you rather call her yourself?
'내가 할게요, 당신이 할래요'의 선택을 가장한 요청문임을 파악하자.

(A) In the company directory.
❷ 다른 의문사에 대한 답변: Where 질문의 답변이다.

(B) I'll call her.
정답: '제가 할게요'의 상대방의 요청을 들어주는 답변이다.

(C) You shouldn't have.
❹ 유사 발음 오류: should를 반복한 답변이다. should have p.p.는 '~했었어야 했는데'의 과거 사실의 유감이나 후회의 표현으로 의무의 의미가 없다.

STEP 4
REACTION 훈련

(A) Where ~?
In the company directory.
(B) 정답
(C) I made a reservation.
You shouldn't have.

10. [Do /be /조동사]
조동사의문문 한눈에 보기

주요 출제 패턴

Part 2에서 등장하는 조동사 질문은 Do /Have /Be /Can /Will /Shall /Could /Would /Should 등으로 시작하는 모든 질문들을 말한다. 즉, 의문사 질문을 제외한 모든 질문을 의미한다고 볼 수 있다. What /How와 같은 의문사 질문들이 해당 답안을 직접적으로 골라내야 하는 반면에 Do /Be /Have 조동사의문문은 기본적으로 사실 확인이나 상대방의 의견을 묻는 것이다.

즉, 좀 더 상대를 배려하고 격식을 갖춘 질문으로 답을 할 때에도 상대방에 대한 예의를 갖추어야 한다. 따라서 내가 하고 싶은 말보다 상대의 질문에 대해 먼저 대답하고 그 뒤에 자신이 하고 싶은 말을 해야 한다.
주로 Yes/No 등의 답이 먼저 나와 상대의 질문에 대한 답을 한 후에 대화를 이어가야 한다.

평균 7문제로 최다 출제 질문이다.

1. 조동사의문문은 상대방의 의견을 묻는 질문이기 때문에 주로 Yes/No 등의 긍정/부정으로 우선 대답한다.

2. 조동사의문문은 질문의 주어, 시제, 인칭 등을 정답에서 일치시키는 것이 중요하다. 주어를 일치 시켜 답을 찾아야 하며 질문에 Ms., Mr.가 언급되지 않는 한 he /she는 답이 될 수 없다.

3. 조동사의문문은 Yes나 No 없이도 대답할 수 있다.
   이때 대답의 내용은 Yes/No의 의미를 포함하고 있어야 한다. Already는 대표적인 답이 된다.

4. I don't know 유형의 정답 혹은 제3의 답이 나오는 경우는 다소 난이도가 높은 유형이다. '잘 모르겠다, 확인해 보겠다, ~에게 물어봐라' 등은 모든 질문에서 항상 답이 될 수 있다.

5. 조동사로 시작하는 다양한 질문들은 주로 선택이나 권유, 제안, 부탁, 간접의문문들이 있다.

[Do /be /조동사] Yes /No로 대답한다.

MP3-076

▶ 조동사의문문은 ① do/are/have로 시작하는 사실 확인 질문과 ② will/should/can으로 시작하는 권유/제안 의문문 형태의 2가지로 나뉜다.

▶ 조동사의문문은 의문사의문문과 달리 대부분의 답이 Yes /No를 포함하고 있다.
① Yes + 긍정 혹은 동의하는 보충 설명
② No + 부정 혹은 동의하지 않는 이유 설명

STEP 1
시험에 이렇게 나온다
첫 3단어를 받아써 보세요.
※첫 3단어란, 의문사를 포함한 핵심 단어, 오류/정답 근거가 되는 단어를 말해요.

Q 54. _____

(A) _____ ☐

(B) _____ ☐

(C) _____ ☐

PART 2

조동사의문문의 답변

조동사의문문은 사실 확인이나 상대방의 의견을 묻는 것으로, 상대의 질문에 대해 긍정의 Yes, 혹은 부정의 No로 먼저 대답하고, 그 뒤에 자신이 하고 싶은 말을 한다.

Has the pamphlet already been finished? 팸플릿 작업이 이미 끝났죠?
Yes, It will be ready soon. 네, 곧 준비됩니다. (긍정의 의미를 내포하고 있다.)
Has Silvia completed the report? Silvia가 보고서를 끝냈나요?
No, She's been out all week. 아니요, 그녀는 일주일 내내 쉬고 있어요. (부정의 의미를 내포하고 있다.)

STEP 2
모범 받아쓰기 답안

> Does /building have /
> parking area

(A) public garage
(B) In spring
(C) apartment

❶ Yes /No 오류
❷ 다른 의문사에 대한 답변
❸ 주어 오류
❹ 유사 발음/동일 어휘/연상 어휘 오류
❺ 시제 오류

STEP 3
꼼꼼한 분석

Does your office building have a parking area?
'건물에 주차 공간이 있는지' 묻는 질문으로 Does /building have /a parking area가 첫 3단어이다.

(A) Yes, there's a public garage in the basement.
정답: '지하에 공용 차고가 있다'는 의미로 질문 의도에 맞는 긍정의 상황 설명을 하고 있다.

(B) In spring.
❺ 다른 의문사에 대한 답변: When 질문의 답변이다.

(C) A two-bedroom apartment.
❹ 연상 어휘 오류: office에서 연상되는 apartment를 이용한 답변이다.

STEP 4
REACTION 훈련

(A) **정답**
(B) When ~?
In spring.
(C) How many ~?
A two-bedroom apartment.

[Do / be / 조동사]
Yes/No가 없는 대답

▶ 조동사의문문에서 Yes /No가 없는 경우에는 ① 다음 행동을 제시하거나, ② 간접적으로 상황을 설명해 준다.

▶ 조동사의문문에서 No가 생략된 경우에는 하지 못하게 된 이유나 변명으로 답한다.

STEP 1
시험에 이렇게 나온다

첫 3단어를 받아써 보세요.
※첫 3단어란, 의문사를 포함한 핵심 단어, 오류/정답 근거가 되는 단어를 말해요.

Q 55. _____

(A) _____ ☐

(B) _____ ☐

(C) _____ ☐

Yes/No 없는 대답

조동사의문문에서 대답 자체가 긍정이나 부정의 의미를 충분히 내포하고 있는 경우에는 Yes/No를 생략하기도 한다.

1 간접적인 상황 설명

Is the traffic in this part of the highway always this crowded?
고속도로의 이 구간의 교통이 항상 이렇게 혼잡한가요?
You should see it during the weekends. 주말의 이곳을 봐야만 합니다.

2 No를 대신하는 변명

Have your travel expenses been reimbursed yet?
당신의 여행 경비가 상환되었나요?
I just filled it out today. 저는 오늘 막 양식을 작성했습니다.

3 다음 행동 제시

Are these guidelines for sale? 이 지침서는 판매용인가요?
You can take one. 하나 가져가세요.

4 보기에 Yes /No가 2개 이상 등장하는 경우에는 유사 발음이나 유사 의미를 제거한다.

STEP 2
모범 받아쓰기 답안

Have/programs/released

(A) haven't/seminar
(B) We learned/programming
(C) Yes/website

❶	Yes /No 오류
❷	다른 의문사에 대한 답변
❸	주어 오류
❹	유사 발음/동일 어휘/연상 어휘 오류
❺	시제 오류

STEP 3
꼼꼼한 분석

Have the new software **programs** been **released** yet?
'신제품 출시 유무'를 묻는 질문으로 Have / programs / released가 첫 3단어이다.

(A) No, I haven't been to that seminar.
❸ 주어 오류: 질문의 주어가 programs이므로 I로 답하는 것은 오답이다.

(B) We learned about programming.
❷ 다른 의문사에 대한 답변: 출처를 묻는 How 질문에 대한 답변이다.

(C) Yes, on the company website.
정답: 출시 여부에 대한 답변으로 웹사이트에 있다는 정답이다.

STEP 4
REACTION 훈련

(A) Have you ~? No, I haven't been to that seminar.
(B) How ~? We learned about programming.
(C) 정답

10-3

[Do / be / 조동사]
Have you seen은 장소로 답한다.

MP3-078

▶ Have you seen ~?, Did you see ~?, Do you know where ~? 등의 질문은 Yes/No만으로는 답할 수 없다. '~을 봤냐'고 질문했을 때, ① 긍정의 의미는 일반적으로 Yes를 생략하고 '언제/어디에서 보았다'고 답하며, ② 부정의 의미는 It has not arrived yet(아직 오지 않았다)이라고 답한다.

STEP 1
시험에 이렇게 나온다

첫 3단어를 받아써 보세요.
※첫 3단어란, 의문사를 포함한 핵심 단어, 오류/정답 근거가 되는 단어를 말해요.

Q 56.

(A) _____ ☐

(B) _____ ☐

(C) _____ ☐

구체적인 정보로 답변하는 Do/Be/조동사의문문의 형태

Is there a parking area? There's a public garage close by.에서처럼 '무엇이 있느냐'는 것을 물어봤을 때 Yes보다는 어디에 있다는 직접적인 대답이 최근에 출제되고 있다.

Have you seen my report? 내 보고서를 보았나요?
Your secretary took it. 당신의 비서가 가져갔어요.

Do you know where my book is? 내 책이 어디에 있는지 알아요?
It's on the table. 테이블 위에 있어요.

Did you see the plant manager today? 오늘 공장 매니저를 만났나요?
She's in the other building. 그녀는 다른 건물에 있어요.

STEP 2
모범 받아쓰기 답안

> Have you seen / folder

(A) No / I folded
(B) Check
(C) red one

❶	Yes / No 오류
❷	다른 의문사에 대한 답변
❸	주어 오류
❹	유사 발음/동일 어휘/연상 어휘 오류
❺	시제 오류

STEP 3
꼼꼼한 분석

Have you seen my marketing folder?
'내 폴더를 보았는지'를 묻는 질문으로 Have you seen이 첫 3단어이다.

(A) No, I folded them.
❹ **유사 발음 오류:** 질문의 folder와 유사 어휘인 folded를 사용했다.

(B) Check the cabinet.
정답: 위치를 알려주는 답변이다.

(C) I'll take the red one.
❺ **시제 오류:** 현재완료 질문에 대해 미래로 답변하고 있다.

STEP 4
REACTION 훈련

(A) Did Mr. Kim ~?
No, I folded them.
(B) 정답
(C) Which ~?
I'll take the red one.

[Do /be /조동사] 고득점 유형 1
– Actually는 Yes /No를 대신한다.

MP3-**079**

▶ 조동사의문문은 긍정/부정의 Yes/No로만 답하는 것이 아니다. Sorry는 No를 대신하며 부사 Actually(사실은)는 구체적인 설명을 언급할 때 쓰이는 부사로 정답이 된다.

▶ No를 대신하는 '변명, 과거의 상황, 앞으로 할 것이다' 등의 표현에 주의한다.

▶ Yes를 대신하는 '결과, 보고'의 표현들과 '의견 제시나 제안' 등의 표현에 주의한다.

STEP 1
시험에 이렇게 나온다

첫 3단어를 받아써 보세요.
※첫 3단어란, 의문사를 포함한 핵심 단어, 으류/정답 근거가 되는 단어를 말해요.

Q 57. _____

(A) _____ ☐

(B) _____ ☐

(C) _____ ☐

Yes/No를 대신하는 답변 유형

1 Actually

Is the parking area going to be renovated soon? 주차 지역이 곧 개조될 예정이죠?
Actually, work has already started. 사실, 작업은 이미 시작되었어요.

Did Kevin drop you off at the airport? Kevin 씨가 공항에 당신을 내려줬나요?
Actually, Shawn did. 사실, Shawn이 해 줬어요.

2 Sorry

Will you join us for dinner? 저희와 저녁식사를 함께 하실래요?
Sorry, I have other plans. 죄송하지만, 전 다른 계획이 있습니다.

3 현재 상황 보고 / 의견 제시나 제안

Have they renovated your office? 그들이 당신의 사무실을 개조했나요? – **It is brighter now**. 지금 더 밝아졌어요.
Do you think we have enough paper clips? 페이퍼 클립이 충분하다고 생각하나요?
Let's bring some more. 좀 더 가져오도록 하죠.

4 다음 일정

Have you renewed the contract? 계약서를 갱신했나요? – **We're meeting again tomorrow**. 내일 다시 만날 겁니다.

STEP 2
모범 받아쓰기 답안

Have they confirmed

(A) Thanks
(B) Actually
(C) I have

❶	Yes /No 오류
❷	다른 의문사에 대한 답변
❸	주어 오류
❹	유사 발음/동일 어휘/연상 어휘 오류
❺	시제 오류

STEP 3
꼼꼼한 분석

Have they confirmed the contract?
'계약서를 확인했는가'를 묻는 질문으로 Have they confirmed가 첫 3단어이다.

(A) That sounds good. Thanks.
❷ 다른 의문사에 대한 답변: 권유의문에 대한 답변이다.

(B) Actually, it is under consideration.
정답: Actually로 시작하면 정답이다.

(C) I have some.
❹ 동일 어휘 오류: 질문의 have는 조동사, 대답의 have는 '가지다'의 일반 동사이다.

STEP 4
REACTION 훈련

(A) Would you ~? That sounds good. Thanks.
(B) 정답
(C) Do you have ~? I have some.

[Do /be /조동사] 고득점 유형 2
– 조동사 선택의문문 /권유 /부탁

MP3-080

▶ 조동사의문문은 사실 확인의 경우에는 긍정 /부정의 Yes /No로 답한다. 그러나 조동사로 시작했지만 선택, 권유, 부탁을 포함한 경우에는 그에 맞게 답을 선택해야 한다.

STEP 1
시험에 이렇게 나온다

첫 3단어를 받아서 보세요.
※첫 3단어란, 의문사를 포함한 핵심 단어, 오류/정답 근거가 되는 단어를 말해요.

Q 58. _____

(A) _____ ☐

(B) _____ ☐

(C) _____ ☐

선택/권유/제안/부탁의 조동사의문문

1 선택

Should I give you the price quotes in person or by email?
제가 그 가격 견적서를 당신에게 직접 드려야 하나요, 이메일로 보내야 하나요?
Either is fine. 아무거나 좋습니다.

2 권유

Would you like to sign up for our fitness center's membership card?
저희 피트니스 센터의 회원카드를 등록하시기를 원하십니까?
Yes, that would be nice. 네, 그게 좋을 것 같네요.

3 제안

Can I offer you some more coffee? 커피를 더 드릴까요?
Thanks, I need to wake up. 고맙습니다. 전 잠이 깰 필요가 있어요.

4 부탁

Would you mind holding your class at 7 p.m. today? 오늘 오후 7시에 당신의 수업을 잡아 드려도 될까요?
Of course, I can do that. 물론이죠, 제가 그것을 할 수 있습니다.

STEP 2
모범 받아쓰기 답안

┌─────────────────┐
│ Could you help │
└─────────────────┘

(A) At /table
(B) go ahead
(C) I'll be with you

❶	Yes /No 오류
❷	다른 의문사에 대한 답변
❸	주어 오류
❹	유사 발음/동일 어휘/연상 어휘 오류
❺	시제 오류

STEP 3
꼼꼼한 분석

Could you help me to fill out this form?
'도와주시겠어요'의 질문으로 Could you help me가 첫 3단어이다.

(A) At the table.
❷ 다른 의문사에 대한 답변: Where 질문의 답변이다.

(B) Please go ahead.
❸ 주어 오류: 질문의 주어가 you이면, 답변의 주어는 I가 일반적이다.

(C) I'll be with you in a minute.
정답: '도와줄 수 있느냐'는 부탁에 대해 '내가 곧 가겠다'며 수락하는 답변이다.

STEP 4
REACTION 훈련

(A) Where ~?
At the table.
(B) Would you ~?
Please go ahead.
(C) 정답

[Do /be /조동사] 고득점 유형 2
– 간접의문문

MP3-081

▶ 평균 0–1문제가 출제되며 Do you know where/when/how와 같이 의문사가 중간에 위치하는 의문문을 '간접의문문'이라 한다. 일반적으로 간접의문문들은 일반 조동사의문문의 형태를 띠고 있어 Yes/No 대답이 가능하며, 의문사절을 목적어로 취하고 있는 질문의 형태이다.

STEP 1
시험에 이렇게 나온다

첫 3단어를 받아써 보세요.
※첫 3단어란, 의문사를 포함한 핵심 단어, 오류/정답 근거가 되는 단어를 말해요.

Q 59. _____

(A) _____ ☐

(B) _____ ☐

(C) _____ ☐

간접의문문

최근에는 간접의문문이 자주 출제되지 않고 있으며, 출제되더라도 정해진 질문 패턴에서 벗어나지 않기 때문에, 빈출 질문 패턴만 잘 외워도 쉽게 해결할 수 있다. 간접의문문을 들을 때는 도입부를 제거하고 중간에 들리는 의문사 이하를 잘 듣고 답을 찾아야 한다.

1 Do you know + 의문사

Do you know when the journal article is due? 저널 기사의 마감이 언제인지 알고 있나요?
Early next week. 다음 주 초입니다. ⇦ **When** 질문의 답변이다.

2 I wonder + 의문사

I wonder why Ms. Gebbett hasn't emailed us back yet?
Gebbett 씨가 우리에게 이메일을 다시 보내지 않는 이유가 뭔지 궁금합니다.
She's out this week. 그녀는 이번 주에 여기 없습니다.
⇦ 이유를 묻는 **Why** 질문의 답변이다.

3 Excuse me, can you show /tell me + 의문사

Can you show me how to join a conference call? 화상 회의에 참여하는 방법을 알려줄 수 있나요?
Suzanne learned about that yesterday. Suzanne이 어제 그것에 대해 배웠어요.
⇦ 방법을 묻는 **How** 질문의 답변이다.

STEP 2
모범 받아쓰기 답안

┌─────────────────────┐
│ Who will/orientation │
└─────────────────────┘

(A) new/program
(B) In/department
(C) Carina

❶	Yes /No 오류
❷	다른 의문사에 대한 답변
❸	주어 오류
❹	유사 발음/동일 어휘/연상 어휘 오류
❺	시제 오류

STEP 3
꼼꼼한 분석

Do you know who will be leading the orientation for new hires today?
Who 이하에 집중해야 하는 간접의문문이다.

(A) It's a new inventory program.
❸ **주어 오류:** Who에 대한 구체적인 명사가 와야 하므로 it으로 받을 수 없다.

(B) In Mellany's department.
❷ **다른 의문사에 대한 답변:** Where 질문의 답변이다.

(C) Carina Pederez.
정답: Who에 대한 구체적인 명사 답변이다.

STEP 4
REACTION 훈련

(A) What ~? It's a new inventory program.
(B) Where ~? In Mellany's department.
(C) 정답

11. [권유 /제안 /부탁] 한눈에 보기

[권유 /제안 /부탁] 의문문 표현

1. Why don't you ~?
2. How about ~? /What about ~?
3. Would you ~? /Do you want ~?
4. Are you interested ~?
5. Would you like to ~?
6. Should we visit the office today?
7. Let's take a break for a while.
8. Do you want me to ~?

[권유 /제안 /부탁]의 대답

1. 승낙의 표현으로 Sure /Okay /Let's 등이 있다.
2. 거절의 경우, 완곡한 거절의 표현으로 I am sorry /No thanks /I am afraid /Thanks but ~ 등이 등장한다.
3. That's good /That sounds great 등의 의견을 표현한다.
4. '확인해 보겠다, 아직 모르겠다, ~에게 물어봐라'는 항상 정답이다.
5. 권유 /제안의 질문에서 if는 정답이다. If you think we need to.
6. 일반적으로 미래형 질문인 〈권유 /제안〉에서의 답 또한 미래형이 되어야 하지만 '이미 했다 혹은 거의 했다' 역시 답이 될 수도 있다. almost /already /actually의 부사는 보기에 있으면 답이 될 확률이 높다.
   Have you finished the financial report? I am almost done.

제안에서 가장 중요한 질문은 ~ me to do이다.

Would you like me to do /Do you want me to do 등의 표현은 '내가 ~해 줄까요?'의 의미로 대답은 주로 '괜찮다 /혼자 할 수 있다 /고맙다' 등이 나온다.

최근에는 '반문 또는 기다리라'는 답이 대세이다.

Why don't we ask John to attend the meeting? John에게 회의에 참석하라고 요청하는 게 어때요?
Is he here today? 오늘 그가 여기에 있나요?

How about stopping for a break? 휴식을 위해 멈추는 게 어때요?
Let's finish this section first. 이 부분은 먼저 다 끝냅시다.

Would you like to go out for lunch after the presentation? 발표 후에 점심 먹으러 갈래요?
Yes, how about Korean food? 네, 한식 어떠세요?

Do you mind ~?는 승낙할 때 No로 대답한다.

Would you mind opening the window? 창문을 열어도 될까요?
Not at all. 괜찮습니다.

부탁과 권유를 혼동하지 않도록 주의한다.

1. [부탁] Would/Could you give me a ride? '태워 달라'고 부탁하는 표현이다.
   [부탁] 의문문은 오답율이 높은 질문으로 부탁에 대한 답은 '기꺼이 해 주겠다' 혹은 '미안하다, 바쁘다' 식의 답이 주가 된다. 부탁에서 거절은 대부분이 '바빠서 /다른 일을 하고 있어서 /약속이 있어서 /몰라서' 등이며 Thanks.나 No thanks.는 답이 되지 않는다.

2. [제안] Would you like a ride? '태워 드릴까요?'라며 제안하는 표현이다. 이때는 Thanks.나 No thanks.로 답한다.

11-1

[권유 /제안 /부탁] 승낙, 거절, That's good.

MP3-082

▶ 매회 평균 4–6 문제가 출제되는 권유/제안 질문은 기본적인 답변 요령만 알아도 90% 이상의 정답률을 확보할 수 있으며, 정답은 크게 다음의 3가지로 나뉜다.
① 좋다(수락),
② 싫다(거절),
③ That's a good idea.

STEP 1
시험에 이렇게 나온다

첫 3단어를 받아써 보세요.
※첫 3단어란, 의문사를 포함한 핵심 단어, 오류/정답 근거가 되는 단어를 말해요.

Q 60. _____

(A) _____ ☐

(B) _____ ☐

(C) _____ ☐

제안에서 가장 중요한 질문은 ~ me to do이다.

Do you want me to help you complete the form? 그 양식을 작성하는 것을 제가 도와 드릴까요?
No, it's very straightforward. 아니요, 매우 간단하네요.

권유/제안 질문: ~하는 게 어때요?, ~하기를 원해요?

1 Why don't you/we ~?
2 How / What about ~?
3 Would you like ~?, Do you want ~?
4 Should we ~?

권유/제안의 답변

1 좋다　① Sure /Okay　② I'd happy /I'm glad to ~　③ No problem.
2 싫다　I'm sorry ~ /I'm afraid ~ /Unfortunately ~ /But ~ /Not this time ~
3 좋아요　That's a good idea. /That would be nice. /Sounds great.

STEP 2
모범 받아쓰기 답안

> Would you /join

(A) be careful
(B) Sorry /other plans
(C) She was

❶	Yes /No 오류
❷	다른 의문사에 대한 답변
❸	주어 오류
❹	유사 발음/동일 어휘/연상 어휘 오류
❺	시제 오류

STEP 3
꼼꼼한 분석

Would you care to join us for the upcoming conference?
'우리와 함께 할래요'의 권유/제안 질문으로 Would you / join이 첫 3단어이다.

(A) Please be careful.
❹ **유사 발음 오류**: 질문의 care의 형용사형인 careful을 이용한 답변이다.

(B) Sorry, I have other plans.
정답: Sorry로 권유/제안에 대한 거절의 표현을 한다.

(C) She was late for work.
❸ **주어 오류**: She로 받을 수 있는 구체적인 사람 명사가 질문에 없다.

STEP 4
REACTION 훈련

(A) Should I ~?
Please be careful.
(B) 정답
(C) Was Ms. Yoon ~?
She was late for work.

[권유 / 제안 / 부탁] 부탁의문문에 Thanks는 오답이다.

MP3-083

▶ 권유나 제안은 '내가 해 주겠다 혹은 같이 하자'는 것인데 반해 요청이나 부탁은 상대에게 허락을 요구하는 것으로 답은 '해 주겠다 혹은 안 된다'의 형태로 제시되어야 한다.

▶ Could you give me a ride? '태워 달라'는 부탁에 대해 '고맙다, 사양한다'의 Thanks, No thanks로는 답하지 않는다.

STEP 1
시험에 이렇게 나온다

첫 3단어를 받아써 보세요.

※첫 3단어란, 의문사를 포함한 핵심 단어, 오류/정답 근거가 되는 단어를 말해요.

Q 61. _____

(A) _____ ☐

(B) _____ ☐

(C) _____ ☐

권유/제안 vs. 요청/부탁

[제안] 내가 해 줄까요?　**Can I help you?** 도와 드릴까요?
　　　　　　　　　　　Thanks. 고맙습니다.

[권유] ～합시다.　　　　**Would you like to go?** 가실래요?
　　　　　　　　　　　Let's install more programs. 더 많은 프로그램을 설치합시다.

[허가] ～해도 되나요?　**Can I/we place an international call?** 우리가 국제전화를 할 수 있나요?

[부탁] ～해 줄래요?　　**Can you show me how to get to the station?** 역으로 가는 방법을 알려 주시겠어요?

요청/부탁 의문문

Please complete the application form before the workshop. 워크숍 전에 지원서 양식을 완성해 주세요.

Would you mind if I turn on the light? 제가 불을 켜도 될까요?

Can you recommend a gift for my son? 제 아들을 위한 선물을 추천해 주시겠어요?

Could you please send these packages to the accounting department?
이 상자들을 회계부서에 보내 주시겠습니까?

Does anyone have time to help me order more office supplies?
더 많은 사무 용품을 주문하는 데 저를 도와 줄 시간이 있는 분이 계십니까?

STEP 2
모범 받아쓰기 답안

Can you handle

(A) Yes
(B) No/thanks
(C) No

❶	Yes / No 오류
❷	다른 의문사에 대한 답변
❸	주어 오류
❹	유사 발음/동일 어휘/연상 어휘 오류
❺	시제 오류

STEP 3
꼼꼼한 분석

Can you handle this customer's complaint?
'처리해 줄래요?' 부탁의 질문으로 Can you handle이 첫 3단어이다.

(A) Yes, of course.
정답: '물론이죠' 수락의 의미이다.

(B) No, thanks.
❷ **다른 의문사에 대한 답변:** '아니요, 괜찮습니다'는 권유/제안에 대한 답변이다.

(C) No, I didn't.
❺ **시제 오류:** 미래형 질문에 과거 시제로 답하고 있다.

STEP 4
REACTION 훈련

(A) **정답**
(B) Can I Help you ~?
No, thanks.
(C) Did you ~?
No, I didn't.

[권유 / 제안 / 부탁] 부탁의 대답은 '바쁘다'거나 '곧 가겠다'이다.

MP3-**084**

▶ 최근에 부탁 의문문의 표현으로 I need ~, I'd like to ~ 등이 나온다.
▶ 부탁의 대답은 ① 기다려라, ② 곧 가겠다, ③ 변명, ④ 바쁘다 등이다.

STEP 1
시험에 이렇게 나온다

첫 3단어를 받아써 보세요.
※첫 3단어란, 의문사를 포함한 핵심 단어, 오류/정답 근거가 되는 단어를 말해요.

Q 62. _____

(A) _____ ☐

(B) _____ ☐

(C) _____ ☐

요청 / 부탁의 대답

1 바쁘다, 곧 가겠다

Can you please fix my computer? 제 컴퓨터를 고쳐 줄 수 있나요?
I'd be happy to. 기꺼이요.
Sure, I'll be with you shortly. 곧 (바로, 조금 후에, 이 일만 끝나고) 하겠습니다.
Sorry, I don't have time right now. 미안합니다, 저는 지금 다른 일을 하고 있는 중입니다. (바쁩니다.)

Could you pass the report? 보고서를 전달해 주시겠습니까?
Sure, here it is. 물론이죠, 여기 있어요.

2 I'd like to ~ / I need ~ 저는 ~을 원합니다 / ~이 필요합니다

I'd like you to learn French this year. 올해는 당신이 프랑스어를 배우시기를 바랍니다.
Sorry, but I have a lot of work. 죄송합니다만, 저는 할 일이 많습니다.

I need an estimate for renovating our office. 우리 사무실을 개조하기 위한 견적서가 필요합니다.
I'll send it to you right now. 지금 바로 보내겠습니다.

I'd like to take a look at those bags in your window display. 진열장에 있는 저 가방들을 보고 싶습니다.
Let me get it for you. 제가 보여 드리겠습니다.

STEP 2
모범 받아쓰기 답안

┌─────────────────┐
│   Can you help   │
└─────────────────┘

(A) Here's
(B) He / discuss
(C) My next meeting

❶	Yes / No 오류
❷	다른 의문사에 대한 답변
❸	주어 오류
❹	유사 발음/동일 어휘/연상 어휘 오류
❺	시제 오류

STEP 3
꼼꼼한 분석

Can you help me to review this contract?
'도와주시겠어요'라는 부탁의 질문으로 Can you help가 첫 3단어이다.

(A) Here's your copy.
❷ 다른 의문사에 대한 답변: Where 질문의 답변이다.

(B) He will discuss the contract.
❹ 동일 어휘 오류: contract의 동일 어휘 반복 오답이다.

(C) My next meeting is about to start.
정답: '다음 회의가 바로 시작한다'의 의미로 완곡한 거절의 정답이다.

STEP 4
REACTION 훈련

(A) Where ~?
 Here's your copy.
(B) What ~? He will discuss the contract.
(C) 정답

[권유/제안/부탁] 제안에 대한 답은 '혼자 할 수 있어요'이다.

▶ Would you like to ~? / Do you want ~? / Can I ~? / Would you like me to ~? / Do you want me to ~?는 '괜찮아요', '혼자 할 수 있어요', '고마워요'의 답변이 주로 나온다.

STEP 1
시험에 이렇게 나온다

첫 3단어를 받아써 보세요.
※첫 3단어란, 의문사를 포함한 핵심 단어, 오류/정답 근거가 되는 단어를 말해요.

Q 63. _____

(A) _____ ☐

(B) _____ ☐

(C) _____ ☐

PART 2

'제가 해 줄까요' 질문의 기본 대답

1 괜찮아요. No thanks.

2 혼자 할 수 있어요. No thanks. I'll make some myself. / Thanks, but I can manage it myself.

3 고마워요. Thank you. / Thanks.

Can I bring you more dessert? 디저트를 더 가져다 드릴까요?
No, thank you. 아니요, 괜찮습니다.

Would you like to come to see a movie with us? 우리와 함께 영화 보러 올래요?
No thanks, I'm busy tonight. 아니요, 괜찮습니다. 오늘 밤 저는 바쁩니다.

Would you like me to send the package now? 지금 제가 소포를 보내드릴까요?
Yes, that would be great. 네, 그게 좋겠네요.

STEP 2
모범 받아쓰기 답안

Would you/me/fill

(A) No/cool
(B) Did you count
(C) Yes/thank

❶	Yes/No 오류
❷	다른 의문사에 대한 답변
❸	주어 오류
❹	유사 발음/동일 어휘/연상 어휘 오류
❺	시제 오류

STEP 3
꼼꼼한 분석

Would you like me to fill out this form for you?
'제가 기입해 드릴까요'라는 제안의 질문으로 Would you like me to fill out을 파악해야 한다.

(A) No, it's cool enough.
❶ Yes/No 오류: 제안에 대해 No로 대답하지 않는다.

(B) Did you count them?
❸ 주어 오류: them으로 받을 수 있는 구체적인 대상이 질문에 없다.

(C) Yes, thank you very much.
정답: '고맙다'는 표현으로 제안에 대한 답변이다.

STEP 4
REACTION 훈련

(A) Is it ~?
No, it's cool enough.
(B) I have 100 items.
Did you count them?
(C) 정답

11-5 [권유 / 제안 / 부탁] should/need를 주의하라.

MP3-086

▶ Did you ~? / Are you ~? 등의 조동사의문문은 주로 사실 확인을 위한 것이지만 끝까지 들어야 한다. 조동사로 시작하여 선택이나 권유/제안/부탁 등으로 답을 유도하는 문제가 다수 출제되기 때문이다.

▶ Should we ~? / Can I ~? / Would you like ~? / Do you want ~? 등은 사실 확인 질문이 아니라 권유/제안/부탁이다.

STEP 1
시험에 이렇게 나온다

첫 3단어를 받아써 보세요.
※첫 3단어란. 의문사를 포함한 핵심 단어, 오류/정답 근거가 되는 단어를 말해요.

Q 64. _____

(A) _____ ☐

(B) _____ ☐

(C) _____ ☐

조동사 사실 확인 vs. 권유/제안/부탁

1 사실 확인

Are you the manager here? 당신이 여기 매니저인가요?
Yes, I am. 네, 그렇습니다.

Did you go to the annual meeting? 당신은 연례 회의에 갔었나요?
No, I had a meeting. 아니요, 저는 회의가 있었습니다.

2 권유/제안/부탁

Could you please send me the contract today? 오늘 제게 그 계약서를 보내 줄 수 있나요?
Sure, I'll be back in my office shortly. 물론이죠, 제가 곧 사무실로 돌아가겠습니다.

STEP 2
모범 받아쓰기 답안

┌─────────────────┐
│ Should I bring │
└─────────────────┘

(A) Yes
(B) 50 copies
(C) They look

❶	Yes / No 오류
❷	다른 의문사에 대한 답변
❸	주어 오류
❹	유사 발음/동일 어휘/연상 어휘 오류
❺	시제 오류

STEP 3
꼼꼼한 분석

Should I bring some more coffee for you?
'제가 커피를 더 가져다 드릴까요'라는 제안의 질문으로, Should I bring이 첫 3단어이다.

(A) Yes, that would be nice.
❶ 정답: 수락을 표현하는 정답이다.

(B) 50 copies, please.
❷ 다른 의문사에 대한 답변: How many 질문에 대한 답변이다.

(C) They look delicious.
❸ 주어 오류: 질문의 주어가 I이면, 답변은 you로 한다.

STEP 4
REACTION 훈련

(A) 정답
(B) How many ~?
50 copies, please.
(C) What do you think ~?
They look delicious.

[권유 / 제안 / 부탁] 고득점 유형 1
– 평서문으로 제안이나 부탁을 한다.

▶ '〜해야만 한다'라는 표현이 등장하는 의문문이나 평서문은 모두 제안이거나 부탁이다.

▶ 질문에서 should /need /have to /we want /we would like to 등의 표현이 들린다.

STEP 1
시험에 이렇게 나온다

첫 3단어를 받아써 보세요.
※첫 3단어란, 의문사를 포함한 핵심 단어, 오류/정답 근거가 되는 단어를 말해요.

Q 65. _____

(A) _____ ☐

(B) _____ ☐

(C) _____ ☐

평서문 형태의 권유/제안문

Should we go for lunch to the new Italian restaurant? 새로운 이탈리아 식당에 점심 먹으러 갈까요?
I already had some refreshments in the meeting. 저는 회의에서 이미 간식을 좀 먹었어요.

We'd like you to discuss our department's budget for next year at the staff meeting.
직원 회의에서 당신이 내년도 우리 부서의 예산에 대해 논의하기를 바랍니다.
Sure, I'd be happy to prepare for it. 물론이죠, 기꺼이 준비하겠습니다.

I'd like you to give a keynote address at the conference.
컨퍼런스에서 당신이 기조연설을 하기를 바랍니다.
Sure, I'd be glad to. 물론이죠, 기꺼이 하겠습니다.

The meeting should be set before the CEO comes.
CEO가 오기 전에 회의가 준비되어야만 합니다.
I'll do it right now. 바로 하겠습니다.

STEP 2
모범 받아쓰기 답안

> We should set up

(A) 10 people
(B) Marketing
(C) I have time

❶	Yes /No 오류
❷	다른 의문사에 대한 답변
❸	주어 오류
❹	유사 발음/동일 어휘/연상 어휘 오류
❺	시제 오류

STEP 3
꼼꼼한 분석

We should set up for the next departmental meeting.
'우리가 ~을 해야만 한다'의 권유 문장으로 We should set up이 첫 3단어이다.

(A) More than 10 people.
❷ 다른 의문사에 대한 답변: How many 질문의 답변이다.

(B) Marketing and personnel.
❹ 연상 어휘 오류: departmental을 통해 부서 이름을 연상한 오답이다.

(C) I have time this morning.
정답: 권유에 대한 수락의 정답이다.

STEP 4
REACTION 훈련

(A) How many ~?
More than 10 people.
(B) What ~? Marketing and personnel.
(C) 정답

[권유/제안/부탁] 고득점 유형 2
– Do you mind

MP3-088

▶ '마음에 걸리다, 싫어하다'라는 부정의 의미인 mind를 이용한 정중한 권유/제안 질문이다.

▶ 질문이 '싫어합니까'라는 의미이므로, 승락할 때 Yes로 답변하지 않아야 한다.

▶ Do you mind ~? 질문에 No, Actually, In fact 등으로 대답한다.

STEP 1
시험에 이렇게 나온다

첫 3단어를 받아써 보세요.
※첫 3단어란, 의문사를 포함한 핵심 단어, 오류/정답 근거가 되는 단어를 말해요.

Q 66. _____

(A) _____ ☐

(B) _____ ☐

(C) _____ ☐

Do you mind ~?의 대답

1 '괜찮다'의 표현은 No/Not at all로 답한다.

2 '싫다'는 말을 할 때는 Yes를 쓰지 않고 반드시 Actually, In fact 등으로 답한다.

STEP 2
모범 받아쓰기 답안

> Do you mind reviewing

(A) I/about to leave
(B) hot/summer
(C) different view

❶	Yes/No 오류
❷	다른 의문사에 대한 답변
❸	주어 오류
❹	유사 발음/동일 어휘/연상 어휘 오류
❺	시제 오류

STEP 3
꼼꼼한 분석

Do you mind reviewing the summary for me?
'검토하는 것을 꺼리십니까'라는 권유/제안 질문으로 Do you mind reviewing이 첫 3단어이다.

(A) Oh, I was just about to leave.
정답: Yes를 쓰지 않고 거절의 뜻을 표현하고 있다.

(B) It's very hot in summer.
❹ 유사 발음 오류: 질문의 summary와 유사 발음인 summer로 답변했다.

(C) It's a different view from here.
❷ 다른 의문사에 대한 답변: 의견으로 답하고 있다.

STEP 4
REACTION 훈련

(A) 정답
(B) How's ~?
It's very hot in summer.
(C) What do you think ~?
It's a different view from here.

11-8 [권유/제안/부탁] almost/already/ still이 들리면 정답이다.

MP3·089

▶ 최근 자주 출제되고 있는 정답 표현들은 다음과 같다.
① 이미 했다, ② 지금 하고 있는 중이다, ③ 거의 끝났다, ④ (변경, 취소)할 필요가 없다, ⑤ 다른 사람이 할 것이다

STEP 1
시험에 이렇게 나온다

첫 3단어를 받아써 보세요.
※첫 3단어란, 의문사를 포함한 핵심 단어, 오류/정답 근거가 되는 단어를 말해요.

Q 67. _____

(A) _____ ☐

(B) _____ ☐

(C) _____ ☐

already/almost/still의 정답 표현

1 이미 ~했습니다

I hope the new sports center opens soon. 새로운 스포츠 센터가 곧 오픈하기를 바랍니다.
I already took a class there. 저는 벌써 그곳에서 수업을 들었는걸요.

Please turn off the lights before you go out. 나가기 전에 불을 꺼 주세요.
Jane already told me. Jane이 이미 제게 말했어요.

2 거의 ~했습니다

Should we change the deadline for completing the budget report? 예산 보고서의 마감일을 바꿔야 하나요?
No, it's almost finished. 아니요, 거의 다 했어요.

3 여전히 ~하고 있는 중입니다

How much will it cost to fix this photocopier? 이 복사기를 고치는 데 비용이 얼마나 드나요?
Is it still under warranty? 아직 보증 기간인가요?

Could you give me a ride to work tomorrow? 내일 저를 회사에 태워 주실 수 있나요?
My car is still in the shop. 제 차가 아직 정비소에 있어요.

STEP 2
모범 받아쓰기 답안

> Should we confirm

(A) No/already
(B) contacted him
(C) Yes/her voice/soft

❶	Yes/No 오류
❷	다른 의문사에 대한 답변
❸	주어 오류
❹	유사 발음/동일 어휘/연상 어휘 오류
❺	시제 오류

STEP 3
꼼꼼한 분석

Should we confirm the invoice?
'우리가 해야 하나요'라는 요청의 질문으로 Should we confirm이 첫 3단어이다.

(A) No, Molly already mailed it.
정답: '벌써 발송했어요'의 요청에 대한 부연 설명이다.

(B) I contacted him.
❸ 주어 오류: him으로 받을 수 있는 구체적인 사람 명사가 질문에 없다.

(C) Yes, her voice is very soft.
❹ 유사 발음 오류: 질문의 invoice와 유사 발음인 voice를 사용했다.

STEP 4
REACTION 훈련

(A) 정답
(B) Did you call Mr. Kim? I contacted him.
(C) Is Ms. Shin's ~? Yes, her voice is very soft.

12. 부정/부가의문문 한눈에 보기

주요 출제 패턴

부정/부가의문문은 동사만 확인해 주면 된다. 부가의문문은 월 평균 4~5문제까지 등장하여 Part 2 비 의문사 질문에서 출제 빈도가 가장 높은 질문 유형들이다. 부정의문문이나 부가의문문은 사실 여부를 확인하거나 상기 시킬 때 또는 제안할 때 사용하게 된다. 하지만, 실제로 우리말처럼 번역해서 받아들여 당황하거나 실수하지 않 도록 해야 한다. 무조건 답변 시에는 동사의 행위나 사실에 대해 '그렇다(Yes)', '안 그렇다(No)'로 확인만 해 주거 나, 제안한 내용에 대해 '수락'하거나 '동의'한다는 내용으로 답변하면 된다.

부가의문문은 조동사의문문이 문장 끝에 위치한 것이다.

1. 문장 끝에 didn't you?/isn't she? 등 확인을 위한 꼬리 질문이 붙은 것을 부가의문문이라고 하며, 주로 답변은 Yes/No로 이루어진다.

2. 부가의문문에 Yes/No가 없는 경우는 질문의 내용과 답변의 내용을 이어서 부가 설명하는 것 이 답이 되는데, 주로 답변이 되는 것은 (1) 다음 행동을 제시하는 것이거나, (2) 관련 부가 설명 을 하는 것, (3) 답변의 내용이 Yes/No를 포함하고 있는 경우 등이다.

3. 부정의문문의 경우에는 질문이 부정적이라 하더라도 내용 자체에 맞추어, 내용이 맞으면 Yes 로 내용이 틀리면 No로 대답한다.

4. '이미 했다'는 항상 답이 될 수 있다.

부가의문문에 Yes/No로 답하지 않는 답변 유형

1. 질문의 내용을 그대로 반복하지만 유사 발음은 쓰지 않는다.

Haven't you found someone to replace the marketing director yet?
마케팅 부장을 대체할 누군가를 아직 찾질 못했나요?
We finally hired one last week. 우리는 마침내 지난주에 한 사람을 고용했습니다.

Shouldn't you go see a doctor about the flu? 당신은 독감 진찰을 받아야 하지 않나요?
I made an appointment for tomorrow. 저는 내일로 예약을 했습니다.

We have to submit our time sheets by noon, don't we?
우리가 근무 시간표를 정오까지 제출해야만 하죠, 그렇지 않나요?
Actually, they were due an hour ago. 사실, 그것은 한 시간 전이 마감이었습니다.

2. 질문의 내용에 대한 직접적인 답보다는 질문에 대한 다음 행동을 제시한다.

You are going to apply for the position, aren't you? 당신은 이 자리에 지원할 거죠, 그렇지 않나요?
I'm sending the application today. 저는 오늘 지원서를 보낼 것입니다.

12-1 [부정/부가의문문] 긍정이면 Yes, 부정이면 No로 답한다.

MP3·090

▶ 부정의문문에서 not은 부정이 아니라 자신의 의견을 강조하는 표현이므로, not이 없다고 가정하고 일반의문문처럼 '주어가 ~한지, ~인지'의 여부를 판단하는 것이 핵심이다.

▶ 내용상 Yes, I do. (긍정) / No, I don't. (부정)으로 답한다.

▶ 부가의문문은 답변에서 동사와 주어를 일치시킨다.

▶ 부정/부가의문문은 질문의 동사와 마지막 명사를 기억해 질문과 보기의 내용상 일관성을 찾아야 한다.
It is sunny outside, isn't it? 밖이 화창하죠, 그렇죠?
Yes, the clouds are gone. 네, 구름 한 점 없네요.

STEP 1
시험에 이렇게 나온다

첫 3단어를 받아써 보세요.
※첫 3단어란, 의문사를 포함한 핵심 단어, 오류/정답 근거가 되는 단어를 말해요.

Q 68. _____

(A) _____ ☐

(B) _____ ☐

(C) _____ ☐

부정의문문의 정리

1. 질문의 주어와 동사를 일치시킨다.	Shouldn't we send him an update? 우리가 그에게 업데이트를 보내야만 하지 않나요? **Yes, we already did.** 네, 저희가 벌써 했어요.
2. **Yes** + 근거, 동의, 맞장구, 다음 행동	Hasn't the weekly meeting been postponed? 주간 회의가 연기되지 않았나요? **Yes, it will now be on Friday.** 네, 금요일에 열립니다.
3. **No** + No의 이유, 사실과 다른 점, 변경 내용	Didn't Mr. Choi make copies of the sales report for everyone? Choi 씨가 모든 사람들을 위한 영업 보고서의 사본을 만들지 않았나요? **No, I'm afraid we'll have to share.** 아니요, 우리가 함께 봐야 할 겁니다.

STEP 2
모범 받아쓰기 답안

Didn't you reschedule / July

(A) From England
(B) agency
(C) No / in June

❶	Yes / No 오류
❷	다른 의문사에 대한 답변
❸	주어 오류
❹	유사 발음/동일 어휘/연상 어휘 오류
❺	시제 오류

STEP 3
꼼꼼한 분석

Didn't you reschedule your vacation for July?
'휴가 일정을 다시 잡았는지'를 묻는 질문으로 부정의문문의 not은 빼고 들어야 하는 것이 포인트이다.

(A) From England and France.
❷ **다른 의문사에 대한 답변:** Where 질문의 답변이다.

(B) A new travel agency.
❷ **다른 의문사에 대한 답변:** Who 질문의 답변이다.

(C) No, I booked a trip in June.
정답: '일정을 다시 잡았느냐'는 질문에 대해 '아니오, 그 전에 이미 예약했다'며 질문에 대한 부정을 하는 답변이다.

STEP 4
REACTION 훈련

(A) Where ~? From England and France.
(B) Who ~? A new travel agency.
(C) 정답

[부정/부가의문문]
최근 부가의문문은 right으로 끝난다.

MP3-091

▶ 부가의문문은 앞에 주어진 사실이나 의견을 확인하기 위한 질문이므로 Yes/No로 답한 후에 보충 설명을 한다.

▶ right으로 끝나는 문장은 부가의문문으로 사실 여부를 확인해 주어야 한다.

STEP 1
시험에 이렇게 나온다

첫 3단어를 받아써 보세요.
※첫 3단어란, 의문사를 포함한 핵심 단어, 오류/정답 근거가 되는 단어를 말해요.

Q 69. _____

(A) _____ ☐

(B) _____ ☐

(C) _____ ☐

부가의문문의 정리

1. 주어와 시제가 부가의문문과 일치해야 한다. – 부가의문문을 do you?라고 했다면 답변의 주어는 I 혹은 We로 시작해야 하며 시제도 부가의문문에 맞춰 답해야 한다.	You ordered more stationery, didn't you? 더 많은 문구류를 주문했죠, 그렇지 않나요? Yes, we needed it. 네, 우리는 그것이 필요했거든요.
	You're going to Milano soon, aren't you? 당신은 밀라노에 곧 갈 예정이죠, 그렇지 않나요? Yes, I'll leave at 2 p.m. 네, 오후 2시에 떠날 예정입니다.
2. 현재 시제의 질문은 대부분 미래로 답한다.	Dr. Chen is seeing patients today, isn't she? Chen 박사님은 오늘 진료를 하시고 있죠, 그렇지 않나요? No, not until Thursday. 아니요, 목요일입니다.

right으로 끝나는 부가의문문

You only design kid's clothing, right? 당신은 어린이 의류만 디자인하죠, 그렇죠?
No, I have a women's line as well. 아니요, 여성 라인도 하고 있습니다.

You finished updating the software on all the computers in our office, right?
저희 사무실의 모든 컴퓨터 소프트웨어의 업데이트가 끝났죠, 그렇죠?
Yes, the system is working better now. 네, 이제 시스템은 더 잘 작동되고 있습니다.

Mr. Lee is transferring into the Tokyo branch, right? Lee 씨가 Tokyo 지사로 전근 갈 거죠, 그렇죠?
No, his request was denied. 아니요, 그의 제안이 거절됐어요.

STEP 2
모범 받아쓰기 답안

prototype/ready

(A) I can type
(B) I reviewed
(C) No/need/time

❶	Yes/No 오류
❷	다른 의문사에 대한 답변
❸	주어 오류
❹	유사 발음/동일 어휘/연상 어휘 오류
❺	시제 오류

STEP 3
꼼꼼한 분석

The prototype will be ready by next Tuesday, right?
'틀이 준비가 될 거죠, 맞죠?'의 확인을 구하는 질문이다.

(A) Yes, I can type.
❹ 유사 발음 오류: 질문의 prototype에서 type을 반복하고 있다.

(B) I reviewed that article last week.
❺ 시제 오류: 질문의 미래 시제에 과거로 답변하고 있다.

(C) No, we need a little more time.
정답: 확인하기 위한 질문에 대해 부정하고 있는 답변이다.

STEP 4
REACTION 훈련

(A) Can you ~?
Yes, I can type.
(B) When did ~?
I reviewed that article last week.
(C) 정답

[부정/부가의문문]
Yes/No 없는 정답은 변명이 나온다.

MP3-092

▶ Yes가 없을 때에는 대부분 '① 이미 했다, ② 항상 그렇다' 등이 답이 된다.

▶ No를 대신해서는 주로 '① 변경, ② 몰랐다, ③ 변명, ④ 아직 끝내지 못했다'는 내용이 나온다.

STEP 1
시험에 이렇게 나온다

첫 3단어를 받아써 보세요.

※첫 3단어란, 의문사를 포함한 핵심 단어, 오류/정답 근거가 되는 단어를 말해요.

Q 70. _____

(A) _____ ☐

(B) _____ ☐

(C) _____ ☐

Yes/No 없는 대답

Yes가 없는 대답 ① 이미 했다 ② 항상 그렇다	**No가 없는 대답** ① 변경 ② 몰랐다 ③ 변명 ④ 아직 못 끝냈다
Haven't the reports been updated, yet? 보고서가 아직 업데이트되지 않았나요? We finished doing that yesterday. 우리는 어제 그것을 끝냈습니다.	Wasn't the floor cleaned over the weekend? 바닥이 주말 동안 청소되었나요? There are a few more things left. 아직 조금 남았습니다.
You will come early tomorrow, won't you? 당신은 내일 일찍 올 거죠, 그렇지 않나요? I do every day. 저는 매일 그렇습니다.	Didn't you compile all the data online? 당신은 온라인으로 모든 데이터를 편집하지 않았나요? The website was down. 웹사이트가 다운되었어요.

STEP 2
모범 받아쓰기 답안

Mr. /usually arrives

(A) For /division
(B) No /I ordered
(C) Traffic is /heavy

❶	Yes /No 오류
❷	다른 의문사에 대한 답변
❸	주어 오류
❹	유사 발음/동일 어휘/연상 어휘 오류
❺	시제 오류

STEP 3
꼼꼼한 분석

Mr. Martinez usually arrives at the office at 8:30, doesn't he?
'평소에 8시 30분에 도착하지 않나요'의 질문으로 부가의문문임을 주의하자.

(A) For the transportation division.
❹ **연상 어휘 오류:** 질문의 arrives에서 transportation(교통수단)을 연상시키고 있다.

(B) No, I ordered five.
❺ **시제 오류:** 질문의 시제가 현재이므로 과거의 답변은 오답이다.

(C) Traffic is really heavy today.
정답: 차가 매우 막힌다는 의미로 질문과 관련된 추가 설명으로 답변하고 있다.

STEP 4
REACTION 훈련

(A) Why ~? For the transportation division.
(B) Did you ~?
No, I ordered five.
(C) 정답

PART 2

12-4 [부가/부정의문문] 동의나 맞장구 표현이 나오면 정답이다.

MP3-**093**

▶ 동의, 맞장구 표현은 구어체이기 때문에 따로 정리하여 암기하여야 한다.

Did you know this printer is out of order? 프린터 고장 난 것 알고 있었어요?

Don't tell me it's broken again. 설마 또 고장 났다는 말은 아니겠죠.

STEP 1
시험에 이렇게 나온다

첫 3단어를 받아써 보세요.

※첫 3단어란, 의문사를 포함한 핵심 단어, 오류/정답 근거가 되는 단어를 말해요.

Q 71. _____

(A) _____ ☐

(B) _____ ☐

(C) _____ ☐

동의/반대 표현

1 동의

I think so. / I believe so. / I hope so. 저도 그렇게 생각해요.
You're right. 당신이 맞아요.
I agree with you. 저도 동의합니다.

2 반대

I don't think so. / I'm afraid not. 저는 그렇게 생각하지 않습니다.

STEP 2
모범 받아쓰기 답안

```
This model comes
```

(A) was efficient
(B) right
(C) I'd / come

❶	Yes / No 오류
❷	다른 의문사에 대한 답변
❸	주어 오류
❹	유사 발음/동일 어휘/연상 어휘 오류
❺	시제 오류

STEP 3
꼼꼼한 분석

This model comes with a new printer, doesn't it?
확인을 구하는 부가의문문의 질문이다.

(A) It was efficient.
❷ **다른 의문사에 대한 답변:** 의견을 묻는 How 질문의 답변이다.

(B) That's right.
정답: 확인하는 질문에 동의하는 답변이다.

(C) I'd like to come with you.
❹ **동일 어휘 오류:** 질문의 come with는 '딸려 오다'의 의미이고, 답변의 come with는 '함께 오다'의 의미이다.

STEP 4
REACTION 훈련

(A) How was ~? It was efficient.
(B) **정답**
(C) Would you ~? I'd like to come with you.

12-5

[부가/부정의문문] 고득점 유형
– 그 사실에 대해 나도 모른다.

▶ '모른다'는 모든 질문의 답이 될 수 있다.

▶ '그런 줄도 몰랐다'는 '내가 했어야 하는가?', '하는 줄도 몰랐다' 등의 변명의 표현이다.

▶ 과거형의 답이 주를 이루므로 I thought, I didn't think로 시작하는 것이 기본이다.

STEP 1
시험에 이렇게 나온다

첫 3단어를 받아써 보세요.

※첫 3단어란, 의문사를 포함한 핵심 단어, 오류/정답 근거가 되는 단어를 말해요.

Q 72. _____

(A) _____ ☐

(B) _____ ☐

(C) _____ ☐

PART 2

시험에 나온 '그런 줄도 몰랐네' 유형의 답변

I haven't thought of that. 저는 그렇게 생각하지 않았어요.
Oh, isn't it allowed? 오, 그것은 허가되지 않았나요?
Was I supposed to? 제가 해야 하나요?
I haven't noticed. 전 알아채지 못했습니다.

STEP 2
모범 받아쓰기 답안

You / filled out / have

(A) Was I supposed to
(B) Go ahead
(C) I have

❶	Yes / No 오류
❷	다른 의문사에 대한 답변
❸	주어 오류
❹	유사 발음/동일 어휘/연상 어휘 오류
❺	시제 오류

STEP 3
꼼꼼한 분석

You haven't filled out the form yet, have you?
'양식을 작성했나요'의 질문으로 평서문의 not은 해석하지 않는 것이 풀이의 핵심이다.

(A) Was I supposed to?
정답: '제가 했어야 했나요'의 의미로 '그런 줄도 몰랐다'는 돌려 말하기의 표현이다.

(B) Go ahead, have some.
❸ **주어 오류:** 질문의 주어는 You인데, 답변의 명령문 주어는 You이므로 주어 일치의 오류이다.

(C) Yes, I have those already.
❹ **유사 발음 오류:** 질문의 have는 완료 시제의 조동사 have이고, 답변의 have는 '가지다'라는 의미의 동사이다.

STEP 4
REACTION 훈련

(A) **정답**
(B) Should I ~?
Go ahead, have some.
(C) Do you ~? Yes, I have those already.

<table>
<tr><td>12-6</td><td colspan="2"># [부가/부정의문문] 고득점 유형
– won't는 '원하다'가 아니다.</td></tr>
</table>

MP3-095

▶ 부정의문문인 won't/weren't는 주로 Yes/No로 답하며 발음에 주의해야 한다.

▶ won't는 will not으로 시제에 주의한다.

STEP 1
시험에 이렇게 나온다

첫 3단어를 받아써 보세요.

※첫 3단어란, 의문사를 포함한 핵심 단어, 오류/정답 근거가 되는 단어를 말해요.

Q 73.

(A) _____ ☐

(B) _____ ☐

(C) _____ ☐

부정의문문 won't의 질문과 답변

Won't Maria be making all the arrangements for the next business conference?
Maria가 다음 비즈니스 컨퍼런스의 모든 준비를 할 예정이지 않나요?
No, she's on a business trip in Portugal now.
아니요, 그녀는 지금 포르투갈에 출장 가 있습니다.

Won't you be at the job fair next Friday? 당신은 다음 주 금요일에 취업 박람회에 갈 예정이지 않나요?
No, I'm leaving for a vacation tonight. 아니요, 저는 오늘 밤 휴가차 떠날 예정입니다.

STEP 2
모범 받아쓰기 답안

> You will have

(A) Do you prefer
(B) Charge it
(C) I/bring

❶	Yes/No 오류
❷	다른 의문사에 대한 답변
❸	주어 오류
❹	유사 발음/동일 어휘/연상 어휘 오류
❺	시제 오류

STEP 3
꼼꼼한 분석

You will have lunch with us, won't you?
'점심을 함께 먹을래요'라는 권유의 질문으로 You will have가 첫 3단어이다.

(A) Do you prefer a snack?
❹ 연상 어휘 오류: lunch에서 snack을 연상시키는 오답이다.

(B) Charge it to my account, please.
❸ 주어 오류: 질문의 주어는 you이므로, I로 답해야 한다.

(C) I always bring my own.
정답: '항상 내 것을 갖고 온다'라며 권유에 대한 완곡한 거절을 표현하고 있다.

STEP 4
REACTION 훈련

(A) Let's ~. Do you prefer a snack?
(B) Should I ~? Charge it to my account, please.
(C) 정답

13. 평서문 한눈에 보기

주요 출제 패턴

평서문은 물어본 것이 없으므로 사실상 대답할 수 있는 것이 없다. 다만, 상대방이 이야기한 것에 대해 동조하거나 동의하지 않는 말을 하는 것이 가장 적절한 정답이며, 기본적으로 전체적인 내용에 대한 감탄, 맞장구 등이 정답이 될 수 있다. 평균 3–4문제 가량이 출제되고 있으며, 난이도가 높은 문제에 해당한다.

주로 정답은 ① 동의, 맞장구로 답변을 하거나 부연 설명을 한다. ② 동의하지 않거나 ③ 다음 행동을 제시한다. 또는 ④ 상대의 말에 추가 정보를 묻는 형태의 반문으로 답변을 하게 된다.

1. 동의, 맞장구에 자주 쓰이는 표현은 so /too /either /neither 등이다.

2. 평서문은 No로 답하기보다는 간접적으로 답하며, 보기 중에 유사 발음이 있으면 오답이다.

3. '잘 모르겠다'는 항상 답이 된다.

4. I thought /I was going to /I was supposed to /I was hoping: 일종의 가정법이며 '～인 줄 알았다, ～하려 했다'는 의미로 결국 '～이 아니다, ～하지 못했다'는 표현이다.

   We'd better leave for the restaurant by 6. 우리는 6시까지 그 식당으로 출발하는 것이 좋겠어요.
   I was planning to do that. 그럴 계획이었습니다.

   I thought you'd already left for Bangkok. 저는 당신이 이미 방콕으로 떠난 줄 알았어요.
   My trip was canceled. 여행이 취소되었어요.

5. 일반적으로 요구나 제안은 Would you like ～?나 Why don't you ～? 등으로 질문하지만 평서문으로도 Let's, please, should, need 등의 표현을 이용하여 '요구, 요청, 지시' 등을 할 수 있다.

   We should tell Bill when we expect to arrive. Bill에게 우리가 도착할 때를 말해 줘야만 합니다.
   OK, I'll call him now. 알았어요, 제가 지금 그에게 전화할게요.

   Please come by the rental office to pick up your apartment keys.
   당신의 아파트 열쇠를 수령하기 위해 임대 사무실에 들러주시기 바랍니다.
   I'll do that this afternoon. 오늘 오후에 들르겠습니다.

   Please show your identification as you enter the building.
   건물에 입장하실 때 귀하의 신분증을 보여 주시기 바랍니다.
   OK, let me get it from my bag. 알겠어요, 제 가방에서 그것을 꺼내겠습니다.

13-1

[평서문]
동의/맞장구로 답한다.

MP3-096

▶ 평서문에 대한 답변 중 가장 많은 비중을 차지하는 답은 동의, 맞장구이다.

▶ 부정적인 답변의 경우 '나도 모른다'거나 '나도 반대'라는 의미가 답이 된다.

STEP 1
시험에 이렇게 나온다

첫 3단어를 받아써 보세요.
※ 첫 3단어란, 의문사를 포함한 핵심 단어, 오류/정답 근거가 되는 단어를 말해요.

Q 74. _____

(A) _____ ☐

(B) _____ ☐

(C) _____ ☐

맞장구/동의 표현

1 Yes, you are right. / So do I. 네, 당신 말이 맞습니다. / 저도 그렇습니다.

2 Neither have I. 저도 그렇지 않습니다.

3 I think so. / I am, too. 저도 그렇게 생각해요. / 저도 또한 그래요.

4 That's + 의견: That's a good idea. 좋은 생각입니다.

I was very impressed with Ms. Yang's report. 저는 Yang 씨의 보고서가 매우 인상 깊었습니다.
Yes, she was really well prepared. 네, 그녀는 정말 잘 준비했어요.

The deadline is Tuesday. 마감일은 화요일입니다.
That's not what I was told. 그것은 제가 들은 것이 아닌데요.

I don't know how to use this fax machine. 이 팩스기를 이용하는 방법을 모르겠어요.
I've never used it. 저는 그것을 한 번도 사용해 보지 않았습니다.

STEP 2
모범 받아쓰기 답안

policy / unclear

(A) ago
(B) I didn't / either
(C) post office

❶	Yes / No 오류
❷	다른 의문사에 대한 답변
❸	주어 오류
❹	유사 발음/동일 어휘/연상 어휘 오류
❺	시제 오류

STEP 3
꼼꼼한 분석

The vacation policy in the employee handbook is rather unclear.
'정책이 명확하지 않아요'라는 평서문의 질문이다.

(A) A few weeks ago.
❷ 다른 의문사에 대한 답변: When 질문의 답변이다.

(B) I didn't understand it either.
정답: 평서문의 대답 중 동의는 가장 보편적인 정답이다.

(C) At the post office downtown.
❷ 다른 의문사에 대한 답변: Where 질문의 답변이다.

STEP 4
REACTION 훈련

(A) When ~?
A few weeks ago.
(B) 정답
(C) Where ~? At the post office downtown.

13-2

[평서문]
I'll로 답한다.

▶ 평서문에 대한 답으로 대표적인 것은 '내가 하겠다, 내가 알아보겠다' 등의 I'll ~이다.

STEP 1
시험에 이렇게 나온다

첫 3단어를 받아써 보세요.
※첫 3단어란, 의문사를 포함한 핵심 단어, 오류/정답 근거가 되는 단어를 말해요.

Q 75. _____

(A) _____ ☐

(B) _____ ☐

(C) _____ ☐

PART 2

평서문에 대한 답변 유형

I'll ~ 내가 하겠다, 내가 알아보겠다

The door to the main office **is locked**. 주 사무실 문이 잠겼어요. → 문제점
I'll call the manager. 제가 매니저에게 전화할게요. → 제안
I'll have to take a look at it. 제가 살펴보겠습니다.

The packages need to **be sent** out **right away**. 소포를 바로 보내야 해요. → 요청
I'll take care of it. 제가 처리하겠습니다. → 제안

STEP 2
모범 받아쓰기 답안

> The table should be set

(A) No/twelve
(B) How was
(C) I'll do

❶	Yes/No 오류	
❷	다른 의문사에 대한 답변	
❸	주어 오류	
❹	유사 발음/동일 어휘/연상 어휘 오류	
❺	시제 오류	

STEP 3
꼼꼼한 분석

The table should be set before the guests arrive.
'테이블을 차려야만 합니다'라는 요청의 평서문이다.

(A) No, twelve people at 7 o'clock.
평서문에서 No로 시작하는 답변은 오답이다.

(B) How was the party?
❺ **시제 오류**: 미래형 질문에 대해 과거형으로 답변하고 있다.

(C) I'll do it right now.
정답: 요청에 대해 수락 혹은 제안을 하는 I'll ~로 표현하고 있다.

STEP 4
REACTION 훈련

(A) Are there ~?
No, twelve people at 7 o'clock.
(B) I went ~.
How was the party?
(C) **정답**

13-3

[평서문]
다음 행동 제시

MP3-098

▶ 다음 행동을 제시하는 표현에는 Let's ~, You should ~, I will ~ 등이 있다.

STEP 1
시험에 이렇게 나온다

첫 3단어를 받아써 보세요.
※ 첫 3단어란, 의문사를 포함한 핵심 단어, 오류/정답 근거가 되는 단어를 말해요.

Q 76. _____

(A) _____ ☐

(B) _____ ☐

(C) _____ ☐

다음 행동 제시

1 내가 ~해 주겠다

I'm compiling the employee directory for this year. 저는 올해 직원 주소록을 편집 중입니다.
Let me know if you need any help. 도움이 필요하면 알려 주세요.

2 대안 제시

Ms. Kurry would like everyone to attend the staff meeting. Kurry 씨는 모든 사람들이 직원회의에 참석하기를 바랍니다.
I'm visiting the plant in Ottawa then. 저는 그때 Ottawa에 있는 공장에 방문할 예정입니다.

3 너는 ~해야 한다

I can't assemble this table due to some missing parts. 몇 가지 빠진 부품 때문에 이 테이블을 조립할 수가 없습니다.
Ask the customer service center to send them. 고객 서비스 센터에 그것을 보내 달라고 요청하세요.

4 미래 상황

Ms. Gonzales will be transferred to Seoul in July. Gonzales 씨는 7월에 서울로 전근 갈 예정입니다.
She'll be missed. 그녀가 그리울 거예요.

STEP 2
모범 받아쓰기 답안

The chair/uncomfortable

(A) room for
(B) Let me find
(C) great view

❶	Yes /No 오류
❷	다른 의문사에 대한 답변
❸	주어 오류
❹	유사 발음/동일 어휘/연상 어휘 오류
❺	시제 오류

STEP 3
꼼꼼한 분석

The chair in the showroom is very uncomfortable.
'의자가 불편해요'라는 사실을 제시하는 평서문의 질문이다.

(A) There's room for 4 at the table.
❹ 연상 어휘 오류: 질문의 chair에서 연상되는 table을 언급하고 있다.

(B) Let me find you another one.
정답: '제가 다른 것을 찾아 드릴게요'라는 제안의 표현이다.

(C) It has a great view.
❷ 다른 의문사에 대한 답변: 의견을 나타내는 답변이다.

STEP 4
REACTION 훈련

(A) How many ~? There's room for 4 at the table.
(B) 정답
(C) What do you think ~? It has a great view.

[평서문] 동의의 구체적인 이유와 추가 설명

MP3-099

▶ 동의 내용을 구체적으로 대답한다.
▶ 동의의 이유, 의견, 추가 설명을 하는 것이 답이 된다.

STEP 1
시험에 이렇게 나온다

첫 3단어를 받아써 보세요.
※첫 3단어란, 의문사를 포함한 핵심 단어, 오류/정답 근거가 되는 단어를 말해요.

Q 77. _____

(A) _____ ☐

(B) _____ ☐

(C) _____ ☐

PART 2

동의 표현

1. 동의 – 추가 설명

The demand for our new mobile games is higher than we expected.
우리의 새로운 모바일 게임에 대한 수요가 예상했던 것보다 더 높습니다.
I know it's very attractive. 전 그것이 매우 매력적이라는 것을 알고 있습니다.

I think we should take a taxi to the airport. 우리가 공항으로 가는 택시를 타야할 것 같아요.
We should hurry up. 우리는 서둘러야 해요.

2. 동의 – 구체적인 이유

We're ordering new furniture for our new office in Perth.
우리는 Perth의 새 사무실에 놓을 새 가구를 주문하려 합니다.
Ikea Furniture is reasonable. Ikea 가구가 가격이 적당합니다.

3. 동의 – 의견

We've purchased a lot of new equipment in our department. 우리 부서에 많은 새 장비를 구매했습니다.
I'm glad that the director finally approved the budget. 부장님이 마침내 그 예산을 승인했다니 기쁘네요.

I'm not sure if I should purchase this advanced computer. 이 고사양의 컴퓨터를 구매해야 할지 잘 모르겠어요.
I personally found it very practical and efficient. 제 개인적으로는 그것이 매우 실용적이고 효율적이라는 걸 알았어요.

STEP 2
모범 받아쓰기 답안

┌─────────────────────┐
│ We got /feedback   │
└─────────────────────┘

(A) was quick
(B) selling well
(C) He

❶	Yes / No 오류
❷	다른 의문사에 대한 답변
❸	주어 오류
❹	유사 발음/동일 어휘/연상 어휘 오류
❺	시제 오류

STEP 3
꼼꼼한 분석

We got some feedback on our new product yesterday.
'우리가 의견을 받았습니다'라는 평서문 형태의 질문이다.

(A) That was quick.
정답: 평서문에 대한 동의의 답변이다.

(B) It is selling well.
❺ 시제 오류: 질문이 과거 시제이면 답변도 과거 시제가 되어야 한다.

(C) He is in the back.
❸ 주어 오류: 질문에 he에 대한 언급이 없다.

STEP 4
REACTION 훈련

(A) **정답**
(B) How ~?
It is selling well.
(C) Where ~?
He is in the back.

13-5 [평서문] 변명, 다른 일정, 그만 뒀다, 내 담당이 아니다

▶ 부정적인 내용의 평서문에 대한 답은 변명이 대부분을 이룬다.
▶ 평서문에 대한 거절 답변은 I'm sorry / But / I'm afraid / I don't think로 시작하는 것이 일반적이다.

STEP 1
시험에 이렇게 나온다

첫 3단어를 받아써 보세요.
※첫 3단어란, 의문사를 포함한 핵심 단어, 오류/정답 근거가 되는 단어를 말해요.

Q 78. _____

(A) _____ ☐

(B) _____ ☐

(C) _____ ☐

위로 및 다음 행동(대안)을 제시하는 표현

1 다른 일정

The editor asks the editing department to compose the manuscript by this afternoon.
편집장님이 편집부에 오늘 오후까지 원고를 조판하기를 요청하고 있습니다.
I have a meeting with clients today. 저는 오늘 고객과의 만남이 있습니다.

2 그만 두었다, 내 담당이 아니다

I'd like to replace this keyboard with a new one. 저는 이 키보드를 새것으로 교체하고 싶습니다.
We discontinued manufacturing this model. 우리는 이 모델 생산을 중단했습니다.

3 변명

We've received a lot of applications for the position of sales manager. 영업부장 직에 많은 지원서들이 왔습니다.
I know. It will not be easy to make a decision. 알아요. 결정하기 쉽지 않겠어요.

4 아프다, 바쁘다

I was told the training session for the new software had to be postponed again.
새로운 소프트웨어의 훈련 수업이 다시 연기되었다고 들었어요.
The representative must be very busy. 담당자가 매우 바쁜가 봐요.

STEP 2
모범 받아쓰기 답안

no/salads

(A) out of ingredients today
(B) No salmon
(C) tomorrow evening.

❶	Yes /No 오류
❷	다른 의문사에 대한 답변
❸	주어 오류
❹	유사 발음/동일 어휘/연상 어휘 오류
❺	시제 오류

STEP 3
꼼꼼한 분석

There are no chicken salads left at the buffet.
'샐러드가 없어요'라고 문제를 제기하는 평서문의 질문이다.

(A) I am afraid we ran out of ingredients today.
정답: '오늘 재료가 다 떨어졌어요'라고 이유를 말하는 정답이다.

(B) No salmon on mine, please.
❹ 연상 어휘 오류: 질문의 chicken salads에서 연상되는 salmon으로 답하고 있다.

(C) It's scheduled for tomorrow evening.
❷ 다른 의문사에 대한 답변: When 질문의 답변이다.

STEP 4
REACTION 훈련

(A) 정답
(B) How would you ~?
No salmon on mine, please.
(C) When will it ~?
It's scheduled for tomorrow evening.

[평서문]
반문으로 답한다.

▶ 이미 주어진 내용에 대한 세부적인 추가 질문이나 방법을 묻는 것이 답이 된다.

▶ 상대에게 제안을 하거나 재확인을 할 때 반문으로 답한다.

STEP 1
시험에 이렇게 나온다

첫 3단어를 받아써 보세요.
※첫 3단어란, 의문사를 포함한 핵심 단어, 오류/정답 근거가 되는 단어를 말해요.

Q 79. _____

(A) _____ ☐

(B) _____ ☐

(C) _____ ☐

반문 표현

1 세부적인 추가 질문

Please let Kelly know that I came by. 제가 왔다고 Kelly 씨에게 전해 주세요.
When do you want her to call you back? 그녀가 언제 다시 전화하기를 원하시나요?

2 재확인

This restaurant has a lot of positive reviews in the region. 이 식당은 지역 내에서 많은 좋은 후기를 갖고 있습니다.
You haven't been to Merry-go-round Restaurant, have you?
당신은 Merry-go-round 식당을 가 보지 않았죠, 그렇죠?

This jacket isn't as loose as I thought it would be. 이 재킷이 생각한 만큼 느슨하지 않네요.
Would you like to try a larger size? 좀 더 큰 것으로 입어 보시겠어요?

3 다음 행동을 위한 방법

The express mail takes 4 days to arrive overseas. 속달 우편은 해외에 도착하는 데 4일이 소요됩니다.
What's the fastest way to get there? 거기 가는 데 가장 빠른 방법이 무엇인가요?

STEP 2
모범 받아쓰기 답안

> I will/on vacation

(A) Did you
(B) Next to/building
(C) No/open

❶	Yes/No 오류
❷	다른 의문사에 대한 답변
❸	주어 오류
❹	유사 발음/동일 어휘/연상 어휘 오류
❺	시제 오류

STEP 3
꼼꼼한 분석

I will be on vacation next Thursday.
'휴가를 갈 것입니다'의 사실을 설명하는 평서문 형태의 질문이다.

(A) Did you get approval from your manager?
정답: '승인을 받았느냐'는 반문의 답변이다.

(B) Next to the main building.
❹ **유사 발음 오류:** 질문의 next는 '다음'이고, 답변의 next to는 '~옆에'의 뜻이다.

(C) No, open another closet.
❶ **Yes/No 오류:** 평서문에서 No로 시작하는 답변은 오답이다.

STEP 4
REACTION 훈련

(A) 정답
(B) Where ~? Next to the main building.
(C) Should I ~? No, open another closet.

14. I don't know (모르겠다)

주요 출제 패턴

1. 평균 2–3문제가 출제되며 일반적인 대화에서 사실상 모든 질문에 대해 '모르겠다, 확실하지 않다'로 대답할 수 있다.

2. '모르겠다' 유형의 좀 더 다양한 표현으로 I am not sure. /Nobody knows. 혹은 I wish I knew. 등의 답이 가능하다.

3. 그 외에 '모르겠다' 유형의 확장 표현도 알아 두자.
(1) '아직 결정되지 않았다'는 것은 결국 '나는 모른다'는 것이 된다.
(2) '물어보겠다, 알아보겠다, ~에게 물어봐라' 등의 표현 역시 I don't know 답변의 다른 형태이므로 반드시 암기해 두자.
(3) '확인해 본다'는 것도 '모른다'는 의미이다. I will check /Let me check /I will ask /Let me ask
(4) '제3자에게 물어봐라 혹은 제3자가 알고 있다'는 식의 답변도 항상 정답이 된다.

TOEIC 시험에 자주 등장했던 I don't know 유형의 답변들을 확인해 보자.

I have no idea. 저는 모릅니다.
It's not decided/confirmed/finished/completed yet. 아직 결정된/확인된/완성된 바 없어요.
Who knows. /Nobody knows. 누구도 모릅니다.
They didn't tell me anything. 그들은 제게 어떤 것도 말해 주지 않았어요.
They didn't give me the exact day. 그들은 제게 정확한 날짜를 알려 주지 않았습니다.
I haven't heard anything. 저는 어떤 것도 듣지 않았습니다.
I wish I knew. 저도 알았으면 좋겠어요.
Let me check/ask. 제가 확인해/문의해 볼게요.
I will tell/call you later. 제가 다시 말해/전화해 드릴게요.

▶ 주의
I don't know가 길어지면 대부분 오답이다.

[I don't know]
'모르겠다'의 다양한 표현들

MP3-**102**

▶ '모르겠다'는 표현은 사실상 모든 질문에 대해 통하는 천하무적 답변이므로 관련 표현들을 잘 알아 두자.

STEP 1
시험에 이렇게 나온다

첫 3단어를 받아써 보세요.
※첫 3단어란, 의문사를 포함한 핵심 단어, 오류/정답 근거가 되는 단어를 말해요.

Q 80. _____

(A) _____ ☐

(B) _____ ☐

(C) _____ ☐

'모르겠다'의 답변들

1. 모르겠다
I don't know. 모르겠어요.　　Not that I know of. 모르겠어요.
I'm not sure. 모르겠어요.　I wish I knew. 저도 알았으면 좋겠어요.

2. 누구에게 물어봐라
Chris might know. Chris는 알지도 몰라요.　　Ask Mark. Mark에게 물어보세요.

3. 내가 알아봐 주겠다
Let me check/ask. 제가 확인해 볼게요.　I'll call you later. 제가 이후에 당신에게 전화할게요.

4. 아직 결정되지 않았다
It's not decided/confirmed/finished/completed yet.

5. 기억이 나지 않는다
I don't remember. 기억이 나지 않아요.　I can't remember what it is. 그게 뭔지 기억이 안 나요.

6. 전해 들은 바가 없다
I haven't heard anything. 어떤 것도 듣지 못했어요.
They didn't tell me anything. 그들은 제게 어떤 것도 말해 주지 않았어요.

7. 누가 알아요?
Who knows? /Nobody knows.

STEP 2
모범 받아쓰기 답안

> Which room

(A) stay here
(B) Let's ask
(C) Main Street

❶	Yes /No 오류
❷	다른 의문사에 대한 답변
❸	주어 오류
❹	유사 발음/동일 어휘/연상 어휘 오류
❺	시제 오류

STEP 3
꼼꼼한 분석

Which room is our marketing director staying in at the hotel?
'어떤 방인지'를 묻는 질문으로 Which room이 첫 3단어이다.

(A) We have to stay here.
❹ 동일 어휘 오류: stay를 반복 사용한 오답이다.

(B) Let's ask at the front desk.
정답: '프론트 데스크에 문의해 보라'는 '모른다' 유형의 정답이다.

(C) On Main Street.
❷ 다른 의문사에 대한 답변: Where 질문의 답변이다.

STEP 4
REACTION 훈련

(A) Why don't you ~?
We have to stay here.
(B) 정답
(C) Where ~?
On Main Street.

[I don't know]
상황에 따라 다르다.

MP3-**103**

▶ 상대의 질문에 대해 나도 역시 알 수 없는 상황임을 설명하는 것이 답이다.

▶ 대표적인 답으로는 '처음 와 봤다, 나도 불참했다, 나 역시 알아보고 있는 중이다' 등이 있다.

▶ '경우에 따라 다르다'는 표현 It depends on ~/up to ~ 등으로 답한다.

STEP 1
시험에 이렇게 나온다

첫 3단어를 받아써 보세요.
※ 첫 3단어란, 의문사를 포함한 핵심 단어, 오류/정답 근거가 되는 단어를 말해요.

Q 81. _____

(A) _____ ☐

(B) _____ ☐

(C) _____ ☐

나 역시 모른다 & 그때마다 다르다

1 나 역시 알아보고 있다

Which hiring agency do you recommend? 어떤 고용 업체를 추천해 주시겠습니까?
I have to find someone as well. 저도 또한 찾아보고 있습니다.

2 나도 여기가 처음이다

Which dessert do you like at this cafe?
이 카페에서 당신이 좋아하는 디저트 메뉴는 무엇인가요?
This is my first time here. 저는 이곳이 처음입니다.

3 그때마다 다르다

Won't Monreal Advertising be employed to launch our upcoming clothing line?
Moreal Advertising이 우리의 새로운 의복 라인을 출시하는 데 고용되지 않을 것이죠?
It's up to management to decide. 경영진의 결정에 따라 다릅니다.

STEP 2
모범 받아쓰기 답안

What happened

(A) The staff /kind
(B) I missed /too
(C) working properly

❶	Yes /No 오류
❷	다른 의문사에 대한 답변
❸	주어 오류
❹	유사 발음/동일 어휘/연상 어휘 오류
❺	시제 오류

STEP 3
꼼꼼한 분석

What happened at the staff meeting yesterday?
'어제 있었던 일'에 대해 묻는 질문이다.

(A) The staff was very kind.
❹ 동일 어휘 오류: 질문의 staff를 반복했다.

(B) I missed it, too.
정답: ~, too는 동의의 표현으로 부정/부가/평서문에서 주로 나와 오답으로 혼동하기 쉬운 답변이다. 어제 있었던 일을 묻는 질문에 대해 '나도 참석하지 못했다(즉, 모른다)'로 답하고 있다.

(C) It's been working properly.
❷ 다른 의문사에 대한 답변: 부사 properly는 의견을 나타내는 주요 표현이다.

STEP 4
REACTION 훈련

(A) How was ~?
The staff was very kind.
(B) 정답
(C) How is it going ~?
It's been working properly.

14-3

[I don't know]
찾아봤어요? 물어봤어요?

MP3-**104**

▶ 상대에게 정보의 출처나 확인 여부를 묻는 것이 답이 된다.
▶ 대안을 제시하거나 상대의 정보를 정정한다.

STEP 1
시험에 이렇게 나온다

첫 3단어를 받아써 보세요.
※첫 3단어란, 의문사를 포함한 핵심 단어, 오류/정답 근거가 되는 단어를 말해요.

Q 82. _____

(A) _____ ☐

(B) _____ ☐

(C) _____ ☐

PART 2

'모른다' 확장 표현 – 동종의 다른 대상 언급

질문에서 특정 대상을 언급하면 답에서 동종의 다른 대상을 구체적으로 언급한다.

I think we should have Molly make the presentation.
저는 Molly 씨가 발표를 해야 한다고 생각해요.
But John knows the material better. 하지만, John이 그 자료에 대해 더 잘 알고 있습니다.

There isn't any more space at the Kensington warehouse. Kensington 창고에 공간이 없습니다.
I actually asked about the one in Lisbon. 사실 저는 Lisbon에 있는 것을 물어봤었어요.

Why do you need the marketing file? 마케팅 파일이 왜 필요하시죠?
I meant the accounting file. 전 회계 파일을 말한 것입니다.

STEP 2
모범 받아쓰기 답안

This restaurant / best view

(A) Four
(B) Merlin's Restaurant
(C) The waiter gave

❶	Yes / No 오류
❷	다른 의문사에 대한 답변
❸	주어 오류
❹	유사 발음/동일 어휘/연상 어휘 오류
❺	시제 오류

STEP 3
꼼꼼한 분석

This restaurant has the best view in the city.
'이 식당의 전망은 최고예요'라고 의견을 전달하는 평서문의 질문이다.

(A) Four branches.
❷ **다른 의문사에 대한 답변:** 숫자는 〈How + 형용사/부사〉 형태의 답변이다.

(B) You haven't been to Merlin's Restaurant, have you?
정답: 동종의 다른 대상을 구체적으로 언급하고 있는 '모른다'의 확장 표현이다.

(C) The waiter gave me the bill.
❺ **시제 오류:** 질문의 시제는 현재이나, 과거 시제로 답하고 있다.

STEP 4
REACTION 훈련

(A) How many ~?
Four branches.
(B) **정답**
(C) Who did ~?
The waiter gave me the bill.

14-4 [I don't know]
내가 한 것이 아니다.

▶ '담당이 아니거나 그 일을 그만 두었기 때문에 모른다'로 답한다.

▶ '그냥 모른다'가 아니라 '경험해 보지 않아서, 해 보지 않아서 모른 다'의 표현이 출제되고 있다.

▶ 상대방에게 '당신이 한 것이 아닌 가?'라고 책임을 전가하는 표현도 출제되고 있다.

STEP 1
시험에 이렇게 나온다

첫 3단어를 받아써 보세요.
※첫 3단어란, 의문사를 포함한 핵심 단어, 오류/정답 근거가 되는 단어를 말해요.

Q 83. _____

(A) _____ ☐

(B) _____ ☐

(C) _____ ☐

내 담당이 아니다

방법이나 진행 상황을 묻는 질문 '어떻게 해야 하나요?', '어떻게 되어 가고 있어요?'의 답으로 출제되고 있다.

Have we sold more promotion tickets this year than last year?
작년보다 올해 판촉 티켓을 더 많이 팔았나요? → 진행 상황 문의
I didn't organize the concert last year. 작년에는 제가 콘서트를 조직하지 않았어요.

How do I get to the community center? 주민 센터에 어떻게 가야 하죠?
Sorry, I'm not from around here. 미안해요, 저는 이 근처에 살지 않아요.

What did you tell the customers about the missing shipment?
사라진 배송품에 대해 고객에게 뭐라고 말했나요?
Weren't you going to email them? 당신이 이메일을 보내려는 것 아니었어요?

STEP 2
모범 받아쓰기 답안

> what time

(A) I thought
(B) see the time
(C) Here is

❶	Yes/No 오류
❷	다른 의문사에 대한 답변
❸	주어 오류
❹	유사 발음/동일 어휘/연상 어휘 오류
❺	시제 오류

STEP 3
꼼꼼한 분석

Do you know what time we have a meeting this afternoon?
'몇 시인지를 알고 있는지'를 묻는 질문으로 what time이 첫 3단어이다.

(A) I thought you would tell me.
정답: '당신이 말할 줄 알았다'로 '모른다' 유형의 정답이다.

(B) I didn't see the time.
❹ 동일 어휘 오류: time을 반복 사용한 오답이다.

(C) Here is the summary you asked for.
❷ 다른 의문사에 대한 답변: Where 질문의 답변이다.

STEP 4
REACTION 훈련

(A) 정답
(B) Did you ~? I didn't see the time.
(C) Where ~? Here is the summary you asked for.

15. 반문

주요 출제 패턴

1. 의문사를 이용한 추가 질문

▶ 평균 1-2문제가 출제되면서 출제 비중이 커지고 있다.

▶ 반문으로 대답하는 경우는 다음의 4가지이다.

① 의문사를 이용한 추가 세부 정보에 대한 질문

② 사실 확인을 위한 반문

③ 다음 상황을 판단하기 위한 질문

④ 방법을 묻는 질문

2. 다음 행동 제시나 방법을 묻는 질문

▶ 앞으로의 행동에 관한 질문, 방법을 알기 위한 질문, 상황 판단을 위한 질문이 출제된다.

▶ 상대방의 질문 내용에 대한 사실을 다시 한번 확인하기 위한 질문이 출제된다.

[반문]
의문사를 이용한 추가 질문

MP3-**106**

▶ 평균 1~2문제가 출제되면서 출제 비중이 커지고 있다.
▶ 반문으로 대답하는 경우는 다음의 4가지이다.
① 의문사를 이용한 추가 세부 정보에 대한 질문
② 사실 확인을 위한 반문
③ 다음 상황을 판단하기 위한 질문
④ 방법을 묻는 질문

STEP 1
시험에 이렇게 나온다

첫 3단어를 받아써 보세요.
※첫 3단어란, 의문사를 포함한 핵심 단어, 오류/정답 근거가 되는 단어를 말해요.

Q 84. _____

(A) _____ ☐

(B) _____ ☐

(C) _____ ☐

세부 정보를 위한 의문사 질문

How much discount will apply to these uniforms? 이 유니폼에는 할인이 얼마나 적용됩니까?
How many do you need? 얼마나 필요하십니까?

Would you like to attend the professional engineering seminar?
전문 공학 세미나에 참여하기를 원하시나요?
When is it being held? 언제 열리죠?

STEP 2
모범 받아쓰기 답안

Who's responsible

(A) responsibility
(B) What needs
(C) A direct number

❶	Yes/No 오류
❷	다른 의문사에 대한 답변
❸	주어 오류
❹	유사 발음/동일 어휘/연상 어휘 오류
❺	시제 오류

STEP 3
꼼꼼한 분석

Who's responsible for updating the staff directory?
'누가 책임지고 있나요'의 세부 정보를 묻는 질문이다.

(A) Its main responsibility.
❹ 유사 발음 오류: responsible의 명사형인 responsibility를 반복 사용한 오답이다.

(B) What needs to be changed?
정답: '바꿔야 할 게 뭔데요'라고 되묻는 표현이다.

(C) A direct number would be better.
❹ 유사 발음 오류: directory의 형용사형인 direct를 반복 사용한 오답이다.

STEP 4
REACTION 훈련

(A) What ~? Its main responsibility.
(B) 정답
(C) Which ~? A direct number would be better.

[반문]
다음 행동 제시나 방법을 묻는 질문

▶ 앞으로의 행동에 관한 질문, 방법을 알기 위한 질문, 상황 판단을 위한 질문이 출제된다.

▶ 상대방의 질문 내용에 대한 사실을 다시 한번 확인하기 위한 질문이 출제된다.

STEP 1
시험에 이렇게 나온다

첫 3단어를 받아써 보세요.

※첫 3단어란, 의문사를 포함한 핵심 단어, 오류/정답 근거가 되는 단어를 말해요.

Q 85. _____

(A) _____ ☐

(B) _____ ☐

(C) _____ ☐

다음 의사 결정을 위한 추가 질문

Would you like chicken or beef? 치킨을 먹을래요, 소고기를 먹을래요?
Isn't beef more delicious? 소고기가 더 맛있지 않나요?

Would you like inside or outside? 안이 좋아요, 밖이 좋아요?
Isn't it going to snow today? 오늘 눈 온다 하지 않았나요?

Would you sit in the cafeteria or go out to the patio?
카페 안에 자리 잡길 원하세요, 아니면 베란다로 나갈까요?
Isn't it too cold to go outside? 밖에 나가기엔 너무 춥지 않나요?

사실 여부 확인을 위한 질문

Why did you film the conference on your mobile phone?
왜 전화기로 컨퍼런스를 촬영했나요?
Isn't it allowed? 허용되지 않았나요?

STEP 2
모범 받아쓰기 답안

┌─────────────────────┐
│   keep/open   │
└─────────────────────┘

(A) noisy outside
(B) apartment
(C) Yes/now

❶	Yes/No 오류
❷	다른 의문사에 대한 답변
❸	주어 오류
❹	유사 발음/동일 어휘/연상 어휘 오류
❺	시제 오류

STEP 3
꼼꼼한 분석

Why don't we keep the window open?
'창문을 열어 두는 게 어떠냐'는 허가를 구하는 질문이다.

(A) Isn't it too noisy outside?
정답: '밖이 너무 시끄럽지 않나요'라는 완곡한 거절의 표현이다.

(B) In the apartment.
❷ 다른 의문사에 대한 답변: Where 질문의 답변이다.

(C) Yes, you can go now.
❹ 연상 어휘 오류: Why don't we의 허가에 대한 수락으로 연상되지만, 질문의 답변은 아니므로 오답이다.

STEP 4
REACTION 훈련

(A) 정답
(B) Where ~?
In the apartment.
(C) Can I leave work early?
Yes, you can go now.

PART 2
최신 유형과 고득점 유형 마스터

16. 최신 경향과 고득점 유형

[최신 유형]
but의 등장

MP3-108

▶ 가장 최신 유형으로 의문사보다는 조동사의문문의 답으로 등장한다. 사실을 확인해 주기 위한 Yes/No 뒤에서 추가 설명을 할 때 쓰인다.

▶ Yes/No의 대답 뒤에서 '그러나, 하지만'으로 반전을 나타낸다.

STEP 1
시험에 이렇게 나온다

첫 3단어를 받아써 보세요.
※첫 3단어란, 의문사를 포함한 핵심 단어, 오류/정답 근거가 되는 단어를 말해요.

Q 86. _____

(A) _____ ☐

(B) _____ ☐

(C) _____ ☐

but의 대답

1. 추가 설명

We are supposed to get a bank statement online, aren't we?
우리는 은행 명세서를 온라인으로 받으려고 합니다, 그렇지 않나요?

We are, but they are also mailed.
그래요, 하지만, 또한 우편 발송이 되었어요.

I have to stop at the bank before we go to the concert.
콘서트에 가기 전에 은행에 들러야 해요.

But the performance is free. 하지만 그 공연은 무료인데요.

2. 부정이지만 반면에 좋은 측면을 설명

This office is locked today, isn't it? 이 사무실은 오늘 문이 잠겼죠, 그렇지 않나요?
Yes, but security must have a key. 네, 하지만 보안 요원이 열쇠를 갖고 있어요.

3. 긍정이지만 반면에 좋지 않은 측면을 설명

Everyone is supposed to attend the press conference, right?
모든 사람들이 그 기자 회견에 참석할 예정입니다, 맞죠?

Yes, but I might be a little late. 네, 하지만 저는 조금 늦을지도 몰라요.

STEP 2
모범 받아쓰기 답안

> Let's use

(A) But 30
(B) Somewhere
(C) An annual /gala

❶	Yes /No 오류
❷	다른 의문사에 대한 답변
❸	주어 오류
❹	유사 발음/동일 어휘/연상 어휘 오류
❺	시제 오류

STEP 3
꼼꼼한 분석

Let's use the meeting room rather than the conference room.
'장소를 사용합시다'라는 평서문을 이용한 권유문이다.

(A) But 30 people are coming.
정답: '하지만 30명이 올 예정인데요'의 의미는 더 넓은 공간이 필요하다는 의미, 즉 거절의 의미이다.

(B) Somewhere around the Sunshine Hotel.
❷ 다른 의문사에 대한 답변: 장소를 나타내는 Where 질문의 답변이다.

(C) An annual charity gala.
❷ 다른 의문사에 대한 답변: 사물의 정체를 나타내는 What 질문의 답변이다.

STEP 4
REACTION 훈련

(A) 정답
(B) Where ~?
Somewhere around the Sunshine Hotel.
(C) What ~?
An annual charity gala.

[최신 유형]
I thought가 있으면 대부분 답이다.

MP3-**109**

▶ '~하려고 했지만 못했다'의 I was going to와 마찬가지로 I thought 역시 '~인 줄 알았는데 아니다'라는 가정의 의미로 최근에 자주 출제되는 표현이다. 주로 변명이나 핑계로 답하는 경우이다.

▶ I thought가 질문에 있는 경우에는 '맞다', 혹은 아니면 '왜 아닌지를 설명'하는 것이 답이다.

STEP 1
시험에 이렇게 나온다

첫 3단어를 받아써 보세요.
※첫 3단어란, 의문사를 포함한 핵심 단어, 오류/정답 근거가 되는 단어를 말해요.

Q 87. _____

(A) _____ ☐

(B) _____ ☐

(C) _____ ☐

I thought가 답인 경우

Are you going to apply for the marketing position? 마케팅 직에 지원할 예정인가요?
I thought the deadline passed. 마감 기한이 지난 줄 알았어요.

Did Maggie give you the key to the room? Maggie가 당신에게 방 열쇠를 주었나요?
I thought you had one. 당신이 갖고 있는 줄 알았어요.

I thought가 질문에 있는 경우

1. 너의 생각이 맞다
I thought Lisa's presentation was very practical. 저는 Lisa의 발표가 매우 실용이라고 생각했어요. **Yes, I learned a lot.** 네, 저는 많이 배웠어요.

2. 아니다 + 이유
I thought Peter was supposed to be promoted to marketing director in our company. 저는 Peter 씨가 우리 회사에서 마케팅 부장으로 승진될 줄 알았어요. **He had to move to Ohio.** 그는 Ohio로 이사해야만 했어요.

STEP 2
모범 받아쓰기 답안

> Aren't you coming

(A) I thought /tomorrow
(B) A table
(C) The office /at 10

❶	Yes /No 오류
❷	다른 의문사에 대한 답변
❸	주어 오류
❹	유사 발음/동일 어휘/연상 어휘 오류
❺	시제 오류

STEP 3
꼼꼼한 분석

Aren't you coming to the lunch with our clients today?
'오늘 오는 거죠'의 질문으로 Aren't you coming 이 첫 3단어이다.

(A) I thought they were arriving tomorrow.
정답: '내일 오는 줄 알았어요', 즉 '깜박하고 있었다'는 변명의 답변이다.

(B) A table for five, please.
❹ 유사 발음 오류: 질문의 lunch에서 연상되는 table을 이용한 답변이다.

(C) The office opens at 10.
❺ 다른 의문사에 대한 답변: When 질문의 답변이다.

STEP 4
REACTION 훈련

(A) 정답
(B) How many ~? A table for five, please.
(C) When ~? The office opens at 10.

[최신 유형]
일정, 책임, 장소 등에 대한 오해

MP3-110

▶ 가장 최신 유형으로 주로 〈자리, 공간〉과 같이 점유할 수 있는 대상에 대해 언급할 때 말하게 된다.

▶ 일정 확인이나 일의 책임, 담당을 따질 때 쓰인다.

STEP 1
시험에 이렇게 나온다

첫 3단어를 받아써 보세요.

※ 첫 3단어란, 의문사를 포함한 핵심 단어, 오류/정답 근거가 되는 단어를 말해요.

Q 88. _____

(A) _____ ☐

(B) _____ ☐

(C) _____ ☐

PART 2

〈자리/공간/일의 책임〉에 대한 답변

I think I have this conference room reserved. 제가 이 컨퍼런스 룸을 예약했는데요.
I'm so sorry, I'll be out in a minute. 죄송합니다. 바로 나가겠습니다.

Excuse me, I think that's my seat. 실례합니다. 그 자리는 제 자리인데요.
I thought this was Row 16. 전 이 자리가 16열이라고 생각했어요.

Did Cess inform you of the password for this computer? Cess 씨가 이 컴퓨터의 비밀번호를 당신에게 알려 주었죠?
I thought you had it. 저는 당신이 갖고 있는 줄 알았는데요.

You haven't arranged the shareholders' meeting, have you? 당신이 주주 회의를 준비하지 않았죠, 그렇죠?
Was I supposed to? 제가 해야만 했었나요?

STEP 2
모범 받아쓰기 답안

┌─────────────────────┐
│   that's my seat   │
└─────────────────────┘

(A) That /helpful
(B) Row 14
(C) Near /Aisle 5

❶	Yes /No 오류
❷	다른 의문사에 대한 답변
❸	주어 오류
❹	유사 발음/동일 어휘/연상 어휘 오류
❺	시제 오류

STEP 3
꼼꼼한 분석

Excuse me, I think that's my seat.
'그게 제 좌석인 것 같은데요'라고 의견을 말하는 평서문의 질문이다.

(A) That would be helpful.
❹ 동일 어휘 오류: 질문의 that을 반복하고 있다.

(B) I thought this was Row 14.
정답: '여기가 14열인 줄 알았는데요' 즉, '자신의 자리가 맞다'고 주장을 하는 표현이다.

(C) Near Aisle 5.
❷ 다른 의문사에 대한 답변: 장소 부사구는 Where 질문의 답변이다.

STEP 4
REACTION 훈련

(A) Would you ~?
That would be helpful.
(B) 정답
(C) Where ~?
Near Aisle 5.

[최신 유형]
What is he like ~?는 형용사로 대답한다.

MP3-111

▶ like가 포함된 질문에서 What 뒤에 오는 문장의 형태에 따라 like의 의미와 품사가 달라지므로 답변도 달라진다.
① What does he look like?
→ 외모를 묻는 질문
② What does she like?
→ 기호를 묻는 질문
③ What is he like?
→ 성격, 특성을 묻는 질문

STEP 1
시험에 이렇게 나온다
첫 3단어를 받아써 보세요.
※첫 3단어란, 의문사를 포함한 핵심 단어, 오류/정답 근거가 되는 단어를 말해요.

Q 89. _____

(A) _____ ☐

(B) _____ ☐

(C) _____ ☐

like의 쓰임에 따른 답변

1. 외모 – What does he look like? 그는 어떻게 생겼어요?

He is tall and handsome. 그는 키가 크고 잘 생겼어요.
He has a mustache. 그는 콧수염이 있어요.

2. 기호 – What does she like? 그녀는 무엇을 좋아하나요?

She likes reading comic books. 만화책을 읽는 것을 좋아해요.

3. 성격, 특성 – What is he like? 그는 성격이 어때요?

He is kind of demanding. 약간 까다로워요.

Part 2에서는 사람의 성격이나 특성에 대해 질문하는 것보다는 날씨에 대해 묻는 것이 일반적이다.

What's the weather like today? 오늘 날씨가 어때요?
It was snowing earlier. 오전에 눈이 왔었어요.

STEP 2
모범 받아쓰기 답안

> What will / weather

(A) Either Monday
(B) you / bring / umbrella
(C) whether she

❶	Yes / No 오류
❷	다른 의문사에 대한 답변
❸	주어 오류
❹	유사 발음/동일 어휘/연상 어휘 오류
❺	시제 오류

STEP 3
꼼꼼한 분석

What will the weather be like next Monday?
'날씨'에 대해 묻는 질문이다.

(A) Either Monday or Tuesday.
❷ 다른 의문사에 대한 답변: or는 선택이므로 Which 질문의 답변이다.

(B) I think you should bring your umbrella.
정답: 날씨 질문에 대해 날씨와 관련된 소품인 umbrella를 사용한 답변이다.

(C) I wonder whether she likes it or not.
❹ 유사 발음 오류: 질문의 weather와 답변의 whether는 빈출 유사 발음 단어이다.

STEP 4
REACTION 훈련

(A) Which ~? Either Monday or Tuesday.
(B) 정답
(C) Do you ~? I wonder whether she likes it or not.

[고득점 유형 1]
빈출 답변 '취소/변경되었다'

16-5

▶ 조동사의문문의 빈출 답으로 상대가 언급한 사실에 대해 ① '취소/변경되었다', ② '당신이 잘못 알고 있었다'고 알려 주는 답변이 등장한다.

STEP 1
시험에 이렇게 나온다

첫 3단어를 받아써 보세요.
※첫 3단어란, 의문사를 포함한 핵심 단어, 오류/정답 근거가 되는 단어를 말해요.

Q 90. _____

(A) _____ ☐

(B) _____ ☐

(C) _____ ☐

빈출 질문과 답변 표현

1 취소/변경되었다

Weren't you in Bangkok today? 당신은 오늘 방콕에 있는 거 아녔어요?
The workshop was postponed. 워크숍이 연기되었어요.

2 당신이 잘못 알고 있었다

Didn't you request Kantos company files? 당신은 Kantos 사의 파일을 요청하지 않았어요?
That was Rondo's. 그건 Rondo 사의 것이었어요.

Excuse me, I think I was overcharged. 실례합니다, 제 청구서가 과다 청구된 것 같아요.
The subscription fee rose starting this month. 정기 구독료가 이번 달부터 올랐습니다.

STEP 2
모범 받아쓰기 답안

> I thought you/going

(A) Next to
(B) email update
(C) To visit

❶	Yes/No 오류
❷	다른 의문사에 대한 답변
❸	주어 오류
❹	유사 발음/동일 어휘/연상 어휘 오류
❺	시제 오류

STEP 3
꼼꼼한 분석

I thought you were going on a holiday next week.
'당신이 갈 줄 알았어요'의 평서문 질문으로 I thought you / going이 첫 3단어이다.

(A) Next to the break room.
❷ 다른 의문사에 대한 답변: Where 질문의 답변이다.

(B) There was an email update about that.
정답: update를 통해 정보가 변경되었음을 알 수 있다.

(C) To visit my family.
❷ 다른 의문사에 대한 답변: Why 질문의 답변이다.

STEP 4
REACTION 훈련

(A) Where ~?
Next to the break room.
(B) 정답
(C) Why ~?
To visit my family.

[고득점 유형 2] still /yet /almost / just /already 부사를 주의하라.

MP3-**113**

▶ 일의 진행 상황이나 완료 여부를 질문했을 때는 다음의 두 가지로 주로 답한다.
① 아직 하고 있는 중이다, 아직 끝나지 않았다, 아직 기다리고 있는 중이다
② 지금 막 끝났다, 이미 끝났다

STEP 1
시험에 이렇게 나온다

첫 3단어를 받아써 보세요.
※ 첫 3단어란, 의문사를 포함한 핵심 단어, 오류/정답 근거가 되는 단어를 말해요.

Q 91. _____

(A) _____ ☐

(B) _____ ☐

(C) _____ ☐

진행 상황이나 완료 여부를 묻는 질문과 답변 표현

Have you received /Have you finished /Did the shipment arrive /Was the shipment delivered ~? 받았나요? /끝났나요? /도착했나요? /배달되었나요?

① Not yet. /It's still working on. /It's still waiting. /I didn't have a chance yet.
아직 아니다. /아직 하고 있는 중이다. /기다리고 있는 중이다. / 아직 기회가 없었다.
→ yet /still

② It's on your desk. /They are in the other room. 당신 책상 위에 있어요. /그들은 다른 방에 있어요.
→ 위치 부사를 이용하여 '~에 있다'고 말한다.

③ It's almost finished. /I just finished. /I already did that. 거의 끝났어요. /지금 막 끝났어요. /이미 그것을 했어요.
→ almost 거의, just 지금 막, already 이미

STEP 2
모범 받아쓰기 답안

> Has the order

(A) Twice
(B) No /not yet
(C) delivery

❶	Yes /No 오류
❷	다른 의문사에 대한 답변
❸	주어 오류
❹	유사 발음/동일 어휘/연상 어휘 오류
❺	시제 오류

STEP 3
꼼꼼한 분석

Has the order already been delivered today?
'주문품이 도착했느냐'의 사실 확인 질문이다.

(A) Twice a day.
❷ 다른 의문사에 대한 답변: 횟수의 답변은 How often으로 물어야 한다.

(B) No, not yet.
정답: '아니요, 아직입니다'라는 부정의 답변이다.

(C) A delivery van.
❹ 유사 발음 오류: deliver의 명사형인 delivery를 사용한 오답이다.

STEP 4
REACTION 훈련

(A) How often ~?
Twice a day.
(B) 정답
(C) Which ~?
A delivery van.

[고득점 유형 3] No를 대신하거나 간접적인 거절을 위한 상황 설명

MP3-114

▶ No라고 말하거나 혹은 직접적인 거절을 하기 힘든 경우 간접적인 상황으로 답한다.

STEP 1
시험에 이렇게 나온다

첫 3단어를 받아써 보세요.
※첫 3단어란, 의문사를 포함한 핵심 단어, 오류/정답 근거가 되는 단어를 말해요.

Q 92. _____

(A) _____ ☐

(B) _____ ☐

(C) _____ ☐

No를 대신하는 상황 설명

Our manager usually arrives before 9, doesn't he? 우리 매니저가 보통 9시 전에 도착하죠, 그렇지 않나요?
Traffic is really heavy today. 오늘은 교통이 정말 혼잡해요.
→ '도착하지 않았다'는 No의 의미

Have you sent all the invitations for our banquet? 당신은 우리 연회 초대장을 모두 발송했나요?
We never received the guest list. 우리는 손님 목록을 받지 못했어요.
→ '보내지 않았다'는 의미

Did you send the maintenance workers to Room 301? 보수 유지 부서의 직원들을 301호실로 보내셨나요?
The call came from Room 207. 전화는 207호실에서 왔습니다.
→ '다른 곳으로 가야 해서 그곳에는 가지 않았다'는 의미

간접적인 거절 표현

Can I read the report after you finish compiling it? 당신이 보고서 편집을 끝내면 제가 읽어 볼 수 있을까요?
The supervisor should approve it first. 상사가 먼저 그것을 승인해야 합니다.

Can I use this room for now? 제가 이 방을 지금 이용할 수 있나요?
The sign says "staff only." '직원만 가능'하다고 표지판에 쓰여 있네요.

Could you replace my late shift Wednesday evening? 수요일 저녁에 제 오후 교대를 대신해 줄 수 있나요?
I have to visit my family in Quebec. 저는 Quebec에 있는 가족들을 방문해야만 해요.

STEP 2
모범 받아쓰기 답안

> You will come/party

(A) I met
(B) 20 people
(C) I'm working/night shift

❶	Yes/No 오류
❷	다른 의문사에 대한 답변
❸	주어 오류
❹	유사 발음/동일 어휘/연상 어휘 오류
❺	시제 오류

STEP 3
꼼꼼한 분석

You will come to Mr. Kim's retirement party this Friday, won't you?
'파티에 오실래요'라는 권유의 질문이다.

(A) I tried it yesterday.
❺ 시제 오류: 미래 시제의 질문에 과거로 대답하지 않는다.

(B) Almost 20 people were in attendance.
❷ 다른 의문사에 대한 답변: How many 질문의 답변이다.

(C) I'm working the night shift all week.
정답: '한 주 내내 오후 근무이다'라는 완곡한 거절의 표현이다.

STEP 4
REACTION 훈련

(A) When did you ~?
I tried it yesterday.
(B) How many ~?
Almost 20 people were in attendance.
(C) 정답

PART 2

[고득점 유형 4]
회피성 대답을 공략하라.

MP3-**115**

▶ 질문에 대한 직접적인 답이 아닌 상황 설명, 반문과 회피성 대답을 공략하라.

▶ 관련 상황에 대해 이해해야만 답이 나오는 고난이도 문제이다.

STEP 1
시험에 이렇게 나온다

첫 3단어를 받아써 보세요.
※ 첫 3단어란, 의문사를 포함한 핵심 단어, 오류/정답 근거가 되는 단어를 말해요.

Q 93. _____

(A) _____ ☐

(B) _____ ☐

(C) _____ ☐

회피성 대답

1. Yes 의미 → 간접적인 상황이나 회피성 대답

We should hurry so we don't miss the train. 열차를 놓치지 않으려면 서둘러야 해요.
You probably have time to buy some snacks. 간식을 살 시간은 있을 거예요.
Do I need to introduce you to Mr. Shin, our new director of marketing?
우리의 새로운 마케팅 부장인 Shin 씨에게 당신을 소개시켜야 하나요?
Oh, we were at the same school. 오, 우리는 같은 학교에 있었어요.

2. No 의미 → 간접적인 상황이나 회피성 대답

This marketing workshop wasn't well attended, was it?
이번 마케팅 워크숍은 참석 인원이 많지 않았어요, 그렇죠?
It was only for new hires. 신입 직원만을 위한 것이었어요.
Would you arrange a microphone for this training session?
이번 훈련 세션에서 마이크를 준비해 주시겠어요?
The room is very small. 방이 굉장히 작습니다.

3. I don't know 의미 → 간접적인 상황이나 회피성 대답

That first performance was excellent, wasn't it? 첫 번째 공연은 멋졌어요, 그렇지 않았나요?
I just arrived here. 전 여기에 막 왔어요.

4. 선택 → 간접적으로 대답

Will I ask everyone to the reception or just directors? 모든 사람들이 연회에 오도록 요청할까요, 아니면 부장급들만 오도록 할까요?
Only the small room's available. 작은 방만 이용이 가능합니다.

STEP 2
모범 받아쓰기 답안

```
check if /flight /arrive
```

(A) for Boston
(B) on time
(C) annual meeting

❶	Yes /No 오류
❷	다른 의문사에 대한 답변
❸	주어 오류
❹	유사 발음/동일 어휘/연상 어휘 오류
❺	시제 오류

STEP 3
꼼꼼한 분석

Please check if Mr. Lee's flight is going to arrive on schedule tomorrow morning.
'확인해 보세요'라고 요청하는 질문이다.

(A) It is bound for Boston.
❷ 다른 의문사에 대한 답변: Where 질문의 답변이다.

(B) It left on time from London.
정답: '확인하라'는 질문에 대해 간접적인 상황을 설명하는 정답이다.

(C) For the annual meeting.
❷ 다른 의문사에 대한 답변: Why 질문의 답변이다.

STEP 4
REACTION 훈련

(A) Where ~?
It is bound for Boston.
(B) 정답
(C) Why ~?
For the annual meeting.

[고득점 유형 5]
Yes와 Okay는 다른 답이다.

MP3-**116**

▶ Yes는 사실 확인 질문에서 '그렇다'라는 긍정의 대답이고, Okay는 권유나 제안에 대해 '좋다'라는 승낙의 대답이다.

▶ Yes는 조동사로 시작하는 권유/제안 질문에 대한 답이 가능하므로, Yes와 Okay가 함께 출제되어 구별하는 문제는 사실 확인 질문에서 나온다.

STEP 1
시험에 이렇게 나온다

첫 3단어를 받아써 보세요.
※첫 3단어란, 의문사를 포함한 핵심 단어, 오류/정답 근거가 되는 단어를 말해요.

Q 94. _____

(A) _____ ☐

(B) _____ ☐

(C) _____ ☐

PART 2

---

1 Yes/Okay 구별하기

Do you know where the nearest bus stop is? 가장 가까운 버스 정류장이 어디인지 아나요?
→ '어디인지 알고 있느냐'에 대한 질문이다.

(A) **Yes, just down the street.** 네, 이 거리 바로 아래에 있습니다.
→ '네, 알고 있습니다'의 정답
(B) **Okay, I will stop her.** 알겠어요, 제가 그녀를 멈추겠습니다.
→ 사실 확인에 대한 질문이므로 권유/제안의 **Okay**는 오답이다.

2 '재고가 없다, 부족하다'는 ① '어디를 찾아 봐라', ② '내가 주문하겠다'가 답이다.

We have run of paper. 종이가 부족합니다.
① **Check the supply cabinet.** 소모품 캐비닛을 확인하세요.
② **I will place an order.** 제가 주문을 하겠습니다.

STEP 2
모범 받아쓰기 답안

> Haven't we met

(A) Yes /last spring
(B) I will be there
(C) Okay

❶	Yes /No 오류
❷	다른 의문사에 대한 답변
❸	주어 오류
❹	유사 발음/동일 어휘/연상 어휘 오류
❺	시제 오류

STEP 3
꼼꼼한 분석

Haven't we met before?
'우리가 만난 적이 있나요'라는 사실 확인 질문이다.

(A) **Yes, at the trade show** last spring.
정답: '네, 지난 봄 무역 박람회에서요'라는 사실 확인에 대한 긍정의 답변이다.

(B) **I will be there** before next Friday.
❺ 시제 오류: 질문의 시제는 현재완료이고 답변의 시제는 미래이다.

(C) **Okay, let me see.**
❷ 다른 의문사에 대한 답변: Okay는 권유, 제안에 대한 수락의 답변이다.

STEP 4
REACTION 훈련

(A) 정답
(B) When ~? I will be there before next Friday.
(C) Would you like ~?
Okay, let me see.

FINAL TEST

PART 2
실전 모의고사

PART 2

Directions: You will hear a question or statement and three responses spoken in English. They will not be printed in your test book and will be spoken only one time. Select the best response to the question or statement and mark the letter (A), (B) or (C) on your answer sheet.

MP3-**117**

7. Mark your answer on your answer sheet.

8. Mark your answer on your answer sheet.

9. Mark your answer on your answer sheet.

10. Mark your answer on your answer sheet.

11. Mark your answer on your answer sheet.

12. Mark your answer on your answer sheet.

13. Mark your answer on your answer sheet.

14. Mark your answer on your answer sheet.

15. Mark your answer on your answer sheet.

16. Mark your answer on your answer sheet.

17. Mark your answer on your answer sheet.

18. Mark your answer on your answer sheet.

19. Mark your answer on your answer sheet.

20. Mark your answer on your answer sheet.

21. Mark your answer on your answer sheet.

22. Mark your answer on your answer sheet.

23. Mark your answer on your answer sheet.

24. Mark your answer on your answer sheet.

25. Mark your answer on your answer sheet.

26. Mark your answer on your answer sheet.

27. Mark your answer on your answer sheet.

28. Mark your answer on your answer sheet.

29. Mark your answer on your answer sheet.

30. Mark your answer on your answer sheet.

31. Mark your answer on your answer sheet.

PART
3

PART 3
답이 보이는,
토익 강의노트 활용 Intro

1. PART 3 문제 풀이 전략

PART 3 개요와 유형 분석

1-1

MP3-**118**

1. PART 3 시험에 대한 이해

: 남녀 간이나 다수가 나누는 구체적인 업무 내용을 포함한 대화에서 필요한 정보를 찾아 주어진 3문제를 푸는 형태이다.

문제 유형	남녀 혹은 다수가 나누는 대화를 듣고 문제지에 나온 3문제를 차례로 푼다.
문제 개수	대화당 3문제의 구성으로 총 13개 대화 39문제가 출제된다.
특이점	화자의 의도 파악 유형(2~3문제), 시각 자료 유형(3문제)이 출제된다.

● 풀이 시간: 문제당 8초간의 여유가 있다. **Part 3**가 시작될 때 나오는 **Direction**과 문제를 읽어 준 후의 여유 시간을 활용하여 문제와 보기의 키워드를 미리 분석해 두어야 한다.

▶ **Part 3**는 목차에 따라 문제 유형별 답의 위치와 풀이 전략을 학습해 두면 실제 시험에서 정답의 80%를 이미 알고 시작하는 것과 같아 쉽게 고득점을 받을 수 있다.

2. PART 3 문제 샘플

〈문제지〉	〈음성〉
32. What is the woman's problem? (A) She can't find the new employee package. (B) She is unable to record her work hours. (C) She doesn't know her working hours. (D) She doesn't know what time she started. **33.** According to the man, what is included in the orientation materials? (A) A computer password (B) A work schedule (C) A manager's extension number (D) A meeting time **34.** What does the man suggest? (A) Attending an orientation (B) Emailing about the problem (C) Asking other new employees (D) Speaking to a supervisor	**Questions 32-34 refer to the following conversation.** **W:** Hi, can you help me with this? Today is my first day here, and I can't log in to write my hours into the online time sheet for some reason. I'm supposed to enter my hours at the end of the day, aren't I? **M:** Yes, that's what we have to do. You should have received your password during the orientation. Do you have your password? **W:** Yes, I do, and I've been using it all day to access other programs, but I just can't get into the time reporting system. **M:** Well, your password should work. The only thing I can think of is that since today is your first day, your ID is not in the system yet. You should go and talk to the manager about it.

▶ 실제로 문제를 푼다는 것은 대화가 진행되면서 문제별, 내용별 해당 위치에서 보기의 정답을 찾는 것이다. 따라서 대화를 들으면서 동시에 문제를 풀어야 하며 대화가 끝난 후, 해당 문제를 읽어 줄 때에는 그 다음 3문제를 미리 분석하는 훈련을 해 두어야 한다.

3. PART 3에 등장하는 대화의 패턴과 질문 유형

빈출 상황 유형	질문 순서별 빈출 유형
· 문의, 정보 요구 · 약속 잡기와 일정 변경 · 예약, 주문, 취소, 변경 · 뉴스, 정보 교환 · 영업, 판매, 거래 · 사람에 대한 정보 · 매뉴얼, 사용법 · 길 안내, 위치 안내 · 지연, 교통 정체, 공사	① 첫 번째 문제: 주제(subject)나 목적(purpose), 남자(the man)/여자(the woman)의 직업, 장소 등 해당 대화에 대한 기본적인 사항을 묻는다.
	② 두 번째 문제: 구체적인 행위나 장소, 시간, 이유, 수단, 방법 등을 묻는다. 대화에서 언급되고 있는 구체적인 내용과 관련된 정보를 묻는다.
	③ 세 번째 문제: 대화가 끝난 후 앞으로의 행동 또는 제안, 요청 등에 관한 문제가 나온다. next 문제와 같이 남자와 여자의 미래 행동과 관련된 내용을 묻거나 상대방에게 제안, 요청하는 사항들이 질문으로 등장한다.

4. 패턴화된 지문 전개와 문제 배열 순서에 따라 빠르게 풀어야 한다.

Part 3의 대화는 일정한 전개 방식을 갖고 있으며, 질문 역시 어느 정도 정해져 있다. 기본적으로 3단계로 진행되며, 이는 해당 질문들과도 밀접한 관계가 있다. 다음은 공항에서 도움을 요청하는 대화의 흐름을 예로 든 것이다. 다른 대화들도 대체로 아래와 같은 전개 패턴을 따른다.

전개 패턴	내용	문제 유형
1단계(上) 기본적인 정보 전달	남자가 문제점을 제기한다. 도쿄발 306편으로 막 도착했는데, 제 가방을 못 찾겠어요.	① 남자/여자의 정보 ② 장소 ③ 목적이나 주제
2단계(中) 구체적인 전달 사항	여자와 남자가 대화를 주고받으며, 전달하고자 하는 세부 내용을 본격적으로 전개한다. 여 – 가방이 어떻게 생겼죠? 남 – ~게 생겼어요.	구체적인 정보를 묻는 문제는 키워드 문제라고도 하며, 주로 두 번째 문제로 등장한다. ① 특정 장소, 시간, 이유, 방법, 행위 등과 관련된 사항 – 키워드를 기준으로 풀이한다.
3단계(下) 미래, 제안, 요청	여자의 문제에 대한 남자의 해결책이 제시되면서 마무리된다. 제가 담당 부서에 연락해 보겠습니다.	마지막 문제에서는 주로 미래나 제안, 요구, 요청과 관련된 정보를 묻는다. ① 상대방이 해야 할 일이나 남자나 여자의 제안, 요청 사항 ② 대화가 끝난 후에 예상되는 미래의 일

절대 불변!
기본적인 정답 위치

1-2

MP3-119

1. 문제에 남자가 언급되면 남자의 대사에 답이 나온다.
2. 답은 대화 중에 힌트가 언급되는 순서대로 배치되고, 위치는 불변이다.
3. 각 문제의 답은 대사 2줄마다 차례대로 배치된다.
4. 대화의 흐름은 〈과거 → 미래〉 순이다.
5. 과거에 관한 질문은 대화의 전반부에, 미래는 후반부에 힌트가 나온다.

시험에 이렇게 나온다.

1. According to the woman, what is
suggested about K2 Electronics?
(A) It will expand to another country.
(B) It will hire more workers.
(C) It produces appliances
(D) Its previous marketing is not good.

2. Why is the man unable to help the woman?
(A) He is doing other work now.
(B) He is reading some documents.
(C) He has an appointment with a clinic.
(D) He didn't have any experience in that field.

3. What does the man say about Jenny?
(A) She worked for K2 Electronics.
(B) She was in the accounting department.
(C) She knew what happened to the company.
(D) She went to the business meeting.

1.
(A) _____
(B) _____
(C) _____
(D) _____

2.
(A) _____
(B) _____
(C) _____
(D) _____

3.
(A) _____
(B) _____
(C) _____
(D) _____

문제 미리 읽고 포인트 찾기

① 답의 위치를 표시하세요.(上/下)
② 보기 A–D에 키워드를 표시하세요.
③ 남/여를 표시하세요.
④ 빈출 주의 사항

ex) 1. 上 / W / 문제점
(A) country
(B) hire / workers
(C) appliances
(D) marketing

반드시 문제를 미리 읽고 문제가 주는 힌트를 최대한 이용하라!

1 남자/여자/화자(Man/Woman/Speakers)를 확인하라.

대부분 문제에서 남자에 대해 물어보면 남자 대사에 답이 있고, 여자에 대해 물어보면 여자 대사에 답이 있다.

2 답의 위치를 예측하면서 보기에 집중하라.

답은 순서대로 대화상에 배치되기 때문에 전체 대화 내용을 다 듣고 답을 선택하기보다는 문제의 위치에 따라 해당 보기에 집중하여 듣는다. 보기에 있는 단어나 관련 단어가 들리는지에 최대한 집중한다.

3 키워드(고유명사/특정 명사/특정 동사/시간/날짜/요일)를 파악하라.

문제의 키워드뿐 아니라 보기 (A)∼(D)에서 동사 또는 명사 등의 키워드를 미리 확인한다.

1 According to the woman, what is suggested about K2 Electronics?

STEP 1 W / 上 / 키워드 **K2 Electronic**

STEP 2 〈키워드〉 문제는 키워드 앞뒤에서 답이 나온다.
(A) It will expand to another country.
(B) It will hire more workers.
(C) It produces appliances.
(D) Its previous marketing is not good.

STEP 3 답 결정 키워드▶ **K2 / electronics manufacturers**
according to the woman은 여자의 말에서 답이 나온다는 힌트이다. 정답 (C)

STEP 4 함정 유형 및 오답 패턴
정답 위치에서 2개 이상의 키워드가 들리면 오류를 포함한 하나를 소거한 후 정답을 남긴다.
(A) It will expand to another country.
(B) It will hire more workers.
(C) It produces appliances.
(D) Its previous marketing is not good.

W: Hi, Brett. I've been working on **(D) the marketing** proposal for **(C) K2 Electronics**, one of **the leading electronics manufacturers** in our **(A) country**. Could you look at it?

---

2 Why is the man unable to help the woman?

STEP 1 M / help / unable / 이유 / 中

STEP 2 〈부정적 원인〉 응답은 역접 단어 뒤에 위치한다.
(A) He is doing other work now.
(B) He is reading some documents.
(C) He has an appointment with a clinic.
(D) He didn't have any experience in that field.

STEP 3 답 결정 키워드▶ **but / I'm leading / very busy**
unable의 원인은 역접 단어인 but/however 뒤에 위치한다. 정답 (A)

STEP 4 함정 유형 및 오답 패턴
유사 발음이 들리면 오답이 된다. leading – reading
(A) He is doing other work now.
(B) He is reading some documents.
(C) He has an appointment with a clinic.
(D) He didn't have any experience in that field.

M: **(A) I wish I could but,** you know, I'm **(B) leading** a meeting with some potential clients tomorrow. I'm **very busy preparing for it.** If you'd like, I can go over it on Wednesday?

W: I need to make a presentation in front of the client Thursday morning. I don't have much time.

---

3 What does the man say about Jenny?

STEP 1 M / 下 / Jenny / 하단 2줄

STEP 2 〈제3자 정보〉 문제는 he/she로 언급한다.
(A) She worked for K2 Electronics.
(B) She was in the accounting department.
(C) She knew what happened to the company.
(D) She went to the business meeting.

STEP 3 답 결정 키워드▶ **she / worked / that company**
제3자는 he/she의 3인칭 대명사로 언급하고, 특정 회사 이름은 that company의 대명사를 이용했다. 정답 (A)

STEP 4 함정 유형 및 오답 패턴: 시제 오류
Jenny가 했던 일(과거)과 할 일(미래)을 구별해서 들어야 한다.
(A) She worked for K2 Electronics.
(B) She was in the accounting department.
(C) She knew what happened to the company.
(D) She went to the business meeting.

M: Well, how about asking **Jenny** in my department for help? **(A) She worked for that company** and she would know what they are interested in for marketing.

W: That's a good idea. I'll **(D) ask her at the meeting tomorrow.**

정답 1. (C) 2. (A) 3. (A)

PART 3
절대 불변, 기본 답의 위치

2. 처음 2줄에 답이 있는 문제

2-1　주제나 목적을 묻는 문제는 처음 2줄에 답이 있다.

2-2　문제점과 걱정은 본인의 입으로 직접 얘기한다.

2-3　직업과 장소는 전반부의 this is ~에서 힌트가 나온다.

PART 3-2강

3. 대화 중간에 답이 있는 문제

3-1　변명을 할 때에는 과거와 출처에 대한 언급으로 시작한다.

3-2　문제에 제시된 사람 및 회사 이름은 3인칭 대명사로 표현된다.

3-3　키워드 문제는 키워드 기준 앞뒤 문장에 답이 위치한다.

3-4　Why 문제는 대화에서 그대로 반복된 후 원인에 대한 답이 나온다.

3-5　However, But 뒤에 결정적인 정답의 단서가 나온다.

3-6　수동태 문제는 상대방의 You로 시작하는 대사에서 답이 나온다.

PART 3-3강

4. 마지막 2줄에 답이 있는 문제

4-1　요청과 제안 문제의 힌트는 대화 후반부에 You로 언급된다.

4-2　상대방의 문제에는 해결책을 제시한다.

4-3　미래 정보는 대화 후반부에 나오는 I'll ~이 정답이다.

PART 3-4강

2-1 주제나 목적을 묻는 문제는 처음 2줄에 답이 있다.

MP3-**120**

시험에 이렇게 나온다

4. What are the speakers talking about?
(A) A hiring opportunity
(B) Extending a lease
(C) Reviewing a sales report
(D) Making a reservation

4.
(A) _____
(B) _____
(C) _____
(D) _____

5. What does the man ask about?
(A) The international marketing trend
(B) The requirement to move overseas
(C) The location of a branch
(D) The start date of an orientation

5.
(A) _____
(B) _____
(C) _____
(D) _____

6. According to the man, what does he need to do?
(A) Renew a passport
(B) Contact client accounts
(C) Apply for the reimbursement
(D) Buy some equipment

6.
(A) _____
(B) _____
(C) _____
(D) _____

문제 미리 읽고 포인트 찾기

① 답의 위치를 표시하세요.(上/下)
② 보기 A–D에 키워드를 표시하세요.
③ 남/여 표시
④ 빈출 주의 사항 확인

ex) 1. 上 / W / 문제점
(A) clothing
(B) coffee
(C) employment
(D) dry cleaner

주제나 목적

주제를 묻는 문제는 첫 번째 대사와 두 번째 대사에 정답이 있다!
대화의 주제를 묻는 문제는 보통 첫 문장을 들으면 해결할 수 있다. 대화를 처음부터 끝까지 다 듣고 나서 답을 고르기보다 우선 보기의
내용을 파악한 다음 대화의 앞부분을 들으면서 답을 결정해야 한다.
음성이 나오기 전에 반드시 문제를 미리 읽고 주요 단어들을 표시해 두자.

Why is the man calling? 남자는 왜 전화하는가?
What is the purpose/topic of the conversation? 대화의 목적/주제는 무엇인가?
What are the speakers discussing? 화자들은 무엇을 논의하고 있는가?
What are the speakers talking about? 화자들은 무엇에 대해 이야기를 나누고 있는가?
What is the conversation mainly about? 대화는 주로 무엇에 관한 것인가?

1 최근에는 처음 2줄에서 보기의 내용이 2개 이상 들리면서 난이도를 올리고 있다.

2 전체 지문의 목적을 묻는 문제와 특정 행사나 연설의 주제를 묻는 문제는 서로 다른 유형이다.
　① 주제나 목적을 묻는 문제의 정답은 대화의 시작 부분에서 90% 이상 등장한다.
　② 특정 행사나 연설의 주제는 주제나 목적이 나온 이후의 문장에 답이 있다.

3 최신 Trend: 주제를 물어볼 때 about을 사용한다.

4 What are the speakers talking about?

STEP 1 주제 / 上 / 첫 2줄

STEP 2 〈주제〉 문제는 첫 2줄에서 답이 나온다.

(A) A hiring opportunity
(B) Extending a lease
(C) Reviewing a sales report
(D) Making a reservation

STEP 3 답 결정 키워드▶ you're qualified for ~ the position
대화 중에서 들리는 단어는 구체적이지만 답은 항상 포괄적인 단어로
paraphrasing 된다. assistant manager position ＜ hiring opportunity
정답 (A)

STEP 4 함정 유형 및 오답 패턴
주제의 위치에서 2개 이상의 키워드가 들려면 하나를 소거한 후 정답을 남긴다.

(A) A hiring opportunity
(B) Extending a lease
(C) Reviewing a sales report
(D) Making a reservation

W: Well, Peter. It seems like (A)you're qualified for the assistant manager (D)position in our (C)sales department. Do you have any questions for me before the end of the interview?

5 What does the man ask about?

STEP 1 M / 질문 / 中

STEP 2 〈ask about〉의 답은 의문문으로 나온다.

(A) The international marketing trend
(B) The requirement to move overseas
(C) The location of a branch
(D) The start date of an orientation

STEP 3 답 결정 키워드▶ 대화 중에서 들리는 단어는 구체적이지만 답은 항상
포괄적인 단어로 paraphrasing 된다.
another country ＜ overseas 정답 (B)

STEP 4 함정 유형 및 오답 패턴
유사 발음 어휘가 나오면 오답이다. market – marketing

(A) The international marketing trend
(B) The requirement to move overseas
(C) The location of a branch
(D) The start date of an orientation

M: Just one. I read in the newspaper a week ago that you're going to expand the (A)market share internationally and you also have some international clients. (B)Will I have to move to another country?

6 According to the man, what does he need to do?

STEP 1 M / 의무 / 下

STEP 2 〈남자의 의무〉는 남자의 말 I have to로 나온다.

(A) Renew a passport
(B) Contact client accounts
(C) Apply for the reimbursement
(D) Buy some equipment

STEP 3 답 결정 키워드▶ have to / new passport
역접의 부사/접속사 뒤에 답이 나온다.
but, however, unfortunately 정답 (A)

STEP 4 함정 유형 및 오답 패턴
남자의 해야 할 일은 남자 본인이 말하므로, 여자의 말에서 언급되는 보기의 키워
드는 오답이다.

(A) Renew a passport
(B) Contact client accounts
(C) Apply for the reimbursement
(D) Buy some equipment

W: Probably not. But the position occasionally requires business trips abroad to coordinate (B)client accounts. Would that be a problem for you?

M: Not at all. (A)But I'll have to get a new passport. Mine expired last month.

정답 4. (A) 5. (B) 6. (A)

2-2 문제점과 걱정은 본인의 입으로 직접 얘기한다.

MP3-**121**

시험에 이렇게 나온다.

7. According to the man, what is the problem?
(A) A job is not complete.
(B) A application is incorrect.
(C) A door is broken.
(D) An event is delayed.

7.
(A) _____
(B) _____
(C) _____
(D) _____

8. According to the woman, what caused the problem?
(A) Weather conditions
(B) Limited parking spaces
(C) Poor maintenance
(D) Unskilled staff

8.
(A) _____
(B) _____
(C) _____
(D) _____

9. What will the woman do next?
(A) Pick up some supplies
(B) Consult the manual
(C) Open the store
(D) Schedule a work

9.
(A) _____
(B) _____
(C) _____
(D) _____

문제 미리 읽고 포인트 찾기

① 답의 위치를 표시하세요.(上/下)
② 보기 A–D에 키워드를 표시하세요.
③ 남/여를 표시하세요.
④ 빈출 주의 사항

ex) 1. 上 / W / 문제점
(A) complete
(B) application
(C) door
(D) event

문제점과 걱정거리

1 문제점을 묻는 문제는 첫 대사와 두 번째 대사에 정답이 있다.

2 concern, worry, problem 등의 문제점을 묻는 문제에서는 대화의 도입부에서 화자가 직접 문제점을 언급하거나, 첫 번째 화자가 질문을 던지면 두 번째 화자가 그에 대한 응답으로 문제점을 언급한다. 그러므로 주로 첫 번째나 두 번째 대사에서 그 정답을 찾을 수 있다.

3 주요 빈출 문제점으로 늦음(late), 지연(delayed), 바쁨(busy), 부족(lack), 고장(out of order), 불만 제기, 사용 중 불편함, 기계 고장, 약속 불이행, 마감 기한, 화자의 잘못, 후회 등의 내용이 주를 이루게 된다.

4 최신 Trend 문제 유형: 여자가 무엇을 하려고 하는지 묻는 What is the woman trying to do?가 나오면 여자의 말에서 하고자 하는 것에 대한 언급 다음에 문제점이나 대상을 말한다.
ex. W: I am looking for a book ~ but I can't find it.
▶ 위 문장에서는 여자가 하려고 하는 것은 '책을 찾는 것'이고 '하지만 그것을 찾을 수가 없다'는 문제점을 함께 언급함을 알 수 있다.

문제 패턴

What is the man concerned about? 남자는 무엇을 걱정하는가?
What is the problem? 무엇이 문제인가?
What is the woman worried about? 여자는 무엇에 대해 걱정하는가?
What is the woman trying to get? 여자는 무엇을 얻으려고 하는가?

7   According to the man, what is the problem?

STEP 1 M / 문제 / 上
STEP 2 〈남자의 문제〉는 남자가 말한다.
(A) A job is not complete.
(B) An application is incorrect.
(C) A door is broken.
(D) An event is delayed.

STEP 3 답 결정 키워드▶ unfortunately / area / not painted
문제점은 역접의 단어(unfortunately/but) 다음에 언급한다. 정답 (A)

STEP 4 함정 유형 및 오답 패턴
문제는 부정적인 것을 의미하므로, 칭찬의 말에 언급되는 보기의 단어는 오답이다.
praising + door
(A) A job is not complete.
(B) An application is incorrect.
(C) A door is broken.
(D) An event is delayed.

M: Thanks for renovating our office building. I'm satisfied with the work speed and results of your team. Especially my tenants have been **(C)praising the front door** your team installed. It is smooth and even. **(A)** Unfortunately, I found the back of the **parking area not painted** yet.

W: Oh, **that is the unfinished work** I mentioned last week.

8   According to the woman, what caused the problem?

STEP 1 W / 원인 / 中
STEP 2 상대방이 제기한 문제에 대한 원인은 문제를 다시 말한 후 언급한다.
(A) Weather conditions
(B) Limited parking spaces
(C) Poor maintenance
(D) Unskilled staff

STEP 3 답 결정 키워드▶ but / all the rain
대화의 구체적 단어는 포괄적 단어로 바뀐다.
rain ＜ weather conditions 정답 (A)

STEP 4 함정 유형 및 오답 패턴
문제점에 대한 부정적인 내용의 보기가 나열되어 있으나, 근거가 없는 것은 오답이다.
(A) Weather conditions
(B) Limited parking spaces
(C) Poor maintenance
(D) Unskilled staff

W: Oh, that is the unfinished work I've mentioned last week. **(D)My team** was supposed to complete that area **(A)but because of all the rain last week**, we couldn't work outdoors.

PART 3

9   What will the woman do next?

STEP 1 W / 미래 / 下
STEP 2 〈여자의 미래〉는 후반부에 나온다.
(A) Pick up some supplies
(B) Consult the manual
(C) Open the store
(D) Schedule a work

STEP 3 답 결정 키워드▶ I'll put / schedule
여자의 미래 정보는 여자 대사의 후반부에서 I will ~로 언급된다. 정답 (D)

STEP 4 함정 유형 및 오답 패턴
해당 위치(후반부)가 아닌 곳에 언급되는 단어는 오답이다.
(A) Pick up some supplies
(B) Consult the manual
(C) Open the store
(D) Schedule a work

M: All right. When can you complete the work? We're going to have a **(C)reopening** party this Friday.

W: Don't worry. **(D)I'll put you on the schedule** right now and we'll do the work first thing tomorrow morning and have this all done.

정답   7. (A)   8. (A)   9. (D)

2-3 직업과 장소는 전반부의 this is ~에서 힌트가 나온다.

MP3-**122**

시험에 이렇게 나온다.

10. What kind of business is the woman working for?
(A) At a medical clinic
(B) At a accounting office
(C) At a clothing store
(D) At a restaurant

11. What is the man's problem?
(A) He will be out of the office next week.
(B) He needs a document.
(C) He will check some inventory.
(D) He will be late for the conference.

12. What does the man agree to do?
(A) Schedule with another doctor
(B) Call the next day
(C) Postpone the appointment
(D) Go to another store

10.
(A) _____
(B) _____
(C) _____
(D) _____

11.
(A) _____
(B) _____
(C) _____
(D) _____

12.
(A) _____
(B) _____
(C) _____
(D) _____

문제 미리 읽고 포인트 찾기

① 답의 예상 위치를 표시하세요.
② 보기 A–D에 키워드를 표시하세요.
③ 남/여를 표시하세요.
④ 빈출 주의 사항

ex) 1. 上 / W / 문제점
(A) clothing
(B) coffee
(C) employment
(D) dry cleaner

직업과 장소

① W/M(남/여)의 직업 - I am/This is/your로 언급한다.
② speakers(화자)의 직업 - we/our/here
③ 남자와 여자, 그리고 제3자의 직업을 정리하면서 들어야 한다.

> Who is the woman?
> What kind of business are the speakers working for?
> Where is the conversation taking place?

1. **직업은 대화의 전반부에 답이 들린다.** 주로 전반부에 특정 직업과 명사를 언급한다.

2. **장소의 경우 그 장소에서만 쓸 수 있는 단어만 들어라!** 보기를 볼 때도 역시 각각의 장소 관련 어휘나 상황 등을 연상해 본다.

3. **남자의 직업을 묻는 문제는 첫 번째 대사를 남자가 말하면 I와 연관된 말을 들어야 하나, 여자가 먼저 말하는 경우 you의 직업을 들어야 한다.**

4. **첫 2줄에서 our/your/this/here의 표현과 함께 들리는 장소/직업 명사가 정답이 된다.**

5. **보기에 employees, staff, salesperson 등이 있으면 답이 될 가능성이 매우 높다.**

6. **Part 3에 자주 등장하는 장소 중의 하나는 store이다.** 대화의 전반부에서 buy, looking for 등의 표현이 들리면 store 를 답으로 고르자. 또한 office는 정답으로 가장 많이 출제되는 장소이다.

7. **최신 trend:** 남자(여자)의 말에서 여자(남자)의 직업이나 장소를 알 수 있다.
   남자가 I'd like to book tickets to tomorrow's theater performance.(내일 공연 티켓을 예매하고 싶습니다.)라고 말 하면 상대방인 여자가 근무하는 곳이 theater(극장)이거나 혹은 여자의 직업이 표를 판매하는 사람이라는 것 등을 알 수 있 다.

* 이처럼 본인이 직접 자신이 일하는 회사에 대해서 언급하지 않아 상대방의 대사를 통해 어떤 업종에서 일하는지를 알아내야 하는 경우 난이도가 높아진다.

10 What kind of business is the woman working for?

STEP 1 W / 직업 / 上

STEP 2 〈여자의 직업〉 문제는 여자 대사의 첫 2줄에서 답이 나온다.

(A) At a medical clinic
(B) At a accounting office
(C) At a clothing store
(D) At a restaurant

STEP 3 답 결정 키워드▶ **This is ~ from Dr. ~ office**
여자의 첫 대사에서 This is ~ from 이하가 직업과 장소를 나타낸다. 정답 (A)

STEP 4 함정 유형 및 오답 패턴
appointment로 연상할 수 있는 장소는 보기 중 병원, 식당 모두 해당된다. 따라서 Dr. ~ office에서 장소가 결정되었다.

(A) At a medical clinic
(B) At a accounting office
(C) At a clothing store
(D) At a restaurant

W: Hello, James.
(A) **This is** Mary Adams **from Dr. Kandis' office**. I'm calling to reschedule tomorrow's (D) **appointment**.

M: I think my appointment is at 2 p.m..

11 What is the man's problem?

STEP 1 M / 문제 / 中

STEP 2 〈남자의 문제〉는 남자가 언급한다.

(A) He will be out of the office next week.
(B) He needs a document.
(C) He will check some inventory.
(D) He will be late for the conference.

STEP 3 답 결정 키워드▶ **I have to**
역접의 부사/접속사 뒤에서 답이 나온다. but/however/unfortunately 문제점을 나타내는 표현으로는 부정적인 이유 외에도 have to/must/should/need 등의 의무로도 언급된다. 정답 (B)

STEP 4 함정 유형 및 오답 패턴
보기의 내용이 모두 들리는 것 같을 때 남자의 말이 아닌 보기는 오답이다.

(A) He will be out of the office next week.
(B) He needs a document.
(C) He will check some inventory.
(D) He will be late for the conference.

W: Yes, unfortunately, Dr. Kandis will attend the medical conference tomorrow. Therefore, she (A) **won't be** available from tomorrow until next Friday. I'm sorry but this is a last-minute decision.

M: (B) **But I have to submit my checkup results** by this Thursday.

12 What does the man agree to do?

STEP 1 M / 동의 / 下

STEP 2 〈남자의 동의〉는 앞선 여자의 말에 집중하자.

(A) Schedule with another doctor
(B) Call the next day
(C) Postpone the appointment
(D) Go to another store

STEP 3 답 결정 키워드▶ **another doctor**
동의나 맞장구에 대한 질문은 문제에 제시된 당사자의 대사가 아니라, 바로 앞서 말한 상대방의 대사에 권유나 제안의 형태로 답이 제시된다. 정답 (A)

STEP 4 함정 유형 및 오답 패턴
정답의 위치에 들리는 단어가 2개 이상 나오면 확실히 아닌 것을 소거하자. 보기에 another가 언급된 (A)와 (D) 중 store는 대화에 나오지 않으므로 소거한다.

(A) Schedule with another doctor
(B) Call the next day
(C) Postpone the appointment
(D) Go to another store

W: In that case, (A) **why don't you see** (D) **another doctor?** If it's okay with you, I'll make an appointment with Dr. Santos. He'll be available at the same time tomorrow.

M: **Okay.** That sounds good to me.

정답 10. (A)   11. (B)   12. (A)

PART 3

3-1 변명을 할 때에는 과거와 출처에 대한 언급으로 시작한다.

MP3-**123**

시험에 이렇게 나온다.

13. Where are the speakers?

(A) At a clothing store

(B) At a doctor's office

(C) At a bank

(D) At a pharmacy

13.

(A) _____

(B) _____

(C) _____

(D) _____

14. Why is the man behind schedule?

(A) A computer was not working properly.

(B) Staff is inexperienced.

(C) A pharmacy is under renovation.

(D) The form is incorrect.

14.

(A) _____

(B) _____

(C) _____

(D) _____

15. What will the woman do next?

(A) Go to a shopping mall

(B) Go to a bank

(C) Come back to a pharmacy

(D) Pick up an item

15.

(A) _____

(B) _____

(C) _____

(D) _____

문제 미리 읽고 포인트 찾기

① 답의 위치를 표시하세요.(上/下)

② 보기 A–D에 키워드를 표시하세요.

③ 남/여를 표시하세요.

④ 빈출 주의 사항

ex) 1. 上 / W / 문제점

(A) clothing

(B) coffee

(C) employment

(D) dry cleaner

변명의 필수 암기 표현

Why is the man unable to help the woman? 왜 바쁜가?

Why does the woman apologize? 왜 사과를 하는가?

Why has a meeting been postponed? 왜 연기되었는가?

Why is the museum closed now? 왜 박물관이 닫혀 있는가?

What problem does the man mention? 남자의 문제는 무엇인가?

1 대화에서 일단 Why 뒤에 키워드가 들려야 그 뒤에 답이 나온다.

구체적인 내용을 묻는 키워드 문제 중에서 이유나 원인을 묻는 문제들은 주로 결과를 문제의 키워드로 보여준다. 보기 중 어떤 원인이 등장하는지를 대화에서 확인해야 하는 문제이다.

2 어떤 일을 할 수 없거나 하지 못한 일에 대한 이유를 묻는 문제들은 전반부에서 '할 수 없다'는 결정 사항이나 '못했다'는 결과를 언급하고 중반부에 그 이유를 설명해 준다.

3 부정적인 내용이 답이 된다.

바쁘다/다른 할 일이 있다 자리에 없다/출장/휴가 갔다	고장 났다 수리 중이다	아직 준비 중이다 아직 기다리고 있다	I thought I was going to
have to/should/need	무엇이 없거나 부족하다	I am sorry but	몰랐다

문제점이나 걱정거리의 빈출 정답 단어			
problem 문제	not working properly 고장 난	cannot/could not 할 수 없다	missing 빠진
limited 제한된	not signed 서명하지 않았다	not received 받지 못했다	sold out 품절된
out of stock 재고가 없는	not approved 승인되지 않았다	incorrectly 부정확하게	extra fee 추가 비용
additional information 추가 정보	out of sick 아파서 결근한	busy 바쁜	forget 잊다

문제 풀이 전략

13 Where are the speakers?

STEP 1 장소 / 上 / 첫 2줄
STEP 2 〈장소〉는 대사의 첫 2줄에서 나온다.
(A) At a clothing store
(B) At a doctor's office
(C) At a bank
(D) At a pharmacy

STEP 3 답 결정 키워드▶this pharmacy
대화의 전반부에서 this/here로 장소를 언급한다. 정답 (D)

STEP 4 함정 유형 및 오답 패턴
장소 문제에서는 보기 중 2개 이상의 장소가 대화 중에 언급된다.
(A) At a clothing store
(B) At a doctor's office
(C) At a bank
(D) At a pharmacy

W: Hello, **(B)** my doctor said he sent a prescription for me to **(D)** this pharmacy about half an hour ago. My name is Corine Martinez.

---

14 Why is the man behind schedule?

STEP 1 M / 문제 / 上
STEP 2 〈남자의 문제〉는 남자의 대사에 나온다.
(A) A computer was not working properly.
(B) Staff is inexperienced.
(C) A pharmacy is under renovation.
(D) The form is incorrect.

STEP 3 답 결정 키워드▶I'm sorry / not ready / computer
부정적인 상황에 대한 원인은 주로 '고장이 났다'거나 '아직 하고 있는 중'이라고 언급된다. 정답 (A)

STEP 4 함정 유형 및 오답 패턴
변명이나 핑계의 보기는 예상이 가능한 것들을 사용하므로 대화 중 확실하게 언급되지 않으면 오답이다.
(A) A computer was not working properly.
(B) Staff is inexperienced.
(C) A pharmacy is under renovation.
(D) The form is incorrect.

M: Let me check on that for you. Um, we've received the **(D)** prescription order but **(A)** I'm sorry it's not ready yet. Our computer system was not working properly an hour ago and it is returning to normal now but we're a little behind schedule. If you can wait 15 minutes, I'll do it now.

---

15 What will the woman do next?

STEP 1 W / 미래 / 下
STEP 2 〈여자의 미래〉는 후반부 여자의 대사에 나온다.
(A) Go to a shopping mall
(B) Go to a bank
(C) Come back to a pharmacy
(D) Pick up an item

STEP 3 답 결정 키워드▶at the bank / I'll go now
미래의 일이 2가지 이상 언급되면 가장 먼저 언급된 것이 next 문제의 정답이다. 정답 (B)

STEP 4 함정 유형 및 오답 패턴
미래를 묻는 문제가 출제될 경우 대화에서 2가지 이상의 미래의 일이 언급되는 경우가 있다.
(A) Go to a shopping mall
(B) Go to a bank
(C) Come back to a pharmacy
(D) Pick up an item

W: Good. **(B)** I have something to do at the bank next door. I'll go now and **(C)** come back in 30 minutes to **(D)** pick up my prescription.

정답 13. (D) 14. (A) 15. (B)

PART 3

3-2 문제에 제시된 사람 및 회사 이름은 3인칭 대명사로 표현된다.

MP3-**124**

시험에 이렇게 나온다.

16. Why is the man calling?
(A) To compensate for the trip
(B) To host a meeting
(C) To make a presentation
(D) To request some help

16.
(A) _____
(B) _____
(C) _____
(D) _____

17. What does the man say about Kate Spencer?
(A) She has published a book.
(B) She has been relocated to the city.
(C) She is familiar with the city.
(D) She is interested in the tour.

17.
(A) _____
(B) _____
(C) _____
(D) _____

18. What will take place in June?
(A) A book tour
(B) A job fair
(C) A sightseeing trip
(D) A marketing meeting

18.
(A) _____
(B) _____
(C) _____
(D) _____

문제 미리 읽고 포인트 찾기
① 답의 위치를 표시하세요.(上/下)
② 보기 A–D에 키워드를 표시하세요.
③ 남/여를 표시하세요.
④ 빈출 주의 사항

ex) 4. W / 상 / 문제
(A) complete
(B) application
(C) door
(D) event

제3자 필수 암기 표현

1 제3자의 고유명사나 일반명사로 묻는 문제가 나올 경우
고유명사나 일반명사가 대화의 처음에 언급된 후, 3인칭 대명사(he/she/they/it)로 반복해서 언급된다.

2 특정 인물에 대한 정보와 I/you의 정보를 분리하면서 들어야 한다.

3 제 3자에 대해 언급하는 경우
① 제3자가 최근에 한 일이나 업적에 대해 대사를 하거나, 현재 상태를 설명해 준다.
② 대화에서 대사하는 당사자인 남자나 여자의 직업이 아닌 제3자의 직업을 묻는 경우에는 그 사람의 이름이 언급된 후에야 답이 나온다. 이런 경우 문제에 언급된 이름이 나오길 기다렸다가 보기와 일치하는 단어가 들리면 바로 답으로 선택한다.

칭찬하는 표현
I was impressed with her insight. 그녀의 통찰력이 인상적이었다.
She was dedicated/committed to our company. 그녀는 회사에 헌신적이었다.
She makes elaborate designs. 그녀는 정교한 디자인을 만든다.

'최근에 한 일'을 나타내는 표현
recently 최근에
already 이미, 벌써
현재완료(has p.p.): has published 출간했다 has promoted 승진했다

16　Why is the man calling?

STEP 1 M / 목적 / 上

STEP 2 〈남자의 전화 목적〉은 남자의 첫 대사에 나온다.
(A) To compensate for the trip
(B) To host a meeting
(C) To make a presentation
(D) To request some help

STEP 3 답 결정 키워드 ▶ I'd like you to help me
I'd like/I'm calling의 전화 목적을 나타내는 표현을 알아 두자. 정답 (D)

STEP 4 함정 유형 및 오답 패턴
keynote speaker로 presentation을 연상한 오답이다.
(A) To compensate for the trip
(B) To host a meeting
(C) To make a presentation
(D) To request some help

M: Hello, Ms. Rodriguez. It's Mattew from the marketing department. As you know, I am in charge of organizing the sales conference in June. I'm looking for some notable **(C) keynote speakers** for the conference. Since you were the coordinator of the last conference, **(D) I'd like you to help me** to nominate someone.

17　What does the man say about Kate Spencer?

STEP 1 M / Kate Spencer 키워드 / 中

STEP 2 〈키워드〉 문제는 키워드 기준 앞뒤에서 답이 나온다.
(A) She has published a book.
(B) She has been relocated to the city.
(C) She is familiar with the city.
(D) She is interested in the tour.

STEP 3 답 결정 키워드 ▶ I read her recent book
제3자의 문제는 he/she/they의 3인칭 대명사를 들어야 답이 나온다. 정답 (A)

STEP 4 함정 유형 및 오답 패턴
대화의 구체적 단어인 London을 포괄적 단어인 city로 언급하나, 나머지 단어가 일치하지 않아 오답이다.
(A) She has published a book.
(B) She has been relocated to the city.
(C) She is familiar with the city.
(D) She is interested in the tour.

W: How about **(A) Kate Spencer?** I went to the International Marketing Conference in **(B),(C) London** in May and she was the keynote speaker there. I was impressed with her insights into marketing and experienced skills.

M: I agree with you.
(A) I read her recent book about marketing and it was really **(D) interesting.** But I don't know how to contact her.

18　What will take place in June?

STEP 1 June 키워드 / 미래 / 下

STEP 2 〈미래 시간 키워드〉는 시간 부사와 함께 후반부에 나온다.
(A) A book tour
(B) A job fair
(C) A sightseeing trip
(D) A marketing meeting

STEP 3 답 결정 키워드 ▶ will visit / her book tour
키워드 앞뒤를 잘 들어야 한다. 정답 (A)

STEP 4 함정 유형 및 오답 패턴
키워드의 위치가 아닌 곳에서 언급된 보기는 오답이다.
(A) A book tour
(B) A job fair
(C) A sightseeing trip
(D) A marketing meeting

M: I agree with you.
I read her recent book about **(D) marketing** and it was really interesting. But I don't know how to contact her.

W: Don't worry. I'll send you her personal contact information right now. Also, since **(A) she will visit our city in June for her book tour**, it will be easier for you to schedule for our conference.

정답 16. (D)　17. (A)　18. (A)

3-3 키워드 문제는 키워드 기준 앞뒤 문장에 답이 위치한다.

MP3-**125**

시험에 이렇게 나온다.

19. What are the speakers talking about?
(A) The quality of the service
(B) The details of an order
(C) A party for clients
(D) A change in a shipment policy

19.
(A) _____
(B) _____
(C) _____
(D) _____

20. What is suggested about Tampa Marketing?
(A) They order some items regularly.
(B) They try to find some alternatives.
(C) They have creative designs.
(D) They expanded their market.

20.
(A) _____
(B) _____
(C) _____
(D) _____

21. What will the man do next?
(A) Review the item
(B) Revise the form
(C) Contact the client
(D) Inform the woman

21.
(A) _____
(B) _____
(C) _____
(D) _____

문제 미리 읽고 포인트 찾기

① 답의 위치를 표시하세요.(上/下)
② 보기 A–D에 키워드를 표시하세요.
③ 남/여를 표시하세요.
④ 빈출 주의 사항

ex) 1. 上 / W / 문제점
(A) clothing
(B) coffee
(C) employment
(D) dry cleaner

키워드 관련 주요 문제

1 키워드(Keyword)를 잡아라! 그러면 답이 따라온다!

문제의 키워드가 누구의 대사에 나오는지를 확인하고 문제에 나오는 키워드를 대화에서 잡아야 답을 골라낼 수 있다.

2 키워드(Keyword)란?

키워드란 문제에 등장한 특정 행위를 말하는 동사, 또는 고유명사(사람 이름, 지명) 그리고 시간, 장소, 수단, 방법 등의 부사어 구들을 의미한다. 다음과 같은 문제들이 키워드를 포함할 수 있다.

① 특정 행위의 대상이나 특정 인물에 대해 묻는 문제
② 특정 시점에 대해 묻는 문제
③ 구체적인 행위가 발생하는 장소를 묻는 문제
④ 대화의 키워드를 그대로 이용하는 문제
⑤ 특정 행위나 사실에 대한 이유나 원인 또는 감정을 묻는 문제
⑥ 기간/빈도/수/방법/수단(교통 수단)을 묻는 문제

3 키워드 최신 트렌드

● 특정 키워드에 대해 묻는 문제는 반드시 대화 중에 나오는 키워드 앞뒤에서 답이 들린다. 일반적으로는 키워드 뒤에 답이 들리지만 최근에는 키워드보다 앞서 답이 나오는 경우가 있다.
● 특정 시간이나 수치에 대한 문제는 보기의 숫자가 대화에 나오므로 반드시 키워드 근처에서 답을 찾아야 한다.
● 최근에는 키워드 뒤에 답이 나오는 것이 아니라 그 다음 사람이 키워드를 대명사(it/he/she/they 등)로 받아 언급하는 부분에 답이 나오는 경우도 있다.

19   What are the speakers talking about?

STEP 1 주제 / 上 / 첫 2줄
STEP 2 〈주제〉 문제는 첫 2줄에서 답이 나온다.
(A) The quality of the service
(B) The details of an order
(C) A party for clients
(D) A change in a shipment policy

STEP 3 답 결정 키워드 ▶ I'm preparing / monthly order
화자들의 주제는 (B)가 정답이다.

STEP 4 함정 유형 및 오답 패턴
연상어의 오류 quality – quantity
(A) The quality of the service
(B) The details of an order
(C) A party for clients
(D) A change in a shipment policy

W   Hi, Daniel. This is Michelle from the shipping department. **(B) I'm preparing the monthly order** of office supplies for Tampa Marketing. The form indicates that they ordered double **(A) quantities** this month. It's an unusual situation.

20   What is suggested about Tampa Marketing?

STEP 1 키워드 / Tampa Marketing
STEP 2 〈제3자〉 문제는 he/she/they의 대명사로 언급된다.
(A) They order some items regularly.
(B) They try to find some alternatives.
(C) They have creative designs.
(D) They expanded their market.

STEP 3 답 결정 키워드 ▶ they order / every month
대화의 구체적인 단어는 보기에서 포괄적인 단어로 제시된다. regularly – every month   정답 (A)

STEP 4 함정 유형 및 오답 패턴
정답은 항상 답에 대한 객관적인 근거가 들려야 한다. different – creative를 연상하지만, design의 언급이 없어 오답.
(A) They order some items regularly.
(B) They try to find some alternatives.
(C) They have creative designs.
(D) They expanded their market.

M   Let me check my computer. Hmm. You're right.
(A) Normally, they order 100 for office supplies every month but this month is **(C) different**.

21   What will the man do next?

STEP 1 M / 미래 / 下 / 하단 2줄
STEP 2 〈미래〉는 후반부의 I'll에서 확인하자.
(A) Review the item
(B) Revise the form
(C) Contact the client
(D) Inform the woman

STEP 3 답 결정 키워드 ▶ I'll
제3자에 대한 언급은 남자와 여자를 제외한 사람 관련 명사를 활용한다.
company's representative → client 정답 (C)

STEP 4 함정 유형 및 오답 패턴: 두 개 이상의 미래의 일이 언급될 때, Do Next의 응답은 첫 번째로 언급된 것이다.
(A) Review the item
(B) Revise the form
(C) Contact the client
(D) Inform the woman

W   I think they filled out the form incorrectly. Could you contact the client to check on that before I send the shipment?

M: Sure. **(C) I'll call the company's representative** right now to confirm the number of supplies and **(D) let you know**. Thank you for letting me know.

정답 19. (B)   20. (A)   21. (C)

3. 대화 중간에 답이 있는 문제

3-4 Why 문제는 대화에서 그대로 반복된 후 원인에 대한 답이 나온다.

MP3-**126**

시험에 이렇게 나온다.

22. Where does the conversation take place?
(A) At a train station
(B) At an airport
(C) On a train
(D) At a city center

22.
(A) _____
(B) _____
(C) _____
(D) _____

23. According to the man, what is suggested about the gate?
(A) It is not accessible for now.
(B) It has more capacity now.
(C) It will lead to another exit.
(D) It is located next to the lounge.

23.
(A) _____
(B) _____
(C) _____
(D) _____

24. Why is the man going to Milwaukee?
(A) To acquire a company
(B) To interview for a job
(C) To attend the conference
(D) To meet some clients

24.
(A) _____
(B) _____
(C) _____
(D) _____

문제 미리 읽고 포인트 찾기

① 답의 위치를 표시하세요.(上/下)
② 보기 A–D에 키워드를 표시하세요.
③ 남/여를 표시하세요.
④ 빈출 주의 사항

ex) 1. 上 / W / 문제점
(A) clothing
(B) coffee
(C) employment
(D) dry cleaner

Why 문제 관련 표현

1 Why 문제는 ① 일이 발생한 이유를 묻거나, ② 왜 안 했는지 이유를 묻는다.

2 어떤 일의 발생 이유/목적을 묻거나 어떤 문제에 대한 변명 등을 묻는 다양한 유형이 등장한다.

3 특히 전화를 건 목적/이유는 전반부에서 I'm calling ~을 들으면 답이 나온다.

① 발생 이유	② 왜 안 하느냐 (Why + 부정문)
Why is the woman at the bookstore?	Why didn't the man go to the meeting?
Why will the man return to his car?	Why isn't the woman available right now?

● 다음의 표현들이 들리면 Why의 답이 된다.

이유/원인	목적	변명
because/due to	in order to	부정적인 내용
since	should/need	고장/수리/사고
owing to	have to/must	부재/출장/바빠서
as a result of	so as to/so that	휴일/오해/변경

22 Where does the conversation take place?

STEP 1 장소 / 上 / 첫 2줄

STEP 2 〈장소〉 문제는 첫 2줄에서 답이 나온다.

(A) At a train station
(B) At an airport
(C) On a train
(D) At a city center

STEP 3 답 결정 키워드▶see you at this station
장소는 this/here로 표현된다. 정답 (A)

STEP 4 함정 유형 및 오답 패턴
장소 문제에서는 2개 이상의 보기의 장소가 대화 중에 언급되므로, 문제와 대화의 내용을 파악하여 오답을 소거해야 한다.

(A) At a train station
(B) At an airport
(C) On a train
(D) At a city center

M: Wow, what a coincidence! **(A)I'm so happy to see you at this station**. Are you waiting for the train **(B)to the airport**, too?

W: Hi, Douglas, nice to see you. You look a little confused. What happened?

23 According to the man, what is suggested about the gate?

STEP 1 M / gate 키워드

STEP 2 〈남자의 키워드〉 문제는 남자의 말, 키워드 앞뒤에서 답을 찾는다.

(A) It is not accessible for now.
(B) It has more capacity now.
(C) It will lead to another exit.
(D) It is located next to the lounge.

STEP 3 답 결정 키워드▶the gate / closed
대화의 구체적 단어는 포괄적 단어로 paraphrasing된다.
closed < not accessible 정답 (A)

STEP 4 함정 유형 및 오답 패턴
남자의 대사가 아닌 여자의 대사에 나온 단어는 오답이다.

(A) It is not accessible for now.
(B) It has more capacity now.
(C) It will lead to another exit.
(D) It is located next to the lounge.

M: I'm on my way to the airport and I'm wondering which train I should take. I usually take the yellow line, **(A)but the gate is closed**.

W: Well, the gate for the yellow line is under construction for **(B)more capacity**. We have to go to Chesterfield, the next station. We will take an express airport line there and it will take around 20 minutes.

24 Why is the man going to Milwaukee?

STEP 1 M / Milwaukee 키워드 / 미래 / 下

STEP 2 Why 질문은 대화에서 그대로 반복된 후 원인에 대한 정답이 나온다.

(A) To acquire a company
(B) To interview for a job
(C) To attend the conference
(D) To meet some clients

STEP 3 답 결정 키워드▶my flight / meet / clients
Why 질문이지만 미래 시제의 문제이므로 답이 후반부에 위치함을 주의하자.
정답 (D)

STEP 4 함정 유형 및 오답 패턴
단어로 연상할 수 있는 여러 개의 보기가 나오면 확실한 것을 기준으로 정답을 고른다. conference는 business trip으로 연상되는 보기임을 주의하자.

(A) To acquire a company
(B) To interview for a job
(C) To attend the conference
(D) To meet some clients

M: I'm relieved to hear that. I don't want to miss **(D)my flight to Milwaukee**.

W: Are you going on a **(C)business trip**?

M: Yes, **(D)I will meet some potential clients there**.

정답 22. (A) 23. (A) 24. (D)

However, But 뒤에 결정적인 정답의 단서가 나온다.

3-5

MP3-**127**

시험에 이렇게 나온다.

25. What kind of business do the speakers work for?
(A) A real estate agency
(B) An interior design company
(C) A clothing store
(D) A maintenance company

26. What does the man say about her work?
(A) It was well written.
(B) It depends on the price.
(C) It needs to be more colorful.
(D) It is a little complicated.

27. What does the man say about Jane?
(A) She has relevant experience.
(B) She is out of the office today.
(C) She is having a meeting with some clients.
(D) She is in the marketing department.

25.
(A) _____
(B) _____
(C) _____
(D) _____

26.
(A) _____
(B) _____
(C) _____
(D) _____

27.
(A) _____
(B) _____
(C) _____
(D) _____

문제 미리 읽고 포인트 찾기

① 답의 위치를 표시하세요.(上/下)
② 보기 A–D에 키워드를 표시하세요.
③ 남/여를 표시하세요.
④ 빈출 주의 사항

ex) 1. 上 / W / 문제점
(A) clothing
(B) coffee
(C) employment
(D) dry cleaner

역접 또는 반전을 의미하는 표현 뒤에는 결정적인 답의 단서가 나온다.

다음의 표현들은 대화의 내용이 바뀌거나 다른 결론을 강조할 때 등장하는 것으로, 그 뒤에 정답의 단서가 제시될 가능성이 높다.

그러나	but/however
사실은	actually/in fact
유감스럽게도	unfortunately
죄송합니다만	I'm sorry but/I'm afraid ~
고맙지만	Thanks but ~

Tip. 주로 but이나 however, actually 등의 역접이나 반전을 의미하는 접속사나 부사 등이 나오면 내용상 중요한 기조를 이루게 되어 정답을 동반하는 경우가 많다. 그러므로 대화를 들을 때 반전이 있는지를 파악하는 것이 고득점의 팁이 될 수 있다.

25 What kind of business do the speakers work for?

STEP 1 직업 / 上 / 첫 2줄
STEP 2 〈직업〉 문제는 대사의 첫 2줄에서 답이 나온다.
(A) A real estate agency
(B) An interior design company
(C) A clothing store
(D) A maintenance company

STEP 3 답 결정 키워드 ▶ I finished / our clothing
화자들의 직업은 our/this의 대명사 뒤에 나온다. 정답 (C)

STEP 4 함정 유형 및 오답 패턴
보기에 대화 내용에서 연상되는 직업의 표현을 언급한다.
(A) A real estate agency
(B) An interior design company
(C) A clothing store
(D) A maintenance company

W: Hello, Pablo. **I just finished** the layout of the **(B) window display (C) for our winter clothing collection.** How do you think it looks? Since I don't have any experience with this sort of work, I'd like your opinion.

26 What does the man say about her work?

STEP 1 M / her work 키워드
STEP 2 〈남자의 키워드〉 문제는 남자의 대사에서 답을 확인한다.
(A) It was well written.
(B) It depends on the price.
(C) It needs to be more colorful.
(D) It is a little complicated.

STEP 3 답 결정 키워드 ▶ You / but / intricate
– but/however 뒤에 결정적인 정답의 단서가 나온다.
– 문제의 her work는 남자의 대사에서는 You ~로 나타난다. 정답 (D)

STEP 4 함정 유형 및 오답 패턴
대사의 단어와 유사한 의미의 단어를 사용한 정답을 주의하자.
kind of = a little / intricate = complicated
(A) It was well written.
(B) It depends on the price.
(C) It needs to be more colorful.
(D) It is a little complicated.

M: Well, it is an excellent attempt at embracing almost all the new clothing line by mixing and matching. **(D) But, I think** that it seems overly **intricate**. You should make it simpler.

W: What if I take these padding coats away? That way, it looks less complicated.

PART 3

27 What does the man say about Jane?

STEP 1 M / Jane 키워드
STEP 2 〈남자의 키워드〉 문제는 남자의 대사에서 답이 나온다.
(A) She has relevant experience.
(B) She is out of the office today.
(C) She is having a meeting with some clients.
(D) She is in the marketing department.

STEP 3 답 결정 키워드 ▶ she has already done / some displays
제3자 관련 질문은 3인칭 대명사 언급 뒤에 답이 나온다. 정답 (A)

STEP 4 함정 유형 및 오답 패턴
정답이 되는 위치에서 들리는 2개 이상의 키워드가 보기에 언급된다.
(A) She has relevant experience.
(B) She is out of the office today.
(C) She is having a meeting with some clients.
(D) She is in the marketing department.

M: Well, these padding coats are our principal products for this season so we need another opinion. How about asking Jane in the **(D) sales department**? **(A) She has already done some displays.** I think she'll be helpful to this work.

정답 25. (C) 26. (D) 27. (A)

3-6 수동태 문제는 상대방의 You로 시작하는 대사에서 답이 나온다.

MP3-**128**

시험에 이렇게 나온다.

28. What does the man want to do?
(A) To apply for the position
(B) To register for the event
(C) To update his personal information
(D) To revise the marketing plan

29. What will the man be provided?
(A) A registration form
(B) A sales report
(C) A survey result
(D) A packet of information

30. According to the woman, why should the man hurry?
(A) There is no more time to be served.
(B) The weather conditions will be inclement.
(C) The conference tickets will be cheaper.
(D) There is a limited number of seats.

28.
(A) _____
(B) _____
(C) _____
(D) _____

29.
(A) _____
(B) _____
(C) _____
(D) _____

30.
(A) _____
(B) _____
(C) _____
(D) _____

문제 미리 읽고 포인트 찾기

① 답의 위치를 표시하세요.(上/下)
② 보기 A–D에 키워드를 표시하세요.
③ 남/여를 표시하세요.
④ 빈출 주의 사항

ex) 1. 上 / W / 문제점
(A) clothing
(B) coffee
(C) employment
(D) dry cleaner

수동태/동의 관련 표현

수동태 문제는 상대방의 대사에서 '권유/제안/요구'를 들어야 답이 나온다.

What is the man asked to do?의 단서가 남자의 대사에서 나올 것이라고 생각하기 쉽다. be asked to는 수동태로 '~하도록 요청되다'라는 뜻이다. 결국 '남자는 (여자에 의해) 무엇을 하도록 요청을 받았는가?'라는 의미이므로 정답은 여자의 대사에서 찾아야 한다.

What does the woman agree to do?의 정답은 남자의 대사로 제시된다.

여자가 어떤 부분에 대해서 동의하는지 묻는 문제로 상대방인 남자의 제안이나 요청에 대해 동의하는 내용을 묻는 것이다. 따라서 남자의 대사에서 정답을 찾아야 한다.

28 What does the man want to do?

STEP 1 M / 목적 / 上

STEP 2 〈남자의 목적〉은 전반부 남자 대사에서 답이 나온다.
(A) To apply for the position
(B) To register for the event
(C) To update his personal information
(D) To revise the marketing plan

STEP 3 답 결정 키워드 ▶ I'd like / sign up
목적은 I'd like ~로 제시한다. 대사에서 들리는 정답 표현은 보기에서 paraphrasing된다. sign up = register 정답 (B)

STEP 4 함정 유형 및 오답 패턴
목적의 정답 위치에서 2개 이상의 키워드가 들리면 하나를 소거한 후 정답을 남긴다.
(A) To apply for the position
(B) To register for the event
(C) To update his personal information
(D) To revise the marketing plan

M: Hi, I read the email about the upcoming **(D) marketing** conference for new employees. **(D) I'd like to sign up** for the conference.

29 What will the man be provided?

STEP 1 W / You / 미래 / 下

STEP 2 〈수동태 문제〉는 문제에 언급된 대상이 아닌 상대방의 말에서 답이 나온다.
(A) A registration form (B) A sales report
(C) A survey result (D) A packet of information

STEP 3 답 결정 키워드 ▶ 여자 / I'll give you a form
'남자가 무엇을 제공받을 것인가'의 문제는 '여자는 남자에게 무엇을 제공할 것인가'로 생각해야 하므로 여자의 말에서 답이 나온다. 정답 (A)

STEP 4 함정 유형 및 오답 패턴
대사의 구체적 단어와 보기의 포괄적 단어를 **mis-paraphrasing**하여 오히려 오답을 유도한다.
document / paper < form
data / figures < information
(D)의 information에 대한 구체적 단어가 대화에 없으므로 오답이다.
(A) A registration form (B) A sales report
(C) A survey result (D) A packet of information

W: Well, **(A) I'll give you a form** and you should fill it out and submit it to your supervisor by this Friday. Since there are a limited number of seats and it is on a first come first served basis, you'd better hurry.

30 According to the woman, why should the man hurry?

STEP 1 W / 남자의 의무 / hurry

STEP 2 〈남자의 의무〉는 상대방인 여자의 대사에서 나온다.
(A) There is no more time to be served.
(B) The weather conditions will be inclement.
(C) The conference tickets will be cheaper.
(D) There is a limited number of seats.

STEP 3 답 결정 키워드 ▶ limited seats / hurry
남자의 의무는 여자의 말에서 언급한다. 정답 (D)

STEP 4 함정 유형 및 오답 패턴
정답의 위치에서 2개 이상의 키워드가 들리면 하나를 소거한 후 정답을 남긴다.
(A) There is no more time to be served.
(B) The weather conditions will be inclement.
(C) The conference tickets will be cheaper.
(D) There is a limited number of seats.

W: Since there are **(D) limited seats** and it is on the first come and first **(A) served** basis, **you'd better hurry.**

M: Okay, I'll do that. Thanks.

정답 28. (B) 29. (A) 30. (D)

PART 3

4-1 요청과 제안 문제의 힌트는 대화 후반부에 You로 언급된다.

MP3-**129**

시험에 이렇게 나온다.

31. Where does the man most likely work?
(A) At a design firm
(B) At a manufacturing plant
(C) At a delivery service
(D) At a candle store

31.
(A) _____
(B) _____
(C) _____
(D) _____

32. What does the woman inquire about?
(A) The cost of production
(B) The resources of products
(C) Estimated arrival dates
(D) The size of an order

32.
(A) _____
(B) _____
(C) _____
(D) _____

33. What does the man suggest?
(A) Limiting pattern options
(B) Extending a deadline
(C) Placing online advertisements
(D) Completing the work

33.
(A) _____
(B) _____
(C) _____
(D) _____

문제 미리 읽고 포인트 찾기

① 답의 위치를 표시하세요.(上/下)
② 보기 A–D에 키워드를 표시하세요.
③ 남/여를 표시하세요.
④ 빈출 주의 사항

ex) 1. 上 / W / 문제점
(A) clothing
(B) coffee
(C) employment
(D) dry cleaner

요청/제안의 표현

What does the man suggest/ask/require the woman do?

1 제안, 요구 사항이나 미래 일정은 후반부에 답이 있다.

화자(speaker)가 청자들(listeners)에게 제안, 요청, 요구하는 문제의 경우에는 정답과 관련된 내용이 대화의 후반부에 등장한다.

2 직접적인 권유, 제안, 요구, 요청하는 표현과 평서문의 형태로 간접적으로 '~을 하겠다'고 제안하거나 '~을 하세요'라고 권유 또는 제안하는 표현을 잡아야 한다.

3 요청과 제안은 상대방(you)에게 하는 것이므로 '~해라' 식의 표현이 답이 된다.

요청과 제안 빈출 응답 표현

Please + 동사원형 ~해 주세요
Let's ~ , What about ~ ?, How about ~? ~합시다
You should/must/can/need to/had better ~ ~해야만 합니다
We ask/suggest/recommend/invite you to ~ 우리는 당신이 ~하기를 요청/제안합니다
If you + 제안/요청 만약 ~하다면 ~해주세요

31 Where does the man most likely work?

STEP 1 M / 장소 / 上
STEP 2 〈남자의 장소〉 문제는 전반부 남자의 대사에 답이 나온다.
(A) At a design firm
(B) At a manufacturing plant
(C) At a delivery service
(D) At a candle store

STEP 3 답 결정 키워드 ▶ manufacture / here / our / factory
장소는 here/our의 단서 뒤에 나온다. 정답 (B)

STEP 4 함정 유형 및 오답 패턴
정답이 나오는 위치에서 언급된 2개 이상의 키워드가 보기에 나온다.
(A) At a design firm
(B) At a manufacturing plant
(C) At a delivery service
(D) At a candle store

M: Hello, Ms. Garrison. I'm calling about your **(A),(D)** candle design and the molds you sent last week. I'm pleased to inform you that we will be able to **(B)** manufacture them here, at our wax factory, next week.

32 What does the woman inquire about?

STEP 1 W / 문의
STEP 2 〈여자의 문의〉는 여자의 대사 중에 질문으로 나온다.
(A) The cost of production
(B) The resources of products
(C) Estimated arrival dates
(D) The size of an order

STEP 3 답 결정 키워드 ▶ Can you give / price estimate
대사의 구체적인 단어는 보기에서 포괄적인 단어로 paraphrasing된다.
price < cost 정답 (A)

STEP 4 함정 유형 및 오답 패턴
정답과 관계없는 위치에 나온 단어는 오답이다.
(A) The cost of production
(B) The resources of products
(C) Estimated arrival dates
(D) The size of an order

W: OK, great. We'd like to start with **(D)** 2,000 candles and distribute them to some of our loyal customers to get their feedback first. **(A)** Can you give me a price **(C)** estimate for that?

33 What does the man suggest?

STEP 1 M / 제안 / 下 / 하단 2줄
STEP 2 〈남자의 제안〉 문제는 후반부 남자의 대사에 답이 나온다.
(A) Limiting pattern options
(B) Extending a deadline
(C) Placing online advertisements
(D) Completing the work

STEP 3 답 결정 키워드 ▶ If you / all the same pattern
제안은 상대방에게 하는 것으로, If you ~로 언급한다. 정답 (A)

STEP 4 함정 유형 및 오답 패턴
제안과 미래는 다른 상황임을 유의하자. we'll ~은 남자의 미래를 나타낸다.
(A) Limiting pattern options
(B) Extending a deadline
(C) Placing online advertisements
(D) Completing the work

M: **(A)** If you use all the same pattern, it'll be less expensive for you. And **(D)** we'll be able to finish faster.

정답 31. (B) 32. (A) 33. (A)

4-2 상대방의 문제에는 해결책을 제시한다.

MP3-**130**

시험에 이렇게 나온다.

34. Where are the speakers?
(A) At a plant
(B) At a grocery store
(C) At a bookstore
(D) At a library

35. What is special about *Making From Classic Cars to Modern Cars*?
(A) It enables people to write a book.
(B) It has detailed guidelines for publishing.
(C) It includes many illustrations of cars.
(D) The Board of Transportation recommends it.

36. What does the man offer to do?
(A) He'll purchase a book
(B) He'll use express mail.
(C) He'll place an order in person.
(D) He'll talk to the supervisor

34.
(A) _____
(B) _____
(C) _____
(D) _____

35.
(A) _____
(B) _____
(C) _____
(D) _____

36.
(A) _____
(B) _____
(C) _____
(D) _____

문제 미리 읽고 포인트 찾기

① 답의 위치를 표시하세요(上/下)
② 보기 A–D에 키워드를 표시하세요.
③ 남/여를 표시하세요.
④ 빈출 주의 사항

ex) 1. 上 / W / 문제점
(A) clothing
(B) coffee
(C) employment
(D) dry cleaner

해결책과 제안 표현

What does man offer to do?

요구나 제안 이외에 offer question은 you가 아닌 I will/Let me/Do you want me to do와 같이 '내가 해 주겠다'의 내용이 답이 된다.

1 상대방이 문제를 제기하면 이유를 언급한 후 해결책을 제시하거나 제안을 한다.

2 제안(offer)은 I/We will, Let me, I can ~ for you 등 '내가 ~해 주겠다'는 표현에 주목하라.
  > **ex** 이미 다른 회의가 잡혀 있다. 내가 Marry에게 대신 가도록 요청하겠다.
  > Ⓐ I already scheduled another meeting ~.
  > Ⓑ I'll ask Marry to cover for you. Don't worry.

3 제안의 표현은 Do you want me to do ~?의 형태로도 자주 제시된다.

4 require는 상대에게 요구하는 것이기 때문에 상대방에게 'you가 하라'는 것이고, offer는 내가 해주는 것이기 때문에 'I가 하겠다'는 것이다.

34   Where are the speakers?

STEP 1 장소 / 上 / 첫 2줄

STEP 2 〈화자의 장소〉는 전반부 대사에서 나온다.
(A) At a plant   (B) At a grocery store
(C) At a bookstore   (D) At a library

STEP 3 답 결정 키워드 ▶present / this store / recommend this book
장소 응답은 대화의 전반부에 나온다. this store / this book의 this를 통해 장소와 직업을 유추한다. 정답 (C)

STEP 4 함정 유형 및 오답 패턴
book을 통해서 연상할 수 있는 곳인 bookstore/library 모두 보기에 나올 수 있다.
(A) At a plant
(B) At a grocery store
(C) At a bookstore
(D) At a library

W: Excuse me, **(C)I'm looking for a birthday present** for my son. He is 7 years old and likes making a variety of cars. Can you recommend something?

M: I'm Jerry, **(C)the manger of this store**. In that case, **I recommend this (D)book**, *Making From Classic Cars To Modern Cars*. It includes detailed descriptions and pictures of all the famous cars in the world.

35   What is special about *Making From Classic Cars to Modern Cars*?

STEP 1 키워드 special / 책 이름

STEP 2 〈키워드〉 문제는 키워드 기준 앞뒤에서 답이 나온다.
(A) It enables people to write a book.
(B) It has detailed guidelines for publishing.
(C) It includes many illustrations of cars.
(D) The Board of Transportation recommends it.

STEP 3 답 결정 키워드 ▶it includes / detailed description / pictures / cars
제3자 관련 응답은 3인칭 대명사 언급 뒤에 나온다. 정답 (C)

STEP 4 함정 유형 및 오답 패턴
정답이 나오는 위치에서 들린 2개 이상의 키워드가 보기에 나온다.
(A) It enables people to write a book.
(B) It has detailed guidelines for publishing.
(C) It includes many illustrations of cars.
(D) The Board of Transportation recommends it.

M: I'm Jerry, the manger of this store. In that case, I **(D)recommend** this **(A)book, (C)*Making From Classic Cars To Modern Cars***. It includes **detailed description** and pictures of all the famous **cars** in the world.

W: Sounds interesting! I'd like to buy this.

36   What does the man offer to do?

STEP 1 M / 제안 / 下

STEP 2 〈남자의 제안〉은 후반부 남자의 대사에 나온다.
(A) He'll purchase a book.
(B) He'll use express mail.
(C) He'll place an order in person.
(D) He'll talk to the supervisor.

STEP 3 답 결정 키워드 ▶I'll send / by express mail
후반부의 남자의 대사 I'll send에서 확인하자. 정답 (B)

STEP 4 함정 유형 및 오답 패턴
후반부의 대사에서 화자가 제안하는 것과 상대방에게 요청하는 것을 함께 언급한다.
▶If you place an order는 남자가 상대방에게 요청하는 것임을 유의하자.
(A) He'll purchase a book.
(B) He'll use express mail.
(C) He'll place an order in person.
(D) He'll talk to the supervisor.

M: Actually, this book is the only one left and it is for display so we can not sell it. More stocks will be arriving this Friday.

W: My son's birthday is this Saturday but I can't visit your store again this week.

M: Don't worry. **(C)If you place an order in advance here, (B)I'll send it to you by express mail**. It will take less than a day.

정답   34. (C)   35. (C)   36. (B)

4-3 미래 정보는 대화 후반부에 나오는 I'll ~이 정답이다.

MP3-**131**

시험에 이렇게 나온다.

37. Who is the man calling?
(A) An advertising company
(B) A printing service company
(C) A software company
(D) A paper manufacturing

38. When will the man meet his client?
(A) In one day
(B) In two days
(C) In three days
(D) Soon

39. What will the woman do next?
(A) Ask for faster service
(B) Make a restaurant reservation
(C) Create a piece of software
(D) Email some work

37.
(A) _____
(B) _____
(C) _____
(D) _____

38.
(A) _____
(B) _____
(C) _____
(D) _____

39.
(A) _____
(B) _____
(C) _____
(D) _____

문제 미리 읽고 포인트 찾기

① 답의 위치를 표시하세요.(上/下)
② 보기 A–D에 키워드를 표시하세요
③ 남/여를 표시하세요
④ 빈출 주의 사항

ex) 1. 上 / W / 문제점
(A) clothing
(B) coffee
(C) employment
(D) dry cleaner

미래 정보의 표현

What will the man do next?
미래의 정보를 묻는 Next ~ 문제는 마지막 대사의 I will ~을 잡아라!

3문제 중 마지막으로 출제되며 비교적 쉬운 난이도의 문제이다. 대화가 끝난 다음 어떤 행동이나 행위를 할 것인지, 대화 직후에 일어날 미래 정보를 묻는 문제이다.

1　대부분의 대화는 과거 → 미래의 순서로 진행되므로 미래 관련 문제는 대화의 후반부에 답이 나온다.

2　다음 행위(미래 정보)를 묻는 문제(~ next?)는 주로 당사자의 대사에서 정답을 알 수 있다. 그런데 고난이도의 문제들에서는 상대방의 제안이나 요청을 수락함으로써 그것을 하겠다는 의미(결과적으로 미래의 행위)가 되므로 상대가 제안하는 내용이나 요청하는 내용을 잘 들어야 한다.

Where will the man go next?
먼저 가는 장소가 답이다.

1　일반적으로 미래의 일정은 당사자의 마지막 대사에 답이 있다.

2　마지막 대사에서 두 군데 이상을 간다고 언급되어 먼저 갈 장소를 골라야 하면 난이도가 높아진다.

M: I will stop by your office before the meeting.의 경우 미팅에 가는 것과 너의 사무실에 가는 것은 모두 미래의 일정이지만 대화 직후(next)에 가는 곳은 your office이다.

37 Who is the man calling?

STEP 1 M / 상대방(여자)의 직업 / 上
STEP 2 〈여자의 직업〉 문제는 대화의 전반부에 답이 나온다.
(A) An advertising company
(B) A printing service company
(C) A software company
(D) A paper manufacturing

STEP 3 답 결정 키워드 ▶ printing for our advertisement
남자가 누구에게 전화했는지 묻는 문제는 남자의 대사에서 you를 찾아 파악한다.
정답 (B)

STEP 4 함정 유형 및 오답 패턴
남자와 여자의 직업이 모두 언급되므로 이를 구별해야 한다.
(A) An advertising company
(B) A printing service company
(C) A software company
(D) A paper manufacturing

M: Hello, this is Marcus **(A)from Mago Advertising**. **(B)I'm calling to see** when the **printing for our advertisement** will be completed.

W: Well, let me check the work list. Hmm, it says that you sent it a week ago and we're still working on the layout. As soon as it is finished, we're going to print it.

38 When will the man meet his client?

STEP 1 M / his client 키워드 / 미래 / 下
STEP 2 〈남자의 키워드〉 문제는 남자 대사에서 키워드 뒤에 답이 나온다.
(A) In one day
(B) In two days
(C) In three days
(D) Soon

STEP 3 답 결정 키워드 ▶will meet / HTA / two days left
대사의 구체적인 단어는 보기의 포괄적인 단어로 paraphrasing된다.
HTA Software < client 정답 (B)

STEP 4 함정 유형 및 오답 패턴
시간 관련 보기는 대사에서 2개 이상 언급된다.
(A) In one day
(B) In two days
(C) In three days
(D) Soon

M: How long does it take to complete?

W: It depends on the size of the paper you chose. However, it takes about **(C)three days** normally.

M: Three days? That's too late. **(B)We will meet** the director of **HTA Software** this Thursday afternoon and we have only **two days left**.

39 What will the woman do next?

STEP 1 W / 미래 / 下
STEP 2 〈여자의 미래〉 문제는 앞선 남자의 말에서 답이 나올 수 있다.
(A) Ask for faster service
(B) Make a restaurant reservation
(C) Create a piece of software
(D) Email some work

STEP 3 답 결정 키워드 ▶ask / expedite / work / no problem
미래의 할 일을 묻는 문제에서 앞선 화자의 말에 동의해 줌으로써 답을 알려 주는 경우가 있다. 정답 (A)

STEP 4 함정 유형 및 오답 패턴
여자의 미래와 동의 모두 미래 시제이므로 혼동하지 않도록 한다.
(A) Ask for faster service
(B) Make a restaurant reservation
(C) Create a piece of software
(D) Email some work

M: Can you **(A)ask the staff to expedite the work?**

W: **(A)That will be no problem.** I'll send it by overnight **(D)mail**. It will be more expensive but it will arrive on the morning of the meeting.

정답 37. (B) 38. (B) 39. (A)

PART 3
최신 유형과 고득점 유형 마스터

5. 3인 대화

5-1 첫 번째 문제는 주로 3인의 직업 혹은 대화 주제를 묻는다.

5-2 두 번째 문제는 주로 사람의 이름을 특정하여 질문한다.

5-3 미래의 일정이나 제안이 마지막 문제로 등장한다.

PART 3-5강

6. 화자 의도 파악

6-1 " "로 표시되는 화자 의도와 같은 뜻의 보기는 제거한다.

6-2 " "의 화자 의도 파악 문제는 해당 위치에서 연결어를 확보하자.

PART 3-6강

7. 시각 자료

7-1 대화에서 언급된 보기(A–D)는 정답이 아니다.

7-2 일정표는 일정의 변경, 취소 등을 반영해 계산해야 한다.

7-3 지도 관련 자료는 장소 전치사가 게임의 룰을 정한다.

7-4 그래프(Graph/Bar/Pie)는 서수, 최상급, 수량에 대한 언급에 답이 나온다.

7-5 Brochure/Coupon은 잘못된 정보를 찾는 것이 정답이다.

PART 3-7강

8. 고득점 유형

8-1 장소/직업 등의 같은 위치 문제가 연달아 출제되면 2:1의 구조이다.

8-2 3문제 모두 주제, 직업, 문제점이면 3:0의 구조이다.

8-3 연속적인 여자 문제는 1:2의 구조이다.

8-4 You'll ~이 나오면 그 말을 듣는 사람의 미래가 된다.

8-5 남자의 의무에 대한 문제는 여자의 말의 You에서 답이 나온다.

8-6 같은 위치에 보기의 단어가 2개 이상 들릴 경우, 안 들린 단어가 포함된 보기를 제거하면 정답이 나온다.

8-7 앞으로 일어날 일의 순서를 묻는 문제는 I'll/Let's에서 처음 들리는 동사가 정답이다.

PART 3-8강

5. 3인 대화

첫 번째 문제는 주로 3인의 직업 혹은 대화 주제를 묻는다.

시험에 이렇게 나온다.

40. What is the conversation mainly about?
(A) An office supply order
(B) A canceled event
(C) A restaurant recommendation
(D) A room reservation

40.
(A) _____
(B) _____
(C) _____
(D) _____

41. What is the man asked to do?
(A) Confirm the travel details
(B) Change the meeting schedule
(C) Check the conference arrangement
(D) Ask for a maintenance service

41.
(A) _____
(B) _____
(C) _____
(D) _____

42. What do the visitors want to change?
(A) A delivery date
(B) More lighting
(C) Menu options
(D) More chairs

42.
(A) _____
(B) _____
(C) _____
(D) _____

문제 미리 읽고 포인트 찾기

① 답의 위치를 표시하세요.(上/下)
② 보기 A–D에 키워드를 표시하세요.
③ 남/여를 표시하세요.
④ 빈출 주의 사항

ex) 1. 上 / W / 문제점
(A) clothing
(B) coffee
(C) employment
(D) dry cleaner

3인 대화의 첫 번째 문제는 직업이나 주제를 묻는다.

3인 대화는 2인 대화와 달리 공통점과 차이점에 대한 문제가 출제된다.
첫 번째 문제에서는 화자들의 직업이나 주제에 대한 질문을 통해 공통점을 묻는다.
대화의 주제 문제는 2인 대화와 마찬가지로, 대화를 처음부터 끝까지 다 듣고 나서 답을 고르기보다는 먼저 보기의 내용을 파악한 후 대화의 앞부분을 들으면서 답을 결정해야 한다.
3인 대화의 직업 문제는 공통점에 해당하는 문제로, 처음 주고받는 대사의 직업 및 장소 명사를 통해 파악하면 된다.

주제	What is the conversation mainly about? 대화는 주로 무엇에 관한 것인가? What is the purpose/topic of the conversation? 대화의 목적/주제는 무엇인가? What are the speakers discussing? 화자들은 무엇에 대해 논의하고 있는가? What are the speakers talking about? 화자들은 무엇에 대해 얘기하고 있는가?
직업	Where do the speakers most likely work? 화자들은 어디에서 일할 것 같은가? In which department do the speakers work? 화자들은 어느 부서에서 일하는가?

1 주제나 목적을 묻는 문제는 주로 대화의 시작 부분에서 등장한다.

2 첫 번째 문제에서 화자들(**speakers**)의 직업을 묻는 문제는 3인 모두 같은 업종의 종사자 즉, 회사 동료에 해당함을 알아 두자.

3 3인 대화는 서로를 소개하는 내용이 자주 나온다.
ex. M: Let me introduce Michelle, our new marketing intern. 우리의 신입 마케팅 인턴인 Michelle을 소개하겠습니다.
Q. Where do the speakers work? 화자들은 어디에서 일하고 있는가?
A. At a marketing department 마케팅 부서

4 1인만 다른 직업을 나타내는 대화의 첫 번째 문제는 주로 주제를 묻는다.
– 이런 유형의 문제에서는 **visitors, staff, client** 등의 구체적인 직업 명사를 통해 화자들을 구별한다.
M: Hello, we'd like to book a flight to Spain. 안녕하세요, 스페인 행 항공편을 예약하고 싶습니다.
W1: Thanks for visiting our travel agency. When will you go there?
저희 여행사에 방문해 주셔서 감사합니다. 언제 가실 예정인가요?
W2: We have to attend a conference next Tuesday in Spain. Actually, we are going to take a trip before the conference. So I think we'd like to arrive on Sunday there. 다음 주 화요일에 스페인에서 열리는 컨퍼런스에 참석해야만 합니다. 사실 컨퍼런스 전에 여행을 할 예정입니다. 그래서 일요일에 그곳에 도착하고자 합니다.
Q. What will the customers do next Tuesday? 고객들은 다음 화요일에 무엇을 할 것인가?
A. Attend a conference 컨퍼런스에 참석하기

40 What is the conversation mainly about?

STEP 1 주제 / 上 / 첫 2줄

STEP 2 〈주제〉 문제는 첫 2줄에서 나온다.
(A) An office supply order
(B) A canceled event
(C) A restaurant recommendation
(D) A room reservation

STEP 3 답 결정 키워드▶ reserved / room / here to set up
주제는 전반부 대사에서 나온다. 정답 (D)

STEP 4 함정 유형 및 오답 패턴
보기의 단어가 paraphrasing되었어도 나머지 내용이 맞지 않으면 오답이다.
conference < event
(A) An office supply order
(B) A canceled event
(C) A restaurant recommendation
(D) A room reservation

W1: Welcome to the Peterson Convention Center. How may I assist you?

M: Good afternoon, I'm Dylan Jackson from Rogers Telecommunication corporation. **(D) We reserved a conference room** for 2 p.m. tomorrow. **We are here to set up everything in order** before the **(B) conference** begins.

41 What is the man asked to do?

STEP 1 W / 의무

STEP 2 〈수동태 질문〉의 답변은 상대방의 말에서 나온다.
(A) Confirm the travel details
(B) Change the meeting schedule
(C) Check the conference arrangement
(D) Ask for a maintenance service

STEP 3 답 결정 키워드▶ chairs / But / will be more
남자에게 요청하는 여자의 말에서 답이 나온다. 정답 (C)

STEP 4 함정 유형 및 오답 패턴
정답의 위치가 아닌 곳에 나오는 보기의 단어는 오답이다.
(A) Confirm the travel details
(B) Change the meeting schedule
(C) Check the conference arrangement
(D) Ask for a maintenance service

W1: Okay, yes. Here are the **(A) details** for your event tomorrow. Do you want to have a look?

M: Sure, let me see... It seems everything is ready. And can we see the place now?

W2: Dylan. Look here. **(C) There are 40 chairs. But we were told that there will be more than that.**

M: **You are right.** Thanks for reminding me. Would it be possible to have 20 more chairs brought to the conference room?

42 What do the visitors want to change?

STEP 1 원하는 것 / 下

STEP 2 〈원하는 것〉은 후반부에 위치한다.
(A) A delivery date
(B) More lighting
(C) Menu options
(D) More chairs

STEP 3 답 결정 키워드▶ possible / more chairs
원하는 바는 대화의 후반부에 위치하고, 남자의 대사에서 남자가 visitor임을 알 수 있으므로, 남자의 말에서 답을 찾는다. 정답 (D)

STEP 4 함정 유형 및 오답 패턴
3인 대화는 문제의 당사자 외의 상대방의 대사에 나오는 보기는 오답이다.
(A) A delivery date
(B) More lighting
(C) Menu options
(D) More chairs

M: You are right. Thanks for reminding me. **(D) Would it be possible to have 20 more chairs brought to the conference room?**

W1: That would not be a problem at all. I'll call Maintenance and ask them to **(A) deliver** the chairs right away.

정답 40. (D)   41. (C)   42. (D)

5. 3인 대화

두 번째 문제는 주로 사람의 이름을 특정하여 질문한다.

MP3-**133**

시험에 이렇게 나온다.

43. In which department do the speakers
work?
(A) Sales
(B) Public Relations
(C) Accounting
(D) Marketing

44. What does the man suggest that the
woman do?
(A) Arrange for an event
(B) Live together
(C) Share a workspace
(D) Attend training

45. What does Christina Lee ask for?
(A) An address
(B) A meeting
(C) Some survey results
(D) A telephone number

43.
(A) _____
(B) _____
(C) _____
(D) _____

44.
(A) _____
(B) _____
(C) _____
(D) _____

45.
(A) _____
(B) _____
(C) _____
(D) _____

문제 미리 읽고 포인트 찾기

① 답의 위치를 표시하세요.(上/下)
② 보기 A–D에 키워드를 표시하세요.
③ 남/여를 표시하세요.
④ 빈출 주의 사항

ex) 1. 上 / W / 문제점
(A) clothing
(B) coffee
(C) employment
(D) dry cleaner

3인 대화의 2–3번째 문제는 주로 사람의 이름을 특정하여 묻는다.

1 문제점이나 걱정, 제안에 대한 질문

문제점이나 걱정, 제안은 한 사람이 하는 경우가 주로 출제되므로, the man/woman의 단수 화자 혹은
특정 사람의 이름을 이용한 질문을 한다.
ex.
What problem does the man mention? 남자는 어떤 문제에 대해 언급하고 있는가?
What does the man suggest the woman to do? 남자는 여자에게 무엇을 제안하는가?

2 특정한 키워드를 이용하는 질문

특정 사람의 이름이나 키워드를 통한 질문이 자주 출제된다.
ex.
What does the woman want to review with Dorothy?
여자가 Dorothy와 함께 검토하기를 원하는 것은 무엇인가?

43 In which department do the speakers work?

STEP 1 직업 / 上 / 첫 2줄

STEP 2 〈직업〉문제는 첫 2줄에서 답이 나온다.
(A) Sales
(B) Public Relations
(C) Accounting
(D) Marketing

STEP 3 답 결정 키워드▶introduce / sales representative
화자들의 직업은 첫 문장에서 언급된다. 정답 (A)

STEP 4 함정 유형 및 오답 패턴
언급되지 않은 보기의 단어는 오답이다. sales를 제외한 직업 명사는 언급되지 않으므로 소거한다.
(A) Sales
(B) Public Relations
(C) Accounting
(D) Marketing

M: **(A) Silvia, let me introduce new sales representative, Christina Lee.** You haven't met each other, have you?
W1: Oh, Christina. It's nice to meet you.
W2: Good to see you see Silvia.

44 What does the man suggest that the woman do?

STEP 1 M / 제안

STEP 2 〈남자의 제안〉은 남자의 말에서 you ∼로 언급된다.
(A) Arrange for an event
(B) Live together
(C) Share a workspace
(D) Attend training

STEP 3 답 결정 키워드▶ should meet / share a house
일반적인 요청은 you should로 시작하지만, 해당 내용이 보기에 언급되지 않았다면 이후에 일치하는 내용을 찾아야 한다. 정답 (B)

STEP 4 함정 유형 및 오답 패턴
정답의 위치에서 2개 이상의 키워드가 들리면 하나를 소거한 후 정답을 남긴다.
(A) Arrange for an event
(B) Live together
(C) Share a workspace
(D) Attend training

M: You'll meet the rest of our sales team later today.
(B) But I think you should meet her first now since I believe you live pretty close to our company. Silvia, I know **you were looking for someone to (C) share a house with**.

45 What does Christina Lee ask for?

STEP 1 Christina / 요청

STEP 2 〈요청〉은 후반부에 위치한다.
(A) An address
(B) A meeting
(C) Some survey results
(D) A telephone number

STEP 3 답 결정 키워드▶Christina / if you give / your number
특정 사람 이름이 나오면 화자들 중 누구에 해당하는지 주의하여 듣자. 상대방에게 요청하려면 you ∼로 언급한다. 정답 (D)

STEP 4 함정 유형 및 오답 패턴
대화의 단어를 통해 연상되는 보기의 단어는 오답이다.
discuss – meeting/results를 연상시킨다.
(A) An address
(B) A meeting
(C) Some survey results
(D) A telephone number

W1: That's right, you remember that. Where do you live, **Christina**?

W2: I live in the downtown but it's too far from here. So I am thinking to move out.

W1: That's great. Are you interested in sharing a house?

W2: That would be perfect. **(D) If you give me your phone number**, we can **(B),(C) discuss** it later today.

정답 43. (A)   44. (B)   45. (D)

5-3 미래의 일정이나 제안이 마지막 문제로 등장한다.

MP3-**134**

시험에 이렇게 나온다.

46. What does the man ask the women about?
(A) The types of projector needed
(B) The sales figures
(C) The status of presentation materials
(D) The location of an event

47. What is Elsa asked to do?
(A) Email sales report
(B) Provide some information
(C) Set up some equipment.
(D) Review all applications.

48. What does the man say he is pleased about?
(A) The summer schedule
(B) The careful planning
(C) The deadline extension
(D) The approval process

46.
(A) _____
(B) _____
(C) _____
(D) _____

47.
(A) _____
(B) _____
(C) _____
(D) _____

48.
(A) _____
(B) _____
(C) _____
(D) _____

문제 미리 읽고 포인트 찾기

① 답의 위치를 표시하세요.(上/下)
② 보기 A–D에 키워드를 표시하세요.
③ 남/여를 표시하세요.
④ 빈출 주의 사항

ex) 1. 上 / W / 문제점
(A) clothing
(B) coffee
(C) employment
(D) dry cleaner

미래의 일정이나 제안이 주로 마지막 문제로 등장한다.

1 한 남자가 다른 남자에게 제안하는 경우 – 주로 두 사람의 미래 일정을 묻는다.

M2: Let's go to the restaurant to have lunch. 점심 먹으러 식당에 갑시다.
M1: Sounds great. 좋아요.

Q. What will the men do next? 남자들은 무엇을 할 예정인가?
A. Go to a restaurant. 식당에 가기
→ 한 남자의 제안에 좋다고 응답하므로 두 사람의 미래의 일은 식당에 가는 것이다.

2 한 남자가 2명의 여자에게 문의, 요청, 제안하는 경우 – 이후 여자의 말이 언급되지 않으면 남자의 말에서 답이 나온다.

M: I recommend the Mexican restaurant in Concourse A. The food's pretty good there, plus they have an exotic atmosphere.
저는 그 멕시코 식당의 코스 A를 추천합니다. 음식도 좋고, 게다가 이국적인 분위기가 있어요.

Q. What will the women do next? 여자들은 무엇을 할 예정인가?
A. Eat at the restaurant. 식당에서 식사하기
→ 남자의 대사가 마지막이면, 여기에서 여자들이 하게 될 일을 찾아봐야 한다.

46 What does the man ask the women about?

STEP 1 M / 문의 / 上 / 첫 2줄
STEP 2 〈문의〉는 의문문 형태의 문장에서 답이 나온다.
(A) The types of projector needed
(B) The sales figures
(C) The status of presentation materials
(D) The location of an event

STEP 3 답 결정 키워드▶ **Are you ready / presentation**
문의 관련 질문은 의문문의 형태로 답한다. 정답 (C)

STEP 4 함정 유형 및 오답 패턴
paraphrasing이 되어도 나머지 내용이 맞지 않으면 오답이다.
seminar 〈 event
(A) The types of projector needed
(B) The sales figures
(C) The status of presentation materials
(D) The location of an event

M: Hi, Daphne. **(C) Are you ready for your presentation for the annual marketing (D) seminar next week?** We are sending all the relevant materials tomorrow for printing, so I'd like you to send yours this afternoon by email.

47 What is Elsa asked to do?

STEP 1 Elsa / 요청
STEP 2 〈요청〉은 상대 화자의 **you ~**로 언급된다.
(A) Email sales report
(B) Provide some information
(C) Set up some equipment
(D) Review all applications

STEP 3 답 결정 키워드▶ **please answer them**
일반적인 요청은 **you should**로 시작하지만, 해당 내용이 보기에 언급되지 않았다면 이후에 일치하는 내용을 찾아야 한다. 정답 (B)

STEP 4 함정 유형 및 오답 패턴
정답의 위치에서 2개 이상의 키워드가 들리면 하나를 소거한 후 정답을 남긴다.
(A) Email sales report
(B) Provide some information
(C) Set up some equipment
(D) Review all applications

W1: That will be no problem. But, Elsa, sales manager is in the client meeting this afternoon. Therefore she might not be able to send all the schedule for promotional events today.

M: Elsa, you can take care of that by tomorrow morning. There were some questions. I **(A) emailed** you **(B) so please answer them when you send me an email.**

48 What does the man say he is pleased about?

STEP 1 M / pleased
STEP 2 〈남자가 기뻐하는 것〉은 남자 대사에서 확인하자.
(A) The summer schedule
(B) The careful planning
(C) The deadline extension
(D) The approval process

STEP 3 답 결정 키워드▶ **I'm glad / prepared / carefully**
기뻐하는 것은 해당 화자의 대사 중 **I'm glad/pleased/delighted**의 이후에서 파악하자.
정답 (B)

STEP 4 함정 유형 및 오답 패턴
정답 위치와 관계없는 곳에서 연상할 수 있는 단어가 보기에 나오면 오답이다.
(A) The summer schedule
(B) The careful planning
(C) The deadline extension
(D) The approval process

W2: Sure, and I will also **(C) add** more **(A) information** explaining the kinds of visual aids we need.

M: Great. **(B) I'm glad you prepared everything so carefully.**

정답 46. (C)   47. (B)   48. (B)

PART 3

6-1 " "로 표시되는 화자 의도와 같은 뜻의 보기는 제거한다.

MP3-**135**

시험에 이렇게 나온다

49. What does the woman want?
(A) To rent some items
(B) To make a reservation
(C) To go sightseeing
(D) To make a presentation

50. According to the man, what is the problem with the tables?
(A) They are discontinued.
(B) They are not easy to assemble.
(C) They are already rented from someone.
(D) They are broken.

51. What does the man mean when he says, "I think it shouldn't be a problem"?
(A) He can prepare the items in time.
(B) He should place an order next week.
(C) He cannot understand the question.
(D) He can answer the question.

49.
(A) _____
(B) _____
(C) _____
(D) _____

50.
(A) _____
(B) _____
(C) _____
(D) _____

51.
(A) _____
(B) _____
(C) _____
(D) _____

문제 미리 읽고 포인트 찾기

① 답의 위치를 표시하세요.(上/下)
② 보기 A–D에 키워드를 표시하세요.
③ 남/여를 표시하세요.
④ 빈출 주의 사항

ex) 1. 上 / W / 문제점
(A) clothing
(B) coffee
(C) employment
(D) dry cleaner

화자의 의도 파악 문제의 문제 풀이 전략

1 화자의 의도 파악 문제는 Part 3에서도 가장 난이도가 높은 문제 유형에 속한다.
   화자의 의도 파악 문제는 " "의 표면적 의미가 정답과 바로 연결되지 않는 것이 특징이다.

2 문제에서 주어진 " "은 해당 위치를 듣고 앞뒤 문맥과 연계하여 파악해야 정답을 찾을 수 있는 문제이
   다. 해당 표현의 앞뒤 문맥을 듣고 '포괄적'으로 묘사한 것이 답이 된다.

3 화자의 의도로 주어진 " "에 있는 동일한 단어가 있거나 주어진 " "와 같은 의미의 보기는 오히려 답이
   될 확률이 적다.

화자 의도 파악 문제 풀이 예시

What does the woman mean when she says, "That works for me"?
(A) She likes working for me.
(B) She is working on the project.
(C) She is available at that time.
(D) She will participate in an event.

M: Hi Kelly, I want to hear your opinion about the new package. Is Friday morning okay with you?
W: Well, I have to pick up a client from the airport at that time.
M: Hmm... What about next Thursday afternoon?
W: That works for me.

1. 지문에 있는 work가 반복되는 (A)와 (B)는 답이 아니다.
2. What about next Thursday afternoon? That works for me.
   목요일이 좋다는 구체적인 답보다는 그 시간대가 좋다는 포괄적인 답을 찾아야 한다.

49   What does the woman want?

STEP 1   W / 목적 / 上

STEP 2   〈여자의 목적〉 문제는 여자 대사의 첫 2줄에서 답이 나온다.
(A) To rent some items   (B) To make a reservation
(C) To go sightseeing   (D) To make a presentation

STEP 3   답 결정 키워드▶I'd like to rent
여자의 첫 대사 I'd like 다음을 잘 듣자. 정답 (A)

STEP 4   함정 유형 및 오답 패턴
연상어의 오류에 유의하자.
▶ city에서 sightseeing을, conference에서 presentation을 연상시킨 오답
이다.
(A) To rent some items   (B) To make a reservation
(C) To go sightseeing   (D) To make a presentation

W: Hi, **(A)I'd like to rent** some tables and chairs for our sales **(D)conference** which will take place in the **(C)city** next week.

---

50   According to the man, what is the problem with the tables?

STEP 1   M / 문제 / table 키워드

STEP 2   〈문제점〉은 but 다음에 나온다.
(A) They are discontinued.
(B) They are not easy to assemble.
(C) They are already rented from someone.
(D) They are broken.

STEP 3   답 결정 키워드▶but / tables / already taken
but/however 다음에 문제점이 언급된다. 정답 (C)

STEP 4   함정 유형 및 오답 패턴
문제점 관련 질문의 보기는 대개 부정적인 내용으로 대화에서 언급되는 것을 정답
으로 선택해야 한다.
(A) They are discontinued.
(B) They are not easy to assemble.
(C) They are already rented from someone.
(D) They are broken.

M: Hello, okay. How many tables and chairs do you need?

W: I need 10 rectangular tables and 50 chairs.

M: We have more than 50 chairs now **(C)but the tables** you need are **already taken** and they'll not arrive until next Wednesday. When do you need them?

PART 3

---

51   What does the man mean when he says, "I think it shouldn't be a problem"?

STEP 1   M / 下 / 화자의 의도 파악

STEP 2   〈화자의 의도 파악〉 문제의 보기 중 같은 의미의 단어나 동일 어휘는
일단 소거한다.
(A) He can prepare the items in time.
(B) He should place an order next week.
(C) He cannot understand the question.
(D) He can answer the question.

STEP 3   답 결정 키워드▶ next Friday / then
화자의 의도 파악 문제는 포괄적인 상황 묘사가 답이 된다. 언제 필요하냐(When
do you need)는 남자의 말에 금요일 오후(next Friday)라고 여자가 응답하자,
'그때는 문제가 되지 않을 것 같다'라고 응답하는 것으로 시간 내에 준비가 가능하
다는 점을 알 수 있다. 정답 (A)

STEP 4   함정 유형 및 오답 패턴
화자의 의도 파악 문제는 같은 의미의 보기는 제거한다. problem과 같은 의미의
단어는 question이므로 (C)와 (D)는 미리 소거한다.
(A) He can prepare the items in time.
(B) He should place an order next week.
(C) He cannot understand the question.
(D) He can answer the question.

M: **(A)When do you need them?**

W: **(A)It will be on next Friday** afternoon.

M: **(A)I think it shouldn't be a problem** then. I'll have the staff deliver and arrange them at your conference by that morning.

W: That sounds good. And I have one more question. Do you offer any discount for large orders?

M: We do, but only as long as you're ordering at least 20 quantities of any items.

정답   49. (A)   50. (C)   51. (A)

6. 화자 의도 파악

6-2

" "의 화자 의도 파악 문제는 해당 위치에서 연결어를 확보하자.

MP3-**136**

시험에 이렇게 나온다

52. Where does the man work?
(A) At a medical clinic
(B) At a bank
(C) At a law firm
(D) At a travel agency

53. What does the woman say she will be
    doing next month?
(A) Attending a workshop
(B) Writing a travel book
(C) Moving to another city
(D) Taking a holiday overseas

54. What does the woman imply when she
    says, "I work until 2 o'clock on Thursday"?
(A) She would prefer to come in on the weekend.
(B) She needs a later appointment.
(C) She wishes that she worked full-time.
(D) She will be departing early for the site.

52.
(A) _____
(B) _____
(C) _____
(D) _____

53.
(A) _____
(B) _____
(C) _____
(D) _____

54.
(A) _____
(B) _____
(C) _____
(D) _____

문제 미리 읽고 포인트 찾기

① 답의 위치를 표시하세요.(上/下)
② 보기 A–D에 키워드를 표시하세요.
③ 남/여를 표시하세요.
④ 빈출 주의 사항

ex) 1. 上 / W / 문제점
(A) clothing
(B) coffee
(C) employment
(D) dry cleaner

화자의 의도 파악 문제는 주어진 '문장'를 기준으로 위아래에서 연결어를 확보해야 한다.

1 전체 문맥상 의미를 파악하는 문제이며 앞뒤 문맥을 파악하여 포괄적인 정답을 찾아야 한다.

2 문맥 문제는 앞 사람의 말에 대해 답변/반응을 하는 것이 대부분이므로, 앞 사람의 대사에서 들리는 '특정 단어'를 포함하거나 관련된 보기가 정답이 된다.

3 해당 위치의 연결어가 있다면 긍정/부정의 의미로 정답을 구분해야 한다.

부정의 연결어: but/however/sorry/ I am afraid

M: Would you consider joining my team?
W: It sounds great. But at this point, I really
    can't say. I have a meeting with my
    manager tomorrow.

Q〉 What does the woman mean when she says,
    "I really can't say"?
A〉 She cannot make a commitment yet.

▶ But을 기준으로 상대방의 제안에 대해 거절함을 알 수 있다.

긍정, 결과의 연결어: okay, consequently, therefore, so, you are right, that's great

W: Tim, are you familiar with editing pictures?
M: I don't have that program. You should ask
    people in the design department.
W: You are right, they must have all the
    software programs.

Q〉 Why does the man say, "You should ask people
    in the design department"?
A〉 They have the tools.

상대방의 말에 대한 you are right의 긍정의 연결어를 사용하므로 그 다음 문장에서 구체적인 설명이 나오게 됨을 알 수 있다. '프로그램을 그들이 가지고 있을 것이다'

52 Where does the man work?

STEP 1 M / 직업 / 上
STEP 2 〈남자의 장소〉 문제는 남자 대사의 첫 2줄에서 답이 나온다.

(A) At a medical clinic   (B) At a bank
(C) At a law firm   (D) At a travel agency

STEP 3 답 결정 키워드 ▶ Thank you for calling / Clinic
★ 장소와 직업을 나타내는 특정 단어를 알아 두자.
Dr.A/Clinic – clinic/receptionist
guest room/hotel – hotel staff member
article – reporter/writer
book – author/writer 정답 (A)

STEP 4 함정 유형 및 오답 패턴
정답의 위치가 아니면 답이 아니다. 직업이나 장소에 대한 언급은 해당 화자의 대사 첫 2줄에서 나온다.

(A) At a medical clinic   (B) At a bank
(C) At a law firm   (D) At a travel agency

M: **(A) Thank you for calling Dr. Marchell's Clinic.** This is Mellina speaking. How can I help you?

53 What does the woman say she will be doing next month?

STEP 1 W / 미래 / next month
STEP 2 〈여자의 미래〉는 여자의 대사 중 미래 시제로 나온다.

(A) Attending a workshop   (B) Writing a travel book
(C) Moving to another city   (D) Taking a holiday overseas

STEP 3 답 결정 키워드 ▶ take a trip overseas
여자의 미래의 일은 본인의 입으로 말하는 I'll/I'm going to에서 알 수 있다.
정답 (D)

STEP 4 함정 유형 및 오답 패턴
대화의 특정 단어로 연상할 수 있는 키워드가 보기에 있는 경우라도 대화 내용과 일치하지 않으면 소거한다.
▶ trip을 통해 workshop/city/travel을 떠올릴 수 있지만 다른 단어가 일치하지 않아 소거한다.

(A) Attending a workshop   (B) Writing a travel book
(C) Moving to another city   (D) Taking a holiday overseas

W: Hello, my name is Patricia Sommerset. **(B),(C) I'm going to take a trip overseas next month** and I need to get some vaccinations. Does your office have any appointments available?

54 What does the woman imply when she says, "I work until 2 o'clock on Thursday"?

STEP 1 W / 下 / 화자 의도 파악
STEP 2 〈화자의 의도 파악〉 문제는 문장 앞뒤의 연결어를 파악하자.

(A) She would prefer to come in on the weekend.
(B) She needs a later appointment.
(C) She wishes that she worked full-time.
(D) She will be departing early for the site.

STEP 3 답 결정 키워드 ▶ 1 p.m. work for you
기준 문장 앞에서 약속 시간을 얘기하며, 목요일 2시까지 일을 하니 2시 반은 어떤지를 묻고 있으므로 예약 시간에 관한 내용이 정답이다. 정답 (B)

STEP 4 함정 유형 및 오답 패턴
화자의 의도 파악 문제의 보기 중 같은 의미의 단어나 동일 단어는 일단 소거한다.

(A) She would prefer to come in on the weekend.
(B) She needs a later appointment.
(C) She wishes that she worked full-time.
(D) She will be departing early for the site.

M: Let me check our calendar. I think we can find time for you, Ms. Sommerset. Well, it looks like we have several openings next Thursday. Does **(B) 1 p.m. work for you**?

W: I work until 2 o'clock on Thursday.

M: **All right.** Then, how about **2:30**? Can you make it here by then?

W: That works for me. Thanks, and see you then.

정답 52. (A)   53. (D)   54. (B)

PART 3

7-1 대화에서 언급된 보기(A–D)는 정답이 아니다.

MP3-137

시험에 이렇게 나온다

Speed Service

Plan	Service for
IS-1	one computer
IS-2	two computers
IS-3	three computers
IS-4	four computers

55. Who most likely is the man?
(A) A customer service representative　(B) A workshop instructor
(C) An electrician　(D) An accountant

56. What will happen at the end of this month?
(A) More computers will be needed.
(B) The maintenance work will start.
(C) The contract will expire.
(D) The office will be relocated.

57. Look at the graphic. Which service plan will the woman choose?
(A) IS-1　(B) IS-2
(C) IS-3　(D) IS-4

문제 미리 읽고 포인트 찾기

① 답의 위치를 표시하세요.(上/下)
② 보기 A–D에 키워드를 표시하세요.
③ 남/여를 표시하세요.
④ 빈출 주의 사항

ex) 1. 上 / W / 문제점
(A) clothing
(B) coffee
(C) employment
(D) dry cleaner

55.
(A) _____　　57.
(B) _____　　(A) _____
(C) _____　　(B) _____
(D) _____　　(C) _____
　　　　　　　(D) _____
56.
(A) _____
(B) _____
(C) _____
(D) _____

시각 자료 풀이 전략 1

시각 자료 문제는 보기와 매칭되는 내용을 대화에서 듣고 정답을 찾는 유형이다.

전략 ①　대화 중에 시각 자료에 매칭되는 내용이 정답이다.

전략 ②　보기 중에 들리는 단어는 답이 아니다.

시각 자료 문제 풀이 예시

Admission	Price per Person
Under 12 ages	$7
Group of 10 or more	$12
Member	$15
Non-member	$25

문제 ▶ Look at the graphic. What ticket price will each of the speakers most likely pay?
(A) $7　(B) $12
(C) $15　(D) $25

W: I am a member of the museum. The procedure for becoming member is very simple. Visit the website and fill out the online forms.
M: Good. I'll let the people interested register for it. I think most of them must be non-members.

1. 보기의 가격(Price)이 아닌 Admission의 내용을 보자.
2. I am the member of the museum.에서 member에 해당하는 금액을 찾는다.
3. 마지막에 non-members라고 언급하지만 앞에서 회원 가입을 시킬 것이라는 내용에서 회원 가격으로 지불할 것이라는 것을 알 수 있다.

▶ 정답 (C)

55 Who most likely is the man?

STEP 1 남 / 직업 / 上 / 첫 2줄
STEP 2 〈남자의 직업〉 문제는 남자 대사의 첫 2줄에서 답이 나온다.
(A) A customer service representative
(B) A workshop instructor
(C) An electrician
(D) An accountant

STEP 3 답 결정 키워드 ▶Welcome to / may I help you
welcome to 다음의 장소와 고객 응대 표현인 may I help you에서 service 업종 직원을 나타낸다. 정답 (A)

STEP 4 함정 유형 및 오답 패턴
보기에 여러 개의 직업 명사가 언급되면 남자/여자를 구별하자.
(A) A customer service representative
(B) A workshop instructor
(C) An electrician
(D) An accountant

M: **(A)Welcome to Speed Service.** How may I help you?

W: Hello, I am currently using your **internet** service and I received a letter about renewing the service yesterday.

M: Can I have your name please? Let me check your **(D)account** on my computer.

W: My name is Cellinne Marcus and the number is KE88040.

56 What will happen at the end of this month?

STEP 1 미래 / 키워드 this month / 下
STEP 2 〈시간 키워드〉는 문장 끝에 위치한다.
(A) More computers will be needed.
(B) The maintenance work will start.
(C) The contract will expire.
(D) The office will be relocated.

STEP 3 답 결정 키워드 ▶contract / expire / this month
시간 키워드 문제는 발생하는 행위를 잡아라! 정답 (C)

STEP 4 함정 유형 및 오답 패턴
해당 위치에 2개 이상의 키워드가 들리면 오류를 포함한 하나를 소거한 후 정답을 남긴다.
(A) More computers will be needed.
(B) The maintenance work will start.
(C) The contract will expire.
(D) The office will be relocated.

M: **(C)Your contract will expire** at the end of **this month.** Would you like to renew the same service?

W: Actually, I'm using the service plan for only one computer but I'll **(A)add two more computers** in my **(D)office** next month so I wonder which service I will choose.

57 Look at the graphic. Which service plan will the woman choose?

STEP 1 시각 자료 / 下 / W
STEP 2 〈시각 자료〉 문제는 보기가 대화에서 언급되지 않는다.
(A) IS-1 ⇦ one
(B) IS-2 ⇦ two
(C) IS-3 ⇦ three
(D) IS-4 ⇦ four

STEP 3 답 결정 키워드 ▶ four computers
점원이 Service for의 내용으로 권유/제안하고 여자가 제안을 수락하거나 다른 plan을 선택한다. ⇨ 점원이 four computers까지 할 수 있는 plan을 추천하고 여자는 그대로 수락하고 있다. 정답 (D)

STEP 4 함정 유형 및 오답 패턴
① 시각 자료의 내용이 들린다고 무조건 답을 고르지 마라.
② 대화 중에 계속해서 컴퓨터의 수가 언급된다.
③ 실제 답을 결정하는 제안의 표현과 수락의 표현으로 답을 찾아야 한다.

Speed Service

Plan	Service for
IS-1	one computer
IS-2	two computers
IS-3	three computers
IS-4	four computers

M: Okay, here's the pamphlet about our plans. Umm, I think you'd better use this service plan. It covers up to four computer and the cost is reasonable. So, I recommend the service plan for up to **(D)four computers.**

W: Okay, I'll take it. Thanks for helping me.

정답 55. (A) 56. (C) 57. (D)

7-2 일정표는 일정의 변경, 취소 등을 반영해 계산을 해야 한다.

MP3-**138**

시험에 이렇게 나온다

Departure			
	Platform	Time	Status
Newport	A4	10:30	Delayed
Castle Cary	B2	10:20	On time
Bath Spa	C5	10:20	Canceled
Paddington	D2	11:00	On time

58. Look at the graphic. What city were the speakers originally going to?
(A) Newport   (B) Castle Cary
(C) Bath Spa   (D) Paddington

59. What is the man concerned about?
(A) He has to cancel an appointment.
(B) He doesn't know the client's contact information.
(C) He'll miss a contract.
(D) He can't catch a bus.

60. What time will the meeting most likely be held?
(A) At 1 p.m.   (B) At 2 p.m.
(C) At 3 p.m.   (D) At 4 p.m.

문제 미리 읽고 포인트 찾기

① 답의 위치를 표시하세요.(上/下)
② 보기 A–D에 키워드를 표시하세요.
③ 남/여를 표시하세요.
④ 빈출 주의 사항

ex) 1. 上 / W / 문제점
(A) clothing
(B) coffee
(C) employment
(D) dry cleaner

58.
(A) _____
(B) _____
(C) _____
(D) _____

59.
(A) _____
(B) _____
(C) _____
(D) _____

60.
(A) _____
(B) _____
(C) _____
(D) _____

일정 변경, 취소된 내용을 묻는 문제가 나온다.

1   일정표는 행사/회의, 여행, 기차역/공항의 대중교통 일정과 공사에서 주로 사용한다.

2   <일정의 변경이나 취소>에 대한 문제가 출제되며, 변경 전후의 내용은 시제로 파악할 수 있다.
    ① 원래 일정 - 과거 시제로 언급
    ② 최신 일정 - 미래 시제로 언급

시각 자료 문제 풀이 예시

Destination	Departure Time	Status
Bridport	2:05 p.m.	Departing
Dorchester	2:25 p.m.	On time
Weymouth	2:45 p.m.	On time
Sherborne	3:00 p.m.	Delayed

문제 ▶ Look at the graphic. What is the woman's destination?
    (A) Bridport   (B) Dorchester
    (C) Weymouth   (D) Sherborne

W: My train is scheduled to depart at 2:45 p.m. Is it still on time?
M: Yes, it is.

1. 여자의 말을 듣자.
2. My train is schedule to depart at 2:45 p.m. Is it still on time? – Yes it is.
2시 45분에 출발 예정인 기차가 제시간에 올 것이냐고 하는 말에 Yes라고 말하고 있으므로 정답은 (C) Weymouth이다.

▶ 정답 (C)

58 Look at the graphic. What city were the speakers originally going to?

STEP 1 기존 일정 / 上

STEP 2 도시들과 어울리는 Time과 Status를 확인하라.
(A) Newport
(B) Castle Cary
(C) Bath Spa ⇐ canceled
(D) Paddington

Departure			
	Platform	Time	Status
Newport	A4	10:30	Delayed
Castle Cary	B2	10:20	On time
Bath Spa	C5	10:20	Canceled
Paddington	D2	11:00	On time

STEP 3 답 결정 키워드 ▶ was canceled / next / 11:00
originally를 통해 변경 전후에 대한 내용이 언급될 것을 예상하고 원래의 목적지를 확인하라. ⇨ 여자의 대사에서 타려던 기차는 cancel되어 11시 차를 타야 한다고 했으므로 11시 전의 기차들 중 canceled된 기차는 Bath Spa로 가는 것임을 알 수 있다. 정답 (C)

STEP 4 함정 유형 및 오답 패턴
현재 11시에 출발할 것이라는 내용을 듣고 (D) Paddington으로 답을 골라서는 안 된다.

M: Lisa, I can't believe we are still waiting for the train. We've been here for almost 30 minutes.

W: Yeah, but the announcement said due to engine trouble, **(C) the train was canceled**. So we need to take a **next train** at 11:00 and transfer.

59 What is the man concerned about?

STEP 1 M / 문제 / 下

STEP 2 〈남자의 문제〉는 역접 단어 다음에 위치한다.
(A) He has to cancel an appointment.
(B) He doesn't know the client's contact information.
(C) He'll miss a contract.
(D) He can't catch a bus.

M: You're right. But there will be a meeting with a new client at 1 o'clock. I'm not sure that we'll arrive there on time. It will be the biggest **(B) contract** that we've ever had. **(C) I don't want to be late.**

STEP 3 답 결정 키워드 ▶ contract / don't want / late
남자의 대사에서 contract를 언급하고 늦으면 안 된다(I don't want to be late.)고 말한다. 정답 (C)

STEP 4 함정 유형 및 오답 패턴
대화 중 들리는 유사 발음 어휘와 동일 단어는 전형적인 함정 유형이다.
contract − contact
(A) He has to cancel an appointment.
(B) He doesn't know the client's contact information.
(C) He'll miss a contract.
(D) He can't catch a bus.

60 What time will the meeting most likely be held?

STEP 1 the meeting 키워드 / 下

STEP 2 〈키워드〉 문제는 키워드 앞뒤에 답이 나온다.
(A) At 1 p.m.
(B) At 2 p.m.
(C) At 3 p.m.
(D) At 4 p.m.

M: You're right. But there will be a meeting with a new client at **(A) 1 o'clock**. I'm not sure that we'll arrive there on time. It will be the biggest contract that we've ever had. I don't want to be late.

W: Don't worry. I've already called Saera and **(C) asked her to put off the meeting until 3 p.m.** We'll have plenty of time.

STEP 3 답 결정 키워드 ▶ I / asked / put off / until 3
원래의 미팅 시간을 3시로 미뤄달라는 부탁을 했다고 한다. 정답 (C)

STEP 4 함정 유형 및 오답 패턴
시간 키워드 문제는 하나의 대화에 다양한 시간이 들릴 수 있으므로 보기와 대조해서 대화 중에 나오지 않거나 내용이 일치하지 않는 것은 소거한다.
(A) At 1 p.m.
(B) At 2 p.m.
(C) At 3 p.m.
(D) At 4 p.m.

정답 58. (C) 59. (C) 60. (C)

PART 3

7. 시각 자료

7-3 지도 관련 자료는 장소 전치사가 게임의 룰을 정한다.

MP3-**139**

시험에 이렇게 나온다

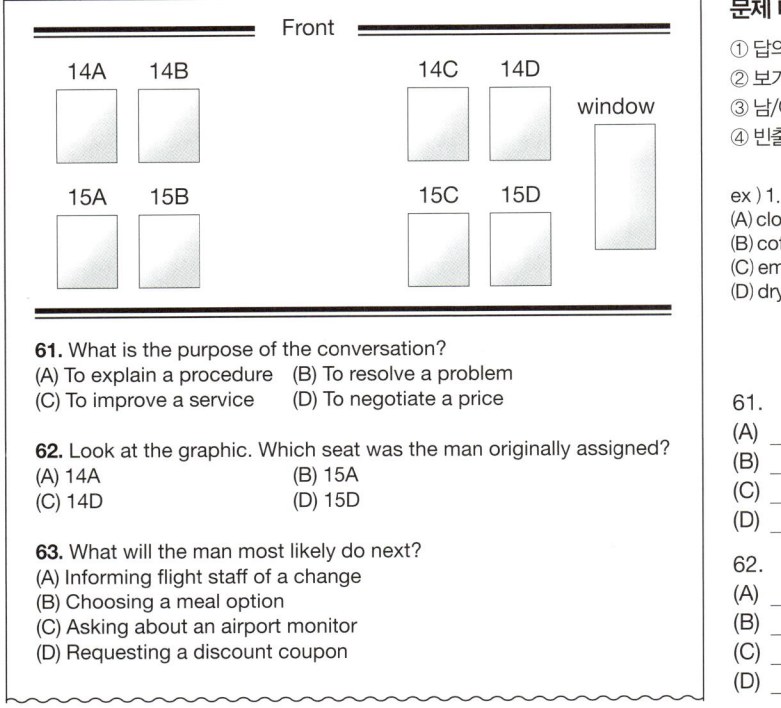

61. What is the purpose of the conversation?
(A) To explain a procedure (B) To resolve a problem
(C) To improve a service (D) To negotiate a price

62. Look at the graphic. Which seat was the man originally assigned?
(A) 14A (B) 15A
(C) 14D (D) 15D

63. What will the man most likely do next?
(A) Informing flight staff of a change
(B) Choosing a meal option
(C) Asking about an airport monitor
(D) Requesting a discount coupon

문제 미리 읽고 포인트 찾기

① 답의 위치를 표시하세요.(上/下)
② 보기 A–D에 키워드를 표시하세요.
③ 남/여를 표시하세요.
④ 빈출 주의 사항

ex) 1. 上 / W / 문제점
(A) clothing
(B) coffee
(C) employment
(D) dry cleaner

61.
(A) _____
(B) _____
(C) _____
(D) _____

63.
(A) _____
(B) _____
(C) _____
(D) _____

62.
(A) _____
(B) _____
(C) _____
(D) _____

지도 문제는 장소 전치사로 위치를 파악한다.

1 도서관이나 박물관 건물의 평면도(floor plan), 기내, 극장, 기차 등의 좌석 배치(seating plan), 약도(direction)와 지도(map)나 노선도가 나온다.

2 시각 자료의 장소 명사를 기준으로 장소 전치사로 표현된 위치로 정답을 찾는다.
next to 옆에 / in front of 앞에 / behind 뒤에 / close to 가까이에

| Watercolor paintings | Ancient Sculptures | Main Hall | Cafeteria |

W: Excuse me, sir. I'm trying to find the Lily Poster's Exhibition. Can you tell me where it is?

M: We're here in the main hall. That's Ancient Sculptures over there. The exhibition is just in the next room.

문제 ▶ Look at the graphic. Where does the woman want to go?
(A) Watercolor paintings
(B) Ancient Sculptures
(C) Main Hall
(D) Cafeteria

1. 여자가 Lily Poster's Exhibition의 위치를 묻는다.
2. 장소 관련 표현 ⇨ here in/over there/just in the next room
3. 남자의 설명에서 Main Hall에서 Ancient Sculptures를 언급하고 next room에서 전시를 한다고 하므로 Watercolor painting임을 알 수 있다

▶ 정답 (A)

61 What is the purpose of the conversation?

STEP 1 ⇨ 목적 / 上

STEP 2 〈목적〉은 대화의 전반부에 나온다.
(A) To explain a procedure (B) To resolve a problem
(C) To improve a service (D) To negotiate a price

STEP 3 답 결정 키워드 ▶ 구체적인 사건 발생
you might be sitting my seat ↔ I'm sure / in the second row
서로 자신의 좌석이라고 말하는 문제 상황이 발생하여 이를 해결하고자 대화하는
것임을 알 수 있다. 정답 (B)

STEP 4 함정 유형 및 오답 패턴
구체적인 사건 ⇨ 포괄적인 상황 설명
구체적인 문제점의 연관 키워드가 아닌 상황을 포괄하는 '문제 해결(resolve a
problem)'이라고 보기를 제시한 최신 유형이다.
(A) To explain a procedure (B) To resolve a problem
(C) To improve a service (D) To negotiate a price ▷ 연상어의 오류

M: Excuse me, ma'am, but I think you might be sitting in my seat. My **(D) ticket** says I'm supposed to be in Seat D by the window.

W: I'm sure I'm in the second row. Let's look at your boarding pass. Hmm... I see the problem. **(B) You're seated right in front of me.**

62 Look at the graphic. Which seat was the man originally assigned?

STEP 1 M / 원래 / 시각 자료

STEP 2 시각 자료에서 front, window 등 좌석 번호를 설명할 수 있는 기준 장소를 확보하라.
(A) 14A
(B) 15A
(C) 14D
(D) 15D

STEP 3 답 결정 키워드 ▶ seat D by the window / in the second row / in front of me
장소 부사구를 확인하자. 정답 (C)

STEP 4 함정 유형 및 오답 패턴
originally는 변경 전을 나타낸다는 것에 주의하자.

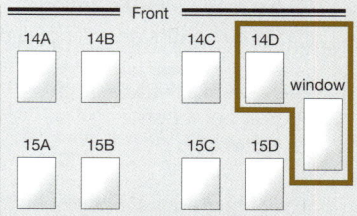

M: Excuse me, ma'am, but I think you might be sitting in my seat. My ticket says **(C) I'm** supposed to be in Seat D by the window.

W: I'm sure I'm in the second row. Let's look at your boarding pass. Hmm... I see the problem. **(C) You're seated right in front of me.**

63 What will the man most likely do next?

STEP 1 M / 제안 / 下

STEP 2 후반부 여자의 대사 You should/will에서 남자의 미래를 알 수 있다.
(A) Informing flight staff of a change
(B) Choosing a meal option
(C) Asking about an airport monitor
(D) Requesting a discount coupon

STEP 3 답 결정 키워드 ▶ should tell / switch
대사의 구체적 어휘는 보기에서 포괄적 어휘로 paraphrasing된다.
▶ informing = should tell, change = switch 정답 (A)

STEP 4 함정 유형 및 오답 패턴
(A) Informing flight staff of a change
(B) Changing a meal option
(C) Asking about an airport monitor
(D) Requesting a discount coupon

M: Oh, I must be confused, thanks. But would you mind **(B) changing places** with me? My colleague will be sitting next to you and we have some business to discuss.

W: Sure, that's okay. I just want a window seat. You probably **(A) should tell a flight attendant about the switch though.**

정답 61. (B) 62. (C) 63. (A)

7-4 그래프(Graph/Bar/Pie)는 서수, 최상급, 수량에 대한 언급에 답이 나온다.

MP3-**140**

시험에 이렇게 나온다

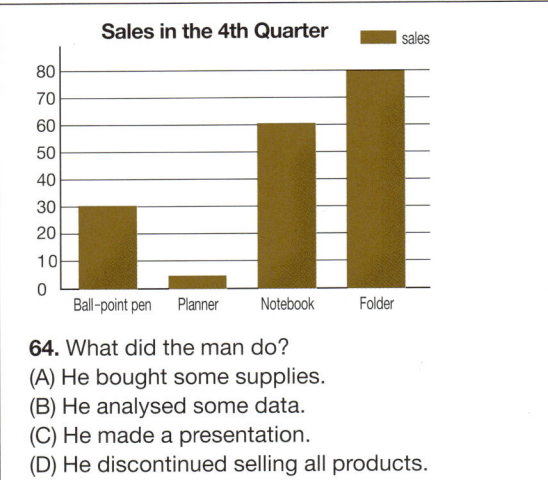

Sales in the 4th Quarter ■ sales

(Ball-point pen / Planner / Notebook / Folder)

64. What did the man do?
(A) He bought some supplies.
(B) He analysed some data.
(C) He made a presentation.
(D) He discontinued selling all products.

65. Look at the graphic. Which item is currently discontinued?
(A) Ball-point pen   (B) Planner
(C) Notebook   (D) Folder

66. What does the woman agree to do?
(A) Hold a training session
(B) Decrease some items
(C) Refund some items
(D) Improve assembly lines

문제 미리 읽고 포인트 찾기

① 답의 위치를 표시하세요.(上/下)
② 보기 A~D에 키워드를 표시하세요.
③ 남/여를 표시하세요.
④ 빈출 주의 사항

ex) 1. 上 / W / 문제점
(A) clothing
(B) coffee
(C) employment
(D) dry cleaner

64.   66.
(A) _____   (A) _____
(B) _____   (B) _____
(C) _____   (C) _____
(D) _____   (D) _____

65.
(A) _____
(B) _____
(C) _____
(D) _____

그래프 문제는 서수, 최상급, 수량을 이용하여 답이 나온다.

1   막대(bar), 선(line), 원형(pie chart) 유형 등이 출제되며, 별점이나 %로 표시되어 등장하기도 한다.

2   그래프는 대상의 <비교>를 위한 것이므로, 주로 서수, 최상급, 수량 표현으로 정답을 파악한다.

3   단순히 매출의 증감뿐만 아니라, 설문조사의 경우 항목에 따른 개선점, 칭찬할 점을 언급하기도 한다.

시각 자료 문제 풀이 예시

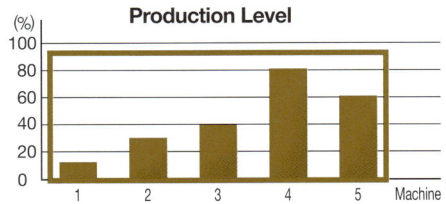

Production Level (%)

(1 / 2 / 3 / 4 / 5 Machine)

문제 ▶ Look at the graphic. Which machine is
being discussed?
(A) Machine 1   (B) Machine 2
(C) Machine 3   (D) Machine 4

W: According to the report, the copy machine
in our production line was working at less
than 20 percent capacity yesterday.

M: I see. I'll have a technician look at the
machine.

1. 그래프상의 최고/최저/숫자를 파악하자.
2. the copy machine in our production line was
working at less than 20 percent capacity yesterday.

▶ 정답 (A)

64   What did the man do?

STEP 1   M / 과거 / 上 / 첫 2줄

STEP 2   과거에 있었던 내용은 처음에 언급된다.

(A) He bought some supplies.
(B) He analysed some data.
(C) He made a presentation.
(D) He discontinued selling all products.

STEP 3   답 결정 키워드 ▶ I / finished / analysing / sales

남자의 대사에서 과거 시제에 집중하자. sales의 포괄적 어휘로 paraphrasing한 data를 알아 두자. 정답 (B)

STEP 4   함정 유형 및 오답 패턴

대사의 특정 단어를 통해 연상할 수 있는 단어가 보기에 나오면 오답이다. sales 에서 selling을 연상시킨 오답이다.

(A) He bought some supplies.
(B) He analysed some data.
(C) He made a presentation.
(D) He discontinued selling all products.

M: Abigail, I've just finished analysing the **(D) sales** of the last quarter. Do you have time to review it now?

---

65   Look at the graphic. Which item is currently discontinued?

STEP 1   시각 자료 / discontinued / 서수

STEP 2   그래프 문제는 가장 높은 것과 낮은 것, 순위를 확인하라.

(A) Ball-point pen
(B) Planner
(C) Notebook
(D) Folder

STEP 3   답 결정 키워드 ▶ the lowest sale of the item → discontinue

최상급 표현 the lowest, highest을 이용하여 문제의 키워드인 discontinue와 내용이 연결되고 있다. 정답 (B)

STEP 4   함정 유형 및 오답 패턴

대화의 중반에서 the second lowest one을 언급하며 오답으로 유인하고 있지 만 이것은 개선해야 할 내용으로 대화가 이어지고 있다.

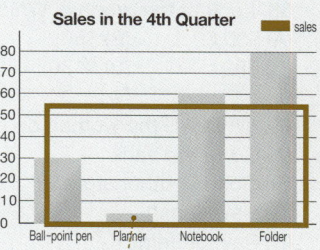

W: Sure. Let's take a look. Umm... Do you know what caused the **(B) lowest sale of the item**?

M: Since it was the seasonal item, we **discontinued producing it**, so we didn't sell it in the last quarter.

W: What about the second lowest one?

---

66   What does the woman agree to do?

STEP 1   W / 미래 / 下

STEP 2   〈여자의 동의〉는 바로 앞에 나오는 남자의 대사에서 나온다.

(A) Hold a training session
(B) Decrease some items
(C) Refund some items
(D) Improve assembly lines

STEP 3   답 결정 키워드 ▶ we'd better / That's a good idea.

동의는 상대방의 권유나 제안에 대해 응답하는 것이 일반적이다. 정답 (D)

STEP 4   함정 유형 및 오답 패턴

보기 중 일부의 단어가 일치하더라도 나머지가 일치하지 않으면 오답이다.

(A) Hold a training session
(B) Decrease some items
(C) Refund some items
(D) Improve assembly lines

M: Some customers complained about the quality. I think **(D) we'd better upgrade the inspection system in our assembly line.** If we do so, the number of defective items will be **(B) decreased**.

W: **That's a good idea.** If we want to make more profit, we should invest more.

정답   64. (B)   65. (B)   66. (D)

7-5 Brochure/Coupon은 잘못된 정보를 찾는 것이 정답이다.

MP3-**141**

시험에 이렇게 나온다

Item	Price
Yellow shirt	$30.50
White skirt	$50
Blue pants	$82
Black leather jacket	$130
Total	$292.50

67. Who most likely is the man?
(A) A repair person
(B) A customer
(C) A fashion designer
(D) A store clerk

68. Look at the graphic. Which amount will be changed?
(A) $30.50　　(B) $50
(C) $82　　(D) $130

69. What will the woman do next?
(A) Go to the bank
(B) Go to another store
(C) Have lunch
(D) Pay for items

문제 미리 읽고 포인트 찾기
① 답의 위치를 표시하세요.(上/下)
② 보기 A-D에 키워드를 표시하세요.
③ 남/여를 표시하세요.
④ 빈출 주의 사항

ex) 1. 上 / W / 문제점
(A) clothing
(B) coffee
(C) employment
(D) dry cleaner

67.
(A) _____
(B) _____
(C) _____
(D) _____

69.
(A) _____
(B) _____
(C) _____
(D) _____

68.
(A) _____
(B) _____
(C) _____
(D) _____

전단지, 쿠폰, 가격표는 대화의 정보와의 일치와 불일치를 확인하자.

1　해당 자료는 보이는 정보가 많기 때문에, 표에 나열되어 있는 정보를 기준으로 들리는 대사와 일치와 불일치를 확인하자.

2　대화와 표의 공통점과 차이점을 확인해야 한다. 공통점 – 정보의 일치 문제 / 차이점 – 정보의 불일치 문제

시각 자료 문제 풀이 예시

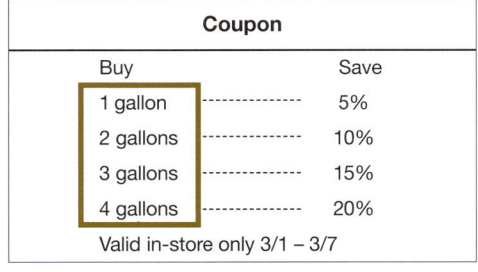

W: We're offering discounts on that paint this week. Here's a coupon.
M: That's great! I'll need 3 gallons of Aqua Blue please.

1. 들리는 정보를 기준으로 표를 확인하자.
2. I'll need 3 gallons of Aqua Blue please.

▶ 정답 (C)

문제 ▶ Look at the graphic. Which discount will the man receive?
(A) 5%　　(B) 10%
(C) 15%　　(D) 20%

67 Who most likely is the man?

STEP 1 M / 직업 / 上

STEP 2 〈남자의 직업〉은 남자의 대사 전반부에서 나온다.

(A) A repair person
(B) A customer
(C) A fashion designer
(D) A store clerk

STEP 3 답 결정 키워드 ▶the total is / if you purchase
대화의 특정 단어를 통해 직업과 장소를 유추한다.
total, special promotion, purchase = store clerk(매장 직원) 정답 (D)

STEP 4 함정 유형 및 오답 패턴
보기에 여러 가지 직업 명사가 언급되면 남자와 여자의 직업을 구별해야 한다.

(A) A repair person
(B) A customer
(C) A fashion designer
(D) A store clerk

M: All right, **(D) the total is $292.50.** Do you know that we're offering a special promotion? If **(B) you purchase** 300 dollars or more of products, we give you a gift certificate worth $30.

68 Look at the graphic. Which amount will be changed?

STEP 1 시각 자료 / changed

STEP 2 시각 자료에서 변경될 아이템의 금액을 확인하자.

(A) $30.50
(B) $50
(C) $82
(D) $130

STEP 3 답 결정 키워드 ▶blue jacket / better
여자가 파란 재킷이 더 낫다고 하면서 I'll pick that one이라고 하므로 black jacket의 요금이 변경될 것임을 알 수 있다. 정답 (D)

STEP 4 함정 유형 및 오답 패턴
시각 자료의 item이 등장하면 절대 놓치지 마라.
시각 자료에서 두 개의 item이 대화에 등장하며, 마음에 드는 것과 실제 구매하는 것을 다르게 언급하는데 이 중 문제에서 원하는 것을 선택해야 한다.

Item	Price
Yellow shirt	$30.50
White skirt	$50
Blue pants	$82
Black leather jacket	$130
Total	$292.50

W: Wow, that's nice. **(D) I think the blue jacket is better** than this black one, but it seems more expensive. How much will it be **if I buy the blue one?**

M: It will be $312.50 in total.

W: **Okay, then I'll pick that one.** Do you accept credit cards?

69 What will the woman do next?

STEP 1 W / 미래 / 下

STEP 2 〈여자의 미래〉는 여자의 말 I'll에서 답이 나온다.

(A) Go to the bank
(B) Go to another store
(C) Have lunch
(D) Pay for items

STEP 3 답 결정 키워드 ▶I'll / withdraw / money / bank
대사의 구체적인 단어는 보기의 포괄적인 단어로 paraphrasing이 된다.
withdraw money = bank 정답 (A)

STEP 4 함정 유형 및 오답 패턴
여자의 미래 정보는 여자의 마지막 말에서 파악한다. 남자의 말 you can ~은 제안을 나타낸다.

(A) Go to the bank
(B) Go to another store
(C) Have lunch
(D) Pay for items

M: Sorry, because this is a special promotion, **(D) you can only pay** in cash.

W: Okay. But, **(A) I'll need to withdraw some money.** Do you know where the closest **bank** is?

정답 67. (D) 68. (D) 69. (A)

8-1 장소/직업 등의 같은 위치 문제가 연달아 출제되면 2:1 구조이다.

MP3-142

시험에 이렇게 나온다

70. Where most likely are the speakers?
(A) At a travel agency
(B) At a hotel
(C) At an airport
(D) At a department store

70.
(A) _____
(B) _____
(C) _____
(D) _____

71. What has the man lost?
(A) A passport
(B) A ticket
(C) A suitcase
(D) A receipt

71.
(A) _____
(B) _____
(C) _____
(D) _____

72. What does the woman ask the man to do?
(A) Return the next day
(B) Provide contact information
(C) Visit a customer service center
(D) Make a phone call

72.
(A) _____
(B) _____
(C) _____
(D) _____

문제 미리 읽고 포인트 찾기

① 답의 위치를 표시하세요.(上/下)
② 보기 A–D에 키워드를 표시하세요.
③ 남/여를 표시하세요.
④ 빈출 주의 사항

ex) 1. 上 / W / 문제점
(A) clothing
(B) coffee
(C) employment
(D) dry cleaner

장소/직업 등의 같은 위치 문제가 연달아 출제되면 2:1 구조이다.

Part 3 문제와 대화 중 정답의 위치는 대화를 기준으로 1:1:1(상:중:하)로 나온다. 각 질문의 정답이 한꺼번에 나오는 경우가 있는데, 대화 전반부에 두 문제의 정답이 2개 연속 나오는 경우를 2:1의 구조라고 한다. 전체 문제의 20~30% 정도를 차지한다.

1 처음 두 질문이 주제, 직업, 문제점, 과거형 질문, 장소 등에 관해 묻는다면 첫 번째 화자의 대사에서 동시에 답이 들린다.

① 대화의 장소 　② 대화자의 직업이나 업종
③ 주제, 목적 　④ 문제점
⑤ 과거형 질문 　⑥ 행사의 종류
⑦ 화자의 희망

2 처음 두 문제 모두 여자에 대해 묻거나 모두 남자에 대해 묻는 경우 첫 번째 화자의 대사에서 동시에 답이 나올 확률이 높다.

전체적으로 2:1 구조이며 첫 번째 대사를 들을 때 1번 문제와 2번 문제의 8개의 보기에 동시에 집중해야 한다. 즉, 첫 번째 대사를 들을 때 1번의 보기와 2번의 보기에 집중하면서 보기 중에 들리는 단어가 있으면 바로 답으로 표시한다.

70 Where most likely are the speakers?

STEP 1 장소 / 上 / 첫 2줄
STEP 2 〈화자의 장소〉는 대사의 전반부에서 나온다.
(A) At a travel agency
(B) At a hotel
(C) At an airport
(D) At a department store

STEP 3 답 결정 키워드 ▶ arrived / flight / luggage carrousel
특정 단어를 통해 장소와 직업을 유추할 수 있다.
flight / luggage carrousel ⇨ airport 정답 (C)

STEP 4 함정 유형 및 오답 패턴
보기 중 장소 명사는 대화 중에 2개 이상 언급되므로 구별해야 한다.
(A) At a travel agency
(B) At a hotel
(C) At an airport
(D) At a department store

M: Can you help me? **(C)** I just arrived **on Flight 120** from Tokyo, but **my suitcase didn't show up on the luggage carrousel.** I don't have much time. My shuttle bus to the **(B) hotel** is arriving in 40 minutes.

W: I'm sorry, let me see what I can do for you. I know all the luggage has been taken from the airplane. What does your bag look like?

71 What has the man lost?

STEP 1 M / 문제 / 上
STEP 2 〈과거 사실〉 남자가 잃어버린 것
(A) A passport
(B) A ticket
(C) A suitcase
(D) A receipt

STEP 3 답 결정 키워드 ▶ suitcase / didn't show
문제의 lost는 부정적인 상황이므로, not의 부정어를 잘 듣자. 정답 (C)

STEP 4 함정 유형 및 오답 패턴
대화의 장소로 연상이 가능한 보기가 있는 경우, 대화에서 언급되지 않으면 오답이므로 소거한다. passport는 공항에서 연상할 수 있는 단어이지만 대화에 언급되지 않으므로 오답이다.
(A) A passport
(B) A ticket
(C) A suitcase
(D) A receipt

M: Can you help me? I just arrived on flight 120 from Tokyo, but **my (C) suitcase** didn't show up on the luggage carrousel. I don't have much time.
(B) My shuttle bus to the hotel is arriving in 40 minutes.

W: I'm sorry, let me see what I can do for you. I know all the luggage has been taken from the airplane. What does your bag look like?

72 What does the woman ask the man to do?

STEP 1 W / 요청 / 下
STEP 2 〈여자의 요청〉은 여자의 마지막 대사에서 나온다.
(A) Return the next day   (B) Provide contact information
(C) Visit a customer service center   (D) Make a phone call

STEP 3 답 결정 키워드 ▶ phone number
대화의 구체적 단어는 보기의 포괄적 어휘로 paraphrasing이 된다.
⇨ phone number / address / email address < contact information
정답 (B)

STEP 4 함정 유형 및 오답 패턴
동일 화자의 대사에서 요청과 제안은 구별해야 한다.
여자의 대사에서 I'll call이라고 한 것은 여자의 제안이다.
(A) Return the next day
(B) Provide contact information
(C) Visit a customer service center
(D) Make a phone call

M: It's a standard blue case with wheels. But it has a large black belt around it, so I can identify it more easily.

W: **(D) I'll call** our baggage department now. While I'm on the phone, **(B) why don't you write down your phone number and** where you're staying? If we can't find it now, we'll have it delivered to your hotel as soon as possible.

정답 70. (C)   71. (C)   72. (B)

8-2 3문제 모두 주제, 직업, 문제점이면 3:0의 구조이다.

MP3-**143**

시험에 이렇게 나온다

73. Who most likely is the man?
(A) A cashier
(B) A teller
(C) A customer
(D) A librarian

73.
(A) _____
(B) _____
(C) _____
(D) _____

74. What are the speakers discussing?
(A) Applying for a library card
(B) Borrowing new books
(C) Paying a late fee
(D) Reserving a new video

74.
(A) _____
(B) _____
(C) _____
(D) _____

75. What is suggested about the new items?
(A) They must be returned within three weeks.
(B) They aren't available now.
(C) They will arrive in a week.
(D) They can be reserved online.

75.
(A) _____
(B) _____
(C) _____
(D) _____

문제 미리 읽고 포인트 찾기

① 답의 위치를 표시하세요.(上/下)
② 보기 A-D에 키워드를 표시하세요.
③ 남/여를 표시하세요.
④ 빈출 주의 사항

ex) 1. 上 / W / 문제점
(A) clothing
(B) coffee
(C) employment
(D) dry cleaner

세 문제가 주제, 직업, 문제점에 대해 묻는다면 3:0의 구조이다.

전체 시험의 5% 미만 정도를 차지하는 비중으로 역시 문제 분석을 통해 답의 위치를 알 수 있다. 3문제 모두 주제, 직업, 문제점, 과거형 질문, 장소 등에 관해 묻는다면 화자들의 첫 번째 대사에서 동시에 답이 들리고 이를 3:0의 구조라고 한다.

73 Who most likely is the man?

STEP 1 M / 직업 / 上 / 첫 2줄
STEP 2 〈남자의 직업〉 문제는 대사의 전반부에서 나온다.
(A) A cashier
(B) A teller
(C) A customer
(D) A librarian

STEP 3 답 결정 키워드 ▶ books / borrowed / check out
여자는 책을 빌리는 것에 대해 문의하므로 남자는 책을 빌려주는 도서관의 직원임을 알 수 있다. 정답 (D)

STEP 4 함정 유형 및 오답 패턴
보기에 여러 가지 직업 명사가 언급되면 남자와 여자의 직업을 구별해야 한다.
(A) A cashier
(B) A teller
(C) A customer
(D) A librarian

W: Excuse me, there's a sign over at the reception desk that says **(D) newly released books can be borrowed for three weeks.** Is that correct?

M: **(D) Yes, new releases are now due three weeks after they've been checked out.** Just like our other books.

74 What are the speakers discussing?

STEP 1 주제 / 上
STEP 2 〈주제〉는 첫 2줄에서 나온다.
(A) Applying for a library card
(B) Borrowing new books
(C) Paying a late fee
(D) Reserving a new video

STEP 3 답 결정 키워드 ▶ books / borrowed / check out
여자는 책을 빌리는 것에 대해 문의하므로 그것이 주제이다. 정답 (B)

STEP 4 함정 유형 및 오답 패턴
대화의 특정 단어를 통해 연상할 수 있는 단어가 보기 중에 나오면 주의하자.
(A) Applying for a library card
(B) Borrowing new books
(C) Paying a late fee
(D) Reserving a new video

W: Excuse me, there's a sign over at the reception desk that says the **(B) newly released (A) books can be borrowed for three weeks.** Is that correct?

M: **(B) Yes, new releases are now due three weeks after they've been checked out.** Just like our other books.

75 What is suggested about the new items?

STEP 1 키워드 new items
STEP 2 〈키워드〉 문제는 키워드 앞뒤에서 답이 나온다.
키워드인 새로운 것에 대해 언급하는 내용을 찾는다.
(A) They must be returned within three weeks.
(B) They aren't available now.
(C) They will arrive in a week.
(D) They can be reserved online.

STEP 3 답 결정 키워드 ▶ newly / three weeks
new items에 대한 키워드 문제로 new books가 처음에 언급되므로 상단에서 답을 찾아야 한다. 정답 (A)

STEP 4 함정 유형 및 오답 패턴
정답의 위치에서 해당 문제의 보기가 2개 이상 나온다.
(A) They must be returned within three weeks.
(B) They aren't available now.
(C) They will arrive in a week.
(D) They can be reserved online.

W: Excuse me, there's a sign over the reception desk that says the **(A) newly released books can be borrowed for three (C) week.** Is that correct?

M: **Yes, new releases are now due three weeks after they've been checked out.** Just like our other books.

W: Oh, I was confused. I had thought that they're due after just one week.

M: Well, the library's policy used to be that new books could be taken out for a week. But we changed it because so many patrons requested a longer time period.

정답 73. (D) 74. (B) 75. (A)

PART 3

8-3 연속적인 여자 문제는 1:2의 구조이다.

MP3-**144**

시험에 이렇게 나온다

76. What problem does the woman mention?
(A) She has made a wrong reservation.
(B) She has been served the wrong food.
(C) She has boarded the wrong flight.
(D) She has been escorted to the wrong seat.

77. What does the woman say she did yesterday?
(A) Confirmed an order
(B) Canceled a reservation
(C) Purchased a ticket
(D) Bought a book

78. What will the woman do?
(A) Book a ticket
(B) Call a flight attendant
(C) Have some food
(D) Consult a list

76.
(A) _____
(B) _____
(C) _____
(D) _____

77.
(A) _____
(B) _____
(C) _____
(D) _____

78.
(A) _____
(B) _____
(C) _____
(D) _____

문제 미리 읽고 포인트 찾기

① 답의 위치를 표시하세요.(上/下)
② 보기 A–D에 키워드를 표시하세요.
③ 남/여를 표시하세요.
④ 빈출 주의 사항

ex) 1. 上 / W / 문제점
(A) clothing
(B) coffee
(C) employment
(D) dry cleaner

연속적인 여자에 대한 문제는 1:2의 구조이다.

1 2문제 혹은 3문제가 모두 하나의 화자만을 언급하면 대화상 정답의 위치가 <상 : 하>를 기준으로 <1 : 2>의 구조를 취하게 된다.

여 - 여자의 문제	1. 여자의 문제는 무엇인가?(上)

⇩

여 - 변명, 해결책 제시	2. 여자는 무엇을 했는가(下)

⇩

여 - 확인 과거 + 여자의 미래	3. 여자는 무엇을 할 것인가?(下)

2 앞사람에 대한 반응/답변에 관한 문제가 나오므로, 상대방의 얘기에서 정답을 파악한다.

문제 ▶ What does the woman say she did yesterday?

> **M:** You requested a vegetarian meal when you made your reservation.
> **W:** No, I didn't make that request. ~

→ 남자의 과거 사실 언급에 대해 여자가 No라고 하므로, 이를 반박하는 여자의 과거에 대한 이야기가 언급된다.

문제 풀이 전략

76 What problem does the woman mention?

STEP 1 W / 문제 / 上 / 첫 2줄
STEP 2 〈여자의 문제점〉은 전반부의 여자 대사에서 나온다.
(A) She has made a wrong reservation.
(B) She has been served the wrong food.
(C) She has boarded the wrong flight.
(D) She has been escorted to the wrong seat.

STEP 3 답 결정 키워드▶ given me / wrong meal
대화의 전반부에서 부정적인 내용을 찾아라.
다른 식사(meal)를 갖다 주었다는 여자의 말에서 meal을 food의 포괄적 단어로
보기에 제시한다. 정답 (B)

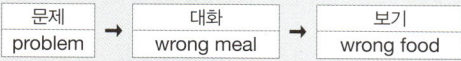

STEP 4 함정 유형 및 오답 패턴
정답의 위치에서 해당 문제의 보기가 2개 이상 나온다.
(A) She has made a wrong reservation.
(B) She has been served the wrong food.
(C) She has boarded the wrong flight.
(D) She has been escorted to the wrong seat.

W: **(B)** Excuse me, I believe you've given me the wrong meal. I asked the other **(C)** flight attendant for the chicken, but this isn't what I asked for.

77 What does the woman say she did yesterday?

STEP 1 W / 과거 / 키워드 yesterday / 下
STEP 2 키워드 앞뒤에 답이 나온다.
(A) Confirmed an order (B) Canceled a reservation
(C) Purchased a ticket (D) Bought a book

STEP 3 답 결정 키워드▶booked / ticket / yesterday
보기 중에 동일하거나 유사한 개념이 등장하면 구분할 수 있는 키워드를 잡아야
한다. 정답 (C)
⇨ booked my ticket yesterday ▶ purchased = booked

STEP 4 함정 유형 및 오답 패턴
키워드의 위치가 아닌 곳에 언급된 단어는 오답이다.
(A) Confirmed an order
(B) Canceled a reservation
(C) Purchased a ticket
(D) Bought a book

M: Oh, that's because I am giving out the special **(A)** orders. The passenger list shows that you requested a vegetarian meal when you made your **(B)** reservation.

W: No, I didn't make that request. I am sure of that because **(C)** I just booked my ticket yesterday.

78 What will the woman do?

STEP 1 W / 미래 / 下
STEP 2 〈여자의 미래〉는 후반부에 나온다.
(A) Book a ticket (B) Call a flight attendant
(C) Have some food (D) Consult a list

STEP 3 답 결정 키워드▶I'll get you / the other meal
남자의 말에서 대화가 끝나면 여자의 미래 정보는 남자 대자의 you'll/I'll give
you에서 나온다. 정답 (C)

STEP 4 함정 유형 및 오답 패턴
문제의 시제와 다른 시제가 사용된 단어는 오답이다.
(A) Book a ticket
(B) Call a flight attendant
(C) Have some food
(D) Consult a list

W: No, I didn't make that request. I am sure of that because I just booked my ticket yesterday.

M: I apologize for the confusion. **(C)** I'll get you the other meal right away.

정답 76. (B) 77. (C) 78. (C)

8-4

You'll ~이 나오면
그 말을 듣는 사람의 미래가 된다.

MP3-**145**

시험에 이렇게 나온다

79. Why did Sandra request to change the meeting time?
(A) She is waiting for a customer.
(B) She has been on a business trip.
(C) A room was not available.
(D) Some work was delayed.

80. When will the meeting most likely take place?
(A) On Thursday morning
(B) On Thursday afternoon
(C) On Friday morning
(D) On Friday afternoon

81. What will the woman most likely do next?
(A) Submit some results
(B) Contact a colleague
(C) Schedule the work shift
(D) Go on a business trip

79.
(A) _____
(B) _____
(C) _____
(D) _____

80.
(A) _____
(B) _____
(C) _____
(D) _____

81.
(A) _____
(B) _____
(C) _____
(D) _____

문제 미리 읽고 포인트 찾기

① 답의 위치를 표시하세요.(上/下)
② 보기 A–D에 키워드를 표시하세요.
③ 남/여를 표시하세요.
④ 빈출 주의 사항

ex) 1. 上 / W / 문제점
(A) clothing
(B) coffee
(C) employment
(D) dry cleaner

You'll이 나오면 그 말을 듣는 사람의 미래가 된다.

* 하단부에서 You'll ~이 들리면 상대방에게 명령/요청하는 것이다.

Q〉 What will the man do next? 남자는 무엇을 할 것인가?
A〉 Notify the staff 직원에게 통지하기

> **W:** I'll call Sandra and you'll inform all employees of the party.

79 Why did Sandra request to change the meeting time?

STEP 1 Sandra / 변경 요청 이유 / 上
STEP 2 〈제3자〉는 he/she의 3인칭 대명사로 언급한다.
(A) She is waiting for a customer.
(B) She has been on a business trip.
(C) A room was not available.
(D) Some work was delayed.

STEP 3 답 결정 키워드 ▶survey result / still / analyze
이유를 묻는 문제에 대한 대화의 흐름은 원인 ⇨ 결과이다. 정답 (D)

STEP 4 함정 유형 및 오답 패턴
대화 중 언급되는 단어가 보기에 있어도 나머지 내용이 맞지 않으면 오답이다.
(A) She is waiting for a customer.
(B) She has been on a business trip.
(C) A room was not available.
(D) Some work was delayed.

M: Good morning, have you heard from Sandra about the schedule for the marketing meeting on Wednesday?

W: She just called. The **(A) customer** survey results she was expecting just came in this morning. **(D) She still has to analyze all the data** so she asked if we could **move the meeting** to Friday.

80 When will the meeting most likely take place?

STEP 1 키워드 meeting / 미래 / 下
STEP 2 〈키워드〉 문제는 키워드 앞뒤에서 답이 나온다.
(A) On Thursday morning
(B) On Thursday afternoon
(C) On Friday morning
(D) On Friday afternoon

STEP 3 답 결정 키워드 ▶Friday afternoon / but / morning
역접의 단어 뒤에서 답이 나온다. but/however 정답 (C)

STEP 4 함정 유형 및 오답 패턴
시간 부사의 보기는 대화에서 모두 언급될 수 있다.
(A) On Thursday morning
(B) On Thursday afternoon
(C) On Friday morning
(D) On Friday afternoon

M: I'll leave for a business trip on **(D) Friday afternoon, (C) but a morning meeting would be possible.** If you have time now, call her and schedule the meeting for then.

81 What will the woman most likely do next?

STEP 1 W / 미래 / 下
STEP 2 〈여자의 미래〉는 대화의 후반부에서 나온다.
(A) Submit some results
(B) Contact a colleague
(C) Schedule the work shift
(D) Go on a business trip

STEP 3 답 결정 키워드 ▶ call her
남자의 말에서 대화가 끝나면 여자의 미래 정보는 남자의 대사 you'll/I'll give you 또는 명령문에서 나온다. 정답 (B)

STEP 4 함정 유형 및 오답 패턴
여자의 미래와 남자의 미래를 구별하자.
(A) Submit some results
(B) Contact a colleague
(C) Schedule the work shift
(D) Go on a business trip

M: I'll leave for a **(D) business** trip on Friday afternoon, but a morning meeting would be possible. If you **(B) have time now, call her and schedule the meeting for then.**

정답 79. (D) 80. (C) 81. (B)

8-5 남자의 의무에 대한 문제는 여자의 말의 You에서 답이 나온다.

MP3-**146**

시험에 이렇게 나온다

82. Where is the woman interested in
    working?
(A) At a school
(B) At a real estate agency
(C) At a community center
(D) At a publishing company

83. How long has the woman worked at her
    current job?
(A) One year
(B) Two years
(C) Three years
(D) Four years

84. What does the man recommend the
    woman do?
(A) Contact an employee
(B) Read a brochure
(C) Submit a resume
(D) Attend a workshop

82.
(A) _____
(B) _____
(C) _____
(D) _____

83.
(A) _____
(B) _____
(C) _____
(D) _____

84.
(A) _____
(B) _____
(C) _____
(D) _____

문제 미리 읽고 포인트 찾기

① 답의 위치를 표시하세요.(上/下)
② 보기 A–D에 키워드를 표시하세요.
③ 남/여를 표시하세요.
④ 빈출 주의 사항

ex) 1. 上 / W / 문제점
(A) clothing
(B) coffee
(C) employment
(D) dry cleaner

남자의 의무에 대한 문제는 여자가 You로 언급하는 부분에 답이 있다.

1 화자 본인이 직접 말하는 것은 ① 원하는 것 ② 하고 싶은 것 ③ 했던 것 ④ 앞으로 할 것이다.

2 화자의 '의무'는 상대방의 You should ~/Please ~와 같은 요청/제안의 표현으로 제시된다.

3 수동태 문제도 상대방을 언급하는 you ~를 포함한 말에서 답이 나온다.

문제 패턴

What does the man ask the woman to do? 남자가 여자에게 무엇을 하도록 요청하고 있는가?
What is the woman asked to do? 여자는 무엇을 하도록 요청 받고 있는가?
What should the woman do? 여자는 무엇을 해야만 하는가?

82 Where is the woman interested in working?

STEP 1 W / 上 / 첫 2줄
STEP 2 〈여자의 흥미〉는 여자의 말에서 답이 나온다.
(A) At a school
(B) At a real estate agency
(C) At a community center
(D) At a publishing company

STEP 3 답 결정 키워드 ▶ new editor / your company
대화의 특정 단어를 통해 직업과 장소를 유추한다.
editor ＜ publishing 정답 (D)
⇨ ex) room availability → hotel / teacher → school

STEP 4 함정 유형 및 오답 패턴
장소 문제는 예상 가능한 장소 보기가 언급되므로 혼동하지 않도록 주의하자.
(A) At a school
(B) At a real estate agency
(C) At a community center
(D) At a publishing company

W: Hi, I saw that **(D) you're looking for a new editor** to work at your company. Are you still accepting applications?

M: Yes, the position is still open. Are you interested in applying?

83 How long has the woman worked at her current job?

STEP 1 W / 키워드 current job / how long
STEP 2 〈키워드〉 문제는 키워드 앞뒤에서 답이 나온다.
(A) One year
(B) Two years
(C) Three years
(D) Four years

STEP 3 답 결정 키워드 ▶ I've / working / three years
현재 시제와 연관된 여자의 말에서 답이 나온다. 정답 (C)

STEP 4 함정 유형 및 오답 패턴
대화에서 두 개의 보기가 그대로 들렸을 때는 앞뒤 단어를 통해 차이를 구분하여 소거하라.
need four years(자격 요건) vs. I've ~ three years(여자의 경력)
(A) One year
(B) Two years
(C) Three years
(D) Four years

W: It seems like a great opportunity. But the job posting says you need at least **(D) four years'** experience. **(C) I've only been working at this magazine for three years**.

84 What does the man recommend the woman do?

STEP 1 M / 요청 / 下 / you
STEP 2 〈남자의 요청〉은 후반부 남자의 대사 중 you로 나온다.
(A) Contact an employee
(B) Read a brochure
(C) Submit a resume
(D) Attend a workshop

STEP 3 답 결정 키워드 ▶ send us your resume
I think 다음에 정답 표현이 나올 확률이 높으므로 주의하자. 정답 (C)

STEP 4 함정 유형 및 오답 패턴
후반부에 제안과 요청이 함께 나올 수 있다.
남자의 제안 - We'll contact you
남자의 요청 - you should send us your resume
(A) Contact an employee
(B) Read a brochure
(C) Submit a resume
(D) Attend a workshop

M: Hmm, we do sometimes make exceptions for applicants with impressive backgrounds. **(C) I think you should send us your resume anyway. (A) We'll contact you** if we think you might be a good fit.

정답 82. (D) 83. (C) 84. (C)

8-6 같은 위치에 보기의 단어가 **2개 이상** 들릴 경우, 안 들린 단어가 포함된 보기를 제거하면 정답이 나온다.

MP3-**147**

시험에 이렇게 나온다

85. Where do the speakers most likely work?
(A) At a park
(B) At a newspaper
(C) At a public library
(D) At a camera store

86. Who most likely is Paul Simon?
(A) An editor
(B) A teacher
(C) An author
(D) A photographer

87. What does the man say he will do next week?
(A) Attend a reception
(B) Interview someone
(C) Launch a new product
(D) Premiere his recent film

85.
(A) _____
(B) _____
(C) _____
(D) _____

86.
(A) _____
(B) _____
(C) _____
(D) _____

87.
(A) _____
(B) _____
(C) _____
(D) _____

문제 미리 읽고 포인트 찾기

① 답의 위치를 표시하세요.(上/下)
② 보기 A–D에 키워드를 표시하세요.
③ 남/여를 표시하세요.
④ 빈출 주의 사항

ex) 1. 上 / W / 문제점
(A) clothing
(B) coffee
(C) employment
(D) dry cleaner

보기에 키워드가 2개 이상 제시되는 유형

대화에서 같은 위치에 보기의 단어 2개 이상이 제시되는 최신 난이도 유형은 언급되지 않은 단어가 나오면 소거한 후 정답을 남기는 식으로 해결한다.

문제 풀이 예시

문제 ▶ Where are the speakers?
(A) On a street
(B) In an office
(C) At a business center
(D) At a restaurant

W: Excuse me, I think I got lost. I'm trying to go to Rockpeller Business Center but I don't know where it is.

M: Oh, you're almost there. Go straight along this street and you can find the center. It'll take about three minutes.

business center와 street가 한 위치에 언급되지만, center는 가야 할 곳이므로 소거한다.

▶ 정답 (A)

85 Where do the speakers most likely work?

STEP 1 화자 / 장소 / 上

STEP 2 〈화자의 장소〉는 전반부 대사에서 답이 나온다.
(A) At a park
(B) At a newspaper
(C) At a public library
(D) At a camera store

STEP 3 답 결정 키워드 ▶your article / editor
대화의 특정 단어를 통해 직업과 장소를 유추한다. article < newspaper
정답 (B)

STEP 4 함정 유형 및 오답 패턴
2개 이상의 장소 보기가 대화에서 언급될 수 있다.
(A) At a park
(B) At a newspaper
(C) At a public library
(D) At a camera store

M: Hey, **(B)I read your article** on the art program at Jun Public Park. I really liked it. And the photos of the people were great.

W: Yeah, were they good? But the **editor asked me** to update that story. He also assigned a new **(D)photographer**. Have you met Paul Simon?

86 Who most likely is Paul Simon?

STEP 1 키워드 Paul Simon / 직업

STEP 2 〈제3자〉 키워드 문제는 3인칭 대명사에서 답이 나온다.
(A) An editor
(B) A teacher
(C) An author
(D) A photographer

STEP 3 답 결정 키워드 ▶photographer / Paul / his work
키워드 Paul Simon의 앞뒤에서 답이 나온다. 정답 (D)

STEP 4 함정 유형 및 오답 패턴
직업 명사는 남/여 및 제 3자의 구별을 해야 한다.
(A) An editor
(B) A teacher
(C) An author
(D) A photographer

W: Yeah, were they good? But the **editor** asked me to update that story. **(D)He also assigned a new photographer. Have you met Paul Simon?**

M: Sure, I know Paul. After seeing his work in your article, I'd like to have him come with me on my next assignment.

87 What does the man say he will do next week?

STEP 1 M / 키워드 next week / 미래 / 下

STEP 2 〈시간 키워드〉는 해당 문장의 끝에 나온다.
(A) Attend a reception
(B) Interview someone
(C) Launch a new product
(D) Premiere his recent film

STEP 3 답 결정 키워드 ▶interviewing / next week
시간 키워드는 문장의 끝에 위치한다. 정답 패턴 ⇨ I'm interviewing ~ next week 정답 (B)

STEP 4 함정 유형 및 오답 패턴
대화의 특정 단어에서 연상이 가능한 오답을 언급하는 경우가 있다.
director ⇨ film
(A) Attend a reception
(B) Interview someone
(C) Launch a new product
(D) Premiere his recent film

M: Sure, I know Paul. After seeing his work in your article, I'd like to have him come with me on my next assignment. **(B)I'm interviewing the (D)new director of City Community Center next week,** and there will definitely be some good photo opportunities there.

정답 85. (B) 86. (D) 87. (B)

PART 3

8-7 앞으로 일어날 일의 순서를 묻는 문제는 I'll/Let's에서 처음 들리는 동사가 정답이다.

MP3-**148**

시험에 이렇게 나온다

88. What does the woman prepare for the man?
(A) Discounts for larger orders
(B) Methods of customizing shirts
(C) The availability of various shirt styles
(D) The production time for different items

89. What is the man concerned about?
(A) When the order will be complete
(B) The availability of a specific size
(C) Whether an order can be placed online
(D) The total cost of the order

90. What will the woman do after receiving his logo?
(A) Input some data into a computer
(B) Fill out a survey form
(C) Email a file
(D) Choose a favorite color

88.
(A) _____
(B) _____
(C) _____
(D) _____

89.
(A) _____
(B) _____
(C) _____
(D) _____

90.
(A) _____
(B) _____
(C) _____
(D) _____

문제 미리 읽고 포인트 찾기

① 답의 위치를 표시하세요.(上/下)
② 보기 A–D에 키워드를 표시하세요.
③ 남/여를 표시하세요.
④ 빈출 주의 사항

ex) 1. 上 / W / 문제점
(A) clothing
(B) coffee
(C) employment
(D) dry cleaner

앞으로 일어날 일의 순서를 묻는 문제는 I'll ~/Let's ~에서 처음 들리는 동사가 정답이다.

한 번에 미래에 할 일이 여러 가지가 언급되는 경우, 첫 번째 미래 동사를 기준으로 답을 찾아야 한다.

> **M**: I'll fill out the form and submit this to the counter.
> 저는 양식을 작성하고 이것을 카운터에 제출할 것입니다.

문제 ▶ What will the man do next? 남자가 앞으로 할 일은 무엇인가?
　　(A) Complete a form 양식 작성
　　(B) Go to the counter 카운터 가기

2가지 이상의 미래 일이 열거되면 첫번째 미래가 **do next**의 정답이다.

▶ 정답 (A)

88 What does the woman prepare for the man?

STEP 1 W / 上 / 첫 2줄
STEP 2 비교는 비교급을 이용한다.
(A) Discounts for larger orders
(B) Methods of customizing shirts
(C) The availability of various shirt styles
(D) The production time for different items

STEP 3 답 결정 키워드 ▶look more professional → style
비교급을 사용하여 shirts의 스타일을 비교하므로 정답이다. 정답 (C)

STEP 4 함정 유형 및 오답 패턴
정답의 위치에 2개 이상의 키워드가 들리면 하나를 소거한 후 정답을 남긴다.
⇨ shirts가 언급되지만, method가 언급되지 않으므로 오답이다.
(A) Discounts for larger orders
(B) Methods of customizing shirts
(C) The availability of various shirt styles
(D) The production time for different items

M: I'd like to order 20 shirts customized with my company's logo for my sales team to wear at a conference. What do you have available?

W: Well, we have a wide variety of colors and styles. We can also print your logo on your **(B) shirts** or seal it in. **(C) Printed shirts are less expensive. But sealed logos look more professional.**

89 What is the man concerned about?

STEP 1 M / 걱정 / 中
STEP 2 〈남자의 걱정〉은 남자의 질문이나 부정적인 내용에서 나온다.
(A) When the order will be complete
(B) The availability of a specific size
(C) Whether an order can be placed online
(D) The total cost of the order

STEP 3 답 결정 키워드 ▶finished / next week?
대화의 구체적인 단어는 보기의 포괄적인 단어로 paraphrasing이 된다.
finished ＜ complete 정답 (A)

STEP 4 함정 유형 및 오답 패턴
문제점은 질문으로도 표현할 수 있음을 주의하자.
(A) When the order will be complete
(B) The availability of a specific size
(C) Whether an order can be placed online
(D) The total cost of the order

M: I'd prefer sealed logos. **(A) Would it be finished by the end of next week?**

90 What will the woman do after receiving his logo?

STEP 1 W / 키워드 logo / 미래 / 下
STEP 2 〈여자의 미래〉 문제는 후반부 여자의 대사에서 답이 나온다.
(A) Input some data into a computer
(B) Fill out a survey form
(C) Email a file
(D) Choose a favorite color

STEP 3 답 결정 키워드 ▶ enter the design into our computer = input some data
여자의 미래는 We can/I'll ~로 언급된다. 정답 (A)

STEP 4 함정 유형 및 오답 패턴
한 번에 여러 일이 언급되는 미래는 첫 번째 미래 동사를 기준으로 응답을 한다.
(A) Input some data into a computer
(B) Fill out a survey form
(C) Email a file
(D) Choose a favorite color

W: Yes, but we'll need to start your order right away. Can you **(C) email** me a copy of your logo? **(A) Then we can enter the design into our computer.** In the meantime, I'll send you the address of our website. You can see the kinds of shirts we offer.

정답 88. (C) 89. (A) 90. (A)

FINAL TEST

PART 3
실전 모의고사

PART 3

Directions: You will hear some conversations between two or more people. You will be asked to answer three questions about what the speakers say in each conversation. Select the best response to each question and mark the letter (A), (B), (C), or (D) on your answer sheet. The conversations will not be printed in your test book and will be spoken only one time.

MP3-**149**

32. Where most likely is the woman working?
(A) At a warehouse
(B) At a school
(C) At a bookstore
(D) At a library

33. What does the woman offer to do?
(A) Report the situation later
(B) Call another store
(C) Give the man a number
(D) Suggest another item

34. What most likely will the man do next?
(A) Drop by another store
(B) Cancel his order
(C) Go on a business trip
(D) Give his contact number

35. What kind of business does the man work for?
(A) A bakery
(B) A travel agency
(C) A bookstore
(D) A clothing company

36. According to the woman, what is special about the product?
(A) It will update data automatically.
(B) It can be purchased online.
(C) It can save data safely.
(D) It will be cleaned periodically.

37. What will the woman do next?
(A) Contact another colleague
(B) Go to a conference
(C) Demonstrate a product
(D) Meet with some competitors

38. What are the speakers mainly talking about?
(A) A client
(B) A sales report
(C) A vacation
(D) A project

39. According to the woman, what is indicated about the owner of the company?
(A) He has a positive approach.
(B) He is demanding to work for.
(C) He actively participates in the activities.
(D) He knows a lot about related fields.

40. What does the woman imply, when she says, "it is a great opportunity for you"?
(A) The client will expand overseas.
(B) The company will learn more about the client.
(C) The client will be important to her company.
(D) The company will have more options.

41. What is the main topic of the conversation?
(A) A seminar
(B) A job offer
(C) An interview
(D) A relocation

42. Why did the woman respond to the man so late?
(A) Her company has been busy with some work.
(B) She was transferred to another branch.
(C) She was out of the office.
(D) Her office is under renovation.

43. What will the man do next Wednesday?
(A) Contact his friends
(B) Review a report
(C) Move his luggage
(D) Submit the requested documents

44. Where most likely do the speakers work?
(A) At a gardening firm
(B) At a radio station
(C) At a magazine company
(D) At a catering service

45. Why was the article missing?
(A) An interview was pushed back.
(B) The man had to attend the conference.
(C) The man misplaced it in his office.
(D) It was too long to be published.

46. According to the man, what did he already do?
(A) Applied for another position
(B) Gave his contact number
(C) Contacted an interviewee
(D) Arranged another article

---

47. Where are the speakers working?
(A) At an architectural firm
(B) At a museum
(C) At a pharmacy
(D) At a fitness center

48. Who is Maria Olson?
(A) An accountant
(B) A local artist
(C) A job candidate
(D) A potential customer

49. What will the woman do next?
(A) Contact an applicant
(B) Look for a missing item
(C) Refer to a document
(D) Send an email

50. Where does the man work?
(A) At a furniture store
(B) At a job agency
(C) At a moving company
(D) At a real estate agency

51. What does the woman say about her office?
(A) It is not large.
(B) It is located near the station.
(C) It is under construction.
(D) It can only be reached by car.

52. What information does the man ask the woman for?
(A) Transportation schedules in the city
(B) The timing of a stay
(C) The range of rental fees available
(D) The name of her company

---

53. Who is Garcia Perez?
(A) A CEO
(B) A reporter
(C) A novelist
(D) A researcher

54. What does the woman mean when she says, "I'm giving presentations in Taipei"?
(A) She cannot make it to the event.
(B) She can meet another client.
(C) She wants to expand her business.
(D) She is busy preparing a report.

55. What will the woman do next?
(A) Make a copy
(B) Visit the bookstore
(C) Sign a form
(D) Go to her office

56. What kind of business are the speakers working for?
(A) A consulting firm
(B) A bank
(C) An accounting firm
(D) An IT company

57. What will the woman do at 2 p.m.?
(A) Apply for the position
(B) Attend a seminar
(C) Take a class
(D) Give out some brochures

58. Where will Peter go next?
(A) To a vehicle
(B) To a seminar
(C) To a fair
(D) To a booth

---

59. According to the woman, what is the problem?
(A) The keynote speaker cannot make it to the meeting.
(B) They don't have enough data.
(C) The lighting is not working properly.
(D) The meeting is canceled.

60. Why does the woman say, "Mr. Park should know"?
(A) He can explain what happened.
(B) He can solve the man's problem.
(C) He can instruct employees to use the room.
(D) He can meet the woman.

61. What does the woman offer to do for the man?
(A) Arrange the meeting
(B) Notify other employees about the conference
(C) Contact another colleague
(D) Give him a contact number

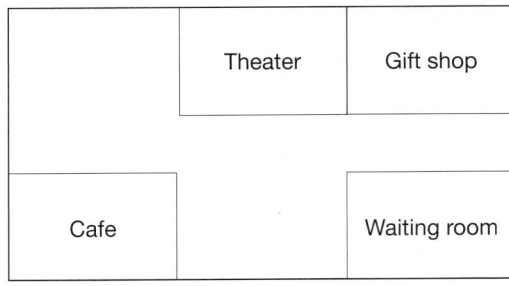

62. According to the man, why can't he meet her at a promised time?
(A) He is stuck in traffic.
(B) His car is broken.
(C) He needs to finish his work.
(D) He is not feeling well.

63. What is the woman concerned about?
(A) She wants to leave earlier.
(B) She doesn't know how to get to the theater.
(C) She wants something to eat.
(D) She doesn't have a ticket.

64. Look at the graphic. Where will the woman be?
(A) At a cafe
(B) At a theater
(C) At a gift shop
(D) At a waiting room

Admission	Price per Person
10-year-old or younger	$7
Group of 8 or more	$12
Member	$15
Non-member	$25

Train Map
Motomachi Station
↓
Sannomiya Station
↓
Gasganomichi Station
↓
Ojikoen Station
↓
Lopko Station

65. What kind of event is being discussed?
(A) A store opening
(B) A live music concert
(C) A museum exhibition
(D) A theater performance

66. What did the woman recently do?
(A) Conducted research
(B) Read an newspaper article
(C) Celebrated her manager's retirement
(D) Went to the museum

67. Look at the graphic. What ticket price will each of the speakers most likely pay?
(A) $7
(B) $12
(C) $15
(D) $25

68. Where does the woman want to go?
(A) To a museum
(B) To a hospital
(C) To a cafe
(D) To a post office

69. Look at the graphic. Which station does the man say the woman should get off at?
(A) Sannomiya Station
(B) Ojikoen Station
(C) Motomachi Station
(D) Gasganomichi Station

70. What does the man suggest about the museum?
(A) It closes early.
(B) It is close to the station.
(C) It is undergoing renovation.
(D) It isn't within walking distance.

PART
4

PART 4
답이 보이는,
토익 강의노트 활용 Intro

1. PART 4 문제 풀이 전략

PART 4
전반적인 유형 분석

1-1

MP3-**150**

1. PART 4 시험에 대한 이해

한 사람이 등장하여 전화 메시지, 공지, 뉴스 등의 내용을 일방적으로 전달하는 형태로, 수험자는 지문을 잘 듣고 주어진 보기 가운데 적절한 것을 선택하면 된다. 질문의 내용은 Part 3와 유사하므로 이미 Part 3에서 문제를 푸는 요령을 익혔다면 좀 더 수월하게 문제에 접근할 수 있을 것이다. 문제지에 나온 3문제를 차례로 풀어야 한다.

문제 유형	한 사람의 짧은 공지나 말을 듣고 문제지에 나온 3문제를 차례로 푼다.
문제 개수	한 지문 당 3문제의 구성으로 총 10개 지문으로 출제된다.
특이점	**PART 3**와 마찬가지로, 화자의 의도 파악 문제 유형(2–3문제), 시각 자료(2–3문제)가 출제된다.

● 풀이 시간: 문제당 8초간의 여유가 있다. **Part 4**가 시작할 때 나오는 **Direction**과 문제당 여유 시간을 활용하여 문제와 보기의 키워드를 미리 분석해 두어야 한다.

2. PART 4 문제 샘플

문제지	음성
71. Where is the announcement being heard? (A) In a store (B) In a post office (C) In a library (D) In an office **72.** When will the business be closing? (A) In ten minutes (B) In twenty minutes (C) In thirty minutes (C) In one hour **73.** What does the speaker say about counter five? (A) The service is faster. (B) Credit cards are accepted. (C) It is the only counter for cash. (D) There is no one at the moment.	**Questions 71-73 refer to the following announcement.** May I have your attention, please? City Supermarket will be closing in ten minutes. Please proceed to the checkout counter immediately to complete your purchase. Our checkout counters will close in precisely twenty minutes, so please hurry. If you have ten items or less, please go to counter 5. It is an express counter that allows our cashiers to provide faster service. Thank you. Have a great day.

▶ 실제로 문제를 푼다는 것은 지문이 진행되면서 문제별, 내용별 해당 위치에 따라 보기의 정답을 찾는 것이다. 따라서 **지문을 들으면서 동시에 문제를 풀어야 하며** 지문이 끝난 후, 해당 문제를 읽어 줄 때에는 이미 그 다음의 세 문제를 미리 분석하는 훈련을 해 두어야 한다.

3. PART 4 빈출 지문과 질문 유형

빈출 지문 유형	질문 순서별 빈출 유형
• **Meeting & Talk** (회의와 토크) • **Telephone message** (전화 메시지) • **Announcement** (공지) • **Introduction** (인물 소개) • **Advertisement** (광고) • **Broadcast** (방송)	❶ 첫 번째 문제: Part 3와 마찬가지로 주제(Subject)나 목적(Purpose), 화자(Speaker), 청자(Audience), 장소 등 해당 지문에 대한 기본적인 사항을 묻는다. ❷ 두 번째 문제: 구체적인 행위나 장소, 시간, 이유, 수단, 방법 등을 묻는다. 지문에서 언급되고 있는 구체적인 내용과 관련된 정보를 묻는다. ❸ 세 번째 문제: 담화가 끝난 후 앞으로의 행동 또는 제안, 요청 등에 관한 문제이다. next와 같이 미래 정보와 관련된 내용을 묻거나 듣는 이에게 제안, 요청하는 사항들이 질문으로 등장한다.

4. 패턴화된 지문 전개와 문제 배열 순서에 따라 빠르게 풀어야 한다.

Part 4의 지문은 일정한 전개 방식을 갖고 있으며, 질문들 역시 어느 정도 정해져 있다. 기본적으로 3단계의 전개 방식으로 진행되며, 이는 해당 질문들과도 밀접한 관계가 있다. 다음은 미팅과 관련된 전개 패턴이다. 다른 지문들도 대체로 아래와 같은 패턴을 따른다.

전개 패턴	내용	문제 유형
1단계(上) 기본적인 정보 전달	회의의 주제와 대상을 밝히고, 자신의 소개나 주제 소개로 이야기를 시작한다.	❶ 화자/청자의 정보 ❷ 장소 ❸ 목적이나 주제
2단계(中) 구체적인 전달 사항	전달하고자 하는 세부 내용에 대해 본격적으로 전개한다.	구체적인 정보를 묻는 문제는 키워드 문제라고도 하며, 주로 2번째 문제에서 등장한다. ❶ 특정 장소, 시간, 이유, 방법, 행위 등과 관련한 사항 ❷ 키워드를 기준으로 풀이를 한다.
3단계(下) 미래, 제안, 요청	끝으로 청중에게 제안, 요구, 요청하거나 다음 내용에 대해 언급하면서 자신의 말을 마무리한다.	마지막 문제에서는 주로 미래나 제안, 요구, 요청과 관련된 정보를 묻는다. ❶ 청중이 해야 할 일이나 화자(speaker)의 제안, 요청 사항 ❷ 이야기가 끝난 후에 예상되는 미래의 일

5. 빈출 지문과 질문을 통해 내용 진행 순서를 미리 익혀라.

빈출 지문의 양식과 질문 유형을 미리 알아 두면 예측이 어느 정도 가능하기 때문에 내용에 좀 더 집중하여 들을 수 있다.

PART 4의 출제 패턴 한눈에 보기

1. 화자(Speaker)와 청자(Listener)를 묻는 질문

문제에서 누구를 지칭하는지 알아야 한다. 지문에서 화자는 I/We로, 청자는 You로 언급한다.

2. 질문에서 사람의 이름이 나오는 경우

– 전화 메시지: 〈This is 화자 이름〉 또는 〈This is for 청자 이름〉으로 화자/청자를 구별한다.
– Introduction/Announcement: 제3자는 이름을 말한 후 3인칭 대명사인 He/She/They로 언급한다.

3. 지문의 흐름은 〈과거 → 미래〉이므로 문제도 〈과거 → 미래〉의 순으로 주로 출제된다.

4. 권유/제안/요청/요구/명령을 묻는 문제 - 청자에게 요구한다.

You should / You will / You are asked / Let's / Please ~

5. 역접 또는 반전을 의미하는 표현 뒤에 결정적인 단서가 나온다.

But / Actually / In fact / Unfortunately 뒤의 내용에 집중하라.

6. 질문 반복 패턴

Why/How ~?의 질문이 주로 해당된다. 지문 중 문제의 질문과 똑같은 문장이 들리면, 그 다음 대사에 집중하면 답이 나온다.

7. 키워드를 따라가면 답이 등장한다.

따라서 문제를 미리 읽고 질문과 보기의 키워드를 재빨리 파악하라.

8. 화자의 의도 파악 문제

'주어진 문장'과 똑같은 내용을 답으로 찾는 것이 아니라, 지문의 해당 표현의 내용을 듣고 상황을 파악하는 것이 관건이다.

9. 시각 자료 문제

시각 자료 문제의 보기는 지문에서 들리지 않으며, 변경/오류/장소 찾기 등의 시각 자료에 따른 관련 풀이 전략을 공부해야 한다.

6. 지문의 내용이 바뀌거나 새로운 주제나 내용을 이야기할 때 등장하는 표현들을 익혀라.

상황별로 자주 등장하는 지문의 표현들을 익혀 두면 상황에 대한 이해력을 높일 수 있고 보다 빠르고 정확한 청취가 가능하다.

❶ 주제, 목적 표현

I'd like to talk about ~, I'm calling to ~

❷ 바로 뒤에 답이 나오는 반전 표현

However나 But 뒤에는 앞의 내용에 반하는 내용들이 나오는데, 주로 이 부분에서 답이 나온다.

❸ 제안, 요구 표현

Please ~, I recommend ~로 후반부에 등장한다.

❹ 미래 표현

〈주어 + will / is going to ~〉로 역시 후반부에 등장한다.

7. 자주 출제되는 상황의 어휘와 paraphrasing 표현들을 기억하라.

정답이 되는 표현은 보기와 동일한 단어나 동일한 의미를 가지는 내용으로 출제된다. 어려운 어휘들이 등장하는 것이 아니라 지문에서 언급된 구체적인 사항들을 동일 어휘나 그보다 일반적이거나 쉬운 단어와 표현으로 풀어서 설명한다.

8. 스크립트를 반복적으로 학습하라.

업무 상황에서 등장할 수 있는 내용과 상황은 제한적이기 때문에 유사한 내용들이 자주 등장한다. 그래서 스크립트를 확인하면서 지문별 내용을 정확히 숙지하는 연습을 해 두면 효과적이다.

1-2 문제 풀이 전략

MP3-**151**

STEP 1
문제를 미리 읽고 주요 단어에 미리 표시를 한다.

71. Where is the announcement being heard?　**장소 / 上** (A) In a store (B) In a post office (C) In a library (D) In an office	공지는 어디서 들리는 것인가? (A) 상점 안에서 (B) 우체국에서 (C) 도서관에서 (D) 사무실에서

STEP 2
전체 내용을 다 들으려고 하기보다는 처음 두 줄 중 보기에 있는 단어가 들리는 부분에 집중한다. 이 때 시선은 문제의 보기에 둔다.

STEP 3
처음에 간단한 인사말과 함께 City Supermarket will be closing in ten minutes.라고 하므로 공지가 이루어지는 장소는 상점임을 알 수 있다.
PART 3와 마찬가지로, 장소나 직업을 나타내는 키워드는 명사임을 알아 두자.

> May I have your attention, please? City Supermarket will be closing in ten minutes. Please proceed to the checkout counter immediately to complete your purchase. Our checkout counters will close in precisely twenty minutes, so please hurry. If you have ten items or less, please go to counter 5. It is an express counter that allows our cashiers to provide faster service. Thank you. Have a great day.

STEP 4
이미 답을 확인했다면 더 이상 고민하지 말고 다음 문제의 보기로 시선을 돌리고 기다려야 한다.

TIP!
지문을 듣는 동시에 보기를 확인하라.

지문을 다 듣고 난 후에 답을 선택하는 것이 아니라, 지문을 들으면서 선택지의 보기에서 정답을 선택하면서 진행해야 한다.

> **1.** 지문을 듣는 동안 미리 읽어 둔 문제와 보기의 주요 키워드에 시선을 맞춰라. 문제의 키워드를 보고 정답의 위치를 예상하면서 보기 가운데 어떤 키워드와 관련된 내용이 나오는지 집중한다.
>
> **2.** 지문의 흐름에 따라 해당 문제에 시선을 집중하며 보기와 일치하는 내용이 들리면 바로 답으로 선택한다. 빠른 선택이 관건으로, 혹시 들으면서 일치하는 보기를 찾지 못했다면 계속 집착하지 말고 바로 그 다음 문제에 집중하자.
>
> **3.** 전체 내용을 다 들으려고 욕심내지 말고 문제의 답이 들릴 예상 위치에 따라 해당 내용만을 집어내가면서 들어야 한다.

PART 4
절대 불변, 기본 답의 위치

PART 4-**2**강

---

2. 답의 위치에 따른 문제 유형

2-1   보기의 내용이 정답 위치에서 2개 이상 틀리는 경우 오류를 먼저 제거한다.

2-2   들리는 단어는 구체적이나, 정답은 포괄적 어휘를 사용한다.

2-3   직업/장소는 첫 2줄의 대명사(I/You/We), 장소부사(here/this + 장소 명사)에서 나온다.

2-4   첫 2줄 안에 주제/목적이 나온다.

2-5   키워드 문제는 키워드 기준 앞뒤 문장에 답이 나온다.

2-6   Why 관련 질문은 대화에서 그대로 반복된 후 원인에 대한 정답이 나온다.

2-7   문제점을 먼저 언급하면 그 뒤에 해결책이 따라온다.

2-8   요청/제안 문제는 하단에 위치하며 please가 대세이다.

2-9   But, However 뒤에 답이 있다.

2-10   Let's, next, from now 등의 표현은 마지막 줄에 들리며 미래의 일정을 설명한다.

2 답의 위치에 따른 문제 유형

MP3-**152**

1. 문제의 화자와 청자는 지문의 I/We/You의 대명사로 구별한다.
2. 답은 순서대로 배치되고, 위치는 불변이다.
3. 각 문제의 답은 대화의 각 2줄마다 차례대로 배치된다.
4. 대화의 흐름은 〈과거 → 미래〉 순이다.
5. 과거에 관한 질문은 상단에, 미래는 하단에 위치한다.

시험에 이렇게 나온다

1. Who is the speaker?
(A) A parking attendant
(B) An accountant
(C) A historian
(D) A hiking guide

1.
(A) _____
(B) _____
(C) _____
(D) _____

문제 미리 읽고 포인트 찾기

① 답의 예상 위치를 표시하세요.(上/下)
② 보기 **A–D**에 키워드를 표시하세요.
③ 화자/청자를 표시하세요.
④ 빈출 주의 사항

ex) 1. 上 / 화자 / I
(A) parking
(B) accountant
(C) historian
(D) guide

반드시 문제를 미리 읽고 문제가 주는 힌트를 최대한 이용하라!

1 화자/청자(Speaker/Listener)를 확인하라.
I/We/You의 대명사에 따라서 화자와 청자를 구별할 수 있다.

2. 답의 위치를 예측하면서 보기에 집중하라.
답은 순서대로 배치되기 때문에 음성을 들을 때는 전체 내용을 다 듣고 답을 선택하기보다는 문제의 해당 위치에 따라 해당 보기에 집중하여 듣는다. 보기에 있는 단어나 관련 단어가 들리는지에 최대한 집중한다.

3. 키워드(고유명사/특정 명사/특정 동사/시간/날짜/요일)를 파악하라.
질문의 키워드뿐 아니라 (A)~(D) 보기 중에 동사 또는 명사 등의 키워드를 미리 확인해 둔다.

PART 4

문제 풀이 전략

1 Who is the speaker?

STEP 1 직업 / 上 / 첫 2줄
STEP 2 〈직업〉첫 2줄에서 나온다.
장소나 직업은 첫 2줄에서 언급되는 연상 단어로 파악하자.
(A) A parking attendant   (B) An accountant
(C) A historian   (D) A hiking guide

STEP 3 답 결정 키워드 ▶ your guide / walk
화자의 직업은 처음부터 바로 나오므로 첫 문장을 잘 들어야 한다. I'll be your guide on our walk에서 하이킹 가이드임을 알 수 있다.
정답 (D)

STEP 4 함정 유형 및 오답 패턴
유사 발음 어휘는 오답이다.
(A) A parking attendant   (B) An accountant
(C) A historian   (D) A hiking guide

정답 1. (D)

Welcome to Litchfield Mountain National **(A)Park.** My name is Luke, and **(D)I'll be your guide** on our walk to the top of Litchfield Mountain today. It will last approximately two hours but we will take several short breaks along the way including a twenty-minute stop at the famous Cachuma Lake. We should arrive at the top at around noon and then we'll have lunch. Please respect the environment of our mountains. Do not drop rubbish of any kind, including apple cores, banana skins, etc, during any stage of your walk. You will need to carry your trash with you and put it in the trash cans located in the parking lots when we return.

2-1 보기의 내용이 정답 위치에서 2개 이상 들리는 경우 오류를 먼저 제거한다.

MP3-**153**

시험에 이렇게 나온다

2. What does the speaker say she is excited about?
(A) The materials for packaging
(B) The improved flavors
(C) Recent sales figures
(D) The availability of more staff

2.
(A) _____
(B) _____
(C) _____
(D) _____

문제 미리 읽고 포인트 찾기

① 답의 예상 위치를 표시하세요.(上/下)
② 보기 **A–D**에 키워드를 표시하세요.
③ 화자/청자를 표시하세요.
④ 빈출 주의 사항

ex) 1. 上 / 화자 / I
(A) parking
(B) accountant
(C) historian
(D) guide

풀이 포인트

Part 4는 지문을 들으면서 보기의 답변을 찾아야 하는데, 각 문제의 보기가 2개 이상 지문의 정답 위치에서 들리는 경우 오류를 먼저 제거한다.

문제 풀이 전략

2 What does the speaker say she is excited about?

STEP 1 화자 / 키워드 excited (긍정)

STEP 2 〈키워드〉 문제는 키워드 기준 앞뒤에 답이 나온다.
(A) The materials for packaging
(B) The improved flavors
(C) Recent sales figures
(D) The availability of more staff

STEP 3 답 결정 키워드 ▶ excited 이하
excited/pleased 관련 문제는 긍정의 내용을 언급한다. 정답 (C)

STEP 4 함정 유형 및 오답 패턴
키워드의 위치가 아닌 곳에서 언급되는 보기는 오답이다.
(A) The materials for packaging
(B) The improved flavors
(C) Recent sales figures
(D) The availability of more staff

This is Miyako Kubayashi from Yummy Ice Cream. I'm calling about the packaging your company designed for our (B)original flavored ice cream. Since the (A)packaging uses eco-friendly materials, it has reduced our production costs. And (C)I was really excited by how much sales of the ice cream have risen as well.

정답 2. (C)

2-2 들리는 단어는 구체적이나, 정답은 포괄적 어휘를 사용한다.

MP3-154

시험에 이렇게 나온다

3. What is the the main topic of the announcement?
(A) Opening a new branch
(B) Releasing a new book
(C) Receiving a pay raise
(D) Winning an award

3.
(A) _____
(B) _____
(C) _____
(D) _____

문제 미리 읽고 포인트 찾기

① 답의 예상 위치를 표시하세요.(上/下)
② 보기 A–D에 키워드를 표시하세요.
③ 화자/청자를 표시하세요.
④ 빈출 주의 사항

ex) 1. 上 / 화자 / I
(A) parking
(B) accountant
(C) historian
(D) guide

풀이 포인트

지문에서 들리는 구체적인 단어는 보기에서 언급되는 것이 일반적이나, 예를 들어 a report와 같이 자주 사용하는 구체적인 단어는 보기 상에서 document의 포괄적이고 일반화된 단어로 paraphrasing됨을 유의하자.

문제 풀이 전략

3 What is the the main topic of the announcement?

STEP 1 주제 / 上 / 첫 2줄

STEP 2 〈주제〉 문제는 첫 2줄에서 답이 나온다.
(A) **Opening a** new branch
(B) **Releasing a** new book
(C) **Receiving a** pay raise
(D) **Winning an** award

STEP 3 답 결정 키워드 ▶ **nominated / Employee of The Year**
지문 중에서 들리는 단어는 구체적이지만 답은 항상 포괄적인 단어로 paraphrasing이 된다. Employee of The Year ＜ award(상)
정답 (D)

STEP 4 함정 유형 및 오답 패턴
연상어의 오류를 주의하자.
book – magazine / pay raise – increase
(A) **Opening a** new branch
(B) **Releasing a** new book
(C) **Receiving a** pay raise
(D) **Winning an** award

I want to begin today's staff meeting with some very good news. **I'm pleased to announce** that Kelly Shin, the subeditor, **(D)is nominated for Employee of The Year**. As you know, this year our company experienced **(C)an increase** in readership because of the new **(B)magazine**, Youngers.

PART 4

정답 3. (D)

2-3 직업/장소는 첫 2줄의 대명사(I/You/We), 장소 부사(here/this + 장소 명사)에서 나온다.

MP3-155

시험에 이렇게 나온다

4. Who is the talk for?
(A) Tourists
(B) Government officials
(C) New employees
(D) Product developers

4.
(A) _____
(B) _____
(C) _____
(D) _____

5. Where is the speaker?
(A) At a museum
(B) At a cafe
(C) At a lecture
(D) At a convention

5.
(A) _____
(B) _____
(C) _____
(D) _____

문제 미리 읽고 포인트 찾기

① 답의 예상 위치를 표시하세요.(上/下)
② 보기 A–D에 키워드를 표시하세요.
③ 화자/청자를 표시하세요.
④ 빈출 주의사항

ex) 1. 上 / 화자 / I
(A) parking
(B) accountant
(C) historian
(D) guide

직업과 장소

Who is the speaker/listener? 화자/청자는 누구인가?
What kind of business does the speaker work for? 화자는 어떤 업체에서 일하는가?
① 화자/청자 직업: 〈I/we → 화자 / you → 청자〉로 언급한다.
② 장소 – 〈here / this + 장소 명사 / our + 장소 / 직업 명사〉로 언급한다.
③ Welcome/Attention의 단어 뒤에서 직업이나 장소를 언급한다.

1 지문 유형에 따라 직업과 장소를 나타내는 표현이 정해져 있으므로 꼭 알아 두자.

① 전화 메시지	
화자의 직업	▶ This is 화자 from ～
청자의 직업	▶ This is for ～ 청자
② 공지	
청자/장소	▶ Welcome to 장소
장소: 마트/쇼핑몰	▶ Attention shoppers.

2 장소의 경우 그 장소에서만 쓸 수 있는 단어만 듣자!
보기를 볼 때도 역시 각각의 장소에 따른 상황이나 관련 어휘 등을 연상해 본다.

3 첫 2줄에서 our, your, this, here의 표현과 함께 들리는 장소/직업 명사가 정답이 된다.

4 보기에 employees, staff, salesperson 등이 있으면 답이 될 가능성이 매우 높다.

5 본인이 직접 자신이 일하는 회사에 대해서 언급하기보다는 상대방의 대사를 통해 어떤 종류의 업종에서 일하는지를 알아내야 하는 경우에 난이도가 높아진다.

4 Who is the talk for?

STEP 1 청자 / 직업 / 上 / 첫 2줄

STEP 2 〈직업〉은 대명사에 집중해야 한다.
(A) Tourists
(B) Government officials
(C) New employees
(D) Product developers

STEP 3 답 결정 키워드 ▶ welcome / new employee
welcome to 다음에 나오는 장소 명사와 직업 명사는 화자 및 청자와 장소를 알 수 있는 단서가 된다.
정답 **(C)**

STEP 4 함정 유형 및 오답 패턴
직업의 위치가 아닌 곳에서 언급되는 보기는 오답이다.
(A) Tourists
(B) Government officials
(C) New employees
(D) Product developers

Good morning, everyone. **(C)Welcome to** the Walgreen **new employee orientation**. My name is Melissa Saunders. I work in the personnel department. Let me start the **(A)tour** by showing you around the manufacturing facility today and helping you get settled into your new jobs.

5 Where is the speaker?

STEP 1 화자 / 장소 / 上 / 첫 2줄

STEP 2 〈장소〉는 첫 2줄에서 나온다.
(A) At a museum
(B) At a cafe
(C) At a lecture
(D) At a convention

STEP 3 답 결정 키워드 ▶ museum / exhibit
Attention 다음에 청자를 언급하고, 주제/장소가 바로 따라 나온다.
정답 **(A)**

STEP 4 함정 유형 및 오답 패턴
장소의 보기가 2개 이상 언급될 때, 상대적으로 범위가 작은 오답이다.
(A) At a museum
(B) At a cafe
(C) At a lecture
(D) At a convention

Attention, visitors. The Modern **(A)Arts Museum's exhibit** rooms will be closing in half an hour. The museum's **(B)cafe** and gift store will remain open until 9. If you checked your personal items or coats when you entered, do not forget to collect them before you leave.

정답 4. (C)   5. (A)

2-4 첫 2줄 안에 주제/목적이 나온다.

MP3-156

시험에 이렇게 나온다

6. What is the purpose of the announcement?
(A) To inform attendees of Communication Technology
(B) To announce the parking space
(C) To hire some temporary workers
(D) To open a new building

6.
(A) _____
(B) _____
(C) _____
(D) _____

문제 미리 읽고 포인트 찾기

① 답의 예상 위치를 표시하세요.(上/下)
② 보기 A–D에 키워드를 표시하세요.
③ 화자/청자를 표시하세요.
④ 빈출 주의 사항

ex) 1. 上 / 화자 / I
(A) parking
(B) accountant
(C) historian
(D) guide

주제/목적

What is the talk mainly about? 담화는 주로 무엇에 관한 것인가?
What is being advertised? 광고되고 있는 것은 무엇인가?

− 첫 2줄 안에 정답이 있다.
− Hi, Hello, Good morning의 간단한 인사말 뒤에 주제/목적이 제시된다.

1 최근에는 처음 2줄에서 보기의 내용이 2개 이상 들리면서 난이도를 올리고 있다.

2 전체 지문의 목적을 묻는 문제는 특정 행사나 연설의 주제를 묻는 문제와 서로 다른 유형이다.
① 주제나 목적을 묻는 문제는 지문의 시작 부분에서 90% 이상 등장한다.
② 특정 행사나 연설의 주제를 묻는 문제는 '소개'나 '공지' 지문 유형에서 주로 출제된다.

3 목적이 지문의 전반부에 있지 않은 경우에는 후반부의 요구 사항에 답이 있다.
− 전반부에서 주제나 목적에 대한 내용이 언급되지 않는 경우 보통 후반부의 요청, 요구 사항이 목적이 된다고 볼 수 있다. 전화 메시지에서 주로 등장한다.

문제 풀이 전략

6 What is the purpose of the announcement?

STEP 1 공지의 목적 / 上 / 첫 2줄

STEP 2 〈목적〉은 첫 2줄에서 파악한다.
(A) **To inform** attendees of Communication Technology
(B) **To announce** the parking space
(C) **To hire** some temporary workers
(D) **To open** a new building

STEP 3 답 결정 키워드▶**I'd like to announce / parking**
〈welcome + 특정 행사〉, 〈I'd like + 지문의 주제〉의 표현을 알아 두자.
정답 (B)

STEP 4 함정 유형 및 오답 패턴
지문의 목적과 특정 행사의 주제는 서로 다른 유형이다.
(A) **To inform** attendees of Communication Technology
(B) **To announce** the parking space
(C) **To hire** some temporary workers
(D) **To open** a new building

Good morning and (A)welcome to the 7th annual Convention on Mobile Communication Technology. Before I begin, (B)I'd like to announce a parking issue. Since we have limited parking spaces, we arranged a temporary parking lot next door, Marin Building.

정답 6. (B)

2-5 키워드 문제는 키워드 기준
앞뒤 문장에 답이 나온다.

MP3·**157**

시험에 이렇게 나온다

7. What is suggested about the customer
   service representatives?
   (A) They are on other telephone lines.
   (B) They are repairing the equipment.
   (C) They are not currently working.
   (D) They work in another office.

7.
(A) _____
(B) _____
(C) _____
(D) _____

문제 미리 읽고 포인트 찾기

① 답의 예상 위치를 표시하세요.(上/下)
② 보기 A~D에 키워드를 표시하세요.
③ 화자/청자를 표시하세요.
④ 빈출 주의 사항

ex) 1. 上 / 화자 / I
(A) parking
(B) accountant
(C) historian
(D) guide

키워드

키워드(Keyword)를 잡아라! 그러면 답이 따라온다!

답의 위치가 정해져 있는 주제/장소/요청의 기본 유형 문제를 제외한 나머지는 모두 키워드 문제라고 할 수 있다. 따라서 질문에 나오는 키워드를 잡아야 지문에서 그 내용을 확인하고 답을 골라낼 수 있다.

키워드(Keyword)란? 문제에서 등장한 특정 행위를 말하는 동사, 또는 고유명사(사람 이름, 지명) 그리고 시간, 장소, 수단, 방법 등의 부사어구들을 의미한다.

1. 특정 행위의 대상이나 특정 인명에 대해 묻는 문제
2. 특정 시점에 대해 묻는 문제
3. 구체적인 행위가 발생하는 장소를 묻는 문제
4. 지문의 키워드를 그대로 이용하는 문제
5. 특정 행위나 사실에 대한 이유나 원인 또는 감정을 묻는 문제
6. 기간/빈도/수/방법/수단(교통수단)을 묻는 문제

- 문제 중에 특정 키워드에 대해 묻는 문제는 반드시 지문 중의 해당 키워드 앞뒤에서 답이 들린다. 일반적으로는 키워드 뒤에 답이 들리지만 최근에는 키워드 앞에 미리 답이 나오는 경우가 있다.
- 특정 시간이나 수치에 대한 문제는 보기에 시간이나 수치들이 모두 나오기 때문에, 반드시 키워드 근처에서 답을 찾아야 한다.
- 최근에는 키워드 뒤에 답이 나오는 것이 아니라 그 다음 대사에서 대명사(It/He/She/They 등)로 받아 답이 나오는 경우도 있다.

문제 풀이 전략

7 What is suggested about the customer service representatives?

STEP 1 키워드

STEP 2 〈키워드〉 문제는 키워드 앞뒤에서 답이 나온다.
(A) **They are** on other telephone lines. (B) **They are** repairing the equipment.
(C) **They are** not currently working. (D) **They** work in another office.

STEP 3 답 결정 키워드 ▶ **currently closed / call back / during regular business hours**
정답 (C)

STEP 4 함정 유형 및 오답 패턴
정답 위치에 2개 이상의 키워드가 들리면 들리지 않는 오류를 포함한 하나를 소거한 후 정답을 남긴다.
(A) **They are** on other telephone lines. (B) **They are** repairing the equipment.
(C) **They are** not currently working. (D) **They** work in another office.

Thank you for calling Brookline Bank. The office is **currently closed** because of the national holiday. The business hours are 9 a.m. to 5 p.m., Monday through Friday, except for national holidays. If you need to speak to one of **(C)**our customer service representatives, please **(A)**call back during regular business hours or you may also check your account information on our website.

정답 7. (C)

PART 4

2. 답의 위치에 따른 문제 유형

2-6 **Why** 관련 질문은 대화에서 그대로 반복된 후 원인에 대한 정답이 나온다.

MP3-**158**

시험에 이렇게 나온다

8. Why does the problem have to be solved quickly?
(A) To meet the deadline
(B) To upgrade a computer
(C) To place an order
(D) To follow a company regulation

8.
(A) _____
(B) _____
(C) _____
(D) _____

문제 미리 읽고 포인트 찾기

① 답의 예상 위치를 표시하세요.(上/下)
② 보기 **A–D**에 키워드를 표시하세요.
③ 화자/청자를 표시하세요.
④ 빈출 주의 사항

ex) 1. 上 / 화자 / I
(A) parking
(B) accountant
(C) historian
(D) guide

Why 질문 표현

1 일단 Why 뒤의 키워드가 지문에서 들려야 그 뒤에 답이 나온다.

구체적인 내용을 묻는 키워드 문제 중에 이유나 원인을 묻는 문제들은 주로 결과를 키워드로 주고 보기 중에 어떤 원인이 등장하는지를 확인해야 한다.

2 Why 질문은 ① 목적이나 요청, ② 일의 발생 이유에 대해 묻는다.

3 보기가 to 부정사나 미래인 경우, 요청/제안/목적에 대한 Why 질문이다.

Q. Why should listeners visit a website? 청자들은 왜 웹사이트에 방문해야만 하는가?
A. To sign up for a membership program. 회원 프로그램에 등록하기 위해서요.

4 어떤 일을 할 수 없거나 하지 못한 일에 대한 이유를 묻는 문제들은 전반부에서 '할 수 없다'는 결정 사항이나 '못했다'는 결과를 언급하고 중반부에 그 이유를 설명해 준다.

바쁘다 / 다른 할 일이 있다	고장 났다	아직 준비 중이다	**I thought** 생각했었다
자리에 없다 / 출장 /휴가 중이다	수리 중이다	아직 기다리고 있다	**I was going to** 하려고 했다
have to / should / need 해야만 한다	무엇이 없거나 부족하다	몰랐다	

문제 풀이 전략

8 Why does the problem have to be solved quickly?

STEP 1 Why(원인) / 키워드 be solved quickly

STEP 2 Why 질문 내용은 대사에서 언급된다는 점을 유의하자.
(A) **To meet** the deadline
(B) **To upgrade** a computer
(C) **To place** an order
(D) **To follow** a company regulation

STEP 3 답 결정 키워드 ▶ resolved / ASAP / deadline
질문의 solved quickly를 resolved as soon as possible로 바꾼 문장 뒤가 이유를 나타내는 부분이다.
정답 (A)

STEP 4 함정 유형 및 오답 패턴
유사 발음 어휘는 오답이다.
(A) **To meet** the deadline
(B) **To upgrade** a computer
(C) **To place** an order
(D) **To follow** a company regulation

Hello, this is Daniel Bell calling from the online marketing department. I'm one of the marketers here and I'm having an issue with my **(B)** computer. The editing software isn't working properly. I'd like to **(A)** get this resolved as soon as possible. I'm currently working on an important project and **the deadline** is the end of the day.

정답 8. (A)

2-7 문제점을 먼저 언급하면 그 뒤에 해결책이 따라온다.

MP3-159

시험에 이렇게 나온다

9. What problem does the speaker mention?
(A) An order has not been delivered.
(B) A convention center does not have enough seats.
(C) Some corporations have not arrived.
(D) A system is not working properly.

9.
(A) _____
(B) _____
(C) _____
(D) _____

문제 미리 읽고 포인트 찾기

① 답의 예상 위치를 표시하세요.(上/下)
② 보기 **A–D**에 키워드를 표시하세요.
③ 화자/청자를 표시하세요.
④ 빈출 주의 사항

ex) 1. 上 / 화자 / I
(A) parking
(B) accountant
(C) historian
(D) guide

문제와 해결책

1 한 사람이 제기한 문제에 관해 상대방이 해결책을 제시하는 Part 3와 달리, Part 4는 한 사람의 말에서 문제와 해결책이 제시된다.

2 문제점은 주로 과거 시제로 언급되고, 이를 해결하기 위한 요청이나 제안을 하게 된다.

3 지문 유형마다 출제되는 문제점과 해결책의 제안이 다르기 때문에 유형별 정리가 필요하다.
　① 공지: 지연되다, 취소되다　　　→　기다려 주세요, 다른 교통편을 타세요
　② 광고: ~을 찾고 있나요?　　　　→　이 제품이 있습니다
　③ 전화 메시지: 제품이 안 왔어요　→　확인 후 알려 주세요
　④ 방송: 교통이 막히고 있습니다　→　우회로를 이용하세요
　⑤ 회의: 판매량이 감소했습니다　→　아이디어를 생각해 보세요

PART 4

문제 풀이 전략

9　What problem does the speaker mention?

STEP 1 문제 / 上 / 첫 2줄

STEP 2 〈문제점〉은 첫 2줄에서 역접 단어와 함께 나온다.
(A) **An order has** not been delivered.
(B) **A convention** center **does** not have enough seats.
(C) **Some** corporations **have** not arrived.
(D) **A** system **is** not working **properly**.

STEP 3 답 결정 키워드 ▶ unfortunately / problems / system
문제점은 역접의 부사/접속사 뒤에 나온다.
정답 **(D)**

STEP 4 함정 유형 및 오답 패턴
연상 어휘는 오답이다. registration – seat
(A) **An order has** not been delivered.
(B) **A convention** center **does** not have enough seats.
(C) **Some** corporations **have** not arrived.
(D) **A** system **is** not working **properly**.

Welcome to the monthly World Finance Conference, everyone. We apologize for the **(B)long registration lines**. **(D)Unfortunately**, we are experiencing some technical **problems** with our administration **(D)system**, and we are unable to access your registrations. To help us expedite the check-in process, please have your receipt ready to show us as proof of payment.

정답 9. (D)

2-8 요청/제안 문제는 하단에 위치하며 please가 대세이다.

MP3-160

시험에 이렇게 나온다

10. What are passengers asked to do?
(A) Board now
(B) Look at an airport monitor
(C) Check their airplane ticket
(D) Stay near the departure gate

10.
(A) _____
(B) _____
(C) _____
(D) _____

문제 미리 읽고 포인트 찾기

① 답의 예상 위치를 표시하세요.(上/下)
② 보기 A–D에 키워드를 표시하세요.
③ 화자/청자를 표시하세요.
④ 빈출 주의 사항

ex) 1. 上 / 화자 / I
(A) parking
(B) accountant
(C) historian
(D) guide

요청과 제안

1 Part 4의 요청과 제안은 화자(Speaker)가 청자들(Listeners)에게 지시하는 것으로 질문과 답변의 형태 및 답변의 위치가 고정되어 있고, 이러한 경우, 정답과 관련된 내용이 지문의 후반부에 등장한다.
   ① 상대방(you)에게 직접적으로 '~을 하세요'라고 권유/제안/요구/요청하는 표현
   ② 자신이 직접 상대방을 위해 '~을 하겠다(I will ~)'는 표현

요청과 제안 빈출 답변 표현

Please + 동사원형 ~해 주세요
Let's ~ / What about ~? / How about ~? ~합시다
You should/must/can/need to/had better ~ ~해야만 합니다
We ask/suggest/recommend/invite you to ~ 우리는 당신이 ~하기를 요청/제안합니다
If you ~ + 제안/요청 만약 ~하다면 ~하세요

★ If you ~, please ~(~한다면, ~하세요)의 제안 표현을 자주 사용하므로 알아 두자.

문제 풀이 전략

10 What are passengers asked to do?

STEP 1 요청 / 下 / 마지막 2줄

STEP 2 〈요청〉은 후반부의 명령문에서 나온다.
(A) Board now
(B) Look at an airport monitor
(C) Check their airplane ticket
(D) Stay near the departure gate

STEP 3 답 결정 키워드 ▶ 후반부 / Please / gate
요청은 Please로 시작한다. 정답 (D)

STEP 4 함정 유형 및 오답 패턴
명령문 다음의 so절은 명령의 이유를 나타낸다.
(A) Board now
(B) Look at an airport monitor
(C) Check their airplane ticket
(D) Stay near the departure gate

Good morning, passengers for British Air Flight 733 with nonstop service to London Heathrow Airport. We apologize for the change in our departure time. The flight is now scheduled to depart at 11:45 a.m. We'll begin the boarding process shortly. **(D)Please remain close to the gate** so you can **(A)board** without any further delay.

정답 10. (D)

2-9 But, However 뒤에 답이 있다.

MP3-161

시험에 이렇게 나온다

11. What is the problem?
(A) Items are broken.
(B) There is no stock in the warehouse.
(C) A vehicle did not arrive.
(D) An order was missed.

11.
(A) _____
(B) _____
(C) _____
(D) _____

문제 미리 읽고 포인트 찾기

① 답의 예상 위치를 표시하세요.(上/下)
② 보기 A–D에 키워드를 표시하세요.
③ 화자/청자를 표시하세요.
④ 빈출 주의 사항

ex) 1. 上 / 화자 / I
(A) parking
(B) accountant
(C) historian
(D) guide

역접 또는 반전

역접 또는 반전을 의미하는 표현 뒤에는 결정적인 답의 단서가 나온다!

아래의 표현은 지문의 내용이 바뀌거나 다른 결론을 강조할 때 등장하는 것으로, 그 뒤에 정답의 단서가 제시될 가능성이 높다.

그러나	But / However
사실은	Actually / In fact
유감스럽게도	Unfortunately
죄송합니다만	I'm sorry but / I'm afraid ∼
고맙지만	Thanks but ∼

Tip 주로 But이나 However, Actually 등의 역접이나 반전을 의미하는 접속사나 부사 등이 나오면 그 뒤에 정답을 동반하는 경우가 많다. 그러므로 지문을 들을 때 반전이 있는지를 파악하는 것이 고득점의 팁이 될 수 있다.

PART 4

문제 풀이 전략

11 What is the problem?

STEP 1 문제 / 上

STEP 2 문제점은 But / However 다음에 나온다.
(A) Items are broken.
(B) There is no stock in the warehouse.
(C) A vehicle did not arrive.
(D) An order was missed.

STEP 3 답 결정 키워드 ▶ but / transportation / truck
문제점은 역접의 부사/접속사 뒤에 나온다. 정답 (C)

STEP 4 함정 유형 및 오답 패턴
문제점의 위치가 아닌 곳의 보기는 오답이다.
(A) Items are broken.
(B) There is no stock in the warehouse.
(C) A vehicle did not arrive.
(D) An order was missed.

Hello, Patrick. It's Lily. at the (B)warehouse in Boston. I know you took a day off today. But we have a problem with our (C)transportation. As usual, we're preparing for today's delivery and I'm getting worried because (C)the truck has not arrived yet. Actually he always reports to work on time. As you know, this season is very important to us and we have tons of (D)orders to deliver today. I already tried calling his office, but nobody answered. It's already 9:30. Please call me back as soon as you get this message.

정답 11. (C)

2-10 Let's, next, from now 등의 표현은 마지막 줄에 들리며 미래의 일정을 설명한다.

MP3-162

시험에 이렇게 나온다

12. What will be offered in September?
(A) A company party
(B) A special discount
(C) More information
(D) Free refreshments

12.
(A) _____
(B) _____
(C) _____
(D) _____

문제 미리 읽고 포인트 찾기

① 답의 예상 위치를 표시하세요.(上/下)
② 보기 A–D에 키워드를 표시하세요.
③ 화자/청자를 표시하세요.
④ 빈출 주의 사항

ex) 1. 上 / 화자 / I
(A) parking
(B) accountant
(C) historian
(D) guide

미래 정보

미래의 정보를 묻는 Next ~ 문제는 마지막 대사의 I will ~을 잡아라!

What will the speaker do next? 화자는 다음에 무엇을 하게 될 것인가?
What will happen next week? 다음 주에 무슨 일이 일어날 것인가?

대화가 끝난 다음 어떤 행동이나 행위를 할 것인지에 대한 대화 직후에 일어날 미래의 정보를 묻는 문제는 후반부에 자주 등장한다.

① 대부분의 대화는 〈과거 → 미래〉의 순서로 진행되므로 미래 관련 질문은 대화의 후반부에 위치한다.
② 단순히 화자나 청자가 앞으로 할 일에 대해 묻기보다는 **next week**, **in the conference hall** 등의 시간이나 장소와 어울리는 미래의 정보를 묻는 문제가 자주 출제된다. 따라서 미래의 정보 문제이기는 하나, 키워드 역시 파악하고 있어야 한다.

What will the listeners do next? 청자는 다음에 무엇을 하게 될 것인가?

① 질문은 미래이지만, 내용상 화자가 청자에게 요청하는 것이 되므로, **you will** ~로 시작하는 후반부의 대사에 답이 있다.
② 마지막 대사에서 **You'll fill out the form before you leave.**와 같이 두 가지 이상의 미래 정보[(작성하는 것(fill out) + 떠나는 것(leave)]를 언급하는 경우, 청자가 앞으로 할 일은 '작성하는 것'이 됨을 주의하자.

문제 풀이 전략

12 What will be offered in September?

STEP 1 미래 / 下 / 키워드 September

STEP 2 〈미래〉는 후반부 〈주어 + will ~〉에서 정답이 나온다.
(A) A company party
(B) A special discount
(C) More information
(D) Free refreshments

STEP 3 답 결정 키워드 ▶ September / will / refreshments
▶ 미래 정보 질문의 답변은 will과 함께 언급된다. 정답 (D)

STEP 4 함정 유형 및 오답 패턴
요청의 위치가 아닌 곳의 보기는 오답이다.
(A) A company party
(B) A special discount
(C) More information ----
(D) Free refreshments

정답 12. (D)

Ladies and gentlemen, we are looking around the newly completed area of the convention center. We rent out this amazing space not just for conventions but also for workshops, seminars, and business meetings. It can hold thousands of people at once. And as part of this project, we've installed moveable soundproof walls so that the space can be divided into several smaller rooms to accommodate different events.
And during the month of **(D)September, we will offer free refreshments** and coffee for events involving no 10 people. So if you are planning on a small gathering this fall season, you can get more **(C)information** about rental fees on our website.

PART 4
지문의 종류에 따른
문제 유형 마스터

---

3. Meeting

PART 4-**3**강

3-1 Meeting의 주제/목적은 Before we start, I'd like to start 다음에 나온다.

3-2 합병이나 정책의 변화가 주제가 될 때, 긍정적인 효과를 언급한다.

3-3 판매량의 하락(down, decreased)과 같은 문제점 언급 후, 요청하는 내용이 나온다.

3-4 마지막 2줄에서 추후에(further, next week, next meeting) 논의를 하자는 답이 나온다.

---

4. Talk

PART 4-**4**강

4-1 I'm pleased ~ 다음에 수상 소식 / 소개하는 내용이 나온다.

4-2 보기가 모두 날짜이거나 요일, 장소 등인 경우 난이도가 높아진다.

---

5. Telephone message

PART 4-**5**강

5-1 전화 메시지는 화자와 청자를 구별하는 특별한 표현이 있다.

5-2 첫 2줄에서 과거 정보를 언급하면 요청이 주제가 된다.

5-3 I've received your message~는 상대방의 문제나 요청에 대한 해결책을 제시한다.

---

6. Announcement & Broadcast

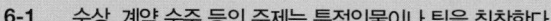
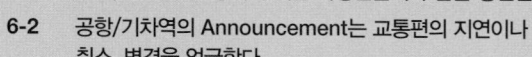
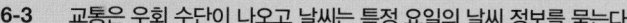

PART 4-**6**강

6-1 수상, 계약 수주 등의 주제는 특정인물이나 팀을 칭찬한다.

6-2 공항/기차역의 Announcement는 교통편의 지연이나 취소, 변경을 언급한다.

6-3 교통은 우회 수단이 나오고 날씨는 특정 요일의 날씨 정보를 묻는다.

6-4 쇼핑채널/박람회 뉴스 보도의 유형이 나온다.

---

7. Introduction & Advertisement

PART 4-**7**강

7-1 We'll be talking to 다음에 소개할 사람이 나온다.

7-2 workshop, seminar는 사람 이름 다음에 직업, 경력이 소개된다.

7-3 인물 소개 - 누구를 소개하느냐에 따라 이야기의 흐름이 달라진다.

7-4 서비스에 대한 광고가 대세이다.

7-5 special, unique, good, excellent 등의 형용사에 주의하라.

3. Meeting

3-1 Meeting의 주제/목적은 Before we start, I'd like to start 다음에 나온다.

MP3-**163**

시험에 이렇게 나온다

13. What is the topic of the meeting?
(A) The customers' reviews
(B) The new factory
(C) The orientation
(D) The parking issue

14. What has the speaker's company recently done?
(A) It has moved to a new building.
(B) It has hired additional employees.
(C) It has acquired another company.
(D) It has bought several cars.

15. What has Snyder's Accounting Firm offered to do?
(A) Share a parking area
(B) Conduct some training
(C) Create a budget
(D) Provide storage space

13.
(A) _____
(B) _____
(C) _____
(D) _____

14.
(A) _____
(B) _____
(C) _____
(D) _____

15.
(A) _____
(B) _____
(C) _____
(D) _____

문제 미리 읽고 포인트 찾기

① 답의 예상 위치를 표시하세요.(上/下)
② 보기 A–D에 키워드를 표시하세요.
③ 화자/청자를 표시하세요.
④ 빈출 주의사항

ex) 1. 上 / 화자 / I
(A) parking
(B) accountant
(C) historian
(D) guide

Meeting 유형의 주제 표현

1 Meeting 지문은 Thanks for coming / Before we begin의 표현으로 주로 시작한다.

2 그 다음에 Meeting을 주최하는 이유나 목적을 언급한다.

이때, 주제를 나타내는 전형적인 표현 I'd like to 외에 〈명령문〉이나 〈'축하한다'〉 또는 〈과거 시제의 문제 제기를 통한 이유〉를 제시하게 된다.

13 What is the topic of the meeting?

STEP 1 주제 / 上 / 첫 2줄
STEP 2 〈주제〉는 첫 2줄 안에 나온다.
(A) The customers' reviews
(B) The new factory
(C) The orientation
(D) The parking issue

STEP 3 답 결정 키워드 ▶ update / parking situation
I'd like to 다음에 주제가 언급되며, parking situation과 어울리는 보기는 (D)이다. 정답 (D)

STEP 4 함정 유형 및 오답 패턴
유사 발음 오류 situation – orientation
(A) The customers' reviews
(B) The new factory
(C) The orientation
(D) The parking issue

> I'd like to start off our meeting with **(D)an update** on the **parking** **(C)situation**.

14 What has the speaker's company recently done?

STEP 1 recently / 했었던 일 / 上
STEP 2 recently는 과거로 말하고 전반부에 나온다.
(A) It has moved to a new building.
(B) It has hired additional employees.
(C) It has acquired another company.
(D) It has bought several cars.

STEP 3 답 결정 키워드 ▶ hired / new staff
문제의 recently는 지문의 과거 시제로 언급한다. 정답 (B)

STEP 4 함정 유형 및 오답 패턴
정답의 위치가 아닌 곳의 보기는 오답이다.
(A) It has moved to a new building.
(B) It has hired additional employees.
(C) It has acquired another company.
(D) It has bought several cars.

> As you know, we've **hired** over 30 **(B)new staff members** in the last six months. As a result, our parking area fills up early in the morning and many people can't find a place to park their **(D)car**. Well the good news is that **(C)Snider's Accounting Firm** next door has offered to let us use its parking facility.

15 What has Snyder's Accounting Firm offered to do?

STEP 1 키워드 / 제안 사항
STEP 2 〈키워드 / 제안〉이므로 후반부에서 확인하자.
(A) Share a parking area
(B) Conduct some training
(C) Create a budget
(D) Provide storage space

STEP 3 답 결정 키워드 ▶ offered / use its parking facility
Snyder's Accounting Firm → it / they 정답 (A)

STEP 4 함정 유형 및 오답 패턴
연상어의 오답. place - space
(A) Share a parking area
(B) Conduct some training
(C) Create a budget
(D) Provide storage space

> As a result, our parking area fills up early in the morning and many people can't find a **(D)place** to park their car. Well the good news is that **(A)Snider's Accounting Firm next door has offered to let us use its parking facility.** But you'll need an access card to get in. I'll have access cards by tomorrow. So please come by my office to get one.

정답 13. (D)   14. (B)   15. (A)

3-2 합병이나 정책의 변화가 주제가 될때, 긍정적인 효과를 언급한다.

MP3-**164**

시험에 이렇게 나온다

16. What happened in the last month?　16.
(A) The company moved downtown.　(A) _____
(B) New machines were installed.　(B) _____
(C) A new factory opened.　(C) _____
(D) A musical concert was held.　(D) _____

17. Who most likely are the listeners?　17.
(A) Factory workers　(A) _____
(B) Designers　(B) _____
(C) Sales representatives　(C) _____
(D) Tourists　(D) _____

18. What will Tomas Gibson do today?　18.
(A) Introduce new software　(A) _____
(B) Share ideas about networking　(B) _____
(C) Start his new job in the office　(C) _____
(D) Demonstrate the use of some equipment　(D) _____

문제 미리 읽고 포인트 찾기

① 답의 예상 위치를 표시하세요.(上/下)
② 보기 A–D에 키워드를 표시하세요.
③ 화자/청자를 표시하세요.
④ 빈출 주의사항

ex) 1. 上 / 화자 / I
(A) parking
(B) accountant
(C) historian
(D) guide

정책의 변화가 주제가 될 때, 긍정적인 효과를 언급한다.

회사의 합병, 정책의 변화, 시스템의 변경과 같이 변화를 알리는 경우, 긍정적인 효과를 언급하게 된다.

1. 회사의 합병 → 업계 내 회사의 입지 변화 언급, 직원 복지 향상
2. 주차 정책의 변화 → 더 많은 차량의 주차가 가능
3. 시스템의 변경 → 업무 시간 단축 등의 효과

16 What happened in the last month?

STEP 1 과거 / 키워드 last month / 첫 2줄

STEP 2 〈과거〉는 전반부에서 나온다.
(A) The company moved downtown.
(B) New machines were installed.
(C) A new factory opened.
(D) A musical concert was held.

STEP 3 답 결정 키워드 ▶ installed / machinery / here 정답 (B)

STEP 4 함정 유형 및 오답 패턴
보기의 내용들이 모두 관련이 있는 것처럼 보이지만 관련이 없는 요소를 일부라도 포함하고 있다면 오답이 된다.
(A) The company moved downtown.
(B) New machines were installed.
(C) A new factory opened.
(D) A musical concert was held.

(B) Last month we installed some new machinery here in the **(C)**factory.

17 Who most likely are the listeners?

STEP 1 청자 / 上

STEP 2 〈청자〉 문제는 전반부에 위치한다.
(A) Factory workers
(B) Designers
(C) Sales representatives
(D) Tourists

STEP 3 답 결정 키워드
our line of products / here / the plant floor 정답 (A)

STEP 4 함정 유형 및 오답 패턴
연상어의 오류를 주의하자.
package – tourist / increase – sales
(A) Factory workers
(B) Designers
(C) Sales representatives
(D) Tourists

These machines are designed to **(D)**package our entire line of clothing products faster than before. And this should significantly **(C)**increase our productivity. Since all of us **(A)**here on the plant floor will be working with this new equipment

TIP 직업과 장소는 주로 전반부에 위치하지만, 바로 나오지 않아도 첫 문장의 주제를 통해 흐름의 파악이 가능하므로, 첫 두 문장은 꼭 들어 두자.

18 What will Tomas Gibson do today?

STEP 1 키워드 Tomas Gibson / 미래 / 下

STEP 2 〈미래 정보 / 키워드(Tomas)〉 문제로 후반부의 키워드 정답 위치 앞뒤를 잘 듣자.
(A) Introduce new software
(B) Share ideas about networking
(C) Start his new job in the office
(D) Demonstrate the use of some equipment

STEP 3 답 결정 키워드 ▶ he / showing / how to use
지문에서 들리는 단어는 구체적이지만 답은 항상 포괄적인 단어로 paraphrasing 이 된다. show how to 〈 demonstrate 정답 (D)

STEP 4 함정 유형 및 오답 패턴
답의 위치와 관계없는 연상어나 단어의 반복은 오답이다.
(A) Introduce new software
(B) Share ideas about networking
(C) Start his new job in the office
(D) Demonstrate the use of some equipment

Since all of us here on the plant floor will be **(B)**working with this **(A)**new equipment I want to make sure everyone learns how to operate it correctly and is familiar with the safety features. **Tomas Gibson** from maintenance is here today. He helped install the new machinery and **(D)**he will be showing us how to use it efficiently and safely.

정답 16. (B)   17. (A)   18. (D)

PART 4

309

3. Meeting

3-3 판매량의 하락(down, decreased)과 같은 문제점 언급 후, 요청하는 내용이 나온다.

MP3-**165**

시험에 이렇게 나온다

19. What has changed about the picnic?
(A) The location
(B) The time
(C) The date
(D) The cost

20. Why should members contact Jane Simmons?
(A) To get directions
(B) To arrange for a ride
(C) To arrange a picnic table
(D) To purchase a meal ticket

21. What does the speaker thank the members for doing?
(A) Coming to the meeting
(B) Helping to select a picnic location
(C) Designing some invitations
(D) Offering to bring food

19.
(A) _____
(B) _____
(C) _____
(D) _____

20.
(A) _____
(B) _____
(C) _____
(D) _____

21.
(A) _____
(B) _____
(C) _____
(D) _____

문제 미리 읽고 포인트 찾기

① 답의 예상 위치를 표시하세요.(上/下)
② 보기 A–D에 키워드를 표시하세요.
③ 화자/청자를 표시하세요.
④ 빈출 주의사항

ex) 1. 上 / 화자 / I
(A) parking
(B) accountant
(C) historian
(D) guide

문제점이 언급되면 요청하는 내용이 온다.

1 Meeting 지문에서 서두에 부정적인 상황을 말하면, 청자들에게 해결책에 대해 요청하는 말을 한다.

2 문제점 – problem, but, unfortunately, I'm sorry, I regret to ~의 표현으로 시작한다.

3 문제의 해결을 위해 청자들에게 요청을 하며, 요청 답변은 Please ~ / If you ~ / I'll ask you ~ 로 시작한다.

19 What has changed about the picnic?

STEP 1 과거 / picnic / 첫 2줄
STEP 2 〈과거〉는 전반부의 과거 시제에서 나온다.
(A) The location
(B) The time
(C) The date
(D) The cost

STEP 3 답 결정 키워드 ▶ moved / to Wood Park
지문 중에서 들리는 단어는 구체적이지만 답은 항상 포괄적인 단어로
paraphrasing이 된다. Wood Park 〈 location
정답 (A)

STEP 4 함정 유형 및 오답 패턴
시제 오류 – 과거 시제의 질문에는 과거로 답변한다.
(A) The location
(B) The time
(C) The date
(D) The cost

Now, just one more thing before we end today's meeting. As you all know, our annual picnic is next **(C)** Sunday. I'm sure you've all seen the email explaining that there was a problem with our reservation at the Green Town Community Center. **(A)** So we moved the event to Wood Park. It will be at the **(B)** same time from 12 to 5

20 Why should members contact Jane Simmons?

STEP 1 의무 / 청자(You) / 키워드 Jane
STEP 2 〈요청〉 문제는 명령문으로 시작한다.
(A) To get directions
(B) To arrange for a ride
(C) To arrange a picnic table
(D) To purchase a meal ticket

STEP 3 답 결정 키워드 ▶ ride / talk / Jane
명령문 앞의 if절에서 구체적인 요청 상황을 제시한다.
정답 (B)

STEP 4 함정 유형 및 오답 패턴
정답 위치에 2개 이상의 키워드가 들리면 들리지 않는 오류를 포함한 하나를 소거
한 후 정답을 남긴다.
(A) To get directions
(B) To arrange for a ride
(C) To arrange a picnic table
(D) To purchase a meal ticket

It will be at the same time from 12 to 5, and maps with **(A)** directions to the new location will be available this afternoon. **(B)** If you need a ride, talk to Jane Simmons. She has a list of people who've offered to drive out to the park.

21 What does the speaker thank the members for doing?

STEP 1 청자에게 감사한 것
STEP 2 thank 다음에 답이 나온다.
(A) Coming to the meeting
(B) Helping to select a picnic location
(C) Designing some invitations
(D) Offering to bring food

STEP 3 답 결정 키워드 ▶ thank / bring food
정답 (D)

STEP 4 함정 유형 및 오답 패턴
키워드의 위치와 관계없는 연상어나 단어의 반복은 오답이다.
(A) Coming to the meeting
(B) Helping to select a picnic location
(C) Designing some invitations
(D) Offering to bring food

Oh, and I want to **(D)** thank everyone who signed up to bring food to the picnic. Please bring it to the pavilion when you get to **(B)** the park.

정답 19. (A)   20. (B)   21. (D)

PART 4

311

3. Meeting

3-4 마지막 2줄에서 추후에(further, next week, next meeting) 논의를 하자는 답이 나온다.

MP3-166

시험에 이렇게 나온다

22. Where do the listeners work?
(A) At a toy company
(B) At a restaurant
(C) At a department store
(D) At a car manufacturers

22.
(A) _____
(B) _____
(C) _____
(D) _____

23. What is provided on the website?
(A) Recipes for some food
(B) Floor plans for the building
(C) Details about the products
(D) The history of the company

23.
(A) _____
(B) _____
(C) _____
(D) _____

24. What should the listeners do at the next meeting?
(A) Place an advertisement
(B) Present some ideas
(C) Go to the client's company
(D) Attend the convention

24.
(A) _____
(B) _____
(C) _____
(D) _____

문제 미리 읽고 포인트 찾기

① 답의 예상 위치를 표시하세요.(上/下)
② 보기 A–D에 키워드를 표시하세요.
③ 화자/청자를 표시하세요.
④ 빈출 주의사항

ex) 1. 上 / W / 문제점
(A) parking
(B) accountant
(C) historian
(D) guide

Meeting 지문의 '추후 논의하자' 표현

1 Meeting 지문의 마지막 질문
   – 주로 '다음 회의 때 무엇을 할 것인가, 다음 주에 어떤 일이 일어날 것인가'와 같은 추후의 일을 묻는다.

2 앞으로의 일을 나타내는 표현 – further, next week, next meeting

22 Where do the listeners work?

STEP 1 청자 직업 / 上 / 첫 2줄
STEP 2 〈청자의 직업〉은 첫 2줄 안에 나온다.
(A) At a toy company   (B) At a restaurant
(C) At a department store   (D) At a car manufacturers

STEP 3 답 결정 키워드 ▶ our new line of Gundam
지문 중에서 들리는 단어는 구체적이지만 답은 항상 포괄적인 단어로
paraphrasing이 된다. Gundam ＜ toy
정답 (A)

STEP 4 함정 유형 및 오답 패턴
객관적인 근거가 들리지 않는 것은 오답이다.
(D)의 line에서 manufacturers가 연상되나 car는 언급되지 않으므로 오답이다.
(A) At a toy company
(B) At a restaurant
(C) At a department store
(D) At a car manufacturers

> OK, we're just about out of time for this regional managers' meeting. I would like to tell you about **(A)our new (D)line of Gundam**.

23 What is provided on the website?

STEP 1 키워드 website
STEP 2 〈키워드〉 문제는 해당 위치 앞뒤를 잘 듣자.
(A) Recipes for some food   (B) Floor plans for the building
(C) Details about the products   (D) The history of the company

STEP 3 답 결정 키워드 ▶ specifications / toys
지문 중에서 들리는 단어는 구체적이지만 답은 항상 포괄적인 단어로
paraphrasing이 된다. specifications ＜ details
정답 (C)

STEP 4 함정 유형 및 오답 패턴
정답 위치에 2개 이상의 키워드가 들리면 오류를 포함한 하나를 소거한 후 정답을
남긴다.
(A) Recipes for some food
(B) Floor plans for the building
(C) Details about the products
(D) The history of the company

> But we'll have to schedule a separate session for that next week. At the same time, I want you to take a look at **(C)the specifications** for the new **toys. These are available on the (D)company** website.

24 What should the listeners do at the next meeting?

STEP 1 요청 / 下 / 키워드 next meeting
STEP 2 〈요청 / 키워드〉 후반부에서 please로 시작되며 시간 키워드인 next
meeting과 함께 언급된다.
(A) Place an advertisement
(B) Present some ideas
(C) Go to the client's company
(D) Attend the convention

STEP 3 답 결정 키워드 ▶ share / your ideas
정답 (B)

STEP 4 함정 유형 및 오답 패턴
보기의 내용들이 모두 관련이 있는 것처럼 보이지만 관련이 없는 요소를 일부라도
포함하고 있다면 오답이 된다.
(A) Place an advertisement
(B) Present some ideas
(C) Go to the client's company
(D) Attend the convention

> **(B)Please be prepared to share your (A)marketing** strategy ideas for these products at our **next meeting**.

정답 22. (A)   23. (C)   24. (B)

I'm pleased ~ 다음에
수상 소식이나 소개하는 내용이 나온다.

MP3-**167**

시험에 이렇게 나온다

25. Who most likely is the speaker?
(A) A event organizer
(B) A sales representative
(C) A prospective buyer
(D) A hotel receptionist

25.
(A) _____
(B) _____
(C) _____
(D) _____

26. What is mentioned about the product?
(A) It is easier to use for any purpose.
(B) It has been designed for industrial use
    only.
(C) It has more features than others.
(D) It has a competitive price.

26.
(A) _____
(B) _____
(C) _____
(D) _____

27. What does the speaker suggest listeners
    do?
(A) Participate in a training program
(B) Get some discounts
(C) Apply for a position
(D) Wait until an event ends

27.
(A) _____
(B) _____
(C) _____
(D) _____

문제 미리 읽고 포인트 찾기

① 답의 예상 위치를 표시하세요.(上/下)
② 보기 A–D에 키워드를 표시하세요.
③ 화자/청자를 표시하세요.
④ 빈출 주의사항

ex) 1. 上 / 화자 / I
(A) parking
(B) accountant
(C) historian
(D) guide

Talk

1 Welcome to ~ / Thanks for ~ 뒤에 직업과 장소의 답변이 나온다.

2 Before we begin ~ 이후에 지문의 목적(주제/주의 사항)이 나온다.

3 I'm pleased ~ 다음에는 수상 소식이나 소개하는 내용이 나온다.

4 Talk는 특정한 주제를 나타내지는 않지만, '소개'나 '공지'의 지문과 성격이 비슷하므로 일정 소개, 일정의 변경 사항을 알리는 내용이 주로 나온다.

25. Who most likely is the speaker?

STEP 1 화자 / 上 / 첫 2줄

STEP 2 〈화자〉에 대한 정보는 첫 2줄 안에 나온다.

(A) A event organizer

(B) A sales representative

(C) A prospective buyer

(D) A hotel receptionist

STEP 3 답 결정 키워드 ▶ our vacuum cleaner / released

정답 (B)

STEP 4 함정 유형 및 오답 패턴

직업 명사는 여러 개가 나올 수 있으므로 청자와 화자를 구분하자.

(A) A event organizer

(B) A sales representative

(C) A prospective buyer

(D) A hotel receptionist

Hello, everyone and welcome to Perkins Electronics' booth at Ohio **(A)Trade Show**. My name is James Brown. And I'm very pleased to **(B)show you our new portable vacuum cleaner that we just released** this month.

26   What is mentioned about the product?

STEP 1 키워드 product

STEP 2 〈키워드〉 문제는 해당 위치 앞뒤를 잘 듣자.

(A) It is easier to use for any purpose.

(B) It has been designed for industrial use only.

(C) It has more features than others.

(D) It has a competitive price.

STEP 3 답 결정 키워드 ▶ different / price

but, however, unfortunately 등의 역접 단어 뒤에서 답이 나온다.

정답 (D)

STEP 4 함정 유형 및 오답 패턴

정답 위치에 2개 이상의 키워드가 들리면 들리지 않는 오류를 포함한 하나를 소거한 후 정답을 남긴다.

(A) It is easier to use for any purpose.

(B) It has been designed for industrial use only.

(C) It has more features than others.

(D) It has a competitive price.

And I'm very pleased to show you our new portable vacuum cleaner that we just released this month. It has many features – it has all **(C)the same features** as all the other vacuum cleaners. **(D)But**, what makes it different from others is **price**. It's the least expensive equipment available for any purpose.

27   What does the speaker suggest listeners do?

STEP 1 제안 / 下

STEP 2 〈제안〉은 We'll/I'll ~로 시작한다.

(A) Participate in a training program

(B) Get some discounts

(C) Apply for a position

(D) Wait until an event ends

STEP 3 답 결정 키워드 ▶ offer / discount

정답 (B)

STEP 4 함정 유형 및 오답 패턴

후반부의 don't miss는 다양한 상황을 연상할 수 있으므로 주의하자.

(A) Participate in a training program

(B) Get some discounts

(C) Apply for a position

(D) Wait until an event ends

Also, **(B)we'll offer a 20-percent discount** for today only. **(A),(D)Don't miss** this amazing opportunity to purchase an efficient cleaner!

정답   25. (B)   26. (D)   27. (B)

PART 4

4. Talk

보기가 모두 날짜이거나 요일, 장소 등인 경우 난이도가 높아진다.

MP3-**168**

시험에 이렇게 나온다

28. Why has the departure of outgoing flights been changed?
(A) Because of mechanical problems with the planes
(B) Because of air traffic conditions
(C) Because of the inclement weather
(D) Because of busy schedules

29. What time will the passengers for Las Vegas be leaving?
(A) At 2:30 p.m.
(B) At 4:00 p.m.
(C) At 8:00 p.m.
(D) At 10:00 p.m.

30. What does the speaker recommend?
(A) Waiting quietly
(B) Shopping
(C) Reading a book
(D) Calling customer service

28.
(A) _____
(B) _____
(C) _____
(D) _____

29.
(A) _____
(B) _____
(C) _____
(D) _____

30.
(A) _____
(B) _____
(C) _____
(D) _____

문제 미리 읽고 포인트 찾기

① 답의 예상 위치를 표시하세요.(上/下)
② 보기 A–D에 키워드를 표시하세요.
③ 화자/청자를 표시하세요.
④ 빈출 주의사항

ex) 1. 上 / 화자 / I
(A) parking
(B) accountant
(C) historian
(D) guide

4개의 보기가 모두 시간, 장소인 경우

1 문제의 보기 4개가 모두 시간이나 장소일 때, 지문에서는 2개 이상의 시간이나 장소가 언급되므로, 난이도가 높아진다.

2 보기가 시간이면 지문에서는 장소와 함께 시간을 언급하고, 장소가 보기로 출제되면 시간과 함께 언급된다는 점을 유의하자.

3 문제의 순서와 상관없이 시간이나 장소 관련 단어가 지문에서 언급되면 해당 문제에서 소거할지, 정답으로 볼지를 바로 정리해야 한다.

28   Why has the departure of outgoing flights been changed?

STEP 1 이유 / 키워드 outgoing / 과거

STEP 2 〈키워드〉 문제는 해당 위치 앞뒤를 잘 듣자.

(A) Because of mechanical problems with the planes
(B) Because of air traffic conditions
(C) Because of the inclement weather
(D) Because of busy schedules

STEP 3 답 결정 키워드 ▶ regret / snow fall / delay

과거 시제의 답변은 전반부에 위치한다. 또한 지문 중에서 들리는 단어는 구체적
이지만 답은 항상 포괄적인 단어로 paraphrasing이 된다.
snow fall 〈 inclement weather 정답 (C)

STEP 4 함정 유형 및 오답 패턴

동일 어휘를 사용한 전형적인 오답 유형이다. 지문의 conditions는 날씨로 인한
시야 상태를 말하며, (B)의 conditions는 항공 교통 상황을 말한다.

(A) Because of mechanical problems with the planes
(B) Because of air traffic conditions
(C) Because of the inclement weather
(D) Because of busy schedules

Attention, all passengers.
(C) **We regret to announce** that at
this time the snow fall and subsequent
visibility (B)conditions have caused a
delay in all outgoing flights.

29   What time will the passengers for Las Vegas be leaving?

STEP 1 키워드 Las Vegas / 미래

STEP 2 〈키워드〉 문제는 해당 위치 앞뒤를 잘 듣자.

(A) At 2:30 p.m.   (B) At 4:00 p.m.
(C) At 8:00 p.m.   (D) At 10:00 p.m.

STEP 3 답 결정 키워드 ▶ rescheduled / to depart

Las Vegas 언급 후 8시로 변경되었다. 정답 (C)

STEP 4 함정 유형 및 오답 패턴

보기의 시간이나 숫자는 지문에서 모두 언급될 수 있으므로 소거를 통해 정답을
고른다.

(A) At 2:30 p.m.
(B) At 4:00 p.m.
(C) At 8:00 p.m.
(D) At 10:00 p.m.

Attention, all passengers. We regret to
announce that at this time the snow
fall and subsequent visibility
conditions have caused a delay in all
outgoing flights. **Currently,**
(A)flight 2:30 p.m. to Las Vegas is
delayed and **has been rescheduled
to depart at** (C)8:00 p.m. Flight 998 to
Miami, Florida will now be leaving at
(D)10 p.m.

PART 4

30   What does the speaker recommend?

STEP 1 요청 / 下

STEP 2 〈요청〉은 명령문으로 시작한다.

(A) Waiting quietly
(B) Shopping
(C) Reading a book
(D) Calling customer service

STEP 3 답 결정 키워드 ▶ drop by / duty-free store / good deals

지문 중에서 들리는 단어는 구체적이지만 답은 항상 포괄적인 단어로
paraphrasing이 된다. duty-free store 〈 shopping 정답 (B)

STEP 4 함정 유형 및 오답 패턴

take care는 service를 연상시키지만, call의 언급이 없어 오답이다.

(A) Waiting quietly
(B) Shopping
(C) Reading a book
(D) Calling customer service

Flight 998 to Miami, Florida will now be
leaving at 10 p.m.
(B)**If you are a passenger** on either
of these flights, feel free **to drop by
the duty-free store for good deals**
on brand-name items. Also, our airport
restaurants and coffee shops will be
happy to (D)take care of your dining
needs. Have a wonderful trip.

정답 28. (C)   29. (C)   30. (B)

5. Telephone message

5-1 전화 메시지는 화자와 청자를 구별하는 특별한 표현이 있다.

MP3-169

시험에 이렇게 나온다

31. Who most likely is the speaker?
(A) A pharmacist
(B) A receptionist
(C) A hotel guest
(D) A server

32. What recently changed at the Hilton Hotel?
(A) The hours of operation
(B) The office's location
(C) The room rates
(D) The check-in procedure

33. Why would the caller remain on the line?
(A) To make a payment
(B) To make a reservation
(C) To report a change
(D) To get directions to the hotel

19.
(A) _____
(B) _____
(C) _____
(D) _____

20.
(A) _____
(B) _____
(C) _____
(D) _____

21.
(A) _____
(B) _____
(C) _____
(D) _____

문제 미리 읽고 포인트 찾기

① 답의 예상 위치를 표시하세요.(上/下)
② 보기 A–D에 키워드를 표시하세요.
③ 화자/청자를 표시하세요.
④ 빈출 주의사항

ex) 1. 上 / 화자 / I
(A) parking
(B) accountant
(C) historian
(D) guide

화자와 청자를 구분할 수 있는 표현

전화 메시지는 You/I의 대명사로 청자, 화자를 구별하는 일반 지문과는 달리, 정해진 표현이 있음을 유의하자.

1 화자, 청자를 나타내는 말
① This is + 화자 / This is for + 청자
② You've reached + 화자 / Thank you for calling + 화자

2 주제/목적을 나타내는 말
– I'm calling to/about + 주제

31 Who most likely is the speaker?

STEP 1 화자 / 上 / 첫 2줄
STEP 2 〈화자〉는 첫 2줄 안에 나온다.
(A) A pharmacist
(B) A receptionist
(C) A hotel guest
(D) A server

STEP 3 답 결정 키워드 ▶you've reached / front desk / hotel
정답 (B)

STEP 4 함정 유형 및 오답 패턴
직업 명사는 여러 개가 나올 수 있으므로 청자와 화자를 구분하자.
(A) A pharmacist
(B) A receptionist
(C) A hotel guest
(D) A server

Hello, **(B)you've reached the front desk of the Hilton (C)Hotel.**

32 What recently changed at the Hilton Hotel?

STEP 1 키워드 changed / Hilton Hotel
STEP 2 〈키워드〉 문제는 해당 위치 앞뒤를 잘 듣자.
(A) The hours of operation
(B) The office's location
(C) The room rates
(D) The check–in procedure

STEP 3 답 결정 키워드 ▶ hours / recently / changed
정답 (A)

STEP 4 함정 유형 및 오답 패턴
키워드의 위치와 관계없는 연상어나 단어의 반복은 오답이다.
(A) The hours of operation
(B) The office's location
(C) The room rates
(D) The check-in procedure

Our **(B)office** is closed for the day. Please note that **(A)our hours have recently changed.** We are now open from 8 a.m. to 6 p.m., Monday to Saturday.

33 Why would the caller remain on the line?

STEP 1 이유 / on the line / 下
STEP 2 〈이유〉의 답변은 해당 문장의 반복 전후에 언급된다.
(A) To make a payment   (B) To make a reservation
(C) To report a change   (D) To get directions to the hotel

STEP 3 답 결정 키워드 ▶ speak / late arrival
지문 중에서 들리는 단어는 구체적이지만 답은 항상 포괄적인 단어로
paraphrasing이 된다. speak < report / late arrival < change
정답 (C)

STEP 4 함정 유형 및 오답 패턴
질문과 관계없는 보기 단어의 사용은 오답이다.
(A) To make a payment
(B) To make a reservation
(C) To report a change
(D) To get directions to the hotel

If you would like to make a **(B)reservation**, please call back during our regular business hours. **(C)If you need to speak to someone** concerning **a late arrival, please stay on the line** while your call is transferred to the person on duty.

정답 31. (B)   32. (A)   33. (C)

PART 4

319

5. Telephone message

5-2 첫 2줄에서 과거 정보를 언급하면 '요청'이 주제가 된다.

시험에 이렇게 나온다

34. Who is the message for?
(A) A machinery salesperson
(B) A buffet server
(C) A restaurant manager
(D) A party organizer

34.
(A) _____
(B) _____
(C) _____
(D) _____

35. What does the speaker say has increased?
(A) Party catering service
(B) Cereal production
(C) Packaging industry
(D) Machinery manufacturing

35.
(A) _____
(B) _____
(C) _____
(D) _____

36. What does the speaker want to discuss?
(A) Purchasing additional equipment
(B) Repairing a machine
(C) Ordering food
(D) Organizing a party

36.
(A) _____
(B) _____
(C) _____
(D) _____

문제 미리 읽고 포인트 찾기

① 답의 예상 위치를 표시하세요.(上/下)
② 보기 A-D에 키워드를 표시하세요.
③ 화자/청자를 표시하세요.
④ 빈출 주의사항

ex) 1. 上 / 화자 / I
(A) parking
(B) accountant
(C) historian
(D) guide

과거 사실이 먼저 나오는 경우

지문의 첫 2줄은 주로 현재 시제로, 일정, 인물, 행사 등의 소식을 소개 및 공지한다.

만약, 첫 2줄에서 과거를 언급하면,

1. 문제점이나 불만 사항을 말하거나,

2. 추가적인 요청을 위한 포석이 그 내용이 된다.

따라서 이러한 흐름의 지문에서는 지문의 주제 자체가 요청이 되어 후반부에 위치하게 된다.

34 Who is the message for?

STEP 1 청자/ 上 / 첫 2줄
STEP 2 〈청자〉는 첫 2줄 안에 나온다.
(A) A machinery salesperson
(B) A buffet server
(C) A restaurant manager
(D) A party organizer

STEP 3 답 결정 키워드 ▶purchased / machinery / you
전화 메시지에서 화자는 〈this is 화자 from ~〉이고, 청자는 you로 언급한다.
정답 (A)

STEP 4 함정 유형 및 오답 패턴
직업 명사는 여러 개가 나올 수 있으므로 청자와 화자를 구분하자.
(A) A machinery salesperson
(B) A buffet server
(C) A restaurant manager
(D) A party organizer

Hello, this is Edgar from Kendra Catering. **(A)I purchased some new machinery from you** a year ago, for packaging our **(C),(D)**party **(B)**food.

35 What does the speaker say has increased?

STEP 1 키워드 increased
STEP 2 〈키워드〉문제는 해당 위치 앞뒤를 잘 듣자.
(A) Party catering service
(B) Cereal production
(C) Packaging industry
(D) Machinery manufacturing

STEP 3 답 결정 키워드 ▶ catering service / gone up
지문과 질문에서 자주 사용하는 paraphrasing 표현을 암기하자.
go up → increased 정답 (A)

STEP 4 함정 유형 및 오답 패턴
언급되는 대상이 보기에 모두 있을 경우, 일치하지 않는 것을 소거하자.
(A) Party catering service
(B) Cereal production
(C) Packaging industry
(D) Machinery manufacturing

Hello, this is Edgar from Kendra Catering. I purchased some new **(D)**machinery from you a year ago, for **(C)**packaging our party food. We are very satisfied with this purchase. It has made a huge difference in our efficiency. **(A)Our party catering service has gone up almost 50%.**

36 What does the speaker want to discuss?

STEP 1 원하는 것 / 下
STEP 2 〈원하는 것〉은 I want ~로 시작한다.
(A) Purchasing additional equipment   (B) Repairing a machine
(C) Ordering food   (D) Organizing a party

STEP 3 답 결정 키워드 ▶ talk / buying / similar machinery
지문과 질문에서 자주 사용하는 paraphrasing 표현을 암기하자.
buying < purchasing / machinery < equipment 정답 (A)

STEP 4 함정 유형 및 오답 패턴
보기의 내용들이 모두 관련이 있는 것처럼 보이지만 관련이 없는 요소를 일부라도 포함하고 있다면 오답이 된다. ordering과 buying은 유사 어휘이지만, food는 언급이 없으므로 (C)는 오답이다.
(A) Purchasing additional equipment
(B) Repairing a machine
(C) Ordering food
(D) Organizing a party

It has been so successful that I'd love to **(A)talk to you about (C)buying some similar (B)machinery** for our school catering service package. Please call me back so we talk about setting up an appointment.

정답 34. (A) 35. (A) 36. (A)

5. Telephone message

5-3

I've received your message ~는
상대방의 문제나 요청에 대한
해결책을 제시한다.

MP3-**171**

시험에 이렇게 나온다

37. Where is the speaker calling from?
(A) A community library
(B) An art center
(C) A fitness center
(D) A driving school

38. Why does the speaker want to talk to Ms. Bennett on the phone?
(A) To discuss a special offer
(B) To talk about the member's qualifications
(C) To reach an agreement
(D) To renew a contract

39. According to the speaker, why should Ms. Bennett call back right away?
(A) The offer expires tomorrow.
(B) He is out of town.
(C) He needs a membership card.
(D) The phone number will be changed.

37.
(A) _____
(B) _____
(C) _____
(D) _____

38.
(A) _____
(B) _____
(C) _____
(D) _____

39.
(A) _____
(B) _____
(C) _____
(D) _____

문제 미리 읽고 포인트 찾기

① 답의 예상 위치를 표시하세요.(上/下)
② 보기 A–D에 키워드를 표시하세요.
③ 화자/청자를 표시하세요.
④ 빈출 주의사항

ex) 1. 上 / 화자 / I
(A) parking
(B) accountant
(C) historian
(D) guide

회신의 전화 메시지

전화 메시지는 화자가 청자에게 무언가를 요구하기 위해 남기는 것이 일반적이지만, 청자가 제기한 문제나 요구에 대해 답변하기 위해 남기는 내용인 경우도 있다.

후자의 경우에 자주 나오는 표현이 I've received your message about ~이다.

이 경우 지문의 주제는 상대방의 요구에 답변하는 것(To respond ~)이 되고, 불만이나 요구에 대해 처리하는 내용으로 답변한다.

37 Where is the speaker calling from?

STEP 1 화자 / 上 / 첫 2줄
STEP 2 〈화자〉는 첫 2줄 안에 나온다.
(A) A community library   (B) An art center
(C) A fitness center   (D) A driving school
STEP 3 답 결정 키워드 ▶ calling from / Fitness Club
〈calling from + 화자〉의 표현을 알아 두자. 정답 (C)
STEP 4 함정 유형 및 오답 패턴
여러 장소 명사 보기는 청자와 화자를 구분해야 한다.
(A) A community library
(B) An art center
(C) A fitness center
(D) A driving school

Hello, this message is for Ms. Daisy Bennett. **(C) This is Asher Evans calling** from **(A)City (B)Center Fitness Club.**

38 Why does the speaker want to talk to Ms. Bennett on the phone?

STEP 1 이유 / 키워드 Bennett / phone
STEP 2 〈이유 / 키워드〉 문제는 해당 위치 앞뒤를 잘 듣자.
(A) To discuss a special offer
(B) To talk about the member's qualifications
(C) To reach an agreement
(D) To renew a contract
STEP 3 답 결정 키워드 ▶ special price / benefits
지문 중에서 들리는 단어는 구체적이지만 답은 항상 포괄적인 단어로
paraphrasing이 된다. 정답 (A)
benefits 〈 offer
STEP 4 함정 유형 및 오답 패턴
정답 위치에 2개 이상의 키워드가 들리면 들리지 않는 오류를 포함한 하나를 소거
한 후 정답을 남긴다.
(A) To discuss a special offer
(B) To talk about the member's qualifications
(C) To reach an agreement
(D) To renew a contract

Hello, **this message is for Ms. Daisy Bennett.** This is Asher Evans calling from City Center Fitness Club. We received your online request for information about joining our club. **(A)I can give you more details about many benefits** of becoming a **(B)member** over the phone. I should also mention that we are currently offering a summer **(A)special price** that expires tomorrow.

39 According to the speaker, why should Ms. Bennett call back right away?

STEP 1 요청 / 下
STEP 2 〈요청〉은 후반부에 나온다.
(A) The offer expires tomorrow.
(B) He is out of town.
(C) He needs a membership card.
(D) The phone number will be changed.
STEP 3 답 결정 키워드 ▶ expire / tomorrow / contact
지문 중에서 들리는 단어는 구체적이지만 답은 항상 포괄적인 단어로
paraphrasing이 된다. 정답 (A)
call 〈 contact / as soon as you can 〈 right away
STEP 4 함정 유형 및 오답 패턴
키워드의 위치와 관계없는 연상이나 단어의 반복은 오답이다.
(A) The offer expires tomorrow.
(B) He is out of town.
(C) He needs a membership card.
(D) The phone number will be changed.

I should also mention that we are currently offering a summer special **(A)price that expires tomorrow. So I encourage you to contact us as soon as you can.** I want to ensure that you receive the best possible price. Again this is Asher Evans with City Center Fitness Club. You can reach me at **(D)555-8871.** Thank you.

정답 37. (C)   38. (A)   39. (A)

PART 4

6-1 수상, 계약 수주 등의 주제는 특정 인물이나 팀을 칭찬한다.

MP3-**172**

시험에 이렇게 나온다

40. What is the speaker pleased about?
(A) The company won a prize for a advertising campaign.
(B) The company got a new contract despite strong competition.
(C) The company will have a special event to celebrate its 10th anniversary.
(D) The company has expanded its business territory into Europe.

41. What kind of company does the speaker work for?
(A) A consulting firm
(B) An accounting firm
(C) An advertising agency
(D) A television station

42. Why is David being praised?
(A) For making a proposal
(B) For organizing a business trip to New York
(C) For negotiating the deal
(D) For making a presentation

40.
(A) _____
(B) _____
(C) _____
(D) _____

41.
(A) _____
(B) _____
(C) _____
(D) _____

42.
(A) _____
(B) _____
(C) _____
(D) _____

문제 미리 읽고 포인트 찾기

① 답의 예상 위치를 표시하세요.(上/下)
② 보기 A–D에 키워드를 표시하세요.
③ 화자/청자를 표시하세요.
④ 빈출 주의사항

ex) 1. 上 / W / 문제점
(A) parking
(B) accountant
(C) historian
(D) guide

수상, 계약 수주의 내용을 알리는 공지

1. '~을 알리게 되어서 기쁘다'라는 말로 시작한다.

2. 화자의 정체를 언급한다.

3. 큰 영향을 준 특정 인물이나 팀을 소개하는 내용이 주를 이룬다.

이는 문제에서도 미리 확인할 수 있으므로, 문제에서 ① What/Why ~ pleased ~?, ② Why is 사람 being praised?가 나오면 위와 같은 흐름을 미리 예상할 수 있다.

40 What is the speaker pleased about?

STEP 1 주제 / 上 / 첫 2줄

STEP 2 〈주제〉는 첫 2줄 안에 나온다.
(A) The company won a prize for a advertising campaign.
(B) The company got a new contract despite strong competition.
(C) The company will have a special event to celebrate its 10th anniversary.
(D) The company has expanded its business territory into Europe.

STEP 3 답 결정 키워드 ▶ accepted our proposal
지문 중에서 들리는 단어는 구체적이지만 답은 항상 포괄적인 단어로
paraphrasing이 된다.
accepted our proposal 〈 got a new contract 정답 (B)

STEP 4 함정 유형 및 오답 패턴
정답의 위치와 관련 없는 보기의 단어는 오답이다.
(A) The company won a prize for a advertising campaign.
(B) The company got a new contract despite strong competition.
(C) The company will have a special event to celebrate its 10th anniversary.
(D) The company has expanded its business territory into Europe.

OK, before we get started with the weekly status update, I have some good news. This morning **(B) MK Telecommunications accepted our proposal** to develop their television and web **(A) advertising campaign** for next year.

41 What kind of company does the speaker work for?

STEP 1 화자의 직업

STEP 2 〈화자〉 문제는 our/this에 집중하자.
(A) A consulting firm
(B) An accounting firm
(C) An advertising agency
(D) A television station

STEP 3 답 결정 키워드 ▶ advertising campaign
정답 (C)

STEP 4 함정 유형 및 오답 패턴
보기에 여러 직업 명사가 열거되면, 청자와 화자를 구별해 들어야 한다.
(A) A consulting firm
(B) An accounting firm
(C) An advertising agency
(D) A television station

This morning MK Telecommunications accepted **(C) our proposal to develop (D) their television and web advertising campaign** for next year. Since two **(C) other advertising agencies also submitted proposals**, getting this job is something we can really be proud of. I want to thank all of you who helped put the proposals together.

42 Why is David being praised?

STEP 1 키워드 David / 칭찬받는 이유

STEP 2 〈키워드〉는 해당 위치의 앞뒤에 나온다.
(A) For making a proposal
(B) For organizing a business trip to New York
(C) For negotiating the deal
(D) For making a presentation

STEP 3 답 결정 키워드 ▶ thank / present our proposal 정답 (D)

STEP 4 함정 유형 및 오답 패턴
보기의 내용들이 모두 관련이 있는 것처럼 보이지만 관련이 없는 요소를 일부라도
포함하고 있다면 오답이 된다.
(A) For making a proposal
(B) For organizing a business trip to New York
(C) For negotiating the deal
(D) For making a presentation

I would like to especially **thank David** who traveled to **(B) New York** to **(D) present our proposal** to MK's board of directors and who will be back to us next week.

정답 40. (B)   41. (C)   42. (D)

PART 4

6-2 공항/기차역의 Announcement는 교통편의 지연이나 취소, 변경을 언급한다.

MP3-**173**

시험에 이렇게 나온다

43. Where most likely are the listeners?
(A) On a bus
(B) On a flight
(C) At a train station
(D) At a ferry terminal

44. What is the main topic of this announcement?
(A) Local weather conditions
(B) An arrival time that is delayed
(C) A change in departure gate
(D) A policy on carry-on baggage

45. What are the listeners advised to do?
(A) Take a shuttle bus
(B) Have their passports ready
(C) Pick up their luggage
(D) Go to the terminal

43.
(A) _____
(B) _____
(C) _____
(D) _____

44.
(A) _____
(B) _____
(C) _____
(D) _____

45.
(A) _____
(B) _____
(C) _____
(D) _____

문제 미리 읽고 포인트 찾기

① 답의 예상 위치를 표시하세요.(上/下)
② 보기 A–D에 키워드를 표시하세요.
③ 화자/청자를 표시하세요.
④ 빈출 주의사항

ex) 1. 上 / W / 문제점
(A) parking
(B) accountant
(C) historian
(D) guide

공공 장소에서 지연이나 취소를 알리는 공지

장소에 따라 자주 등장하는 내용은 반드시 알아 두자.

1   교통편(기차역, 공항) – 기상 악화나 특정 이유로 인한 교통편의 지연/취소 안내
2   마트, 쇼핑몰 – 세일, 회원권 등록, 폐장 임박 안내
3   박물관, 전시회 – 박물관 이용, 전시회 내용 안내, 폐장 임박 안내

43   Where most likely are the listeners?

STEP 1   청자의 장소 / 上 / 첫 2줄
STEP 2   〈장소〉는 첫 2줄 안에 나온다.
(A) On a bus
(B) On a flight
(C) At a train station
(D) At a ferry terminal

STEP 3   답 결정 키워드 ▶ passengers / Airlines
정답 (B)

STEP 4   함정 유형 및 오답 패턴
공지의 **passengers**는 다양한 장소 연상이 가능함을 주의하자.
(A) On a bus
(B) On a flight
(C) At a train station
(D) At a ferry terminal

Good evening, **passengers**. And thank you for **(B) choosing Sky Airlines** for your trip.

44   What is the main topic of this announcement?

STEP 1   주제 / 上
STEP 2   〈주제〉는 전반부에 위치한다.
(A) Local weather conditions
(B) An arrival time that is delayed
(C) A change in departure gate
(D) A policy on carry-on baggage

STEP 3   답 결정 키워드 ▶ updated information / change / gate
정답 (C)

STEP 4   함정 유형 및 오답 패턴
공항이나 비행기에서 연상이 가능한 내용이 보기에 모두 나오지만, 지문에서 언급하지 않은 것은 오답 처리한다.
(A) Local weather conditions
(B) An arrival time that is delayed
(C) A change in departure gate
(D) A policy on carry-on baggage

Our flight will be **(B) arriving** in Hong Kong in about 20 minutes. I'd like to give you some **(A) updated information** about one of our connecting flights. For those of you continuing on to Sydney, **(C) there is a change in departure gate.**

45   What are the listeners advised to do?

STEP 1   요청 / 下
STEP 2   〈요청〉 문제는 후반부를 잘 듣자.
(A) Take a shuttle bus
(B) Have their passports ready
(C) Pick up their luggage
(D) Speak to an employee

STEP 3   답 결정 키워드 ▶ shuttle bus
정답 (A)

STEP 4   함정 유형 및 오답 패턴
공항이나 비행기에서 연상이 가능한 내용이 보기에 모두 나오지만, 지문에서 언급하지 않은 것은 오답 처리한다.
(A) Take a shuttle bus
(B) Have their passports ready
(C) Pick up their luggage
(D) Speak to an employee

For those of you continuing on to Sydney, there is a change in departure gate. That flight will now leave from Gate G11. **(A) There will be an airport shuttle bus** to reach **(D) Terminal G**. The shuttle bus stop is located on Level Zero. Again, thank you for flying with Sky Airlines.

정답   43. (B)   44. (C)   45. (A)

PART 4

6-3 교통은 우회 수단이 나오고, 날씨는 특정 요일의 날씨 정보를 묻는다.

MP3-**174**

시험에 이렇게 나온다

46. What is the main purpose of the report?
(A) To give information about a construction project
(B) To advertise building materials
(C) To announce a city celebration
(D) To provide a current weather report

47. What does the speaker recommend?
(A) Taking public transportation
(B) Leaving earlier in the morning
(C) Driving at a reduced speed
(D) Taking an alternative route

48. How can listeners get updated information?
(A) By visiting a website
(B) By requesting email updates
(C) By listening to the radio station
(D) By calling a special number

46.
(A) _____
(B) _____
(C) _____
(D) _____

47.
(A) _____
(B) _____
(C) _____
(D) _____

48.
(A) _____
(B) _____
(C) _____
(D) _____

문제 미리 읽고 포인트 찾기

① 답의 위치를 표시하세요.(上/下)
② 보기 A–D에 키워드를 표시하세요.
③ 남/여를 표시하세요.
④ 빈출 주의사항

ex) 1. 上 / 화자 / I
(A) parking
(B) accountant
(C) historian
(D) guide

교통 방송과 날씨 방송

1 **교통 방송**
– 현재의 교통 상황 ➡ 교통 체증 안내 ➡ 우회로 제시(take a detour)
– 청취자: motorists, drivers, etc.

2 **날씨 방송**
– 오늘의 날씨 ➡ 내일의 날씨 ➡ 이번 주 날씨 ➡ 제안 사항

3 교통 체증의 이유는 도로 공사(road construction)나 악천후(inclement weather)이다.

4 날씨 표현 – sunny, rainy, windy, snowy, etc.

5 후반부에 다음 방송이나 업데이트 방송 안내를 한다.
– We'll be back in an hour.

46   What is the main purpose of the report?

STEP 1 주제 / 上 / 첫 2줄
STEP 2 〈주제〉는 첫 2줄 안에 나온다.
(A) To give information about a construction project
(B) To advertise building materials
(C) To announce a city celebration
(D) To provide a current weather report

STEP 3 답 결정 키워드 ▶ announced / construction
정답 (A)

STEP 4 함정 유형 및 오답 패턴
유사 발음 오류 construction – celebration
(A) To give information about a construction project
(B) To advertise building materials
(C) To announce a city celebration
(D) To provide a current weather report

Good morning, and thank you for listening to CFC Radio. The transportation department has **(A)announced** that starting next week Route 14 will be closed **due to** **(C)construction.**

47   What does the speaker recommend?

STEP 1 요청 / 下
STEP 2 〈요청〉 문제는 Please ~ / we suggest 이하를 잘 듣자.
(A) Taking public transportation
(B) Leaving earlier in the morning
(C) Driving at a reduced speed
(D) Taking an alternative route

STEP 3 답 결정 키워드 ▶ suggest / Holly Road
우회로를 나타내는 표현은 꼭 정리해 두자.
detour / take alternate routes / take another road 정답 (D)

STEP 4 함정 유형 및 오답 패턴
정답 위치에 2개 이상의 키워드가 들리면 들리지 않는 오류를 포함한 하나를 소거한 후 정답을 넘긴다.
(A) Taking public transportation
(B) Leaving earlier in the morning
(C) Driving at a reduced speed
(D) Taking an alternative route

Once the project starts, traffic jams near the downtown area will become unavoidable. **We suggest that drivers (A)take Holly Road until** the project is completed at the end of this month.

48   How can listeners get updated information?

STEP 1 방법 / 미래 / 下
STEP 2 〈방송 청취 방법〉은 후반부에 명령문이나 미래 시제로 나온다.
(A) By visiting a website
(B) By requesting email updates
(C) By listening to the radio station
(D) By calling a special number

STEP 3 답 결정 키워드 ▶ listening / updates
정답 (C)

STEP 4 함정 유형 및 오답 패턴
정답 위치에 2개 이상의 키워드가 들리면 들리지 않는 오류를 포함한 하나를 소거한 후 정답을 남긴다.
(A) By visiting a website
(B) By requesting email updates
(C) By listening to the radio station
(D) By calling a special number

(C)Keep listening to CFC Radio for daily (B)updates on the construction project.

정답 46. (A)   47. (D)   48. (C)

PART 4

6-4 쇼핑 채널/박람회 뉴스 보도의 유형이 나온다.

MP3-**175**

시험에 이렇게 나온다

49. What item is being featured on the show?
(A) An Italian food
(B) A catering service
(C) A piece of cooking equipment
(D) A tour guide book

49.
(A) _____
(B) _____
(C) _____
(D) _____

50. What is Mr. Mario going to do?
(A) Show how to cook Italian dishes
(B) Demonstrate the use of a product
(C) Taste some samples
(D) Talk about his career

50.
(A) _____
(B) _____
(C) _____
(D) _____

51. What should the listeners do if they want to take a cooking class?
(A) Call a studio
(B) Subscribe to a magazine
(C) Get a membership
(D) Order an item

51.
(A) _____
(B) _____
(C) _____
(D) _____

문제 미리 읽고 포인트 찾기

① 답의 예상 위치를 표시하세요.(上/下)
② 보기 A–D에 키워드를 표시하세요.
③ 화자/청자를 표시하세요.
④ 빈출 주의사항

ex) 1. 上 / 화자 / I
(A) parking
(B) accountant
(C) historian
(D) guide

쇼핑 채널과 박람회 보도

광고 지문의 유형과 유사하게 출제된다.

기존의 Part 4의 Broadcast는 듣기 위주의 라디오 방송, 토크쇼 등의 상황을 가지고 내용을 전개해 왔다면, 최근 Broadcast는 쇼핑 채널이나 박람회 보도 방송과 같이 시각적 요소를 표현하는 상황에서 내용을 전개하는 경향이 있다.

이러한 상황의 특징은 눈으로 보는 것처럼 말해야 하기 때문에, Now, I have in many hands for our brand new product. Peterson will show you how to operate it.과 같이 시각적인 단어를 제시하면서 대상의 특징을 설명 및 묘사해 나간다.

따라서 빈출 질문과 답변은 '제품의 기능과 특징'으로 광고 지문과 유사하다.

49 What item is being featured on the show?

STEP 1 대상 / 上 / 첫 2줄

STEP 2 〈주제〉는 첫 2줄 안에 나온다.

(A) An Italian food   (B) A catering service

(C) A piece of cooking equipment   (D) A tour guide book

STEP 3 답 결정 키워드 ▶ **Today's / cooker**

정답 (C)

STEP 4 함정 유형 및 오답 패턴

지문의 내용과 관련 있는 표현이라도, 관련이 없는 요소를 일부라도 포함하고 있다면 오답이다. 보기 모두 요리와 관련 있지만, **cooker**와 일치하지 않으므로 오답이다.

(A) An Italian food

(B) A catering service

(C) A piece of cooking equipment

(D) A tour guide book

Welcome to the King's Shopping Channel. I'm your show host, Jennifer Park. Every Friday we introduce the latest products at reasonable prices. **(C)Today's featured product is a multi-functional cooker** imported from Germany.

50 What is Mr. Mario going to do?

STEP 1 키워드 **Mr. Mario** / 미래

STEP 2 〈키워드〉문제는 해당 위치 앞뒤를 잘 듣자.

(A) Show how to cook Italian dishes

(B) Demonstrate the use of a product

(C) Taste some samples

(D) Talk about his career

STEP 3 답 결정 키워드 ▶ **how to use / equipment**

지문 중에서 들리는 단어는 구체적이지만 답은 항상 포괄적인 단어로 paraphrasing이 된다. show how to use > demonstrate the use

정답 (B)

STEP 4 함정 유형 및 오답 패턴

정답 위치와 관련이 없는 보기 단어의 언급은 오답이다.

(A) Show how to cook Italian dishes

(B) Demonstrate the use of a product

(C) Taste some samples

(D) Talk about his career

It comes with two sets of free non-stick roast pans. **(B)To show us how to use this equipment here is Mr. Mario**, a world famous **(A)Italian** chef whose cookbook has recently been published. And we have something special for you today.

51 What should the listeners do if they want to take a cooking class?

STEP 1 요청 / take a class

STEP 2 〈요청〉은 후반부의 **you**로 언급한다.

(A) Call a studio   (B) Subscribe to a magazine

(C) Get a membership   (D) Order an item

STEP 3 답 결정 키워드 ▶ **buy / cooking class**

지문 중에서 들리는 단어는 구체적이지만 답은 항상 포괄적인 단어로 paraphrasing이 된다. buy < order

정답 (D)

STEP 4 함정 유형 및 오답 패턴

내용상 후반부에 나올 만한 보기라도 언급이 없으면 오답이다.

(A) Call a studio

(B) Subscribe to a magazine

(C) Get a membership

(D) Order an item

(D) If you buy this item during the show, you will be given an opportunity **to participate in a free cooking class with Mr. Mario.**

정답   49. (C)   50. (B)   51. (D)

7-1 We'll be talking to 다음에 소개할 사람이 나온다.

MP3-**176**

시험에 이렇게 나온다

52. Who is Mr. Macmillan?
(A) A writer
(B) A host
(C) A magazine editor
(D) A film director

52.
(A) _____
(B) _____
(C) _____
(D) _____

53. What are the listeners invited to do?
(A) Purchase tickets
(B) Submit an application
(C) Renew a subscription
(D) Call in with their opinions

53.
(A) _____
(B) _____
(C) _____
(D) _____

54. What will the speaker do after a commercial break?
(A) Interview various applicants
(B) Report weather information
(C) Introduce a new film
(D) Conduct an interview

54.
(A) _____
(B) _____
(C) _____
(D) _____

문제 미리 읽고 포인트 찾기

① 답의 예상 위치를 표시하세요.(上/下)
② 보기 A–D에 키워드를 표시하세요.
③ 화자/청자를 표시하세요.
④ 빈출 주의사항

ex) 1. 上 / 화자 / I
(A) parking
(B) accountant
(C) historian
(D) guide

라디오 방송의 인물/행사 소개

1 라디오 토크쇼에서 주로 프로그램의 소개와 함께, 투자, 출판, 요리 등의 주제를 언급하고 이야기를 나누게 될 전문가나 해당 인물을 소개하면서 본격적인 쇼가 진행되기 전까지의 내용이 등장한다.

　토크쇼의 이야기 순서
　① I'm your host, 화자
　② We'll be talking to / Our guest is 사람 이름 + 직업, 최근 경력
　③ 오늘의 주제
　④ 청자에 대한 당부 사항 (ex. ~ 전화해 주세요)

2 주로 recently, have p.p.의 시제와 함께 경력을 말한다.

3 마지막 2줄에 청취자들의 참여를 유도하는 내용이 나온다.

52   Who is Mr. Macmillan?

STEP 1   특정 인물 직업 / 上

STEP 2   〈제3자의 사람 이름 키워드〉를 언급한 후에는 **He/She**의 3인칭 대명사로 나타낸다.

(A) A **writer**   (B) A **host**
(C) A **magazine** editor   (D) A film **director**

STEP 3   답 결정 키워드 ▶ guest / He / novelist / best-sellers / his novels
보기와 지문의 단어 중 paraphrasing이 자주 되는 단어는 암기하자.
novelist < writer
정답 (A)

STEP 4   함정 유형 및 오답 패턴
보기에 여러 직업 명사가 열거되면, 청자와 화자를 구별해 들어야 한다.

(A) A **writer**
(B) A **host**
(C) A **magazine** editor
(D) A film **director**

Hello, welcome to The SKY Radio Show. **(B)I'm your host**, Daniel Miller. Today we will have a **special guest** here at our Los Angeles studio. **(A)He is one of the most famous** novelists in the world, whose book, *Dark Night*, has been on the list of **best-sellers** since last October. During the first part of our show, **(A) John Macmillan** will share his career and where the ideas for **his novels** come from.

53   What are the listeners invited to do?

STEP 1   요청 / invite

STEP 2   〈요청〉 문제는 후반부에 위치한다.

(A) Purchase tickets
(B) Submit an application
(C) Renew a subscription
(D) Call in with their opinions

STEP 3   답 결정 키워드 ▶ we invite you to call
We invite you to call의 요청 표현을 알아 두자. 정답 (D)

STEP 4   함정 유형 및 오답 패턴
내용상 모두 관련된 것 같은 보기라도 일부라도 언급되지 않으면 오답이다.

(A) Purchase tickets
(B) Submit an application
(C) Renew a subscription
(D) Call in with their opinions

In the last part, he'd like to hear from our listeners. So as usual, **(D)we invite you to call** in and let us know what you think.

54   What will the speaker do after a commercial break?

STEP 1   화자의 미래 / commercial break

STEP 2   〈화자의 미래〉 문제는 I/We will로 시작한다.

(A) Interview various applicants
(B) Report weather information
(C) Introduce a new film
(D) Conduct an interview

STEP 3   답 결정 키워드 ▶ we'll be welcoming + 사람
지문 중에서 들리는 단어는 구체적이지만 답은 항상 포괄적인 단어로 paraphrasing이 된다. welcome < conduct an interview
정답 (D)

STEP 4   함정 유형 및 오답 패턴
라디오 방송의 후반부에 언급될 만한 내용이 보기에 있어도 정확한 것이 아니면 소거한다. ex) interview / report

(A) Interview various applicants
(B) Report weather information
(C) Introduce a new film
(D) Conduct an interview

During the first part of our show, John Macmillan **will share his career** and where the ideas for his novels come from. At the last part, he'd like to hear from our listeners. So as usual, we invite you to call in and let us know what you think. **(D)After we come back from a commercial break, we'll be welcoming Mr. Macmillan.** So stay tuned to The SKY Radio Show.

정답   52. (A)   53. (D)   54. (D)

7-2 workshop, seminar는
사람 이름 다음에 직업, 경력이 소개된다.

MP3-**177**

시험에 이렇게 나온다

55. Who is Robert Rey?
(A) An electrician
(B) A financial analyst
(C) An architect
(D) A computer engineer

55.
(A) _____
(B) _____
(C) _____
(D) _____

56. How does the speaker know Robert Rey?
(A) He went to one of Robert's previous speeches.
(B) He worked in his company.
(C) He interviewed him on the radio.
(D) He took a class from him.

56.
(A) _____
(B) _____
(C) _____
(D) _____

57.
(A) _____
(B) _____
(C) _____
(D) _____

57. What does the speaker say about this group?
(A) It is a leading financial firm.
(B) It is a start-up company.
(C) It is fairly small.
(D) It is well known.

문제 미리 읽고 포인트 찾기

① 답의 예상 위치를 표시하세요.(上/下)
② 보기 A-D에 키워드를 표시하세요.
③ 화자/청자를 표시하세요.
④ 빈출 주의사항

ex) 1. 上 / 화자 / I
(A) parking
(B) accountant
(C) historian
(D) guide

인물 소개

1 워크숍이나 세미나 상황에서의 인물 소개는 대개 연사 소개이다. 발표의 주제를 언급하기 전에
   ① 연사의 이름, ② 직업, ③ 최근 경력, ④ 업적의 순서로 나열한다.

2 특정 인물의 이름을 언급한 후에는, He/She의 3인칭 대명사로 나타낸다.

3 지문의 주제는 '인물 소개'이다.

4 요구 사항은 박수, 환영, 도움, 환영회 참석 등이 자주 등장한다.

55 Who is Robert Rey?

STEP 1 키워드 Robert Rey / 上

STEP 2 〈제3자의 사람 이름 키워드〉를 언급한 후에는 He/She의 3인칭 대명사로 나타낸다.
(A) An electrician
(B) A financial analyst
(C) An architect
(D) A computer engineer

STEP 3 답 결정 키워드 ▶ analysts / financing
직업은 사람 이름을 언급한 후 바로 나온다. 정답 (B)

STEP 4 함정 유형 및 오답 패턴
보기에 여러 직업 명사가 열거되면, 청자와 화자를 구별해 들어야 한다.
(A) An electrician
(B) A financial analyst
(C) An architect
(D) A computer engineer

Attention, ladies and gentlemen. I'm pleased to introduce our guest speaker today. I don't have to tell you that **(B) Dr. Robert Rey is** one of the most prominent **analysts** in the field of global **financing**.

56 How does the speaker know Robert Rey?

STEP 1 방법 / 키워드 Robert Rey

STEP 2 알게 된 방법은 과거로 언급한다.
(A) He went to one of Robert's previous speeches.
(B) He worked in his company.
(C) He interviewed him on the radio.
(D) He took a class from him.

STEP 3 답 결정 키워드 ▶ heard / talk / Forum
talk 〈 speech의 paraphrasing 표현을 알아 두자.
정답 (A)

STEP 4 함정 유형 및 오답 패턴
연상어의 오류에 유의하자. hear ~ interview
(A) He went to one of Robert's previous speeches.
(B) He worked in his company.
(C) He interviewed him on the radio.
(D) He took a class from him.

(A) After I **(C)** heard Dr. Rey's talk at the World Economic Forum in Tokyo last August, I was introduced to him and asked him to be a guest speaker at our seminar, though I didn't think he had time to speak to a small regional group like ours. Dr. Rey's speech today is titled "Global Investment Trends." Thank you for joining us, Dr. Rey.

57 What does the speaker say about this group?

STEP 1 키워드 this group / 下

STEP 2 〈키워드〉 문제는 해당 위치 앞뒤를 잘 듣자.
(A) It is a leading financial firm.
(B) It is a start-up company.
(C) It is fairly small.
(D) It is well known.

STEP 3 답 결정 키워드 ▶ small regional group / like ours
정답 (C)

STEP 4 함정 유형 및 오답 패턴
대상의 문제는 지문에서 누구를 지칭하는지를 정리해야 한다.
(A) It is a leading financial firm.
(B) It is a start-up company.
(C) It is fairly small.
(D) It is well known.

Attention ladies and gentlemen. I'm pleased to introduce our guest speaker today. I don't have to tell you that Dr. Robert Rey is one of **(D)** the most prominent analysts in the field of global financing. After I heard Dr. Rey's talk at the World Economic Forum in Tokyo last August, I was introduced to him and asked him to be a guest speaker at our seminar, though I didn't think he had time to **(C)** speak to a small regional group like ours. Dr. Rey's speech today is titled "Global Investment Trends." Thank you for joining us, Dr. Rey.

정답 55. (B)   56. (A)   57. (C)

PART 4

7-3 인물 소개 – 누구를 소개하느냐에 따라 이야기의 흐름이 달라진다.

MP3-**178**

시험에 이렇게 나온다

58. What is the purpose of the speech?
(A) To announce a change in business hours
(B) To talk about job requirements
(C) To introduce a new manager
(D) To explain a new training plan

58.
(A) _____
(B) _____
(C) _____
(D) _____

59. What will Scott do next Monday?
(A) Hire some staff
(B) Supervise the main office
(C) Upgrade the restaurant's menu
(D) Address customers' complaints

59.
(A) _____
(B) _____
(C) _____
(D) _____

60. What should the listeners tell Scott about?
(A) Their work experience
(B) Their equipment needs
(C) Their salary requirements
(D) Their scheduling preferences

60.
(A) _____
(B) _____
(C) _____
(D) _____

문제 미리 읽고 포인트 찾기

① 답의 예상 위치를 표시하세요.(上/下)
② 보기 A–D에 키워드를 표시하세요.
③ 화자/청자를 표시하세요.
④ 빈출 주의사항

ex) 1. 上 / 화자 / I
(A) parking
(B) accountant
(C) historian
(D) guide

인물 소개

인물 소개는 누구를 소개하느냐에 따라 다루는 내용이 조금씩 달라질 수 있으므로 주의하자.

신입 사원 소개

1 신입 사원 소개 시 당사자의 최근 경력이나 학력, 전공 등을 언급한다.
2 해당 사원의 앞으로의 업무를 미래 시제로 언급한다.

수상자 소개

1 수상자의 <수상 분야 → 최근의 업적>의 순서로 언급한다.

은퇴자 소개

1. 은퇴자 소개는 <경력의 시작 → 가장 큰 업적>의 순서로 언급한다.
2 후반부의 미래 시제를 이용하여 은퇴 이후의 계획을 나열한다.

58 What is the purpose of the speech?

STEP 1 주제 / 上 / 첫 2줄

STEP 2 〈주제〉는 첫 2줄 안에 나온다.
(A) To announce a change in business hours
(B) To talk about job requirements
(C) To introduce a new manager
(D) To explain a new training plan

STEP 3 답 결정 키워드 ▶ introduce / manager
정답 (C)

STEP 4 함정 유형 및 오답 패턴
연상어의 오류에 유의하자. 직업 명사 **manager**를 통해 **job**이 연상되지만
requirements의 언급이 없어 오답이다.
(A) To announce a change in business hours
(B) To talk about job requirements
(C) To introduce a new manager
(D) To explain a new training plan

I've called this brief meeting to
(C) **introduce our new evening shift**
(B) **manager**, Scott Sanderson.

59 What will Scott do next Monday?

STEP 1 키워드 Scott / next Monday

STEP 2 〈제3자 사람 이름 키워드〉문제는 이름 언급 후 He/She의 3인칭 대
명사로 답이 나온다.
(A) Hire some staff
(B) Supervise the main office
(C) Upgrade the restaurant's menu
(D) Address customers' complaints

STEP 3 답 결정 키워드 ▶ supervise / operations
정답 (B)

STEP 4 함정 유형 및 오답 패턴
정답의 위치와 관계없는 보기의 키워드는 오답이다.
(A) Hire some staff
(B) Supervise the main office
(C) Upgrade the restaurant's menu
(D) Address customers' complaints

(B) **His work will start next Monday.
He will supervise all room service
operations** from 9 p.m. until the next
morning at 7 a.m. As you know, we
recently improved our room service
(C)**menu**. With the better menu, our
room service department has grown
considerably. So Scott will be hiring
and training more employees for
the evening shift. He'll also be
managing the weekly work schedules
for these hours.

PART 4

60 What should the listeners tell Scott about?

STEP 1 요청

STEP 2 〈요청의 주제〉문제는 If절에 답이 있다.
(A) Their work experience
(B) Their equipment needs
(C) Their salary requirements
(D) Their scheduling preferences

STEP 3 답 결정 키워드 ▶ preference / schedule
정답 (D)

STEP 4 함정 유형 및 오답 패턴
정답 위치에 2개 이상의 키워드가 들리면 들리지 않는 오류를 포함한 하나를 소거
한 후 정답을 남긴다.
(A) Their work experience
(B) Their equipment needs
(C) Their salary requirements
(D) Their scheduling preferences

He's in the process of finalizing next
week's (A)**work** assignments so if
(D) **you have any preferences for
your schedule, you should let Scott
know right away.**

정답 58. (C)   59. (B)   60. (D)

7-4 서비스에 대한 광고가 대세이다.

MP3-**179**

시험에 이렇게 나온다

61. What kind of business is being advertised?
(A) An international shipping company
(B) A law firm
(C) A catering company
(D) A real estate agency

62. According to the speaker, what happened recently at the business?
(A) It moved to Hong Kong.
(B) It conducted a customer survey.
(C) It announced its plan to merge.
(D) It opened a new office.

63. What does the speaker say is available on the website?
(A) Customer reviews
(B) A list of current clients
(C) Service representative names
(D) Contact information

61.
(A) _____
(B) _____
(C) _____
(D) _____

62.
(A) _____
(B) _____
(C) _____
(D) _____

63.
(A) _____
(B) _____
(C) _____
(D) _____

문제 미리 읽고 포인트 찾기

① 답의 예상 위치를 표시하세요.(上/下)
② 보기 A–D에 키워드를 표시하세요.
③ 화자/청자를 표시하세요.
④ 빈출 주의사항

ex) 1. 上 / 화자 / I
(A) parking
(B) accountant
(C) historian
(D) guide

광고

최근에 광고는 1회당 약 1지문이 출제되므로 출제 빈도가 낮지만, 최근에는 식당과 서비스에 대한 광고가 주로 출제된다.

1 광고의 순서: <문제 제기 → 대안 제시 → 서비스 소개 → 특징, 장점 → 연락 방법>

2 문제 제기: Are you interested ~? / Are you looking for ~?

3 구매처, 연락 방법은 후반부에 나오며, If you ~, please ~.로 언급한다.

61 What kind of business is being advertised?

STEP 1 광고 주제 / 上 / 첫 2줄
STEP 2 〈주제〉는 첫 2줄 안에 나온다.
(A) An international shipping company
(B) A law firm
(C) A catering company
(D) A real estate agency

STEP 3 답 결정 키워드 ▶ consulting / business law
정답 (B)

STEP 4 함정 유형 및 오답 패턴
유사 발음 오류에 유의하자. consulting – catering
(A) An international shipping company
(B) A law firm
(C) A catering company
(D) A real estate agency

Montgomery (C)Consulting has been (B)practicing business law in San Francisco since 2009. We specialize in representing small to mid-sized companies that are looking to do business overseas.

62 According to the speaker, what happened recently at the business?

STEP 1 과거
STEP 2 〈과거〉 문제의 답은 전반부에 제시된다.
(A) It moved to Hong Kong.   (B) It conducted a customer survey.
(C) It announced its plan to merge. (D) It opened a new office.

STEP 3 답 결정 키워드 ▶ opening / new branch
과거 관련 문제는 과거 시제로 답변하는 것이 일반적이나, 전치사구를 통해서도 언급할 수 있다.
정답 (D)

STEP 4 함정 유형 및 오답 패턴
정답 위치에 2개 이상의 키워드가 들리면 들리지 않는 오류를 포함한 하나를 소거한 후 정답을 남긴다. (A)의 Hong Kong은 언급되지만, moved의 언급이 없으므로 오답이다.
(A) It moved to Hong Kong.   (B) It conducted a customer survey.
(C) It announced its plan to merge. (D) It opened a new office.

(D)With the opening of our new branch in (A)Hong Kong, we are now better able to serve our clients who (C)plan to expand into Asia.

PART 4

63 What does the speaker say is available on the website?

STEP 1 키워드 website / 下
STEP 2 〈website〉 관련 문제는 If ~ / For ~의 구문으로 시작한다.
(A) Customer reviews
(B) A list of current clients
(C) Service representative names
(D) Contact information

STEP 3 답 결정 키워드 ▶ client reviews
정답 (A)

STEP 4 함정 유형 및 오답 패턴
정답 위치와 관계없는 키워드는 오답이다.
(A) Customer reviews
(B) A list of current clients
(C) Service representative names
(D) Contact information

If you are not sure about our professional services, then check out (A)the hundreds of client reviews at www.montgomaryconsulting.com. Please (D)contact one of our experienced (C)service representatives at 050-58597-8549.

정답 61. (B) 62. (D) 63. (A)

7. Introduction & Advertisement

7-5   special, unique, good, excellent 등의 형용사에 주의하라.

MP3-**180**

시험에 이렇게 나온다

64. What type of business is being
    advertised?
(A) An airline
(B) A bank
(C) A travel agency
(D) A bookstore

65. What does the business specialize in?
(A) Tours of England and Italy
(B) Books on Latin America
(C) Discount airfare to Asia
(D) Language courses

66. According to the advertisement, how
    cancustomers get more information?
(A) By visiting a website
(B) By making a phone call
(C) By sending an email
(D) By reading a travel brochure

64.
(A) _____
(B) _____
(C) _____
(D) _____

65.
(A) _____
(B) _____
(C) _____
(D) _____

66.
(A) _____
(B) _____
(C) _____
(D) _____

문제 미리 읽고 포인트 찾기

① 답의 예상 위치를 표시하세요.(上/下)
② 보기 A–D에 키워드를 표시하세요.
③ 화자/청자를 표시하세요.
④ 빈출 주의사항

ex) 1. 上 / 화자 / I
(A) parking
(B) accountant
(C) historian
(D) guide

광고가 되는 제품의 특장점

1 광고의 기능, 특징 문제는 advantage, special, feature의 단어를 이용한다.

2 특징, 장점의 답변은 different, famous, special, 최상급의 형용사 표현으로 주로 언급된다.

64   What type of business is being advertised?

STEP 1   광고의 주제 / 上 / 첫 2줄
STEP 2   〈광고의 주제〉는 첫 번째 문장의 의문문에서 알 수 있다.
(A) An airline
(B) A bank
(C) A travel agency
(D) A bookstore

STEP 3   답 결정 키워드 ▶ **travel agency**
〈Are you looking for + 광고 대상 ~?〉의 구조를 알아 두자.
정답 (C)

STEP 4   함정 유형 및 오답 패턴
장소나 대상은 단어의 유추로 오답을 나타낼 수 있으므로 주의하자. trips - airline
(A) An airline
(B) A bank
(C) A travel agency
(D) A bookstore

(C)Are you looking for a travel agency with a solid reputation and knowledgeable staff? Then look no further than Johnson Travel Agency. Located downtown, Johnson Travel Agency has been in business for 20 years, helping customers book reasonably priced (A)trips worldwide.

65   What does the business specialize in?

STEP 1   키워드 specialize
STEP 2   〈광고의 특징〉은 부사나 형용사로 언급한다.
(A) Tours of England and Italy
(B) Books on Latin America
(C) Discount airfare to Asia
(D) Language courses

STEP 3   답 결정 키워드 ▶ **specialize / England / Italy**
정답 (A)

STEP 4   함정 유형 및 오답 패턴
정답 위치가 아닌 곳에서 언급되는 보기는 오답이다.
(A) Tours of England and Italy
(B) Books on Latin America
(C) Discount airfare to Asia
(D) Language courses

(A)We specialize in tours of Europe, especially England and Italy. In fact, we are currently offering discount airfare on 10-day direct trips to London, Leeds, and Birmingham. Or if you are planning a trip to (C)Asia or (B)Latin America, our agents can assist you with all your arrangements.

66   According to the advertisement, how can customers get more information?

STEP 1   방법 / 명령문 / 下
STEP 2   〈연락 방법〉은 후반부에 위치한다.
(A) By visiting a website
(B) By making a phone call
(C) By sending an email
(D) By reading a travel brochure

STEP 3   답 결정 키워드 ▶ **call / stop by office**
정답 (B)

STEP 4   함정 유형 및 오답 패턴
or의 선택 사항은 그 중 하나만 언급된다.
(A) By visiting a website
(B) By making a phone call
(C) By sending an email
(D) By reading a travel brochure

(B)Just give us a call at 555-5428 or (A)stop by our conveniently located office.

PART 4

정답   64. (C)   65. (A)   66. (B)

PART 4
최신 유형과 고득점 유형 마스터

PART 4-8강

8. 최신 유형과 고득점 유형

8-1 장소/직업 등의 같은 위치 문제가 연달아 출제되면 2:1 구조이다.

8-2 구체적인 특정 사건의 이유는 대화의 중반부에 답이 있다.

8-3 수동태 문제는 권유, 제안 등의 표현을 들어야 한다.

8-4 I'll ~로 말하면 제안을, You'll ~로 말하면 요청을 뜻한다.

8-5 " "의 화자의 의도 파악 문제에서 같은 뜻의 보기는 제거한다.

8-6 " "의 화자의 의도 파악 문제는 해당 위치에서 위아래의 연결어를 확보하자.

8-7 " "의 화자의 의도 파악 문제는 포괄적으로 설명한 보기가 정답이다.

8-8 시각 자료 문제에서 (A)~(D)의 보기는 절대 대화에서 들리지 않는다.

8-9 일정표는 일정의 변경, 취소 등의 계산을 해야 한다.

8-10 지도 자료는 opposite, next to 등의 장소 전치사가 정답의 단서이다.

8-11 Graph(Bar/Pie)는 서수, 최상급, 수량에 대한 언급에서 답이 나온다.

8-12 Brochure/Coupon은 정보를 찾아야 한다.

8-1 장소/직업 등의 같은 위치 문제가 연달아 출제되면 2:1 구조이다.

MP3-**181**

시험에 이렇게 나온다

67. What is the purpose of the message?
(A) To change a schedule
(B) To confirm an appointment
(C) To set up an interview
(D) To inform employees of a policy change

67.
(A) _____
(B) _____
(C) _____
(D) _____

68. Who would most likely be the caller?
(A) A telephone operator
(B) A manager in human resources
(C) An applicant
(D) A receptionist

68.
(A) _____
(B) _____
(C) _____
(D) _____

69. What does the caller say Ms. Kelly should
do?
(A) Bring her medical records
(B) Bring her photo identification
(C) Call the office before she arrives
(D) Arrive earlier

69.
(A) _____
(B) _____
(C) _____
(D) _____

문제 미리 읽고 포인트 찾기

① 답의 예상 위치를 표시하세요.(上/下)
② 보기 A–D에 키워드를 표시하세요.
③ 화자/청자를 표시하세요.
④ 빈출 주의사항

ex) 1. 上 / 화자 / I
(A) parking
(B) accountant
(C) historian
(D) guide

2:1 구조

문제의 유형에 따라 지문의 순서에서 답이 1:1:1 / 2:1 / 1:2 / 3:0의 구조로 언급된다.
일반적인 형태는 1:1:1이지만, 다음의 경우에는 답이 한꺼번에 나올 수 있으므로 주의해야 한다.

Tip▶ 문제를 미리 읽고 정리하면 구조의 예상이 가능하다.

1 목적, 직업 유형의 문제가 연이어 나오면, 2:1의 구조로 봐야 한다.
　　– Welcome to ~에서 직업을 나타낸 후, I'd like to ~로 목적을 나타내는 내용의 흐름을 잘 정리해 두
　　자.

2 직업, 구체적인 정보의 키워드 문제가 연이어 나오면 3:0 구조이다.
　　– 전반부에서 답이 이미 모두 나오기 때문에, 집중하고 있어야 한다. 지문을 듣기 전 문제와 보기 정리를
　　잘 해야 한다.

67 What is the purpose of the message?

STEP 1 주제 / 上 / 첫 2줄
STEP 2 〈주제〉는 첫 2줄 안에 나온다.
(A) To change a schedule
(B) To confirm an appointment
(C) To set up an interview
(D) To inform employees of a policy change

STEP 3 답 결정 키워드 ▶ confirm / appointment
정답 (B)

STEP 4 함정 유형 및 오답 패턴
연상할 수 있는 보기가 나와도 정확하지 않으면 오답이다. 지문의 어휘로 연상 가능한 보기가 나와도 정확하지 않으면 오답이다. 날짜가 언급되어 schedule이 연상되지만 change의 내용이 없으므로 오답이다.
(A) To change a schedule
(B) To confirm an appointment
(C) To set up an interview
(D) To inform employees of a policy change

Good morning. This message is for Gene Kelly. Ms. Kelly, this is Bill Myer from the reception desk at Dr. Lima's office. **(B) I've called to confirm that you have a dental appointment** on **(A) January 11th at 2 o'clock.**

68 Who would most likely be the caller?

STEP 1 화자 / 上
STEP 2 〈화자〉에 대한 정보는 전반부에 위치한다.
(A) A telephone operator
(B) A manager in human resources
(C) An applicant
(D) A receptionist

STEP 3 답 결정 키워드 ▶reception desk / Dr. Lima's office
장소와 직업, 주제 문제가 연달아 출제되면 2:1의 구조이다.
정답 (D)

STEP 4 함정 유형 및 오답 패턴
call - telephone와 paraphrasing을 이용한 오답이다.
(A) A telephone operator
(B) A manager in human resources
(C) An applicant
(D) A receptionist

Good morning. This message is for Gene Kelly. Ms. Kelly, this is Bill Myer from the **(D) reception desk at Dr. Lima's office. (A) I've called** to confirm that you have a dental appointment on January 11th at 2 o'clock. Since this is your first visit with us, please come to the office ten minutes early to fill out some forms.

69 What does the caller say Ms. Kelly should do?

STEP 1 요청 / 下
STEP 2 〈요청〉은 후반부에 명령문으로 나온다.
(A) Bring her medical records
(B) Bring her photo identification
(C) Call the office before she arrives
(D) Arrive earlier

STEP 3 답 결정 키워드 ▶ come / early
정답 (D)

STEP 4 함정 유형 및 오답 패턴
요청 표현 다음의 to 부정사는 요청의 이유를 나타낸다.
(A) Bring her medical records
(B) Bring her photo identification
(C) Call the office before she arrives
(D) Arrive earlier

Since this is your first visit with us, **(D) please come to the office ten minutes early to fill out some (A) forms.** Also, if for any reason you need to cancel your appointment, we ask you to notify us at least 24 hours in advance. Thank you.

정답 67. (B) 68. (D) 69. (D)

8-2 구체적인 특정 사건의 이유는 대화의 중반부에 답이 있다.

MP3-**182**

시험에 이렇게 나온다

70. According to the report, what caused thetraffic delay this morning?
(A) Traffic accidents
(B) Building construction
(C) A damaged highway
(D) Poor weather conditions

71. What advice does the speaker give?
(A) Take an alternative route
(B) Wait for a moment
(C) Use public transportation
(D) Call emergency services

72. What will happen tomorrow?
(A) A new highway will open.
(B) Repair work will begin.
(C) A new program will be aired.
(D) Traffic lights will be installed.

70.
(A) _____
(B) _____
(C) _____
(D) _____

71.
(A) _____
(B) _____
(C) _____
(D) _____

72.
(A) _____
(B) _____
(C) _____
(D) _____

문제 미리 읽고 포인트 찾기

① 답의 예상 위치를 표시하세요.(上/下)
② 보기 A–D에 키워드를 표시하세요.
③ 화자/청자를 표시하세요.
④ 빈출 주의사항

ex) 1. 上 / 화자 / I
(A) parking
(B) accountant
(C) historian
(D) guide

이유가 드러나는 대화의 위치

1   전반적인 이유(목적, 상황적인 요인)를 묻는 문제는 대화의 전반부에 답이 있고, 구체적인 특정 사건의 이유를 묻는 문제는 대화의 중반부에 답이 있다.

2   중반부에 나오는 이유는 to 부정사, for, because, due to를 이용하여 나타낸다.

70 According to the report, what caused the traffic delay this morning?

STEP 1 이유 / delay / this morning

STEP 2 〈이유〉는 첫 2줄 안에 나온다.

(A) Traffic accidents   (B) Building construction
(C) A damaged highway   (D) Poor weather conditions

STEP 3 답 결정 키워드 ▶ traffic congestion / fog
지문 중에서 들리는 단어는 구체적이지만 답은 항상 포괄적인 단어로
paraphrasing이 된다. fog 〈 weather conditions
정답 (D)

STEP 4 함정 유형 및 오답 패턴
정답 위치에 2개 이상의 키워드가 들리면 들리지 않는 오류를 포함한 하나를 소거
한 후 정답을 남긴다.

(A) Traffic accidents   (B) Building construction
(C) A damaged highway   (D) Poor weather conditions

Good morning. This is Matthew Turk with a special traffic report. There is **(D) severe (A) traffic congestion on (C) Highway** 11 due to fog.

71 What advice does the speaker give?

STEP 1 키워드 advice

STEP 2 〈키워드〉 문제는 해당 위치 앞뒤를 잘 듣자.

(A) Take an alternative route
(B) Wait for a moment
(C) Use public transportation
(D) Call emergency services

STEP 3 답 결정 키워드 ▶ recommend / Route 21
paraphrasing 표현에 유의한다. ex. 우회하다 take a route – take an
alternate route
정답 (A)

STEP 4 함정 유형 및 오답 패턴
연상할 수 있는 표현이 나오면 아닌 것부터 소거한다. foggy – emergency(긴급)

(A) Take an alternative route
(B) Wait for a moment
(C) Use public transportation
(D) Call emergency services

If you are heading northbound on Bolton Street, **(A) we recommend taking Route 21**, since **(D) foggy** conditions have already cleared on this road.

72 What will happen tomorrow?

STEP 1 미래 / tomorrow / 下

STEP 2 〈미래〉는 대화의 후반부를 잘 듣자.

(A) A new highway will open.
(B) Repair work will begin.
(C) A new program will be aired.
(D) Traffic lights will be installed.

STEP 3 답 결정 키워드 ▶ maintenance work / begin
지문 중에서 들리는 단어는 구체적이지만 답은 항상 포괄적인 단어로
paraphrasing이 된다. maintenance work 〈 repair
정답 (B)

STEP 4 함정 유형 및 오답 패턴
정답과 관계없는 보기는 소거한다.

(A) A new highway will open.
(B) Repair work will begin.
(C) A new program will be aired.
(D) Traffic lights will be installed.

Remember, **(B) road maintenance work is planned to begin tomorrow** on **(A) Highway** 16 from Lakeside up to the Bicutan Exit. **(D) Our next traffic report** will be in fifteen minutes so keep listening.

정답 70. (D)   71. (A)   72. (B)

PART 4

8-3 수동태 문제는 권유, 제안 등의 표현을 들어야 한다.

MP3-**183**

시험에 이렇게 나온다

73. What is the announcement about?
(A) A new store location
(B) An upcoming store closing
(C) A change in promotion methods
(D) Recent customer complaints

73.
(A) _____
(B) _____
(C) _____
(D) _____

74. Who most likely are the listeners?
(A) Office suppliers
(B) Store employees
(C) Customers
(D) Website designers

74.
(A) _____
(B) _____
(C) _____
(D) _____

75. What will be sent by email?
(A) Customers complaint forms
(B) An event calendar
(C) Discount coupons
(D) Website passwords

75.
(A) _____
(B) _____
(C) _____
(D) _____

문제 미리 읽고 포인트 찾기

① 답의 예상 위치를 표시하세요.(上/下)
② 보기 A–D에 키워드를 표시하세요.
③ 화자/청자를 표시하세요.
④ 빈출 주의사항

ex) 1. 上 / 화자 / I
(A) parking
(B) accountant
(C) historian
(D) guide

수동태 문제 유형

수동태 문제 유형은 주로 청자에게 요청이나 제안을 하는 것으로, 지문에서는 청자를 언급하는 You will ~의 표현이나, 명령문 등을 사용한다.

Please ~ / I'll ask you ~ / I'd like you to ~ / Remember ~로 언급한다.

ex) What will be provided after the presentation? 발표 후에 무엇이 제공될 예정인가?
You'll receive a ticket for our next conference after the presentation.
여러분은 발표가 끝난 이후에 다음 컨퍼런스 티켓을 받을 것입니다.

73 What is the announcement about?

STEP 1 주제 / 上 / 첫 2줄
STEP 2 〈주제〉는 첫 2줄 안에 나온다.
(A) A new store location
(B) An upcoming store closing
(C) A change in promotion methods
(D) Recent customer complaints

STEP 3 답 결정 키워드 ▶ remind / new / discount / promotion
보기의 change는 지문의 new를 표현한 것이다.
정답 (C)

STEP 4 함정 유형 및 오답 패턴
local - location의 유사 발음 오류를 유의하자.
(A) A new store location
(B) An upcoming store closing
(C) A change in promotion methods
(D) Recent customer complaints

Before we start today's morning shift, **(C) I'd like to remind everyone of our new discount coupon promotion.** As you know, for the past ten years, we've printed discount coupons in the **(A)** local newspaper. Starting tomorrow, we're trying something new.

74 Who most likely are the listeners?

STEP 1 청자 직업 / 上
STEP 2 〈직업〉 문제는 직업 관련 명사와 장소 명사를 잘 듣자.
(A) Office suppliers
(B) Store employees
(C) Customers
(D) Website designers

STEP 3 답 결정 키워드 ▶ our cashiers
직업 연상 단어에 유의하자. cashier - store staff / design - designer
정답 (B)

STEP 4 함정 유형 및 오답 패턴
직업 명사는 화자와 청자를 구별해서 파악해야 한다.
(A) Office suppliers
(B) Store employees
(C) Customers
(D) Website designers

Customers will also be able to receive coupons electronically by email. **(B) All of our cashiers** must be informed that when **(C)** customers are checking out, ask them if they'd like to receive the coupons by email.

75 What will be sent by email?

STEP 1 미래 / 키워드 by email
STEP 2 수동태 문제는 권유, 제안의 표현을 듣자.
(A) Customers complaint forms
(B) An event calendar
(C) Discount coupons
(D) Website passwords

STEP 3 답 결정 키워드 ▶ receive / coupons
정답 (C)

STEP 4 함정 유형 및 오답 패턴
정답 위치가 아닌 곳에서 언급되는 보기는 오답이다.
(A) Customers complaint forms
(B) An event calendar
(C) Discount coupons
(D) Website passwords

Customers will also be able to receive coupons electronically by email. All of our cashiers must be informed that when customers are checking out, ask them **(C)** if they'd like **to receive the coupons by email.** And if they're interested, ask them to write down their name and email address on the **(A)** form next to the cash register.

정답 73. (C)   74. (B)   75. (C)

PART 4

8-4
I'll ~로 말하면 제안을,
You'll ~로 말하면 요청을 뜻한다.

MP3-**184**

시험에 이렇게 나온다

76. What is the main topic of the workshop?
(A) Planning business strategies
(B) Practicing job interviews
(C) Networking with clients
(D) Improving presentation skills

76.
(A) _____
(B) _____
(C) _____
(D) _____

77. What will the speaker offer?
(A) To give some advice
(B) To demonstrate an item
(C) To present another brand
(D) To promote a book

77.
(A) _____
(B) _____
(C) _____
(D) _____

78. What are the listeners asked to do?
(A) Read some materials
(B) Give feedback
(C) Work with a partner
(D) Review an instruction

78.
(A) _____
(B) _____
(C) _____
(D) _____

문제 미리 읽고 포인트 찾기

① 답의 예상 위치를 표시하세요.(上/下)
② 보기 A–D에 키워드를 표시하세요.
③ 화자/청자를 표시하세요.
④ 빈출 주의사항

ex) 1. 上 / 화자 / I
(A) parking
(B) accountant
(C) historian
(D) guide

I'll ~과 You'll ~에 따른 질문과 답변

흔치 않지만, 미래 시제의 일이 연이어 나올 때, 주어에 따라서 그 질문의 의도가 달라진다.

I'll call my assistant to prepare the meeting this afternoon.
저는 제 조수에게 오늘 오후 회의를 준비하라고 전화할 것입니다.
You'll visit our company at 4 o'clock. 당신은 4시에 저희 회사를 방문할 것입니다.

1 What will the speaker suggest? 화자가 요청하는 것은?
– Visit his company 회사 방문하기

2 What will the speaker offer? 화자가 제안하는 것은?
– Call his assistant 조수에게 전화하기

76 What is the main topic of the workshop?

STEP 1 주제 / workshop / 上 / 첫 2줄
STEP 2 〈주제〉는 첫 2줄 안에 나온다.
(A) Planning business strategies
(B) Practicing job interviews
(C) Networking with clients
(D) Improving presentation skills

STEP 3 답 결정 키워드 ▶ skill / business / presentations
지문의 전반적인 주제는 I'd like로 말하지만, workshop의 주제는 전반부의 설명에서 확인할 수 있다. 정답 (D)

STEP 4 함정 유형 및 오답 패턴
정답 위치에 2개 이상의 키워드가 들리면 들리지 않는 오류를 포함한 하나를 소거한 후 정답을 남긴다.
(A) Planning business strategies
(B) Practicing job interviews
(C) Networking with clients
(D) Improving presentation skills

Thank you for attending today's workshop. Effective communication is **(D) a key interpersonal skill in dynamic (A) business environments. Today I will focus especially on giving presentations at work.**

77 What will the speaker offer?

STEP 1 화자의 제안 / 下
STEP 2 〈화자의 제안〉은 I'll ~로 시작한다.
(A) To give some advice
(B) To demonstrate an item
(C) To present another brand
(D) To promote a book

STEP 3 답 결정 키워드 ▶ give you some tips
지문 중에서 들리는 단어는 구체적이지만 답은 항상 포괄적인 단어로 paraphrasing이 된다. tips ＜ advice
정답 (A)

STEP 4 함정 유형 및 오답 패턴
유사 발음 오류를 주의하자. presentations – present
(A) To give some advice
(B) To demonstrate an item
(C) To present another brand
(D) To promote a book

I guess all of you here have made presentations many times. But you still find it hard to do. Well, many people have the same problem like you. **(A) I'll give you some tips** to make your **(C) presentations** more efficient.

78 What are the listeners asked to do?

STEP 1 청자 / 요청 / 下
STEP 2 〈요청〉은 명령문으로 시작한다.
(A) Read some materials
(B) Give feedback
(C) Work with a partner
(D) Review an instruction

STEP 3 답 결정 키워드 ▶ work in pairs
지문 중에서 들리는 단어는 구체적이지만 답은 항상 포괄적인 단어로 paraphrasing이 된다. in pairs ＜ with a partner 정답 (C)
Tip! I'll have you의 표현은 '요청'의 또 다른 표현이다.

STEP 4 함정 유형 및 오답 패턴
요청의 위치와 관계없는 보기의 언급은 오답이다.
(A) Read some materials
(B) Give feedback
(C) Work with a partner
(D) Review an instruction

I guess all of you here made presentations many times. But still hard to do that. Well, many people have same problem like you. I'll **(B) give** you some tips to make your presentation more efficient. First, **(C) I'm now going to have you work in pairs** and then we will do a quick exercise.

정답 76. (D) 77. (A) 78. (C)

8-5 " "의 화자의 의도 파악 문제에서 같은 뜻의 보기는 제거한다.

MP3-**185**

시험에 이렇게 나온다

79. According to the speaker, what will the listeners do at 3:00?
(A) Attend a guided tour
(B) Purchase museum tickets
(C) Buy some souvenirs
(D) Have lunch

80. Why does the speaker say, "I love their croissants"?
(A) To tell listeners her preference
(B) To ask listeners to purchase them
(C) To recommend that listeners visit a store
(D) To order more items

81. What are the listeners advised to do?
(A) Be sure to have tickets ready
(B) Meet at the entrance before the event
(C) Attend a reception
(D) Participate in a survey

79.
(A) _____
(B) _____
(C) _____
(D) _____

80.
(A) _____
(B) _____
(C) _____
(D) _____

81.
(A) _____
(B) _____
(C) _____
(D) _____

문제 미리 읽고 포인트 찾기

① 답의 예상 위치를 표시하세요.(上/下)
② 보기 A–D에 키워드를 표시하세요.
③ 화자/청자를 표시하세요.
④ 빈출 주의사항

ex) 1. 上 / 화자 / I
(A) parking
(B) accountant
(C) historian
(D) guide

〈화자의 의도 파악〉 문제 풀이 전략

1 화자의 의도 파악 문제는 앞뒤 문맥과 연결하여 답을 찾아야 한다.
2 주어진 문장 " "의 앞뒤 문맥을 듣고 〈포괄적〉으로 묘사한 것이 답이 된다.
3 주어진 문장 " "와 동일한 단어 혹은, 같은 의미의 보기는 오히려 답이 될 확률이 적다.

화자의 의도 파악 문제 풀이 예시

What does the speaker imply when she says, "there will be a new supermarket within a year"?
(A) She is concerned about the construction noise.
(B) She believe that more stores is needed.
(C) She is worried about competition in business.
(D) She expects that the local economy will grow.

~ the business of our supermarket has decreased over the last year even though we've launched several seasonal campaigns. As you also know, **there will be a new supermarket within a year**. It can make the situation worse.

① 지문에 있는 supermarket과 유사 단어인 stores를 반복한 (B)와 new supermarket으로 construction(공사)을 연상시키는 (A)는 오답이다.

② our supermarket has decreased ~ there will be a new supermarket within a year. It can make the situation worse. 우리 업체의 사업이 감소하고 있다는 부정적인 상황을 설명하면서 새로운 동종 업체가 생길 것이라고 하므로 경쟁이 치열해질 것을 우려하고 있음을 알 수 있다. 정답 (C)

79　According to the speaker, what will the listeners do at 3:00?

STEP 1　청자 / 미래 / 키워드 3:00
STEP 2　〈시간 부사〉 키워드는 해당 문장의 끝에 나온다.
(A) Attend a guided tour
(B) Purchase museum tickets
(C) Buy some souvenirs
(D) Have lunch

STEP 3　답 결정 키워드 ▶ attend / guided tour / 3 o'clock
일정을 소개하는 지문에서는 시간 표현이 중요하다.
정답 (A)

STEP 4　함정 유형 및 오답 패턴
시간 키워드와 관계없는 위치의 보기는 오답이다.
(A) Attend a guided tour
(B) Purchase museum tickets
(C) Buy some souvenirs
(D) Have lunch

Can I have everyone's attention, please? We've just arrived at our final destination of today's tour. On the left side of our bus, you can see the Avalon Museum where **(A) we will be attending the guided tour at 3 o'clock.**
But we have arrived early, so you can spend your own free time until the tour begins. There are lots of exciting places here, especially behind the museum. You will find the **(D)Blue Bakery** at the first corner. It is one of the most popular places in the city. I love their croissants.

80　Why does the speaker say, "I love their croissants"?

STEP 1　화자의 의도 파악
STEP 2　〈화자의 의도 파악〉 문제는 '주어진 문장' 앞뒤를 듣자.
(A) To tell listeners her preference
(B) To ask listeners to purchase them
(C) To recommend that listeners visit a store
(D) To order more items

STEP 3　답 결정 키워드 ▶ Bakery / popular
정답 (C)

STEP 4　함정 유형 및 오답 패턴
화자의 의도 파악 유형에서 '주어진 문장'과 같은 뜻의 보기는 소거한다.
love와 유사 의미인 preference는 오답, love를 purchase로 연상시킨 (B)도 오답이다.
(A) To tell listeners her preference
(B) To ask listeners to purchase them
(C) To recommend that listeners visit a store
(D) To order more items

But we have arrived early, so you can spend your own free time until the tour begins. There are lots of exciting places here, especially behind the museum. **(C)You will find the Blue Bakery** at the first corner that is one **of the most popular places** in the city. **(A),(B)I love their croissants.**

81　What are the listeners advised to do?

STEP 1　청자 / 요청 / 下
STEP 2　〈청자의 요청〉은 명령문으로 시작한다.
(A) Be sure to have tickets ready
(B) Meet at the entrance before the event
(C) Attend a reception
(D) Participate in a survey

STEP 3　답 결정 키워드 ▶ meet / entrance
정답 (B)

STEP 4　함정 유형 및 오답 패턴
요청 표현의 단어가 반복되어도, 그 이후의 말이 맞지 않으면 오답이다.
(A) Be sure to have tickets ready
(B) Meet at the entrance before the event
(C) Attend a reception
(D) Participate in a survey

Okay, **(B)please be (A)sure that we meet at the museum entrance 10** minutes before the tour begins.

정답　79. (A)　80. (C)　81. (B)

8-6

" "의 화자의 의도 파악 문제는 해당 위치에서 위아래의 연결어를 확보하자.

MP3-186

시험에 이렇게 나온다

82. What industry does the speaker work in?
(A) Interior design
(B) Retailer sales
(C) Tourism
(D) Advertising

83. Why does the speaker say, "I'm sorry, I should have mentioned that before"?
(A) A client has its preference in design.
(B) A project is for a new client.
(C) A deadline has been changed.
(D) A project needed to be done with others.

84. What does the speaker suggest the listener do?
(A) Work at a store
(B) Attend a training program
(C) Visit a client's office
(D) Consult a coworker

82.
(A) _____
(B) _____
(C) _____
(D) _____

83.
(A) _____
(B) _____
(C) _____
(D) _____

84.
(A) _____
(B) _____
(C) _____
(D) _____

문제 미리 읽고 포인트 찾기

① 답의 예상 위치를 표시하세요.(上/下)
② 보기 A–D에 키워드를 표시하세요.
③ 화자/청자를 표시하세요.
④ 빈출 주의사항

ex) 1. 上 / 화자 / I
(A) parking
(B) accountant
(C) historian
(D) guide

화자의 의도 파악 문제는 '주어진 문장'을 기준으로 위아래에서 연결어를 확보해야 한다.

1 전체 문맥상 의미를 파악하는 문제이며 앞뒤 문맥을 파악하여 포괄적인 정답을 찾아야 한다.

2 문맥 문제는 앞 사람의 말에 대해 답변/반응을 하는 것이 대부분이므로, 앞 사람의 대사에서 들리는 <특정 단어>를 포함하거나 관련된 보기가 정답이 된다.

3 정답 위치의 연결어가 있다면 긍정/부정의 의미로 정답을 구분해야 한다.

① **부정의 연결어: but / however / sorry / I am afraid**

Do you know the items we sent to the client in Washington D.C.? I'm afraid it's been a week.
우리가 워싱턴 D.C.에 사는 고객에게 보냈던 물건을 아나요? 일주일이 되었을 텐데요.

Q. Why does the speaker say, "It's been a week"? 화자는 왜 "일주일이 되었을 텐데요"라고 말하는가?
A. To express concern about shipping 배송에 대한 걱정을 나타내기 위해
→ "일주일이나 지났다"의 말에서 sent와 연관지어, 보냈는데 받았는지가 걱정이라는 의미로 파악할 수 있다.

② **긍정, 결과의 연결어: okay, consequently, therefore, so**

But I don't have a right to process your request. Therefore, I'll let the manager tell you all about it.
하지만 저는 당신의 요청을 처리할 권한이 없습니다. 그러므로, 매니저가 당신에게 말씀 드리도록 할게요.

Q. Why does the speaker says, "I'll let the manager tell you all about it"?
화자는 왜 "I'll ~ it."이라고 왜 말하는가?
A. He has finished explaining the situation. 그는 상황을 설명하는 것을 끝냈다.
→ therefore를 통해 상황을 매니저에게 이미 설명했음을 말하고 있다.

문제 풀이 전략

82 What industry does the speaker work in?

STEP 1 화자 직업 / 上 / 첫 2줄

STEP 2 〈주제〉는 첫 2줄 안에 나온다.

(A) Interior design   (B) Retailer sales
(C) Tourism   (D) Advertising

STEP 3 답 결정 키워드 ▶ advertisement / tell you
I received your work는 작업에 대한 의견을 제시하는 것으로, 상대방의 작업에 대한 의견 제시가 가능한 경우는 주로 같은 업체에서 근무하는 상황임을 기억하자. 정답 (D)

STEP 4 함정 유형 및 오답 패턴
정답 위치에 2개 이상의 키워드가 들리면 들리지 않는 오류를 포함한 하나를 소거한 후 정답을 남긴다.

(A) Interior design   (B) Retailer sales
(C) Tourism   (D) Advertising

Hi, Lorraine, this is Jackie. I just received **(A)your design for the online advertisement** for Leeds Department Store, and **I wanted to tell you what I think about your work**.

83 Why does the speaker say, "I'm sorry, I should have mentioned that before"?

STEP 1 화자의 의도 파악

STEP 2 〈화자의 의도 파악〉 문제는 '주어진 문장' 앞뒤를 듣자.

(A) A client has its preference in design.
(B) A project is for a new client.
(C) A deadline has been changed.
(D) A project needed to be done with others.

STEP 3 답 결정 키워드 ▶preferred / trendy advertisements
화자의 의도 파악 문제는 '주어진 문장'을 기준으로 위아래에서 연결어를 확보해야 한다. '주어진 문장'의 that이 의미하는 것은 바로 앞 문장이고 preferred trendy but ~ looks old로 고객이 트렌디한 디자인을 선호함을 알 수 있다. 정답 (A)

STEP 4 함정 유형 및 오답 패턴

(A) A client has its preference in design.
(B) A project is for a new client.
(C) A deadline has been changed.
(D) A project needed to be done with others.

(A)Leeds Department Store has always preferred very trendy advertisements, but this one that you made looks a bit old. **I'm sorry, I should have mentioned that before**.

84 What does the speaker suggest the listener do?

STEP 1 화자 / 권유 / 下

STEP 2 〈권유〉의 표현을 알아 두자.

(A) Work at a store
(B) Attend a training program
(C) Visit a client's office
(D) Consult a coworker

STEP 3 답 결정 키워드 ▶ Kelly / help you
지문 중에서 들리는 단어는 구체적이지만 답은 항상 포괄적인 단어로 paraphrasing이 된다. Kelly ＜ coworker 정답 (D)

STEP 4 함정 유형 및 오답 패턴
시제가 다른 문장은 오답이다. 요청의 시제는 현재/미래인데, (A)는 과거 시제의 내용이다.

(A) Work at a store
(B) Attend a training program
(C) Visit a client's office
(D) Consult a coworker

I know this is your first time working with them even though you have a lot of experience in this field. **(D)Why don't you ask Kelly to help you** out? She **(A)has worked with** Leeds Department Store before. Thanks, Lorraine.

정답 82. (D)   83. (A)   84. (D)

8-7 " "의 화자의 의도 파악 문제는 포괄적으로 설명한 보기가 정답이다.

MP3-187

시험에 이렇게 나온다

85. What is the speaker planning?
(A) A welcome reception
(B) An award ceremony
(C) An anniversary dinner
(D) A retirement party

86. Why does the speaker say, "24 people have accepted the invitation"?
(A) Changing a date would be difficult.
(B) She invited staff to revise their applications.
(C) Few people replied to her.
(D) The current place is too small.

87. What will Sujin do next?
(A) Check a list
(B) Make some phone calls
(C) Prepare more invitations
(D) Help select some cards

85.
(A) _____
(B) _____
(C) _____
(D) _____

86.
(A) _____
(B) _____
(C) _____
(D) _____

87.
(A) _____
(B) _____
(C) _____
(D) _____

문제 미리 읽고 포인트 찾기

① 답의 예상 위치를 표시하세요.(上/下)
② 보기 A–D에 키워드를 표시하세요.
③ 화자/청자를 표시하세요.
④ 빈출 주의사항

ex) 1. 上 / 화자 / I
(A) parking
(B) accountant
(C) historian
(D) guide

문맥상 의미를 파악하는 문제이므로 앞뒤 문맥을 파악하여 포괄적인 정답을 찾아야 한다.

화자의 의도 파악 문제의 표현은 주로 앞뒤 문맥을 연결하는 역할을 하므로, 주변 문맥을 파악해야만 정확한 의미와 화자의 의도를 이해할 수 있다.

> I know that I should have submitted my proposals for the next advertising campaign by yesterday, but I had a meeting all day. Could you give me additional time to complete it?
> 어제까지 다음 광고 캠페인에 대한 제안서를 제출해야 했다는 것을 알고 있지만, 하루 종일 회의가 있었어요. 그것을 완성하는 데 시간을 좀 더 주실 수 있을까요?

Q. Why does the speaker say, "I had a meeting all day"?
화자는 왜 '저는 하루 종일 회의가 있었어요'라고 말하고 있는가?
(A) To postpone a meeting 회의를 연기하기 위해서
(B) To give an excuse 변명하기 위해서

→ 제안서 제출 기한이 지난 것에 대해 '하루 종일 회의가 있었다'고 변명하는 것이므로 정답은 (B)이다.

85 What is the speaker planning?

STEP 1 할 일 / 上 / 첫 2줄
STEP 2 문제 순서는 지문의 순서와 일치한다.

(A) A welcome reception   (B) An award ceremony
(C) An anniversary dinner   (D) A retirement party

STEP 3 답 결정 키워드 ▶ plan / reception / welcome
계획에 대한 첫 번째 문제의 정답은 첫 문장에서 나온다.
정답 (A)

STEP 4 함정 유형 및 오답 패턴
reception에서 예상 가능한 보기가 있더라도 나머지 단어가 정확하지 않으면
오답이다.

(A) A welcome reception   (B) An award ceremony
(C) An anniversary dinner   (D) A retirement party

> Hi, Sujin. This is Edward. Thanks again for **volunteering to (A) plan a (B),(D) reception to welcome new employees** into our university.

86 Why does the speaker say, "24 people have accepted the invitation"?

STEP 1 화자의 의도 파악
STEP 2 〈화자의 의도 파악〉 문제는 '주어진 문장' 앞뒤를 잘 듣자.

(A) Changing a date would be difficult.
(B) She invited staff to revise their applications.
(C) Few people replied to her.
(D) The current place is too small.

STEP 3 답 결정 키워드 ▶ not / expecting / many
화자의 의도 파악 문제는 지문의 구체적인 표현을 포괄적으로 바꾼다.
not so many < too small 정답 (D)

STEP 4 함정 유형 및 오답 패턴
문장과 똑같거나 비슷한 보기는 일단 소거하자.
invitation – invite / 24 people – Few people

(A) Changing a date would be difficult.
(B) She invited staff to revise their applications.
(C) Few people replied to her.
(D) The current place is too small.

> I know we decided to reserve a dining room at the Palm Tree Restaurant, so we can all meet our new colleagues. However we have a problem. **(C) 24 people accepted the invitation. I wasn't expecting so many.** I think it's not too late to find a different place, but we need to hurry.

87 What will Sujin do next?

STEP 1 미래 / 下
STEP 2 〈요청〉은 명령문이나 Will you로 나타낸다.

(A) Check a list
(B) Make some phone calls
(C) Prepare more invitations
(D) Help select some cards

STEP 3 답 결정 키워드 ▶ Will you contact
사람 이름을 언급하는 문제는 상대방인지, 제3자인지 확인해야 한다. 상대방의 이
름은 지문의 처음에 언급된다.

STEP 4 함정 유형 및 오답 패턴
정답의 위치에 반복되는 보기는 나머지 단어가 정확하지 않으면 오답이다.
정답 (B)

(A) Check a list
(B) Make some phone calls
(C) Prepare more invitations
(D) Help select some cards

> **(B) Will you contact other restaurants this morning to (A) check what** space they have available? Then we can decide what to do.

PART 4

정답   85. (A)   86. (D)   87. (B)

8-8 시각 자료 문제에서 (A)–(D)의 보기는 절대 대화에서 들리지 않는다.

MP3-**188**

시험에 이렇게 나온다

Seminar	Date
Business Analysis and Quality	May 21
Presentation Skills	June 20
Thinking and Innovation	July 19
Interpersonal Skills	August 19

88. What does the speaker say he is pleased about?
(A) The positive customer feedback
(B) The number of participants
(C) The profitable quarter
(D) The variety of seminars

89. Look at the graphic. Which session has been canceled?
(A) Business Analysis and Quality
(B) Presentation Skills
(C) Thinking and Innovation
(D) Interpersonal Skills

90. What will happen after the first session?
(A) Information packets will be distributed.
(B) A company tour will be conducted.
(C) Certificates will be given.
(D) Lunch will be provided.

1.
(A) _____
(B) _____
(C) _____
(D) _____

2.
(A) _____
(B) _____
(C) _____
(D) _____

3.
(A) _____
(B) _____
(C) _____
(D) _____

문제 미리 읽고 포인트 찾기

① 답의 예상 위치를 표시하세요.(上/下)
② 보기 A–D에 키워드를 표시하세요.
③ 화자/청자를 표시하세요.
④ 빈출 주의사항

ex) 1. 上 / 화자 / I
(A) parking
(B) accountant
(C) historian
(D) guide

시각 자료 문제는 보기와 매칭되는 내용을 대화에서 듣고 정답을 찾는 유형이다.

전략 ① 문제와 표를 미리 읽고 어떤 단서가 제시될지를 파악해야 한다.
전략 ② 대화 중에 시각 자료와 매칭되는 내용이 정답이다.
전략 ③ 보기 중에 들리는 단어는 답이 아니다.

시각 자료 문제 풀이 예시

Reimbursement Request	
Expense	**Cost**
Train	$240
Hotel	$500
Meals	$260
Conference fee	$150

문제 ▶ Look at the graphic. Which amount needs to be confirmed?
(A) $240
(B) $500
(C) $260
(D) $150

When I added up your train fee myself, it came out to be one hundred dollars less than what you listed on your expense sheet. Can you confirm the train fare so I can process this?

1. 보기의 액수를 제외한 expense에 해당하는 말을 확인한다.
2. Can you confirm the train fare?에서 train fare에 해당하는 금액인 240달러가 정답이다.

▶ 정답 (A)

88 What does the speaker say he is pleased about?

STEP 1 화자 / pleased / 上

STEP 2 〈주제〉는 첫 2줄 안에 나온다.

(A) The positive customer feedback   (B) The number of participants
(C) The profitable quarter   (D) The variety of seminars

STEP 3 답 결정 키워드 ▶ **many / attended / seminar**
지문 중에서 들리는 단어는 구체적이지만 답은 항상 포괄적인 단어로
paraphrasing이 된다.
many of you < the number of participants
정답 (B)

STEP 4 함정 유형 및 오답 패턴
정답 위치에 2개 이상의 키워드가 들리면 들리지 않는 오류를 포함한 하나를 소거
한 후 정답을 남긴다.
(A) The positive customer feedback
(B) The number of participants
(C) The profitable quarter
(D) The variety of seminars

M: Good morning, everyone. My name is Daniel Melder. I'm really **pleased that so (B)many of you have attended today's professional** business **(D)seminar**.

89 Look at the graphic. Which session has been canceled?

STEP 1 시각 자료 / 키워드 canceled

STEP 2 〈키워드〉 문제는 해당 위치 앞뒤를 잘 듣자.
(A) Business Analysis and Quality
(B) Presentation Skills
(C) Thinking and Innovation
(D) Interpersonal Skills

STEP 3 답 결정 키워드 ▶ **However / July / canceled**
역접의 부사/접속사 뒤에서 답이 나온다. but / however / unfortunately
보기에 나온 세미나 제목은 들리지 않으므로 날짜를 기준으로 파악해야 한다.
정답 (C)

STEP 4 함정 유형 및 오답 패턴
(A) Business Analysis and Quality
(B) Presentation Skills
(C) Thinking and Innovation
(D) Interpersonal Skills

Seminar	Date
Business Analysis and Quality	May 21
Presentation Skills	June 20
Thinking and Innovation	July 19
Interpersonal Skills	August 19

Before we begin today's seminar, Business Analysis and Quality, I'd like to remind you that there is a **change to the schedule**. As you can see, we do have a seminar in June. **(C)However, the July session has been canceled** because of the annual safety inspection on the 19th.

90 What will happen after the first session?

STEP 1 미래 / 下 / 키워드 after the first session

STEP 2 〈시간 부사〉는 문장의 끝에 나온다.
(A) Information packets will be distributed.
(B) A company tour will be conducted.
(C) Certificates will be given.
(D) Lunch will be provided.

STEP 3 답 결정 키워드 ▶ **break / lunch**
정답 (D)

STEP 4 함정 유형 및 오답 패턴
seminar에서 packet, certificate를 연상시킨 오답이다.
(A) Information packets will be distributed.
(B) A company tour will be conducted.
(C) Certificates will be given.
(D) Lunch will be provided.

we do have **(A),(C)a seminar** in June. However, the July session has been canceled because of the annual safety inspection on the 19th. And please remember that today's **seminar** includes lunch. **(D)We'll break for lunch after the first session.**

정답   88. (B)   89. (C)   90. (D)

8-9 일정표는 일정의 변경, 취소 등의 계산을 해야 한다.

MP3-189

시험에 이렇게 나온다

Time: 10:00–11:00	Reserved by
Meeting Room A	James
Meeting Room B	Max
Conference Room A	Kevin
Conference Room B	Julia

91. What does the speaker need a room for?
(A) An orientation for new hires
(B) A meeting with clients
(C) A seminar for technicians
(D) A managerial meeting

92. Look at the graphic. Which room does the speaker want to use?
(A) Meeting Room A
(B) Meeting Room B
(C) Conference Room A
(D) Conference Room B

93. What does the speaker say he should do if there is a change?
(A) Remove video equipment
(B) Increase an order
(C) Contact another department
(D) Speak to his supervisor

91.
(A) _____
(B) _____
(C) _____
(D) _____

92.
(A) _____
(B) _____
(C) _____
(D) _____

93.
(A) _____
(B) _____
(C) _____
(D) _____

문제 미리 읽고 포인트 찾기

① 답의 예상 위치를 표시하세요.(上/下)
② 보기 A–D에 키워드를 표시하세요.
③ 화자/청자를 표시하세요.
④ 빈출 주의사항

ex) 1. 上 / 화자 / I
(A) parking
(B) accountant
(C) historian
(D) guide

일정표는 일정의 변경, 취소 등의 계산을 요하는 문제가 나온다.

1 일정표 시각 자료 문제는 <일정의 변경이나 취소>의 문제가 나오며 시제를 통해 답변한다.
    ① 원래 일정 - 과거 시제로 언급
    ② 최신 일정 - 미래 시제로 언급

2 originally가 나오면 취소나 변경 사항을 언급한다.

3 부재중이나 결석을 언급한 후 변경이나 취소를 말한다.

4 시각 자료 문제가 첫 문제로 출제되는 경우, 첫 2줄에서 주로 나온다.

91 What does the speaker need a room for?

STEP 1 키워드 room / 화자가 필요한 것

STEP 2 첫 번째 키워드 문제는 전반부에 위치한다.
(A) An orientation for new hires   (B) A meeting with clients
(C) A seminar for technicians   (D) A managerial meeting

STEP 3 답 결정 키워드 ▶ room / meeting with managers
구체적인 정보를 묻는 첫 번째 문제는 전반부에 위치한다. 정답 (D)

STEP 4 함정 유형 및 오답 패턴
정답 위치에 2개 이상의 키워드가 들리면 들리자 않는 오류를 포함한 하나를 소거
한 후 정답을 남긴다.
(A) An orientation for new hires
(B) A meeting with clients
(C) A seminar for technicians
(D) A managerial meeting

Hello, This is Max from the marketing department. I'm calling about the meeting room I reserved last week. **(D) I have Meeting Room B reserved** for 10 o'clock tomorrow for a **(B) meeting with departmental (D) managers.**

92 Look at the graphic. Which room does the speaker want to use?

STEP 1 시각 자료 / room / want to use

STEP 2 〈시각 자료〉의 보기는 지문에서 들리지 않는다.
(A) Meeting Room A
(B) Meeting Room B
(C) Conference Room A
(D) Conference Room B

STEP 3 답 결정 키워드 ▶ James / switch / with me
일정표는 일정의 변경, 취소를 묻는다. 정답 (A)

STEP 4 함정 유형 및 오답 패턴
(A) Meeting Room A
(B) Meeting Room B
(C) Conference Room A
(D) Conference Room B

Time: 10:00–11:00	Reserved by
Meeting Room A	James
Meeting Room B	Max
Conference Room A	Kevin
Conference Room B	Julia

However, I just realized that there was a mistake in the number of participants. **(A) However, I noticed that one of my colleagues, James, has a client meeting at the same time. And maybe he could switch rooms with me.**

93 What does the speaker say he should do if there is a change?

STEP 1 미래 / 키워드 change

STEP 2 〈화자의 미래〉는 후반부의 I'll이 일반적이다.
(A) Remove video equipment
(B) Increase an order
(C) Contact another department
(D) Speak to his supervisor

STEP 3 답 결정 키워드 ▶ inform / technical support
지문 중에서 들리는 단어는 구체적이지만 답은 항상 포괄적인 단어로
paraphrasing이 된다.
technical support – another department 정답 (C)

STEP 4 함정 유형 및 오답 패턴
보기의 일부 단어가 언급되더라도 나머지의 말이 맞지 않으면 오답이다.
(A) Remove video equipment
(B) Increase an order
(C) Contact another department
(D) Speak to his supervisor

Could you check with him please and confirm that I can use the room that he reserved? **(C) Actually, I need to inform the technical support of the change** because they will help me set up a **(A) projector and screen** in the meeting room.

정답 91. (D)   92. (A)   93. (C)

PART 4

8-10 지도 자료는 opposite, next to 등의 장소 전치사가 정답의 단서이다.

MP3-**190**

시험에 이렇게 나온다

Stage

	2		
1			Exit
	3	4	

문제 미리 읽고 포인트 찾기

① 답의 예상 위치를 표시하세요.(上/下)
② 보기 A–D에 키워드를 표시하세요.
③ 화자/청자를 표시하세요.
④ 빈출 주의사항

ex) 7. Where / 상
(A) clothing
(B) coffee
(C) employment
(D) dry cleaner

94. Why is the speaker calling?
(A) To respond to a request
(B) To give directions
(C) To change a reservation
(D) To extend an invitation

94.
(A) _____
(B) _____
(C) _____
(D) _____

95. Look at the graphic. Which section will the speaker most likely have tickets for?
(A) Section 1
(B) Section 2
(C) Section 3
(D) Section 4

95.
(A) _____
(B) _____
(C) _____
(D) _____

96. What will the listener do next?
(A) Fill out a form
(B) Email some documents
(C) Visit the plant
(D) Return a call

96.
(A) _____
(B) _____
(C) _____
(D) _____

지도 관련 문제는 장소 전치사가 중요하다.

1 건물의 floor plan(평면도), 기내, 극장, 기차 안 등의 좌석 배치(seating plan), 약도(direction)와 지도(map)의 시각 자료가 출제된다.

2 지도의 장소 명사 앞의 <전치사>를 통해 정답을 파악한다.
    – 출구 옆의(next to), 맨 앞줄(front row), 무대 뒤편의(behind the stage) 등의 장소 전치사구를 확인하자.

3 시제를 이용하여 변경 전후를 파악하는 것이 요즘 추세이므로 주의하자.
    ① 원래 위치를 묻는 경우 – 과거 시제로 언급
    ② 바뀐 위치를 묻는 경우 – 미래 시제로 언급

94 Why is the speaker calling?

STEP 1 주제 / 上 / 첫 2줄

STEP 2 〈주제〉는 첫 2줄 안에 나온다.
(A) To respond to a request
(B) To give directions
(C) To change a reservation
(D) To extend an invitation

STEP 3 답 결정 키워드 ▶ I've received your message
전화 지문에서 '당신의 메시지를 받았다'의 표현은 요청에 대한 답변을 하는 것이다.
정답 (A)

STEP 4 함정 유형 및 오답 패턴
Ticket Agency로 예상 가능한 일부 표현이 있더라도 나머지가 지문의 내용과 맞지 않으면 오답이다.
(A) To respond to a request
(B) To give directions
(C) To change a reservation
(D) To extend an invitation

Hello, my name is Irin Park from Fast **(C)**Ticket Agency. **(A)**I've received your message about the tickets for the upcoming Jazz festival next Friday. Luckily, we still have some.

95 Look at the graphic. Which section will the speaker most likely have tickets for?

STEP 1 will / 키워드 tickets

STEP 2 〈시각 자료〉의 보기는 지문에서 들리지 않는다.
(A) Section 1
(B) Section 2
(C) Section 3
(D) Section 4

STEP 3 답 결정 키워드 ▶ close to the exit
정답 (D)

STEP 4 함정 유형 및 오답 패턴
(A) Section 1
(B) Section 2
(C) Section 3
(D) Section 4

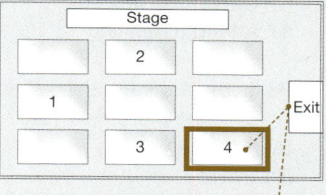

But it has been a week since the tickets first went on sale, so there are not any good ones left. I already sent you an email with the seating chart for the festival. **(D)**As you can see, we only have tickets close to the exit.

96 What will the listener do next?

STEP 1 미래 / 下

STEP 2 〈미래〉는 후반부에 위치한다.
(A) Fill out a form
(B) Email some documents
(C) Visit the plant
(D) Return a call

STEP 3 답 결정 키워드 ▶ call me back
지문 중에서 들리는 단어는 구체적이지만 답은 항상 포괄적인 단어로 paraphrasing이 된다. call me back ‹ return a call 정답 (D)

STEP 4 함정 유형 및 오답 패턴
시제와 주어가 맞지 않는 키워드의 보기는 오답이다.
(A) Fill out a form
(B) Email some documents
(C) Visit the plant
(D) Return a call

I already **(B)**sent you an email with the seating chart for the festival. As you can see, we only have tickets close to the exit.
If you're interested, **(D)**please call me back as soon as possible. The number of tickets is small, so you should hurry.

정답 94. (A)   95. (D)   96. (D)

8-11 Graph(Bar/Pie)는 서수, 최상급, 수량에 대한 언급에서 답이 나온다.

MP3-191

시험에 이렇게 나온다

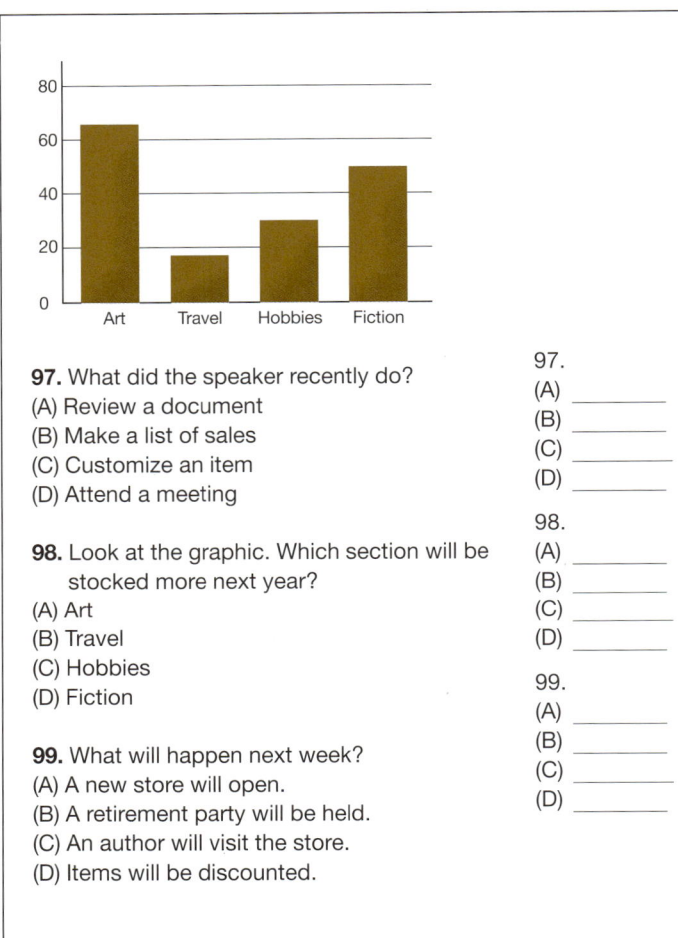

97. What did the speaker recently do?
(A) Review a document
(B) Make a list of sales
(C) Customize an item
(D) Attend a meeting

98. Look at the graphic. Which section will be stocked more next year?
(A) Art
(B) Travel
(C) Hobbies
(D) Fiction

99. What will happen next week?
(A) A new store will open.
(B) A retirement party will be held.
(C) An author will visit the store.
(D) Items will be discounted.

문제 미리 읽고 포인트 찾기

① 답의 예상 위치를 표시하세요.(上/下)
② 보기 A–D에 키워드를 표시하세요.
③ 화자/청자를 표시하세요.
④ 빈출 주의사항

ex) 1. 上 / 화자 / I
(A) parking
(B) accountant
(C) historian
(D) guide

97.
(A) _____
(B) _____
(C) _____
(D) _____

98.
(A) _____
(B) _____
(C) _____
(D) _____

99.
(A) _____
(B) _____
(C) _____
(D) _____

그래프 자료는 서수, 최상급, 수량 표현이 중요하다.

1 판매량/수익의 증감, 제품이나 기업의 항목별 선호도, 시장의 점유율 등 수량의 표현을 그래프로 나타낸다.

2 그래프는 대상의 <비교>를 위한 것이므로, 서수, 최상급, 수량 표현으로 정답을 파악해야 한다.

　① 최상급 – the biggest, the lowest, the highest, the most popular
　② 서수 – the first, the second, the third, the fourth, the last
　③ 수량 – two, five, … etc.

3 매출의 증감뿐만 아니라, 설문 조사에서의 항목별 결과에 따른 개선점, 칭찬할 점을 언급하기도 한다.

97 What did the speaker recently do?

STEP 1 주제 / 上 / 첫 2줄
STEP 2 〈과거〉는 전반부에 나온다.
(A) Review a document
(B) Make a list of sales
(C) Customize an item
(D) Attend a meeting

STEP 3 답 결정 키워드 ▶ After attending the sales meeting
정답 (D)

STEP 4 함정 유형 및 오답 패턴
(A) Review a document
(B) Make a list of sales
(C) Customize an item
(D) Attend a meeting

Welcome to the last-minute meeting for Brooksberry **(A)Bookstore** managers. **After attending the sales meeting for regional managers**,

98 Look at the graphic. Which section will be stocked more next year?

STEP 1 시각 자료 / stocked more
STEP 2 〈시각 자료〉의 보기는 지문에서 들리지 않는다.
서수나 수량 표현을 잘 듣고 정답을 파악한다.
(A) Art
(B) Travel
(C) Hobbies
(D) Fiction

STEP 3 답 결정 키워드 ▶ next year / order the second item
정답 (D)

STEP 4 함정 유형 및 오답 패턴
(A) Art
(B) Travel
(C) Hobbies
(D) Fiction

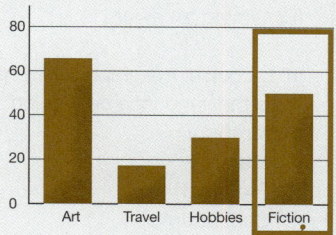

I think we have to change the sales **strategy for the next year**. So I took a survey about what kind of books customers would like us to carry more of a week ago. As you can see from the chart, it's clear which one they like best. But that inventory has become too expensive to stock so I think **(D)we'd better order the second item**.

99 What will happen next week?

STEP 1 미래 / 키워드 next week
STEP 2 〈시간 부사〉는 문장 끝에 나온다.
(A) A new store will open.
(B) A retirement party will be held.
(C) An author will visit the store.
(D) Items will be discounted.

STEP 3 답 결정 키워드 ▶ the new chain / will be opening
정답 (A)

STEP 4 함정 유형 및 오답 패턴
정답 위치에 2개 이상의 키워드가 들리면 들리지 않는 오류를 포함한 하나를 소거한 후 정답을 남긴다.
(A) A new store will open.
(B) A retirement party will be held.
(C) An author will visit the store.
(D) Items will be discounted.

And remember **(A)the new chain** of our **(C) store** in Oxford **will be opening** next week.

정답 97. (D)   98. (D)   99. (A)

Brochure/Coupon은
정보를 찾아야 한다.

8-12

MP3-**192**

시험에 이렇게 나온다

Akino Department Store
up to 50% Discount This Weekend!

Sales Item	Store Location
Electronics	Kintbury
Kitchen utensils	Marshall
Office furniture	Froxfield
Clothing	Hamstead
Home appliances	Shallbourne

100. What is Akino celebrating?
(A) A newly renovated building
(B) Opening a new store
(C) The anniversary of its opening
(D) Wining an award

101. Look at the graphic. At which store location
is the announcement being made?
(A) Kintbury
(B) Marshall
(C) Froxfield
(D) Shallbourne

102. Why should listeners visit the 10th floor?
(A) To sign up for a membership
(B) To get a raffle ticket
(C) To receive free gifts
(D) To complete a customer survey

100.
(A) _____
(B) _____
(C) _____
(D) _____

101.
(A) _____
(B) _____
(C) _____
(D) _____

102.
(A) _____
(B) _____
(C) _____
(D) _____

문제 미리 읽고 포인트 찾기

① 답의 예상 위치를 표시하세요.(上/下)
② 보기 A–D에 키워드를 표시하세요.
③ 화자/청자를 표시하세요.
④ 빈출 주의사항

ex) 1. 上 / 화자 / I
(A) parking
(B) accountant
(C) historian
(D) guide

전단지와 쿠폰은 정보의 맞음과 틀림을 찾는 유형의 문제이다.

1   전단지와 쿠폰 문제의 유형은
     ① 자료와 지문 내용의 일치를 묻는 세부 유형
     ② 주의 사항이 있어 잘못된 정보를 찾는 유형이 있다.

2   잘못된 정보는 but, unfortunately와 같은 부정적인 연결어의 뒤에 위치한다.

100 What is Akino celebrating?

STEP 1 주제 / 上 / 첫 2줄

STEP 2 〈주제〉는 첫 2줄 안에 나온다.
(A) A newly renovated building
(B) Opening a new store
(C) The anniversary of its opening
(D) Wining an award

STEP 3 답 결정 키워드 ▶ **celebrating / anniversary**
정답 (C)

STEP 4 함정 유형 및 오답 패턴
보기의 일부 단어가 맞더라도 나머지가 다르면 오답이다.
(A) A newly renovated building
(B) Opening a new store
(C) The anniversary of its opening
(D) Wining an award

Good afternoon, Akino shoppers. This weekend, our **(B)**store is **(C)**celebrating its fifth anniversary.

101 Look at the graphic. At which store location is the announcement being made?

STEP 1 시각 자료

STEP 2 시각 자료의 보기는 지문에서 언급되지 않는다.
(A) Kintbury
(B) Marshall
(C) Froxfield
(D) Shallbourne

STEP 3 답 결정 키워드 ▶ **Here / office furniture**
정답 (C)

STEP 4 함정 유형 및 오답 패턴
(A) Kintbury
(B) Marshall
(C) Froxfield
(D) Shallbourne

Akino Department Store up to 50% Discount This Weekend!	
Sales Item	Store Location
Electronics	Kintbury
Kitchen utensils	Marshall
Office furniture	Froxfield
Clothing	Hamstead
Home appliances	Shallbourne

To show our appreciation, we'll be having a special sale in our five locations. **(C)**Here at this location, you'll get up to 50 percent off **(C)**on all office furniture, including desks and chairs. But please make sure to check our pamphlet. You'll see that each store location has a discount on different items.

102 Why should listeners visit the 10th floor?

STEP 1 요청에 대한 이유 / 下

STEP 2 〈요청/키워드〉는 후반부의 키워드 앞뒤에서 확인하자.
(A) To sign up for a membership
(B) To get a raffle ticket
(C) To receive free gifts
(D) To complete a customer survey

STEP 3 답 결정 키워드 ▶ **join / our Loyal Shopper Program**
정답 (A)

STEP 4 함정 유형 및 오답 패턴
(A) To sign up for a membership
(B) To get a raffle ticket
(C) To receive free gifts
(D) To complete a customer survey

And if you want more savings, just visit our **(D)**customer service center on the 10th floor. There our service representatives will be happy to help you **(A)**join our Loyal Akino Shopper Program. Thank you for shopping at Akino.

정답 100. (C)　101. (C)　102. (A)

FINAL TEST

PART 4
실전 모의고사

PART 4

Directions: You will hear some talks given by a single speaker. You will be asked to answer three questions about what the speaker says in each talk. Select the best response to each question and mark the letter (A), (B), (C), or (D) on your answer sheet. The talks will not be printed in your test book and will be spoken only one time.

MP3-**193**

71. What was the listener probably asked to do?
(A) Introduce new contractors
(B) Help plan a conference
(C) Arrange a staff meeting
(D) Contact a supplier

72. According to the speaker, what is included in the email?
(A) An application form
(B) An additional agenda
(C) A list of companies
(D) A free sample

73. What does the speaker say about O'lily Apparel?
(A) It is a start-up company.
(B) It needs to conduct a survey.
(C) Its participation is uncertain at the moment.
(D) Its office will be relocated by the end of the month.

74. Where do the listeners work?
(A) At an IT company
(B) At a bank
(C) At a hotel
(D) At a store

75. What does the speaker want the listeners to do?
(A) Report to work earlier
(B) Bring their original receipt
(C) Accept credit cards only
(D) Ask for ID numbers

76. Why should customers proceed to customer service desk?
(A) To sign up for membership
(B) To have purchases delivered
(C) To receive additional discounts
(D) To receive a complementary gifts

77. What did the speaker do last week?
(A) He visited an office with the listener.
(B) He had a meeting with his staff members.
(C) He purchased a car.
(D) He signed a contract for an apartment.

78. Why does the speaker say, "This is one of the most in-demand offices in the area"?
(A) To recommend hiring more employees
(B) To encourage a quick decision
(C) To explain why the rent is expensive
(D) To suggest selling an office

79. What does the speaker encourage the listener to do?
(A) Be ready to sign up
(B) Contact a coworker
(C) Compare with others
(D) Inform him of a decision

80. Who is the intended audience of the talk?
(A) Fruit vendors
(B) Supermarket cashiers
(C) Participants in a competition
(D) Grocery customers

81. What is the business now offering?
(A) A special discount
(B) A new food section
(C) A membership program
(D) Employee benefits

82. What should the listeners do to enter a competition?
(A) Request a delivery
(B) Buy more goods
(C) Sign up for membership
(D) Fill out a form

83. What type of business does the speaker work in?
(A) A fitness center
(B) A shipping company
(C) A travel agency
(D) A bank

84. What does the speaker say about the business?
(A) It decided to hire more workers.
(B) It just started doing business in another country.
(C) It has several locations.
(D) It will merge with another business.

85. What benefit will the business provide to its employees?
(A) It will offer more flexible working hours.
(B) Employees will have more vacation time.
(C) It will provide a free shuttle bus.
(D) There will be more space for employees.

86. According to the speaker, what will happen next weekend?
(A) The opening of a new shopping mall
(B) The renovation of a community library
(C) The reopening of a sports stadium
(D) The launch of a new sports league

87. Why was the renovation delayed?
(A) A shipment was damaged.
(B) There was a shortage of supplies
(C) The weather was bad.
(D) A budget was cut.

88. What kind of event will take place on Saturday?
(A) A community picnic
(B) A charity event
(C) A celebrity appearance
(D) A street parade

89. What kind of business does the speaker work for?
(A) A local hotel
(B) A fitness center
(C) An advertising company
(D) A travel agency

90. What does the speaker imply when she says, "there will be a new sports center opening within a year"?
(A) She is worried about competition from another business.
(B) She believes that more job opportunities are needed.
(C) She is concerned about construction noise.
(D) She expects that the local economy will grow.

91. What does the speaker mention about the facility?
(A) It is located far from the city center.
(B) Its price is competitive.
(C) It is a new building.
(D) It needs to be renovated.

92. What is the purpose of the talk?
(A) To explain a conference in Paris
(B) To remind staff about a company policy
(C) To ask employees to attend a conference
(D) To get some feedback about travel policies

93. Why are the listeners required to contact Diana?
(A) To request payment in advance
(B) To submit a conference registration
(C) To learn more about the policies
(D) To get approval for a purchase

94. According to the speaker, what will the company do at a later time?
(A) Reimburse costs
(B) Hold a welcome reception
(C) Ask for a report about a project
(D) Provide a free shuttle

Office 202	Staff Lounge	Office 203
Office 201		Meeting Room
		Office 204
	Elevator	

Monday	Tuesday	Wednesday	Thursday	Friday
☀	⛅	🌧	⛅	☀

95. What kind of document is the speaker requesting?
(A) A contract
(B) A sales report
(C) A project plan
(D) A budget proposal

96. Why does the speaker postpone a deadline?
(A) He wants a job to be done by others.
(B) He knows the listener has a client meeting.
(C) He will not have a chance to review a document.
(D) He needs management's approval before proceeding with a project.

97. Look at the graphic. Which is the speaker's office?
(A) Office 201
(B) Office 202
(C) Office 203
(D) Office 204

98. What kind of event is being organized?
(A) A local exhibit
(B) An art competition
(C) A product demonstration
(D) An annual company banquet

99. Look at the graphic. When will the event begin?
(A) Monday
(B) Tuesday
(C) Wednesday
(D) Thursday

100. What does the speaker ask the listener to do?
(A) Contact artists
(B) Change the date
(C) Reserve another place
(D) Submit a new proposal

FINAL TEST

PART 1-4
해설

1.

(A) 그는 나뭇잎들을 긁어모으고 있다.
(B) 그는 용기를 사용하고 있다.
(C) 그는 손수레 위에 상자들을 놓고 있다.
(D) 그는 잔디를 깎고 있다.

해설 남자가 용기에 담긴 잡초들을 수레에 쌓고 있는 중이다. 따라서 보기 중에 용기를 사용하고 있다는 (B)가 정답이다. 나뭇잎들을 긁어모으는 동작이 없으므로 (A)는 오답이고, 사진 속에 상자가 나오지 않으므로 (C)도 오답이다. 또한 잔디를 깎고 있는 모습이 없으므로 (D)도 오답이다.
어휘 wheelbarrow 손수레 mow (잔디를) 깎다 lawn 잔디
정답 (B)

(A) He's raking some leaves into piles.
(B) He's using a container.
(C) He's putting some boxes onto a wheelbarrow.
(D) He's mowing the lawn.

2.

(A) 그들은 문서를 보고 있다.
(B) 여자들 중 한 명이 캐비닛을 확인하고 있다.
(C) 그들은 모니터를 응시하고 있다.
(D) 여자들 중 한 명이 그녀의 손가락으로 가리키고 있다.

해설 두 명의 여자가 서류를 보면서 일을 하는 모습이다. 따라서 보기 중에 서류를 보고 있는 (A)가 정답이다. 캐비닛을 확인하는 모습이 없으므로 (B)는 오답이고, 모니터는 있으나 응시하는 모습이 없으므로 (C)도 오답, 그리고 손가락을 이용해 가리키는 모습 또한 사진 속에 없으므로 (D)도 오답이다.
어휘 stare at ~을 응시하다
정답 (A)

(A) They're looking at a document.
(B) One of the women is checking a cabinet.
(C) They're staring at a monitor.
(D) One of the women is pointing with her finger.

3.

(A) A woman is carrying merchandise to a cashier.
(B) A woman is pushing an empty cart.
(C) Some merchandise is being displayed.
(D) Some food is being put in a cart.

(A) 여자가 계산대 직원에게로 상품을 가지고 가는 중이다.
(B) 여자가 비어 있는 카트를 밀고 있는 중이다.
(C) 상품이 진열되어 있다.
(D) 음식이 카트에 놓이고 있다.

해설 사람이 아닌 사물을 중심으로 응답하는 유형의 문제이다. 보기 중에 상품이 진열되어 있다고 하는 (C)가 정답이다. 계산하는 사람이 사진에 나와 있지 않으므로 (A)는 오답이고, 카트가 비어 있거나 밀고 있지 않으므로 (B)도 오답, 카트에 음식을 담는 모습이 아니므로 (D) 또한 오답이다. be being displayed는 진열하고 있는 동작을 얘기하기도 하지만, 진열되어 있는 상태를 나타낼 수도 있으므로 주의하자.
어휘 cashier 출납원, 회계원 display 전시하다
정답 (C)

4.

(A) Curtains are covering the windows.
(B) A cabinet door has been left open.
(C) A picture is hanging above the sofa.
(D) A ceiling fan is being installed.

(A) 커튼이 창문을 덮고 있다.
(B) 한 개의 캐비닛 문이 열려 있다.
(C) 한 개의 그림이 소파 위에 걸려 있다.
(D) 한 대의 천장 선풍기가 설치되고 있다.

해설 소파가 몇 개 있고 벽에 거울과 사진이 걸려 있는 모습이다. 보기 중에 사진이 소파 위에 걸려 있다는 (C)가 정답이다. 커튼이 열려 있으므로 (A)는 오답이고, 캐비닛 문이 열려 있지 않으므로 (B)도 오답이다. 천장 선풍기가 현재 설치되고 있는 모습도 아니므로 (D) 또한 오답이다.
어휘 cabinet 캐비닛, 보관장 ceiling fan 천장 선풍기
정답 (C)

5.

(A) A sitting area is set up at the side of a passage.
(B) A stairway leads to an archway.
(C) A guest is waiting to sit down.
(D) A potted plant is being planted in the ground.

(A) 앉을 자리가 통로 한편에 마련되어 있다.
(B) 계단이 아치 형 입구로 향해 있다.
(C) 손님이 앉으려고 기다리고 있다.
(D) 화분에 심어져 있던 식물이 땅에 심어지고 있다.

해설 몇 개의 의자와 탁자가 복도의 한쪽 면에 놓인 모습이다. 보기 중에 앉을 수 있는 공간이 통로 한쪽에 설치되어 있다는 (A)가 정답이다. 계단은 보이지 않으므로 (B)는 오답이고, 손님이 보이지 않으므로 (C) 또한 오답이다. 화분에 심어진 식물 또한 사진에 없으므로 (D)도 오답이다.
어휘 passage 복도, 통로 stairway 계단 archway 아치 (지붕이 덮인) 길, 아치형 입구 plant 식물
정답 (A)

6.

(A) Some food is being purchased.
(B) Some people are sitting outdoors.
(C) Beverages are being served to some customers.
(D) All of the picnic tables are under tents.

(A) 음식을 구입하고 있는 중이다.
(B) 몇몇 사람들이 야외에 앉아 있다.
(C) 몇몇 손님들에게 음료가 제공되고 있다.
(D) 모든 피크닉 테이블이 텐트 아래에 있다.

해설 구입하는 사람이 보이지 않으므로, (A)는 오답, 음료를 제공하는 사람, 즉 웨이터로 보이는 사람이 사진에는 없으므로 (C) 역시 답이 될 수 없고, 텐트는 천막을 의미하는 것이므로 사진에서는 해당사항이 없다. 따라서 (D)는 오답이다. 사람들이 야외에 앉아 있는 상태를 적절하게 묘사한 (B)가 정답이다.

어휘 serve 제공하다 purchase 구입하다
정답 (B)

PART 2

7. Where should I put those boxes?
(A) A dozen of printing paper.
(B) In the storage cabinet.
(C) On the second page of the booklet.

7. 제가 저 상자들을 어디에 두어야 할까요?
(A) 인쇄용지 12장이요.
(B) 파일 캐비닛 안이에요.
(C) 작은 책자의 두 번째 페이지에 있어요.

해설 상자들을 어디(Where)에 두어야 할지 묻고 있으므로
파일 캐비닛 안이라고 대답하는 (B)가 정답이다.
어휘 dozen 12개짜리 한 묶음, 다스 printing paper 인쇄용
지 storage cabinet 파일 캐비닛 booklet 작은 책자, 소책
자
정답 (B)

8. Let's meet at the main gate of the museum at
noon.
(A) I thought it would rain today.
(B) I've met her before.
(C) OK, see you there.

8. 우리 12시에 박물관 정문에서 만나요.
(A) 저는 오늘 비가 올 것이라 생각했어요.
(B) 저는 그녀를 전에 만난 적이 있어요.
(C) 좋아요, 거기서 봐요.

해설 박물관에서 12시에 만나자는 제안에 긍정적으로 대답하
며 승낙하는 (C)가 정답이다.
어휘 main gate 정문
정답 (C)

9. Who's responsible for scheduling the promotion
campaign?
(A) Our advertising agency.
(B) Not until next week.
(C) Our new products were promoted in China.

9. 누가 홍보 캠페인 일정을 잡는 일을 맡고 있나요?
(A) 우리 광고 대행사요.
(B) 다음 주나 돼서요.
(C) 우리의 신제품들이 중국에서 홍보되었어요.

해설 누가(Who) 홍보 캠페인의 일정을 잡는지 묻는 질문에
우리 광고 대행사라고 대답하는 (A)가 정답이다.
어휘 schedule 일정을 잡다, 예정하다 agency 대행사, 대
리점 promotion 홍보
정답 (A)

10. When should I come back tomorrow?
(A) We need to buy it.
(B) I received his phone number.
(C) Any time in the morning.

10. 제가 내일 언제 다시 와야 하나요?
(A) 우리는 그것을 사야만 해요.
(B) 제가 그의 전화번호를 받았어요.
(C) 오전 아무 때나요.

해설 내일 언제(When) 다시 와야 하는지 묻고 있으므로 시
간으로 대답하는 (C)가 정답이다.
어휘 receive 받다
정답 (C)

11. How can we get to the convention center?
(A) We have to take a train.
(B) I got tickets to the concert.
(C) They're from around the world.

11. 컨벤션 센터에 어떻게 갈 수 있나요?
(A) 우리는 기차를 타야 합니다.
(B) 저는 콘서트 티켓을 갖고 있어요.
(C) 그들은 전 세계에서 왔어요.

해설 컨벤션 센터에 어떻게(How) 갈 수 있는지 가는 방법을
묻고 있으므로, 기차를 타고 가야 한다고 대답하는 (A)가 정
답이다.
어휘 convention center 컨벤션 센터
정답 (A)

12. Could you give me a ride to the airport after your meeting?
(A) Sure, no problem.
(B) To meet our clients.
(C) I'd rather take a train.

12. 회의가 끝나고 저를 공항까지 태워 주실 수 있나요?
(A) 물론이죠, 좋아요.
(B) 우리 고객을 만나기 위해서요.
(C) 저는 열차를 타는 게 나을 것 같아요.

해설 회의가 끝나고 공항까지 태워 줄 수 있는지 묻는 질문에 긍정적으로 수락하는 (A)가 정답이다.
어휘 give (somebody) a ride ~를 태워 주다
정답 (A)

---

13. How often does the train to Nagoya run?
(A) It takes place once a month.
(B) Generally, every twenty minutes.
(C) I learned more about the country.

13. Nagoya 행 기차가 얼마나 자주 운행되나요?
(A) 그것은 한 달에 한 번 발생해요.
(B) 일반적으로, 20분 마다요.
(C) 저는 그 지역에 관해 더 많이 배웠어요.

해설 얼마나 자주(How often) Nagoya 행 기차가 운행되는지 묻고 있으므로 보통 20분마다 운행된다고 대답하는 (B)가 정답이다.
어휘 country 국가, 지역
정답 (B)

---

14. What date is Jennifer planning to leave for her vacation?
(A) A potted plant.
(B) It should be August 12th.
(C) I think he left it at work.

14. Jennifer는 며칠에 휴가를 떠날 예정인가요?
(A) 화분에 심은 식물이에요.
(B) 8월 12일일 거예요.
(C) 그가 사무실에 그것을 두고 온 것 같아요.

해설 며칠(What date)에 휴가를 떠날 예정인지 묻고 있으므로 날짜로 대답하는 (B)가 정답이다.
어휘 potted 화분에 심은
정답 (B)

---

15. Excuse me, I have the projector and the screen reserved for my presentation.
(A) Mr. Miller will be present at the conference.
(B) It was a great movie.
(C) Okay, don't forget to return them right after the meeting.

15. 실례합니다, 저는 제 발표를 위해 프로젝터와 스크린을 예약했어요.
(A) Miller 씨가 회의에 참석할 거예요.
(B) 그것은 굉장한 영화였어요.
(C) 알았어요, 회의 직후에 그것들을 반납하는 걸 잊지 마세요.

해설 발표를 위해 프로젝터와 스크린을 예약했다는 언급에 회의가 끝나면 그것들을 반납해야 한다고 대답하는 (C)가 정답이다.
어휘 projector 투영기, 프로젝터 reserve 예약하다, 보유하다
정답 (C)

---

16. Why is there a stack of chairs at the entrance?
(A) Marco called a delivery truck.
(B) Next to the parking lot.
(C) I ordered two steaks.

16. 왜 의자 한 무더기가 입구에 있나요?
(A) Marco 씨가 배달 트럭을 불렀어요.
(B) 주차장 옆이에요.
(C) 저는 스테이크 두 개를 주문했어요.

해설 의자 한 무더기가 입구에 있는 이유(Why)를 묻고 있으므로 Marco 씨가 배달 트럭을 불렀기 때문이라고 이유를 말하고 있는 (A)가 정답이다.
어휘 stack 더미, 무더기 entrance 입구 parking lot 주차장
정답 (A)

17. Did they repair the door to the storage room?
(A) It is stored on the shelf.
(B) They replaced it with a new one.
(C) There will be a job fair next week.

17. 그들은 저장실로 들어가는 문을 수리했나요?
(A) 그것은 선반 위에 보관돼 있어요.
(B) 그들은 그것을 새것으로 교체했어요.
(C) 다음 주에 채용 박람회가 있을 거예요.

해설 그들이 저장실로 들어가는 문을 수리했는지 묻는 질문에 새것으로 교체했다고 대답하는 (B)가 정답이다.
어휘 shelf 선반 job fair 채용 박람회
정답 (B)

---

18. Why hasn't the project contract been sent yet?
(A) I needed to review it again.
(B) They always arrive on time.
(C) For a new building.

18. 왜 프로젝트 계약서가 아직 발송되지 않았나요?
(A) 제가 그것을 다시 검토해야 했어요.
(B) 그들은 항상 제시간에 도착해요.
(C) 새 건물을 위해서요.

해설 프로젝트 계약서가 아직 발송되지 않은 이유(Why)를 묻고 있으므로 그것을 검토할 필요가 있어서 발송하지 않았다고 대답하는 (A)가 정답이다.
어휘 contract 계약서
정답 (A)

---

19. When are the staff members from the Taipei office scheduled to arrive?
(A) For a couple of hours.
(B) Within walking distance.
(C) Colin made all those arrangements.

19. Taipei 사무실 직원들이 언제 도착하는 것으로 예정되어 있나요?
(A) 두 시간 동안이요.
(B) 걸어갈 수 있는 거리 안에서요.
(C) Colin이 모든 준비를 다 했어요.

해설 Taipei 사무실 직원들이 언제(When) 도착하는 것으로 예정되어 있는지 묻는 질문에 Colin이 모든 준비를 다 하여 자신은 모른다는 의미를 나타내는 (C)가 정답이다.
어휘 a couple of 둘의
정답 (C)

---

20. The light in our office needs to be replaced.
(A) Because he doesn't have a key.
(B) The door was broken again.
(C) You can contact Darcy in the maintenance.

20. 사무실 전등이 교체되어야 해요.
(A) 그가 열쇠를 갖고 있지 않기 때문이에요.
(B) 문이 또 부서졌어요.
(C) 당신이 관리팀의 Darcy 씨에게 연락해 보세요.

해설 사무실 전등이 교체되어야 한다는 언급에 관리팀에 연락해 보라고 답하는 (C)가 정답이다.
어휘 maintenance 유지, 보수(관리)
정답 (C)

---

21. Should I attend today's training session or tomorrow's?
(A) I have the attendance records for last week.
(B) New employees must complete both sessions.
(C) I took a train for Birmingham.

21. 제가 오늘 교육 훈련에 참석해야 하나요, 내일 참석해야 하나요?
(A) 저는 지난주 참석 기록을 가지고 있어요.
(B) 신입 직원들은 두 개의 훈련 모두를 완수해야 해요.
(C) 저는 Birmingham 행 기차를 탔어요.

해설 오늘 교육 훈련에 참석해야 할지 내일 교육 훈련에 참석해야 할지 묻는 질문에 훈련 둘 다를 완수해야만 한다고 대답하는 (B)가 정답이다.
어휘 training session 교육
정답 (B)

22. You needed help with your printer, didn't you?
(A) No, he called for a refund.
(B) Actually, I heard that from my colleague.
(C) Yes, but I replaced the cartridge by myself.

22. 당신 프린터에 도움이 필요했죠, 그렇지 않나요?
(A) 아니요, 그는 환불을 요청했어요.
(B) 사실, 저는 그 사실을 제 동료에게 들었어요.
(C) 네, 그런데 저 혼자 카트리지를 교체했어요.

해설 프린터에 관련된 도움이 필요했는지를 묻고 있다. 따라서 도움이 필요했지만 혼자서 해결했다고 대답하는 (C)가 정답이다.
어휘 replace 교체하다, 대체하다 by myself (다른 사람 없이) 혼자
정답 (C)

---

23. Who was transferred to the shipping department?
(A) It is posted on the bulletin board.
(B) To our Lisbon branch.
(C) The shipping charge will be increased.

23. 누가 발송부로 전근 갔나요?
(A) 그것은 게시판에 게시되어 있어요.
(B) 저희 Lisbon 지사로요.
(C) 배송료는 인상될 거예요.

해설 누가(Who) 발송부로 이동했는지 묻고 있다. 따라서 관련 내용이 게시판에 게시되어 있다고 대답하는 (A)가 정답이다.
어휘 bulletin board 게시판 shipping charge 배송료
정답 (A)

---

24. Which hotel can we make a reservation at for the welcome reception?
(A) The same place as last year.
(B) Maybe more than 150 euros.
(C) It lasts two hours.

24. 환영회를 위해 우리가 어떤 호텔을 예약할 수 있나요?
(A) 작년과 같은 곳이요.
(B) 아마도 150 유로 이상이요.
(C) 그것은 두 시간 지속돼요.

해설 환영회를 위해 어떤 호텔을 예약할 수 있는지 묻고 있으므로 작년과 동일한 호텔이라고 대답하는 (A)가 정답이다.
어휘 welcome reception 환영회
정답 (A)

---

25. Our sales last month were not high.
(A) Yes, we do.
(B) It's on the third floor.
(C) It was a rainy season.

25. 지난 달 저희 판매액이 높지 않았어요.
(A) 네, 우리가 해요.
(B) 그것은 3층에 있어요.
(C) 장마철이었거든요.

해설 판매액이 예상했던 것만큼 높지 않았다는 언급에 그 시기가 장마철이었다고 대답하는 (C)가 정답이다.
어휘 rainy season 장마철, 우기
정답 (C)

---

26. Will you be attending the managers' training session next Thursday?
(A) Yes, did you attend?
(B) I thought it was cancelled.
(C) They're well trained.

26. 다음 주 목요일에 있을 관리자 교육 과정에 참석할 예정인가요?
(A) 네, 당신도 참석했나요?
(B) 저는 그것이 취소된 줄 알았어요.
(C) 그들은 잘 훈련받았어요.

해설 다음 주 목요일에 있을 관리자 교육 과정에 참석할 예정인지 묻고 있으며 관리자 교육 과정이 취소된 줄 알았다고 대답하는 (B)가 정답이다.
어휘 cancel 취소하다
정답 (B)

27. We can postpone the event, can't we?
(A) See you at the post office.
(B) The invitations have already been sent out.
(C) Sure, the schedule will be posted at our website.

27. 우리는 그 행사를 연기할 수 있어요, 그렇지 않나요?
(A) 우체국에서 만나요.
(B) 초대장이 이미 발송되었어요.
(C) 물론이죠. 일정은 우리 웹사이트에 개시될 거예요.

해설 행사를 연기할 수 있는지 묻는 질문에 초대장이 이미 발송되었기 때문에 불가능하다고 대답하는 (B)가 정답이다.
어휘 postpone 연기하다, 미루다 post office 우체국 invitation 초대, 초대장 post 게시하다
정답 (B)

---

28. Where did you leave the samples from Berphen Cosmetics?
(A) All visitors can sample the products.
(B) He brought them this morning.
(C) Brian took them out.

28. Berphen 화장품 회사에서 온 샘플을 어디에 두었나요?
(A) 모든 방문객들은 상품을 시험해 볼 수 있어요.
(B) 그는 오늘 아침에 그것들을 가져왔어요.
(C) Brian이 그것들을 꺼내 갔어요.

해설 샘플을 어디(Where)에 두었는지 장소를 묻고 있으므로, Brian이 샘플을 꺼내 갔으므로 나에게 샘플이 없다고 대답하는 (C)가 정답이다.
어휘 leave 떠나다, 출발하다, 남기다, 남아 있다 sample 시도해 보다, 시험하다
정답 (C)

---

29. Do you know why Mr. Williams left the company?
(A) He wanted to live with his family in Ottawa.
(B) The main entrance has been left open.
(C) It is conveniently located.

29. 당신은 Williams가 회사를 떠난 이유를 알고 계신가요?
(A) 그는 Ottawa에서 가족과 함께 살고 싶어 했어요.
(B) 정문은 열려 있어요.
(C) 그곳은 편리한 곳에 위치해 있어요.

해설 Williams가 회사를 떠난 이유(why)를 알고 있는지 묻는 질문에 Ottawa에서 가족과 함께 살고 싶어 했다고 이유를 말해 주고 있는 (A)가 정답이다.
어휘 conveniently 편리하게
정답 (A)

---

30. This isn't the last of today's meetings, is it?
(A) Yes, I'm here for an interview.
(B) No, we have two more downtown.
(C) It lasts for two days.

30. 이것이 오늘의 마지막 회의가 아니었죠, 그렇죠?
(A) 네, 저는 여기 인터뷰를 위해 왔습니다.
(B) 아니요, 저희는 시내에서 두 번 더 회의가 있어요.
(C) 그것은 이틀 동안 지속됩니다.

해설 그것이 오늘의 마지막 회의가 아니었는지 묻는 질문에 마지막 회의가 아니라는 의미로 대답하는 (B)가 정답이다.
어휘 downtown 시내에
정답 (B)

---

31. I think you can ask Daniel in the Brisbane branch to help you with the project.
(A) I hadn't thought of that.
(B) A copy of the financial projections.
(C) I really enjoyed meeting them.

31. 제 생각에 당신은 Brisbane 지사에 있는 Daniel에게 프로젝트를 도와 달라고 요청해도 될 것 같아요.
(A) 저는 그것을 생각해 보지 않았어요.
(B) 재무 계획서의 사본이에요.
(C) 저는 그들을 만나서 정말 즐거웠어요.

해설 Brisbane 지사에 있는 Daniel에게 프로젝트를 도와 달라고 요청하라는 권유, 제안에 지금까지 그런 생각을 해 보지 않았다고 대답하는 (A)가 정답이다.
어휘 financial projection 재무 계획 copy 복사, 복사본
정답 (A)

정답
32. (C) 33. (B) 34. (D) 35. (D) 36. (A) 37. (C) 38. (A)
39. (B) 40. (C) 41. (B) 42. (A) 43. (D) 44. (C) 45. (A)
46. (D) 47. (B) 48. (C) 49. (A) 50. (D) 51. (B) 52. (B)
53. (C) 54. (A) 55. (D) 56. (D) 57. (B) 58. (A) 59. (C)
60. (B) 61. (C) 62. (C) 63. (D) 64. (D) 65. (C) 66. (B)
67. (C) 68. (A) 69. (A) 70. (B)

Questions 32-34 refer to the following conversation.

M: Hello, I've been looking for a book *Looking for Peter*. I've visited several bookstores but they don't have it.

W: (32) Okay, let me check our online inventory. Hmm. It seems that it is currently out of stock.

M: (33) Oh, no. Your store is the fifth that I've visited. I really want to read that book. Is there anything I can do?

W: Our records show there are two copies left in the Perth store. If you want to buy one, I'll call and have them deliver it to our store.

M: I'd really appreciate that. I have to write a report about the book for my class by next Wednesday.

W: Today is Monday and delivery will take only about a day. As soon as the shipment arrives, I'll call and let you know. (34) Could you give me your contact number?

32. Where most likely is the woman working?
(A) At a warehouse
(B) At a school
(C) At a bookstore
(D) At a library

33. What does the woman offer to do?
(A) Report the situation later
(B) Call another store
(C) Give the man a number
(D) Suggest another item

남: 안녕하세요, 저는 Looking for Peter라는 책을 찾고 있습니다. 제가 서점 몇 군데를 갔었는데, 없더군요.

여: 알겠어요, 제가 온라인상으로 저희 재고 목록을 살펴볼게요. 음, 지금 현재는 재고가 없는 것 같군요.

남: 오, 안돼요. 당신의 가게는 제가 5번째로 방문한 곳이거든요. 저는 그 책을 정말 읽고 싶습니다. 제가 할 수 있는 일이 없을까요?

여: 저희 기록에 따르면 Perth 서점에 2권밖에 안 남았네요. 당신이 그 책을 사길 원한다면, 제가 Perth 서점에 연락해서 그 책을 저희 서점으로 배달해 달라고 할게요.

남: 그렇게 해 주신다면, 정말로 감사하죠. 제가 다음 주 수요일까지 제 수업을 위해 그 책에 대한 보고서를 쓸 예정이거든요.

여: 오늘이 월요일이고, 배달하는 데 하루 걸릴 거예요. 책이 도착하자마자, 제가 당신에게 전화해서 알려 드릴게요. 연락처를 남겨 주시겠어요?

어휘 inventory 물품 목록, 재고(품) shipment 배송(품)

32. 여자는 어디에서 일하는가?
(A) 창고에서
(B) 학교에서
(C) 서점에서
(D) 도서관에서

해설 여자가 일하는 장소를 묻는 문제이다. 남자의 첫 번째 대사인 I've been looking for a book *Looking for Peter* 에서 남자가 책을 찾고 있다고 언급하자, 여자는 Okay, let me check our online inventory. Hmm. It seems that it is currently out of stock. 즉, 재고 목록을 살펴보니 현재 재고가 없다고 대답한다. 따라서 여자는 서점에서 일하고 있는 중임을 알 수 있으므로 정답은 (C)이다.

어휘 warehouse 창고
정답 (C)

33. 여자가 제안하는 것은 무엇인가?
(A) 상황을 이후에 보고하는 것
(B) 다른 가게에 전화하는 것
(C) 그에게 번호를 주는 것
(D) 다른 물건을 제안하는 것

해설 여자가 남자에게 해 주겠다고 제안한 것이 무엇인지 고르는 문제이다. 여자의 대사인 Our records show there are two copies left in the Perth store. If you want to buy one, I'll call and have them deliver it to our store.에서 여자는 현재 다른 가게에 책이 남아 있으니, 원한다면 그 가게에 전화를 걸어 자신의 가게로 배달해 줄 것을 요청하겠다고 언급하고 있다. 따라서 정답은 (B)이다.
어휘 report 보고하다 suggest 제안하다
정답 (B)

34. What most likely will the man do next?
(A) Drop by another store
(B) Cancel his order
(C) Go on a business trip
(D) Give his contact number

34. 남자는 앞으로 무엇을 할 것인가?
(A) 다른 가게에 들르는 것
(B) 그의 주문을 취소하는 것
(C) 출장을 가는 것
(D) 그의 연락처를 주는 것

해설 남자가 앞으로 무엇을 할 것인지 미래 상황을 묻는 문제이다. 여자의 마지막 대사인 **Could you give me your contact number?**에서 여자는 남자에게 연락처를 남겨 줄 수 있는지 묻고 있다. 따라서 다음 행동으로 남자가 그녀에게 자신의 연락처를 줄 것을 예상할 수 있으므로 정답은 (D)이다.

어휘 drop by 들르다 cancel 취소하다 business trip 출장
정답 (D)

Questions 35-37 refer to the following conversation.

W: Thank you for giving me a chance to present our products to your company.
M: (35) Thank you for visiting us. As I said on the phone, the more clothes we sell, the harder it is for us to keep up with managing our accounts. We really need some help.
W: (36) Well, we recently launched the Berphen software which is designed to allow all employees to manage data easily and conveniently. Also, it can update an inventory automatically.
M: That would be nice. That is exactly what we were hoping for.
W: And one more thing—we're currently running a promotion. You can get a 15% discount if you decide to purchase the software today.
M: (37) Okay, let's take a look at your demonstration. I already asked all our employees to gather in the meeting room. Shall we?

여: 귀하의 회사에서 저희 상품을 소개할 수 있는 기회를 주셔서 감사합니다.
남: 와 주셔서 감사합니다. 전화상으로 제가 말씀 드렸듯이, 저희는 옷을 팔면 팔수록, 회계를 지속적으로 관리하기가 더 어려워지고 있습니다. 저희는 정말 도움이 필요합니다.
여: 음, 저희는 전 직원들이 정보를 수월하고 편리하게 관리할 수 있는 Berphen 소프트웨어를 최근에 출시했습니다. 또한 이것은 자동적으로 재고 목록을 업데이트해 준답니다.
남: 그거 참 좋네요. 저희가 기대하던 바로 그 제품이네요.
여: 그리고 한 가지 더, 현재 저희는 프로모션을 진행하고 있어요. 오늘 소프트웨어를 구매하시기로 결정하신다면 15 퍼센트를 할인해 드릴 수 있습니다.
남: 좋아요, 그러면 제품 시연을 살펴봅시다. 저는 이미 모든 직원들에게 회의실로 올 것을 요청했답니다. 함께 가실까요?

어휘 organize 준비하다, 조직하다, 정리하다 conveniently 편리하게 demonstration 설명, 시연

---

35. What kind of business does the man work for?
(A) A bakery
(B) A travel agency
(C) A bookstore
(D) A clothing company

35. 남자는 어떤 업체에서 일하는가?
(A) 빵집
(B) 여행사
(C) 서점
(D) 의류업체

해설 남자가 어떤 업체에서 일하는지 묻는 문제이다. 남자의 대사인 **Thank you for visiting us. As I said on the phone, the more clothes we sell, the harder it is for us to keep up with managing our accounts. We really need some help.**에서 남자는 옷을 팔면 팔수록, 판매량과 다른 정보들을 입력하는 것이 어렵다고 여자에게 말하고 있다. 따라서 정답은 (D)이다.
정답 (D)

---

36. According to the woman, what is special about the product?
(A) It will update data automatically.
(B) It can be purchased online.
(C) It can save data safely.
(D) It will be cleaned periodically.

36. 여자에 따르면, 제품에서 특별한 점은 무엇인가?
(A) 그것은 자료를 자동적으로 업데이트할 것이다.
(B) 그것은 온라인에서 구매할 수 있다.
(C) 그것은 안전하게 데이터를 보관할 수 있다.
(D) 그것은 주기적으로 청소될 것이다.

37. What will the woman do next?
(A) Contact another colleague
(B) Go to a conference
(C) Demonstrate a product
(D) Meet with some competitors

37. 여자가 다음에 할 일은 무엇인가?
(A) 다른 동료에게 연락하는 것
(B) 회담에 가는 것
(C) 제품을 설명하는 것
(D) 다른 경쟁자들을 만나는 것

해설 여자가 다음에 할 일이 무엇인지 미래 상황을 묻는 문제이다. 남자의 마지막 대사인 Okay, let's take a look at your demonstration. I already asked all our employees to gather in the meeting room. Shall we? 에서 남자는 여자에게 제품 설명을 위해 회의실로 함께 가자고 제안하고 있다. 따라서 정답은 (C)이다.
어휘 competitor 경쟁자
정답 (C)

Questions 38-40 refer to the following conversation with three speakers.

M1: Good morning, James and Michelle. You have worked on the advertising project for Langsden Eateries, haven't you?

M2: Yes, you're right. We created and operated the campaign for the company last year.

W: (38), (39)Yeah, I remember the owner was kind of demanding so the work took longer than expected. Why do you ask?

M1: Actually, since Jessy, who was in charge of the Langsden Eateries account will be transferred to the Melbourne branch, I have to take over her clients. I heard about the owner's reputation so I wanted to get your advice.

W: Well, it is a great opportunity for you. Langsden Eateries is growing rapidly in the industry and it will be one of our big clients.

M2: She's right. Also, the owner is always open to creative ideas and has a positive approach. That means you can use innovative marketing techniques. If you want, I'll give you the materials we worked on.

M1: Thank you. That would be helpful.

[38-40] 3인 대화
남1: 좋은 아침이에요, James 그리고 Michelle. 두 분이 Langsden Eateries를 위한 광고 프로젝트를 맡았죠, 그렇지 않나요?
남2: 맞습니다. 저희는 작년에 그 회사를 위한 캠페인을 만들었고 운영했습니다.
여: 네, 전 그 회사의 소유주께서 약간 까다로우셔서 일이 기대했던 것보다 좀 더 오래 걸렸던 게 기억나네요. 왜 물으시죠?
남1: 사실, Langsden Eateries 회계를 담당했던 Jessy가 Melbourne 지사로 발령 받게 되서, 제가 그녀의 고객들을 맡아야 해요. 그 회사 소유주의 명성을 들어서 전 당신의 조언이 필요해요.
여: 음, 이 일은 당신에게 큰 기회가 될 거예요. Langsden Eateries는 그 산업 분야에서 빠르게 성장하고 있고 그 회사는 저희의 큰 고객 중 하나가 될 거예요.
남2: 그녀 말이 맞아요. 또한, 그 회사 사장은 창의적인 아이디어에 항상 열려 있고, 긍정적인 접근을 하고 있어요. 이건 당신이 혁신적인 마케팅 기법을 사용할 수 있다는 것을 의미해요. 당신이 원하신다면, 제가 당신에게 저희가 작업했던 자료들을 드릴게요.
남1: 감사합니다. 도움이 많이 될 거예요.

어휘 demanding 요구가 많은 take over 맡다 reputation 명사 advice 충고 attempt 시도하다 material 재료, 자료

---

38. What are the speakers mainly talking about?
(A) A client
(B) A sales report
(C) A vacation
(D) A project

38. 화자들은 주로 무엇에 대해 말하고 있는가?
(A) 고객
(B) 판매 보고서
(C) 휴가
(D) 프로젝트

해설 화자들이 주로 무엇에 관해 대화를 나누고 있는지 묻는 문제이다. 남1의 첫 대사인 Good morning, James and Michelle. You have worked on the advertising project for Langsden Eateries, haven't you?에서 먼저, 광고 프로젝트에 관한 이야기로 시작했으나, 여자의 대사인 Yeah, I remember the owner was kind of demanding so the work took longer than expected.에서부터는 남1의 고객인 Langsden Eateries와 그 회사의 소유주에 관한 이야기를 나누고 있다. 따라서 정답은 (A)이다.

어휘 leave 휴가

정답 (A)

---

39. According to the woman, what is indicated about the owner of the company?
(A) He has a positive approach.
(B) He is demanding to work for.
(C) He actively participates in the activities.
(D) He knows a lot about related fields.

39. 여자에 따르면, 그 회사의 소유주에 대해 무엇이 언급되어 있는가?
(A) 그는 긍정적인 마인드를 가지고 있다.
(B) 그는 일하기 까다롭다.
(C) 그는 적극적으로 활동에 참가한다.
(D) 그는 관련 분야에 대해 많이 알고 있다.

해설 회사의 소유주에 대해 언급된 것이 무엇인지 묻는 문제이다. 여자의 대사인 Yeah, I remember the owner was kind of demanding so the work took longer than expected. Why do you ask?에서 여자는 그 기업의 소유주가 다소 까다로운 사람이었음을 언급하고 있다. 따라서 정답은 (B)이다.

어휘 related 관련된

정답 (B)

---

40. What does the woman imply, when she says, "it is a great opportunity for you"?
(A) The client will expand overseas.
(B) The company will learn more about the client.
(C) The client will be important to her company.
(D) The company will have more options.

40. 여자가 "it is a great opportunity for you"라고 말할 때 의미하는 것은 무엇인가?
(A) 그 고객은 해외로 확장할 것이다.
(B) 그 회사는 그 고객에 대해 더 많이 알게 될 것이다.
(C) 그 고객은 그녀의 회사에 중요한 고객이 될 것이다.
(D) 그 회사는 더 많은 옵션들을 받을 것이다.

해설 앞뒤 내용을 통해 여자의 말의 의미를 파악하는 문제이다. 남1이 여자에게 Langsden Eateries 관련 업무를 맡게 되었음을 언급하자 여자는 "it is a great opportunity for you"라고 대답한 뒤, Langsden Eateries is growing rapidly in the industry and it will be one of our big clients. 즉, Langsden Eateries 회사는 산업분야에서 빠르게 성장하고 있으며 자신들의 회사에 큰 고객이 될 것임을 언급하고 있다. 따라서 정답은 (C)이다.

어휘 expand 팽창되다, 확장되다 option 선택(권)

정답 (C)

Questions 41-43 refer to the following conversation.

W: Hello, Mr. Gallerhan, this is Margaret, the personnel director at Orelly Fashions. I'm calling you since we are impressed with your interview last Monday. We've decided to offer you the position. The starting date will be next Thursday.

M: Really? I'm very pleased about that. Actually, as it had been two weeks since the interview, I was starting to think I should look for another job.

W: (42) Sorry for the late response. We're working on the upcoming New Fashion Trends Seminar so we didn't have time to contact you.

M: That's okay. Well, do you need anything from me before I start?

W: (43) We need your signed contract and you have to fill out a security form and give me three letters of reference by this Friday in person.

M: All right. Let's meet on Wednesday.

여: 안녕하세요, Gallerhan 씨. 저는 Orelly Fashions 사의 인사부 부장 Margaret이라고 합니다. 제가 전화한 이유는 지난주 월요일에 있었던 당신의 인터뷰가 매우 인상적이었기 때문입니다. 저희는 당신을 고용하기로 결정했습니다. 근무 시작일은 다음 주 목요일입니다.

남: 정말인가요? 정말 기쁩니다. 사실 인터뷰한 지 2주가 지나서 전 다른 직업을 구해야 하나 하고 생각하고 있었어요.

여: 답변이 늦어서 미안합니다. 저희가 곧 있을 New Fashion Trends Seminar에 관한 업무를 하고 있어서, 당신에게 연락할 시간이 없었습니다.

남: 괜찮습니다. 음, 시작하기 전에 제가 무엇을 해야 할까요?

여: 저희는 당신이 서명한 계약서가 필요하고, 당신은 보안 양식을 작성해야만 하고, 제게 3개의 추천서를 이번 주 금요일까지 직접 제출해야만 합니다.

남: 알겠습니다. 수요일에 뵙겠습니다.

어휘 personnel department 인사부 impressive 인상적인 sign 서명하다

---

41. What is the main topic of the conversation?
(A) A seminar
(B) A job offer
(C) An interview
(D) A relocation

41. 대화의 주제는 무엇인가?
(A) 세미나
(B) 일자리 제안
(C) 인터뷰
(D) 이전

해설 주제는 전반부에 위치한다. I'm calling since we've been impressive with your interview that took place last Monday. We've decided to offer you a job position.에서 일자리 제안하기 위한 것임을 알 수 있다. 따라서 정답은 (B)이다.
어휘 offer 제안
정답 (B)

---

42. Why did the woman respond to the man so late?
(A) Her company has been busy with some work.
(B) She was transferred to another branch.
(C) She was out of the office.
(D) Her office is under renovation.

42. 여자는 남자에게 왜 늦게 연락했는가?
(A) 그녀의 회사가 다른 업무로 바빴다.
(B) 그녀는 다른 지사로 전근을 갔다.
(C) 그녀는 사무실 밖에 있었다.
(D) 그녀의 사무실이 수리 중에 있다.

해설 여자가 남자에게 늦게 연락을 한 이유를 묻는 문제이다. 여자의 대사인 Sorry for the late response. We're working on the upcoming New Fashion Trends Seminar so we didn't have time to contact you.에서 여자는 다가오는 New Fashion Trends Seminar 관련 업무 때문에 남자에게 연락할 시간이 없었음을 언급하고 있다. 따라서 정답은 (A)이다.
어휘 renovation 수리
정답 (A)

---

43. What will the man do next Wednesday?
(A) Contact his friends
(B) Review a report
(C) Move his luggage
(D) Submit the requested documents

43. 남자는 다음 주 수요일에 무엇을 할 것인가?
(A) 그의 친구에게 연락하는 것
(B) 보고서를 검토하는 것
(C) 그의 짐을 옮기는 것
(D) 요청 받은 문서를 제출하는 것

Questions 44-46 refer to the following conversation.

W: (44) Mike, I was checking the articles for the next issue and I noticed the article on indoor gardening was missing. Do you know who's in charge of it?

M: (45) That article was assigned to Ms. Williams and she was planning to interview Cathy Cole, an expert in indoor gardening. But Ms. Cole was making a presentation at the 12th annual Landscaping Conference in Singapore so the interview had to be pushed back.

W: That's too bad. So do we have a replacement article to use?

M: Don't worry. (46) I already had my team prepare another article on fashion trend for winter and it is almost done. So we will be able to publish our next magazine without any delays.

44. Where most likely do the speakers work?
(A) At a gardening firm
(B) At a radio station
(C) At a magazine company
(D) At a catering service

45. Why was the article missing?
(A) An interview was pushed back.
(B) The man had to attend the conference.
(C) The man misplaced it in his office.
(D) It was too long to be published.

여: Mike, 제가 다음 호에 게시될 기사들을 확인했는데 실내 원예에 대한 기사는 없더군요. 이 기사를 맡은 사람이 누구인지 아시나요?

남: Williams 씨가 그 기사를 맡았었고, 그녀는 실내 원예 전문가인 Cathy Cole 씨를 인터뷰하려고 했었어요. 그런데 Cole 씨가 Singapore에서 열리는 제12회 연례 Landscaping Conference에서 발표를 해야 하는 일정이 생기는 바람에 인터뷰가 불가피하게도 뒤로 미뤄졌답니다.

여: 그거 참 안됐군요. 그럼 대체할 다른 기사가 있나요?

남: 걱정 마세요. 제가 저희 팀에게 겨울 패션 트렌드에 관해 기사를 준비하도록 했고, 거의 다 완성됐답니다. 그래서 저희는 지연 없이 다음 호 잡지를 낼 수 있을 것입니다.

어휘 notice ~을 알다, 주목하다 be in charge of ~에 책임이 있다 push back 뒤로 미루다 delay 지연, 연기 indoor gardening 실내 원예

44. 화자들은 어디에서 일하겠는가?
(A) 원예 회사에서
(B) 라디오 방송국에서
(C) 잡지사에서
(D) 출장 연회 서비스 회사에서

해설 화자들이 어디에서 일하는지 묻는 문제이다. 여자의 대사인 Mike, I was checking the articles for the next issue and I noticed the article on indoor gardening was missing. Do you know who's in charge of it?에서 여자는 남자에게 다음 호에 게시될 기사들을 확인했음을 언급하고 있다. 따라서 화자들은 잡지사에서 일하고 있음을 알 수 있으므로 정답은 (C)이다.
어휘 catering service 출장 연회 서비스
정답 (C)

45. 기사는 왜 빠졌는가?
(A) 인터뷰가 뒤로 미뤄졌다.
(B) 남자는 회의에 참석해야만 했다.
(C) 남자는 그의 사무실에서 잃어버렸다.
(D) 발행하기에 너무 길었다.

해설 기사가 빠진 이유를 묻는 문제이다. 남자의 대사인 That article was assigned to Ms. Williams and she was planning to interview Cathy Cole, an expert in indoor gardening. But Ms. Cole was making a presentation at the 12th annual Landscaping Conference in Singapore so the interview had to be pushed back.에서 남자는 Cathy Cole과의 인터뷰가 뒤로 미뤄지게 됐음을 언급하고 있다. 따라서 정답은 (A)이다.

어휘 misplace 잘못 두다
정답 (A)

---

46. According to the man, what did he already do?
(A) Applied for another position
(B) Gave his contact number
(C) Contacted an interviewee
(D) Arranged another article

46. 남자에 따르면, 그가 이미 한 일은 무엇인가?
(A) 다른 자리에 지원한 것
(B) 그의 연락처를 주는 것
(C) 인터뷰 대상자에게 연락하는 것
(D) 다른 기사를 준비한 것

해설 남자가 이미 한 일이 무엇인지 묻는 문제이다. 남자의 대사인 I already had my team prepare another article on fashion trend for winter and it is almost done. So we will be able to publish our next magazine without any delays.에서 남자는 자신의 팀원들에게 다른 기사를 준비하도록 했음을 언급하고 있다. 따라서 정답은 (D)이다.
어휘 interviewee 인터뷰 대상자 arrange 준비하다, 배열하다
정답 (D)

Questions 47-49 refer to the following conversation.

M: Sandra, did you finish looking over the applications for the head curator?
W: Yes, (48) I've already selected the person we should interview, Maria Olson. (47) I think she would be great for our museum because she has a lot of experience, especially in architectural exhibits.
M: You're right. Considering the reviews of our recent exhibits, we need someone who has more expertise in architecture.
W: I agree. (49) I'll give her a call now and ask her to come to an interview later this week.
M: I hope she is available.

남: Sandra, 큐레이터 책임자 직책에 대한 지원서 검토는 마쳤나요?
여: 네, 우리가 인터뷰해야 할 지원자인 Maria Olrson 씨를 이미 선별해 놓았습니다. 그녀는 특히 건축 전시에 많은 경험을 가지고 있어서, 그녀가 우리 박물관에 적합할 것 같아요.
남: 맞아요. 최근의 전시에 대한 평가들을 고려해 볼 때, 우리는 건축학에 더 많은 전문 지식을 가지고 있는 사람이 필요해요.
여: 동의합니다. 제가 지금 그녀에게 전화를 걸어서 이번 주 후반에 인터뷰하러 올 것을 요청하겠습니다.
남: 그녀가 시간이 있으면 좋겠네요.

어휘 look over ~을 살펴보다 application 지원서, 신청서 head curator 큐레이터 책임자 select 선택하다 experience 경험 architectural 건축학의, 건축술의 exhibit 전시 expertise 전문지식 architecture 건축학

---

47. Where are the speakers working?
(A) At an architectural firm
(B) At a museum
(C) At a pharmacy
(D) At a fitness center

47. 화자들은 어디에서 일하는가?
(A) 건축회사에서
(B) 박물관에서
(C) 약국에서
(D) 헬스클럽에서

해설 화자들이 현재 어디에서 일하고 있는지 묻는 문제이다. 여자의 대사인 I think she would be great for our museum because she has a lot of experience, especially in architectural exhibits.에서 여자는 우리의 박물관에 그녀가 적합할 것이라고 언급하고 있다. 따라서 남자와 여자는 박물관에서 일하고 있으므로 정답은 (B)이다.
어휘 pharmacy 약국 fitness center 피트니스 센터, 헬스클럽
정답 (B)

---

48. Who is Maria Olson?
(A) An accountant
(B) A local artist
(C) A job candidate
(D) A potential customer

48. Maria Olson은 누구인가?
(A) 회계사
(B) 지역 예술가
(C) 입사 지원자
(D) 잠재 고객

해설 Maria Olrson이 누구인지 묻는 문제이다. 남자의 대사인 I've already selected the person we should interview, Maria Olson.에서 여자는 Maria Olson이 지원자 중 인터뷰 대상자임을 언급하고 있다. 따라서 정답은 (C)이다.

어휘 accountant 회계사 artist 미술가, 예술가 candidate 후보자 potential 잠재적인 customer 고객

정답 (C)

---

49. What will the woman do next?
(A) Contact an applicant
(B) Look for a missing item
(C) Refer to a document
(D) Send an email

49. 여자는 다음에 무엇을 할 것인가?
(A) 지원자에게 연락하는 것
(B) 없어진 물건을 찾는 것
(C) 문서를 참고하는 것
(D) 이메일을 보내는 것

해설 여자가 다음에 할 일이 무엇인지 미래 상황을 묻는 문제이다. 여자의 대사인 I'll give her a call now and ask her to come to an interview later this week.에서 여자는 지금 전화를 걸어 인터뷰하러 올 것을 요청하겠다고 언급하고 있다. 따라서 정답은 (A)이다.

어휘 missing 없어진, 실종된 refer to 참고하다, 말하다

정답 (A)

Questions 50-52 refer to the following conversation.

W: (50) Hello, I'm calling to rent a property from your agency. I'll be in Bréguet-Sabin for three months on business and I'd like a large furnished apartment.
M: Thanks for calling. We have a range of rental properties available, but we'll need more information about your requirements.
W: (51) My office is near the Bréguet-Sabin station and I'd like the apartment to be within thirty minutes' walking distance. And I'd like a bedroom and a living room that has a wi-fi connection.
M: I'm sure we will be able to find a property that meets your needs in that area. (52) If you can tell me your arrival and departure dates, I'll check what we have available on our list.

여: 안녕하세요, 저는 당신의 중개소에서 부동산을 임차하고 싶어서 전화 드렸어요. 저는 Bréguet-Sabin에서 업무차 3개월 간 머물 예정이고 가구가 비치된 큰 곳을 원해요.
남: 전화 주셔서 감사합니다. 저희는 다양한 임대 자산을 보유하고 있습니다만, 저희는 당신이 필요한 요건들에 대한 더 많은 정보가 필요합니다.
여: 제 사무실은 Bréguet-Sabin 역 근처에 있고, 제 생각에 도보로 30분 내에 있는 집이면 좋겠어요. 그리고 저는 와이파이가 연결되는 한 개의 침실과 거실을 원합니다.
남: 저희가 그 지역에서 당신의 요구를 충족시킬 수 있는 곳을 찾을 수 있을 것 같습니다. 만일 당신이 오실 날짜와 떠나실 날짜를 제게 알려 주신다면, 저희 목록에서 가능한 것이 있는지 확인해 보겠습니다.

어휘 studio 원룸(아파트) rent 임대하다, 임차하다 furnished 가구가 비치된 a range of 다양한 rental 임대의 property 재산, 소유물, 부동산, 건물 available (제품이) 구매 가능한, (서비스가) 이용 가능한, (사람이) 시간이 있는 living room 거실

---

50. Where does the man work?
(A) At a furniture store
(B) At a job agency
(C) At a moving company
(D) At a real estate agency

50. 남자는 어디에서 일하는가?
(A) 가구 회사에서
(B) 직업소개소에서
(C) 이삿짐 회사에서
(D) 부동산 중개소에서

해설 남자가 어디에서 일하는지 묻는 문제이다. 여자의 대사인 Hello, I'm calling to rent a property from your agency.에서 여자는 아파트 임차를 위해 남자의 회사에 전화했음을 언급하고 있다. 따라서 남자가 부동산 회사에서 일하고 있음을 알 수 있으므로 정답은 (D)이다.

어휘 job agency 직업소개소 real estate agency 부동산 중개소

정답 (D)

51. What does the woman say about her office?
(A) It is not large.
(B) It is located near the station.
(C) It is under construction.
(D) It can only be reached by car.

52. What information does the man ask the woman for?
(A) Transportation schedules in the city
(B) The timing of a stay
(C) The range of rental fees available
(D) The name of her company

51. 여자는 그녀의 사무실에 대해 어떤 말을 하는가?
(A) 그곳은 크지 않다.
(B) 그곳은 역 근처에 위치해 있다.
(C) 그곳은 공사 중이다.
(D) 그곳은 운전해서만 갈 수 있다.

해설 여자가 자신의 사무실에 대해 말하는 것이 무엇인지 묻는 문제이다. 여자의 대사인 My office is near the Bréguet-Sabin station and I'd like the apartment to be within thirty minutes' walking distance.에서 여자는 자신의 사무실이 Bréguet-Sabin역 근처에 있음을 언급하고 있다. 따라서 정답은 (B)이다.
어휘 under construction 공사 중인
정답 (B)

52. 남자는 여자에게 무슨 정보를 요구하는가?
(A) 도시의 교통 일정
(B) 머무르는 시기
(C) 가능한 임차 비용의 범위
(D) 그녀의 회사명

해설 남자가 여자에게 요구하는 정보가 무엇인지 묻는 문제이다. 남자의 대사인 If you can tell me your arrival and departure dates, I'll check what we have available on our list.에서 남자는 여자에게 올 날짜와 떠날 날짜를 알려 준다면, 그 날짜들이 가능한 아파트를 알아보겠다고 언급하고 있다. 따라서 정답은 (B)이다.
어휘 transportation 운송, 수송, 교통 timing 타이밍, 시기 range 다양성, 범위
정답 (B)

Questions 53-55 refer to the following conversation.

W: (53) Hello, Martin. Did you know that Garcia Perez, one of the most famous authors in the world, is planning to come here to Brisbane?
M: Yes, that's great news. He has just published a new novel, *And Nobody was There*, and is going a book tour around the major cities in the country. He's visiting our town next Wednesday.
W: Oh, really? I'm giving presentations in Taipei from next Tuesday and I won't be back until Friday.
M: That's too bad. I'll tell you all about it after the event.
W: That would be great. And can I ask you a favor? I'd like to get his signature on my copy of the new book. Could you ask him to sign it for me?
M: Of course. I'll get him to sign my copy, too. If you give me your book, I'll take it along with me.
W: Thanks. (55)The book is on my desk. I'll go downstairs and get it; one minute please.

53. Who is Garcia Perez?
(A) A CEO
(B) A reporter
(C) A novelist
(D) A researcher

여: 안녕하세요, Martin. 당신은 세계에서 가장 유명한 작가 중 한 명인 Garcia Perez가 여기 Brisbane에 올 계획이 있다는 사실을 알고 계셨나요?
남: 네, 아주 좋은 소식이에요. 그는 최근에 소설 *And Nobody was There*을 발표했고, 우리나라 주요 도시 주변으로 북투어가 예정돼 있어요. 그는 다음 주 수요일에 우리 도시를 방문할 겁니다.
여: 오, 정말요? 저는 다음 주 화요일부터 Taipei에서 발표할 예정이라 다음 주 금요일까지는 돌아오지 못할 거예요.
남: 안됐군요. 제가 당신에게 행사가 끝난 뒤 그것에 관해 모두 이야기해 줄게요.
여: 그거 정말 좋겠어요. 그리고 제가 한 가지 더 부탁 좀 드려도 될까요? 저는 그의 신간에 그의 친필 서명을 받고 싶거든요. 저를 위해 그에게 사인을 부탁해도 될까요?
남: 물론이죠. 저도 제 책에 그의 서명을 받을 예정이거든요. 저한테 책을 주시면, 제가 가지고 갈게요.
여: 감사해요. 책이 제 책상 위에 있어서 제가 내려가서 가져올게요. 1분만 기다려 주세요.

어휘 plan 계획 novel 소설 signature 서명

---

53. Garcia Perez는 누구인가?
(A) CEO
(B) 리포터
(C) 소설가
(D) 연구원

해설 Garcia Perez가 누구인지 묻는 문제이다. 여자의 대사인 Hello, Martin. Did you know that Garcia Perez, one of the most famous authors in the world, is planning to come here to Brisbane?에서 여자가 Garcia Perez가 세계적으로 유명한 작가임을 언급하자, 남자의 말 He has just published a new novel에서 Garcia Perez가 최근에 소설을 발표했음을 언급하고 있다. 따라서 정답은 (C)이다.
어휘 novelist 소설가
정답 (C)

---

54. What does the woman mean when she says, "I'm giving presentations in Taipei"?
(A) She cannot make it to the event.
(B) She can meet another client.
(C) She wants to expand her business.
(D) She is busy preparing a report.

54. 여자가 "I'm giving presentations in Taipei"라고 말할 때 의미하는 것은 무엇인가?
(A) 그녀는 행사에 갈 수 없다.
(B) 그녀는 다른 고객을 만날 수 있다.
(C) 그녀는 그녀의 사업을 확장시키고 싶어 한다.
(D) 그녀는 보고서를 준비하느라 바쁘다.

해설 앞뒤 내용을 통해 여자의 말의 의미를 파악하는 문제이다. 소설가가 북투어의 일환으로 다음 주 수요일에 우리 도시를 방문할 것이라는 남자의 말에 여자는 I'm giving presentations in Taipei and I won't be back until Friday.라고 대답하고 있다. 따라서 여자는 소설가가 방문하는 행사에 참석할 수 없다는 것을 말하고 있으므로 정답은 (A)이다.
어휘 prepare for ~을 준비하다 make it 제시간에 맞춰 가다, 성공하다
정답 (A)

---

55. What will the woman do next?
(A) Make a copy
(B) Visit the bookstore
(C) Sign a form
(D) Go to her office

55. 여자가 다음에 할 일은 무엇인가?
(A) 복사하는 것
(B) 서점에 가는 것
(C) 양식에 서명하는 것
(D) 그녀의 사무실로 가는 것

해설 여자가 다음에 할 일이 무엇인지 미래 상황을 묻는 문제이다. 여자의 대사인 The book is on my desk. I'll go downstairs and get it에서 여자는 책이 자신의 책상 위에 있어서 잠시 내려갔다 오겠다고 언급하고 있다. 따라서 정답은 (D)이다.
어휘 sign 서명하다
정답 (D)

Questions 56-58 refer to the following conversation with three speakers.
W: Wow, Martin, it looks like there are lots of people at the job fair.
M1: (56) I heard more start-up IT companies like us are participating this year.
M2: To recruit more qualified employees, we need to promote our company well.
W: (57) Since I'm leading a seminar on artificial intelligence at 2 p.m., I won't have time this afternoon. Why don't you distribute our company's promotional brochures to people who pass by our booth?
M1: That's a good idea. What do you think, Peter?
M2: (58) I'm going to get more brochures and application forms from the van right now.

[56–58] 3인 대화
여: 와, Martin, 취업 박람회에 많은 사람들이 있는 것 같아요.
남1: 저는 우리와 같은 신생 IT 기업이 올해 더 많이 참석하고 있다고 들었어요.
남2: 더 자질이 있는 직원을 채용하기 위해서, 우리는 우리 회사를 잘 홍보할 필요가 있습니다.
여: 제가 2시에 인공 지능에 대한 세미나를 주도할 거라서, 오후에 시간이 없어요. 우리 부스를 지나는 사람들에게 우리 회사의 홍보 책자를 여러분이 나눠 주는 게 어떨까요?
남1: 좋은 생각입니다. Peter, 당신 생각은 어떤가요?
남2: 제가 지금 당장 더 많은 책자와 지원서 양식을 승합차에서 가져 오겠습니다.

어휘 job fair 취업 설명회 start-up company 신생 기업 artificial intelligence 인공 지능 brochure 책자

---

56. What kind of business are the speakers working for?
(A) A consulting firm
(B) A bank
(C) An accounting firm
(D) An IT company

56. 화자들은 어떤 업체에서 일하는가?
(A) 컨설팅 회사
(B) 은행
(C) 회계 사무소
(D) IT 기업

해설 화자들이 어떤 업체에서 일하는지 묻는 문제이다. 남녀의 대사인 I heard more start-up IT companies like us are participating this year.에서 남자는 우리와 같은 신생 IT 기업이 올해 더 많이 참석할 것이라는 이야기를 들었음을 언급하고 있다. 따라서 정답은 (D)이다.
어휘 consulting firm 컨설팅 회사 accounting firm 회계 사무소
정답 (D)

---

57. What will the woman do at 2 p.m.?
(A) Apply for the position
(B) Attend a seminar
(C) Take a class
(D) Give out some brochures

57. 여자는 2시에 무엇을 할 것인가?
(A) 일자리에 지원하는 것
(B) 세미나에 참석하는 것
(C) 수업을 듣는 것
(D) 책자 몇 개를 나눠 주는 것

해설 여자가 2시에 하게 될 일이 무엇인지 묻는 문제이다. 여자의 대사인 Since I'm leading a seminar on artificial intelligence at 2 p.m.에서 여자는 2시 세미나에서 발표를 할 것임을 언급하고 있다. 따라서 정답은 (B)이다.
어휘 apply for 신청하다, 지원하다 take a class 수강하다
정답 (B)

---

58. Where will Peter go next?
(A) To a vehicle
(B) To a seminar
(C) To a fair
(D) To a booth

58. Peter 씨는 다음에 어디로 갈 것인가?
(A) 차
(B) 세미나
(C) 박람회
(D) 부스

해설 Peter 씨가 다음에 갈 곳이 어디인지 미래 상황을 묻는 문제이다. Peter의 대사인 I'm going to get more brochures and application forms from the van right now.에서 Peter는 자신들의 승합차로 가서 책자와 지원서 양식을 가져 오겠다고 하고 있다. 따라서 정답은 (A)이다.
어휘 fair 박람회
정답 (A)

Questions 59-61 refer to the following conversation.

M: Hey-min, did you use the conference room yesterday? I have to give a presentation at an urgent meeting in the room, but it is locked.
W: (59) I led the managers' meeting there, but there were some problems with the ceiling lights after the meeting and I called the maintenance department. It's 11 o'clock now, so they should arrive to check the lights in about 30 minutes.

남: Hey-min, 당신이 어제 회의실을 사용했나요? 제가 오늘 긴급회의에서 발표를 해야 하는데, 지금 문이 잠겨 있습니다.
여: 제가 그곳에서 관리자 회의를 진행했는데, 회의가 끝난 후, 천장 전등에 문제가 좀 있어서 관리부에 전화를 했어요. 음, 지금 11시니까 그들은 대략 30분 안에 와서 전등을 확인할 거예요.

M: Well, do you know any other room that can accommodate about twelve people for a meeting? As the president is visiting our Ohio branch unexpectedly, I haven't had time to arrange a room.

W: Mr. Park should know. ⁽⁶¹⁾ If you want, I'll call and ask him to arrange the meeting.

M: Thank you, that way I can concentrate on the preparation for the presentation.

남: 음, 회의를 위해 대략 12명을 수용할 수 있는 또 다른 회의실을 알고 있나요? 사장님이 갑자기 Ohio 지사에 방문할 것이기 때문에, 저는 회의실을 마련할 시간이 없어요.

여: Park 씨가 알고 있을 거예요. 당신이 원한다면, 제가 그에게 전화를 걸어 회의를 준비하도록 요청할게요.

남: 감사합니다, 그러면 저는 발표 준비에 집중할 수 있겠네요.

어휘 conference 회의, 회담 urgent 긴급한, 시급한 ceiling 천장 maintenance 유지, 보수 accommodate 수용하다, 숙박시키다 president 대통령, 회장 branch 지점, 지사 arrange 마련하다, 정리하다, 준비하다 concentrate on ~에 집중하다

---

59. According to the woman, what is the problem?
(A) The keynote speaker cannot make it to the meeting.
(B) They don't have enough data.
(C) The lighting is not working properly.
(D) The meeting is canceled.

59. 여자에 따르면, 무엇이 문제인가?
(A) 기조 연설자가 회의에 참석할 수 없다.
(B) 그들은 충분한 정보를 가지고 있지 않다.
(C) 전등이 적절하게 작동되지 않는다.
(D) 회의가 취소되었다.

해설 문제가 무엇인지 묻는 문제이다. 여자의 대사인 I led the managers' meeting there, but there were some problems with the ceiling lights after the meeting and I called the maintenance department.에서 여자는 회의실에 있는 천장 전등에 문제가 생겼음을 언급하고 있다. 따라서 정답은 (C)이다.
어휘 keynote speaker 기조 연설자 make it 성공하다, 시간 맞춰 가다, 참석하다
정답 (C)

---

60. Why does the woman say, "Mr. Park should know"?
(A) He can explain what happened.
(B) He can solve the man's problem.
(C) He can instruct employees to use the room.
(D) He can meet the woman.

60. 여자가 "Mr. Park should know"라고 말하는 이유는 무엇인가?
(A) 그는 무슨 일이 발생했는지를 설명할 수 있다.
(B) 그는 남자의 문제를 해결할 수 있다.
(C) 그는 직원들에게 방을 사용하도록 지시했다.
(D) 그는 여자를 만날 수 있다.

해설 앞뒤 내용을 통해 여자의 말의 의미를 파악하는 문제이다. 남자의 대사인 As the president visiting our Ohio branch unexpectedly, I haven't had time to arrange a room.에서 남자가 회의실을 마련할 시간이 없음을 언급하자, 여자는 "Mr. Park should know."라고 말했다. 그리고 뒤이어 If you want, I'll call and ask him to arrange the meeting. 즉, Park 씨에게 전화를 걸어 회의를 준비하도록 요청하겠음을 언급하고 있다. 따라서 시간이 없는 남자를 대신해 회의를 준비해 줄 수 있는 사람이 Park 씨임을 알 수 있으므로, 남자의 문제를 해결할 수 있다는 내용의 (B)가 정답이다.

어휘 solve 해결하다 explain 설명하다 instruct 지시하다
정답 (B)

61. What does the woman offer to do for the man?
(A) Arrange the meeting
(B) Notify other employees about the conference
(C) Contact another colleague
(D) Give him a contact number

61. 여자가 남자에게 제안하는 것은 무엇인가?
(A) 회의를 준비하는 것
(B) 다른 직원들에게 컨퍼런스에 대해 알리는 것
(C) 다른 동료에게 연락하는 것
(D) 그에게 연락처를 주는 것

해설 여자가 남자에게 제안한 것이 무엇인지 묻는 문제이다. 여자의 대사인 If you want, I'll call and ask him to arrange the meeting.에서 여자는 남자가 원한다면, 자신이 Park 씨에게 연락해 회의를 준비할 것을 요청하겠다고 언급하고 있다. 따라서 정답은 (C)이다.
어휘 notify 알리다, 공지하다 employee 직원
정답 (C)

Questions 62-64 refer to the following conversation and seating chart.

M: Sara, are you leaving now?
W: Hi, Matt. Yeah, I just came out of my office. Are you on your way to the theater?
M: Sorry. I'm still in my office. (62) I had to review the budget report for next year at the last minute. I'm working on it now and will be finished in thirty minutes. So I'm not going to be able to get there on time.
W: All right. (63) But I think you have the tickets, right? If I don't show a ticket to the staff, I can't enter the theater for the performance.
M: You're right. Don't worry. I'll get there before the performance starts. To save time, I think we should decide on a place to meet when I arrive.
W: Okay, well, I want to grab something to eat, so I'll buy some snacks at the cafe and I'll wait for you. (64) It's across from the gift shop. Please be sure to arrive on time.

	Theater	Gift Shop
Cafe		Waiting room

[62–64] 대화와 좌석 배치도
남: Sara, 지금 출발했어요?
여: 안녕하세요, Matt. 저는 지금 막 사무실을 나왔어요. 당신은 극장으로 가는 중인가요?
남: 미안해요. 저는 아직 사무실에 있습니다. 제가 막판에 내년도 예산 보고서를 검토할 필요가 생겨서요. 지금 작업 중이고, 30분 후에 끝날 것입니다. 그래서 거기에 시간에 맞춰서 도착할 수 없을 거예요.
여: 괜찮아요. 그런데, 제 생각에 당신이 티켓을 가지고 있는 것 같은데, 맞죠? 제가 직원에게 티켓을 보여 주지 못하면, 저는 공연 전에 극장에 들어갈 수 없어요.
남: 맞습니다. 걱정 마세요. 공연 시작 전에 거기 도착할게요. 시간을 절약하기 위해, 제가 도착할 때 우리가 만날 장소를 정해야 할 것 같아요.
여: 좋아요. 음, 저는 뭔가를 간단히 먹고 싶어서 카페에서 과자를 좀 사고 당신을 기다리고 있을게요. 그곳은 선물 가게 맞은편에 있어요. 늦지 않게 와 주세요.

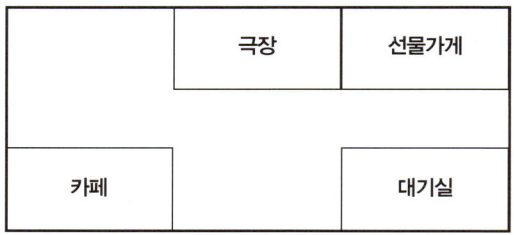

	극장	선물가게
카페		대기실

어휘 grab something to eat ~을 간단히 먹다 in time 일찍, 늦지 않게

---

62. According to the man, why can't he meet her at a promised time?
(A) He is stuck in traffic.
(B) His car is broken.
(C) He needs to finish his work.
(D) He is not feeling well.

62. 남자에 따르면, 남자는 왜 여자를 약속된 시간에 만날 수 없는가?
(A) 그는 교통 혼잡에 갇혀 있다.
(B) 그의 차가 고장이 났다.
(C) 그는 그의 업무를 끝낼 필요가 있다.
(D) 그는 기분이 좋지 않다.

해설 남자가 여자를 약속된 시간에 만날 수 없는 이유를 묻는 문제이다. 남자의 대사인 I had to review the budget report for next year at the last minute. I'm working on it now and will be finished in thirty minutes. So I'm not going to be able to get there on time.에서 남자는 내년도 예산 보고서를 검토할 필요가 있고 현재 작업 중

이기 때문에 약속한 시간에 만날 수 없음을 언급하고 있다. 따라서 정답은 (C)이다.
어휘 stuck in traffic 교통이 정체된 feel well 기분이 좋다
정답 (C)

---

63. What is the woman concerned about?
(A) She wants to leave earlier.
(B) She doesn't know how to get to the theater.
(C) She wants something to eat.
(D) She doesn't have a ticket.

63. 여자가 걱정하는 것은 무엇인가?
(A) 그녀는 더 일찍 출발하기를 원한다.
(B) 그녀는 극장에 가는 방법을 모른다.
(C) 그녀는 먹을 것을 원한다.
(D) 그녀는 티켓을 갖고 있지 않다.

해설 여자가 걱정하는 것이 무엇인지 묻는 문제이다. 여자의 대사인 But I think you have the tickets, right? If I don't show a ticket to the staff, I can't enter the theater for the performance.에서 여자는 남자가 티켓을 가지고 있기 때문에, 티켓이 없는 자신은 극장에 들어갈 수 없다고 말하고 있다. 따라서 정답은 (D)이다.
어휘 leave 출발하다, 떠나다
정답 (D)

---

64. Look at the graphic. Where will the woman be?
(A) At a cafe
(B) At a theater
(C) At a gift shop
(D) At a waiting room

64. 시각 자료를 보시오. 여자는 어디에 있을 것인가?
(A) 카페에
(B) 극장에
(C) 선물 가게에
(D) 대기실에서

해설 지문의 내용을 그래프에서 확인하는 문제이다. 여자의 대사인 It's across from the gift shop.에서 여자는 선물 가게 맞은편에서 남자를 기다리겠다고 언급하고 있다. 따라서 정답은 (D)이다.
어휘 waiting room 대기실
정답 (D)

Questions 65-67 refer to the following conversation and chart.

M: (65) Sophia, did you know there's a new exhibition on at the museum commemorating architect Christian Vallero, who was famous for his structural and aesthetic works? Some of us from work are planning to go. How about joining us?

W: Sounds interesting. (66) I've recently read an article about his artwork. How much do tickets cost?

M: It depends. I got the brochure about pricing. Look at this information. Unfortunately, there are six people who want to go, so we don't qualify as a group.

W: (67) I am a member of the museum. The procedure for becoming a member is very simple. You just have to visit the website and fill out the online forms.

M: Good. I'll have the people interested register for it. And then, we can save some money on the tickets.

Admission	Price per Person
10-year-old or younger	$7
Group of 8 or more	$12
Member	$15
Non-member	$25

[65-67] 대화와 차트
남: Sophia, 박물관에서 구조적이고 심미적인 작품으로 유명한 건축가 Christian Vallero를 기념하는 새 전시회가 있다는 것 아세요? 우리 회사 직원 몇 명이 참석할 예정인데요. 당신도 우리와 함께 가는 게 어때요?
여: 좋아요. 저는 최근에 그의 작품에 대한 기사를 읽었답니다. 티켓 가격이 얼마인가요?
남: 상황에 따라 달라요. 제가 가격 정보가 적힌 안내 책자를 가지고 왔답니다. 이것을 좀 보세요. 안타깝게도, 가고 싶어하는 직원이 6명이라 그룹 수요는 맞추기가 어렵겠네요.
여: 전 박물관 회원이에요. 멤버십 절차는 매우 간단하답니다. 웹사이트에 방문하셔서 온라인 양식만 작성하면 돼요.
남: 좋네요, 제가 관심 있는 사람에게 등록하라고 할게요. 그러면 우리는 티켓 구매 비용을 줄일 수 있겠어요.

입장료	1인당 가격
10세 이하	7달러
8명 이상의 그룹	12달러
회원	15달러
비회원	25달러

어휘 commemorate 기념하다, 축하하다 esthetical 심미적인, 미학적인 brochure (안내·광고용) 책자

65. What kind of event is being discussed?
(A) A store opening
(B) A live music concert
(C) A museum exhibition
(D) A theater performance

65. 어떤 행사가 논의되고 있는가?
(A) 회사의 개업
(B) 라이브 음악 콘서트
(C) 박물관 전시회
(D) 극장 공연

해설 논의되고 있는 행사가 무엇인지 묻는 문제이다. 남자의 첫 번째 대사인 Sophia, did you know there's a new exhibition on at the museum commemorating architect Christian Vallero, who was famous for his structural and aesthetic works? Some of us from work are planning to go. How about joining us?에서 남자는 건축가 Christian Vallero를 기념하는 새 전시회가 열릴 예정이라고 언급하고 있다. 따라서 정답은 (C)이다.
어휘 theater 극장 performance 공연
정답 (C)

66. What did the woman recently do?
(A) Conducted research
(B) Read a newspaper article
(C) Celebrated her manager's retirement
(D) Went to the museum

66. 여자는 최근에 무엇을 하였는가?
(A) 연구를 했다.
(B) 신문 기사를 읽었다.
(C) 그녀 상관의 은퇴를 기념했다.
(D) 박물관에 갔다.

해설 여자가 최근에 한 일이 무엇인지 묻는 문제이다. 여자의 대사인 I've recently read an article about his artwork.에서 여자는 최근에 건축가의 작품에 관한 신문 기사를 읽었음을 언급하고 있다. 따라서 정답은 (B)이다.
어휘 conduct 행하다 article 기사 celebrate 기념하다, 축하하다
정답 (B)

67. Look at the graphic. What ticket price will each of the speakers most likely pay?
(A) $7
(B) $12
(C) $15
(D) $25

67. 시각 자료를 보시오. 화자들 각각이 지불하게 될 티켓 가격은 얼마이겠는가?
(A) 7달러
(B) 12달러
(C) 15달러
(D) 25달러

해설 지문의 내용을 시각 자료에서 확인하는 문제이다. 여자의 대사인 I am a member of the museum. The procedure for becoming a member is very simple. You just have to visit the website and fill out the online forms.에서 여자 자신은 박물관 회원임을 언급하면서 회원 가입 절차가 복잡하지 않음을 언급하자, 남자는 Good. I'll have the people interested register for it. And then, we can save some money on the tickets. 즉, 박물관에 가는 데 관심 있는 사람들에게 회원 등록을 하도록 하겠다고 한다. 따라서 정답은 회원 가격에 해당하는 (C)이다.
정답 (C)

Questions 68-70 refer to the following conversation and map.

W: Excuse me, [(68)] I'm trying to get to the Kobe Coffee Museum. This is the first time I've visited the city so I don't know which station I should get off at. If you don't mind, could you help me?

[68~70] 대화와 지도

여: 실례합니다. 저는 Kobe 커피 박물관에 가려고 하는데요. 그런데 제가 이 도시에 처음 방문해서 어떤 역에서 내릴지 모르겠어요. 괜찮으시다면, 도와주시겠어요?
남: 물론이죠. 당신도 아시겠지만, 이 열차는 당신이 원하시는 박물관으로 곧장 가지 않아요. 다른 지하철 노선을 타셔야 해요. 다음 정거장이 Motomachi 역입니다. 당신은 그 다음 역에서 내리시면 돼요. 다음 역 이름은 정확히 모르겠네요.

M: Sure. As you might know, this train doesn't go directly to the museum. You need to transfer to another subway line. (69) The next stop will be Motomachi Station. You should get off at the stop after that. I'm not sure what the name of that station is.

W: Thank you.

M: You're welcome. Once you get off, you should transfer to the train bound for Harbor Land. (70) The museum is next to the Meriken Park. It takes about 3 minutes to get there from the station. Have a nice trip.

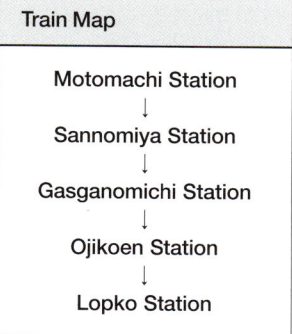

```
Train Map

    Motomachi Station
          ↓
    Sannomiya Station
          ↓
  Gasganomichi Station
          ↓
     Ojikoen Station
          ↓
      Lopko Station
```

68. Where does the woman want to go?
(A) To a museum
(B) To a hospital
(C) To a cafe
(D) To a post office

69. Look at the graphic. Which station does the man say the woman should get off at?
(A) Sannomiya Station
(B) Ojikoen Station
(C) Motomachi Station
(D) Gasganomichi Station

70. What does the man suggest about the museum?
(A) It closes early.
(B) It is close to the station.
(C) It is undergoing renovation.
(D) It isn't within walking distance.

여: 감사합니다.

남: 천만에요. 당신은 내리시자마자, **Harbor Land** 행 열차를 타시면 됩니다. 박물관은 **Meriken** 공원 옆에 있습니다. 역에서 3분 정도 걸려요. 좋은 여행 하세요.

```
열차 노선도

    Motomachi 역
         ↓
    Sannomiya 역
         ↓
  Gasganomichi 역
         ↓
     Ojikoen 역
         ↓
      Lopko 역
```

어휘 museum 박물관 get off 내리다 once ~하자마자

68. 여자는 어디로 가길 원하는가?
(A) 박물관으로
(B) 병원으로
(C) 카페로
(D) 우체국으로

해설 여자가 가기를 원하는 장소가 어디인지 묻는 문제이다. 여자의 대사인 I'm trying to get to the Kobe Coffee Museum.에서 여자는 Kobe 커피 박물관에 간다고 한다. 따라서 정답은 (A)이다.
어휘 post office 우체국
정답 (A)

69. 시각 자료를 보시오. 남자는 여자에게 어떤 역에서 내려야 한다고 말하는가?
(A) Sannomiya 역
(B) Ojikoen 역
(C) Motomachi 역
(D) Gasganomichi 역

해설 지문의 내용을 시각 자료에서 확인하는 문제이다. 남자의 대사인 The next stop will be Motomachi Station. You should get off at the stop after that. I'm not sure what the name of that station is.에서 남자는 여자에게 Motomachi 역의 다음 역에서 내리라고 한다. 따라서 정답은 (A)이다.
정답 (A)

70. 남자가 박물관에 대해 언급한 것은 무엇인가?
(A) 그곳은 일찍 문을 닫는다.
(B) 그곳은 역에서 가깝다.
(C) 그곳은 수리 중이다.
(D) 그곳은 걸어갈 수 없는 거리에 있다.

해설 박물관에 대해 언급된 것이 무엇인지 묻는 문제이다. 남자의 대사인 The museum is next to the Meriken Park. It takes about 3 minutes to get there from the station.에서 남자는 박물관이 Meriken 공원 옆에 있으며 3분 정도 걸린다고 언급한다. 따라서 정답은 (B)이다.
어휘 renovation 수리
정답 (B)

PART 4

Questions 71-73 refer to the following telephone message.

M: (71) Hi, Phillip, this is Marcus. Thank you for accepting our request to join us on the planning committee for the international textile industry conference this year. (72) I just sent you an email that describes this year's event with a list of companies that participated in the conference last year. Could you go over the list and please contact the companies that I checked on the list? They didn't apply yet. As you know, we're trying to make this event the biggest one ever. Oh.... (73) last week, O'lily Apparel said they were not sure, but they would decide by the end of the week.

71. What was the listener probably asked to do?
(A) Introduce new contractors
(B) Help plan a conference
(C) Arrange a staff meeting
(D) Contact a supplier

72. According to the speaker, what is included in the email?
(A) An application form
(B) An additional agenda
(C) A list of companies
(D) A free sample

[71–73] 전화 메시지
남: 안녕하세요, **Phillip**. 저는 **Marcus**입니다. 올해 열리는 국제 직물산업 회담을 위해 저희의 기획 위원회에 합류해 달라는 저희의 요청을 수락해 주셔서 감사드립니다. 제가 방금 당신께 작년에 이 회담에 참석했던 회사 명단과 함께 올해의 행사에 관해 설명하는 내용을 이메일로 보내 드렸습니다. 명단을 검토하시고, 명단 상에 제가 확인한 회사에 연락을 취해 주시겠습니까? 그 회사들은 아직 신청을 하지 않았거든요. 당신도 아시다시피, 저희는 이번 행사를 지금까지 있었던 행사들 중에서 가장 큰 행사로 만들기 위해 노력하고 있어요. 아... 지난주에 **O'lily Apparel** 사에서 확실치는 않지만, 이번 주말까지 참여 여부를 결정할 것이라고 말했어요.

어휘 planning committee 기획 위원회 textile industry 직물업 go over 검토하다, 살피다

---

71. 청자가 요구 받았던 것으로 생각되는 것은 무엇인가?
(A) 새 계약자를 소개하는 것
(B) 회담 기획하는 것을 돕는 것
(C) 직원회의를 준비하는 것
(D) 공급업자에게 연락하는 것

해설 청자가 과거에 요구 받은 것은 무엇인지 묻는 문제이다. 화자의 대사인 Hi, Phillip, this is Marcus. Thank you for accepting our request to join us on the planning committee for the international textile industry conference this year. 에서 화자는 청자에게 회담을 위해 기획 위원회에 합류해 줄 것을 요청했음을 알 수 있다. 따라서 정답은 (B)이다.
어휘 contractor 계약자
정답 (B)

---

72. 화자에 따르면, 이메일에 포함된 것은 무엇인가?
(A) 신청 양식
(B) 추가 의제
(C) 회사 명단
(D) 무료 샘플

해설 이메일에 포함된 것이 무엇인지 묻는 문제이다. 화자의 대사인 I just sent you an email that describes this year's event with a list of companies that participated in the conference last year.에서 화자는 청자에게 작년에 회담에 참석했던 회사 명단을 이메일로 보냈음을 언급하고 있다. 따라서 정답은 (C)이다.
어휘 agenda 안건, 의제
정답 (C)

73. What does the speaker say about O'lily Apparel?
(A) It is a start-up company.
(B) It needs to conduct a survey.
(C) Its participation is uncertain at the moment.
(D) Its office will be relocated by the end of the month.

73. 화자가 O'lily Apparel에 대해 언급한 것은 무엇인가?
(A) 신생 기업이다.
(B) 설문 조사를 할 필요가 있다.
(C) 참여가 지금 확실치 않다.
(D) 사무실이 이번 달 말까지 이전될 것이다.

해설 화자가 O'lily Apparel 사에 대해 언급한 것이 무엇인지 묻는 문제이다. 화자의 대사인 last week, O'lily Apparel said they were not sure, but they would decide by the end of the week.에서 화자는 O'lily Apparel 사가 이번 주말까지 회담 참여 여부를 결정할 것이라고 지난주에 말했음을 언급하고 있다. 따라서 O'lily Apparel 사의 참석 여부가 현재 확실치 않음을 알 수 있으므로 정답은 (C)이다.
어휘 start-up company 신생 기업 at the moment 바로 지금
정답 (C)

Questions 74-76 refer to the following excerpt from a meeting.

W: (74) Before we end today's staff meeting, I'd like to remind all the cashiers here at McGreen Grocery about an important step in customer transactions. As you all know, most of our customers are in our member's club. That means they receive 20% credit for the purchase price whenever they purchase. (75) Please remember that it's our responsibility to ask customers to enter their membership ID number on the pad at the counter. (76) If customers are not in our membership club, you can briefly explain the benefits and recommend that they join at the customer service desk opposite the counters.

74. Where do the listeners work?
(A) At an IT company
(B) At a bank
(C) At a hotel
(D) At a store

75. What does the speaker want the listeners to do?
(A) Report to work earlier
(B) Bring their original receipt
(C) Accept credit cards only
(D) Ask for ID numbers

[74-76] 회의 발췌문

여: 오늘 직원회의를 마치기 전에, 여기 있는 모든 McGreen Grocery의 계산대 직원들에게 고객과의 거래에 있어 중요한 단계를 상기시켜 드리고 싶습니다. 여러분 모두가 아시다시피, 대부분의 고객들은 저희 회원 클럽에 가입돼 있습니다. 이는 그들이 구매할 때마다 구매 가격의 20%를 포인트로 받는다는 것을 의미합니다. 고객들에게 계산대의 패드에서 회원 ID 번호를 입력하도록 요청하는 것은 저희의 업무임을 기억해 주세요. 만일 고객들이 저희 클럽 회원이 아니라면, 장점에 대해 짧게 설명해 주시고, 계산대 맞은편에 있는 고객 서비스 데스크에서 저희 회원으로 가입하는 것을 추천해 주시기 바랍니다.

어휘 cashier 출납원 transaction 거래, 매매

---

74. 청자들은 어디에서 일하고 있는가?
(A) IT 회사에서
(B) 은행에서
(C) 호텔에서
(D) 상점에서

해설 청자들이 어디에서 일하고 있는지 묻는 문제이다. 화자의 대사인 Before we end today's staff meeting, I'd like to remind all the cashiers here at McGreen Grocery about an important step in customer transactions.에서 화자는 청자들이 McGreen Grocery의 계산대 직원들임을 밝히고 있으므로 정답은 (D)이다.
어휘 company 회사
정답 (D)

---

75. 화자는 청자들이 무엇을 하기를 원하는가?
(A) 더 이른 출근을 보고하는 것
(B) 영수증 원본을 가지고 오는 것
(C) 신용 카드만 받는 것
(D) ID 번호를 묻는 것

해설 화자가 청자들이 하기를 원하는 것이 무엇인지 묻는 문제이다. 화자의 대사인 Please remember that it's our responsibility to ask customers to enter their membership ID number on the pad at the counter.에서 화자는 고객들에게 계산대에서 회원 ID 번호를 입력할

것을 요청하는 것이 계산대 직원들의 업무임을 기억해 달라고 요청하고 있다. 따라서 화자는 청자들이 고객들에게 ID 번호를 물어보기를 원하고 있음을 알 수 있으므로 정답은 (D)이다.

어휘 credit cards 신용 카드 original 원래의

정답 (D)

---

76. Why should customers proceed to customer service desk?
(A) To sign up for membership
(B) To have purchases delivered
(C) To receive additional discounts
(D) To receive a complementary gifts

76. 왜 고객들은 고객 서비스 데스크로 가는가?
(A) 회원 가입을 위해
(B) 물건을 배달시키기 위해
(C) 추가 할인을 받기 위해
(D) 공짜 선물을 받기 위해

해설 고객들이 고객 서비스 데스크에 가야 하는 이유를 묻고 있다. 화자의 대사인 If customers are not in our membership club, you can briefly explain the benefits and recommend that they join at the customer service desk opposite the counters.에서 화자는 청자들에게 고객들이 회원 가입이 안 되어 있다면, 고객 서비스 데스크에 가서 회원 가입하는 것을 추천해 달라고 언급하고 있다. 따라서 정답은 (A)이다.

어휘 complementary 무료의 sign up for 등록하다, 신청하다

정답 (A)

Questions 77-79 refer to the following telephone message.

M: Good morning, Ms. Shin. This is Karl Pederez calling from Future Properties on Main Street. (77) I was glad to meet you last week. And I wonder if you're still considering renting the office in Miller Tower that I showed you. At that time, you asked about additional parking availability in the garage, and I wanted to get back to you to let you know that you can use more space. But there will be a small charge for that. As you know... this is one of the most in-demand offices in the area. (79) So let me know what you think. That way, I can prepare all the necessary paperwork for the contract.

[77-79] 전화 메시지
남: Shin 씨, 안녕하세요.
저는 Main가에 있는 Future Properties의 Karl Pederez라고 합니다. 지난주에 당신을 만나 즐거웠습니다. 제가 당신께 보여 드렸던 Miller Tower에 있는 사무실을 임차하는 것에 대해 아직도 고민 중이신지 궁금합니다. 그때 당신이 차고에서 추가로 주차 공간을 더 이용할 수 있는지에 대해 여쭤 보셨는데, 더 많은 공간을 사용하실 수 있음을 다시 알려 드리고 싶습니다. 그런데 그 공간에 대한 약간의 비용이 있을 겁니다. 당신도 아시다시피, 이곳은 그 지역에서 가장 수요가 높은 사무실 중 하나입니다. 그러니 당신이 생각하시는 바를 제게 말씀해 주시기 바랍니다. 그러면, 제가 계약상 필요한 모든 서류를 준비하겠습니다.

어휘 availability 이용 가능성, 유효성, 유용성 paperwork 서류 작업, 서류

---

77. What did the speaker do last week?
(A) He visited an office with the listener.
(B) He had a meeting with his staff members.
(C) He purchased a car.
(D) He signed a contract for an apartment.

77. 화자는 지난주에 무엇을 했는가?
(A) 그녀는 청자와 사무실을 방문했다.
(B) 그녀는 그녀의 직원들과 회의를 했다.
(C) 그녀는 차를 구매했다.
(D) 그녀는 아파트를 계약했다.

해설 화자가 지난주에 한 일이 무엇인지 묻는 문제이다. 화자의 대사인 I was glad to meet you last week. And I wonder if you're still considering renting the office in Miller Tower that I showed you.에서 화자는 청자를 지난주에 만났으며, 청자에게 Miller Tower에 있는 사무실을 보여 주었음을 언급하고 있다. 따라서 정답은 (A)이다.

어휘 staff 직원

정답 (A)

78. Why does the speaker say, "This is one of the most in-demand offices in the area"?
(A) To recommend hiring more employees
(B) To encourage a quick decision
(C) To explain why the rent is expensive
(D) To suggest selling an office

79. What does the speaker encourage the listener to do?
(A) Be ready to sign up
(B) Contact a coworker
(C) Compare with others
(D) Inform him of a decision

78. 왜 화자는 "This is one of the most in-demand offices in the area"라고 말하는가?
(A) 더 많은 직원을 고용하는 것을 추천하기 위해
(B) 빠른 결정을 장려하기 위해
(C) 임차 비용이 비싼 이유를 설명하기 위해
(D) 사무실을 판매하는 것을 제안하기 위해

해설 앞뒤 내용을 통해 화자의 말의 의미를 파악하는 문제이다. 화자는 "This is one of the most in-demand offices in the area"라고 말한 뒤에 **So let me know what you think.** 즉, 당신이 생각하는 바를 알려 달라고 언급하고 있다. 따라서 사무실 임차 여부에 관한 빠른 결정을 장려하고 있음을 유추할 수 있으므로 정답은 (B)이다.
어휘 encourage 장려하다, 격려하다
정답 (B)

79. 화자가 청자에게 하도록 장려하는 것은 무엇인가?
(A) 등록할 준비를 하는 것
(B) 동료에게 연락하는 것
(C) 다른 것들과 비교하는 것
(D) 그에게 결정을 알려 주는 것

해설 화자가 청자에게 장려하는 것이 무엇인지 묻는 문제이다. 화자의 대사인 **So let me know what you think.**에서 화자는 청자에게 임차 여부를 결정해 알려 줄 것을 요청하고 있다. 따라서 정답은 (D)이다.
어휘 sign up 참가하다, 가입하다, 계약하다
정답 (D)

Questions 80-82 refer to the following announcement.

W: (80) Good afternoon, Hill Fresh Mart shoppers. (81) We're pleased to announce that our new mixed fruit section has just opened today. You will find a wide variety of fruit including exotic fruits. And we would also like to inform you that you can find a customer survey form at our service desk by the cash registers. It will only take a minute to fill out and will help us understand how we can better serve our customers. (82) Those who complete the form will be automatically entered into a prize draw for 80 dollars, worth of items. Thank you for shopping with us and have a great day.

80. Who is the intended audience of the talk?
(A) Fruit vendors
(B) Supermarket cashiers
(C) Participants in a competition
(D) Grocery customers

[80-82] 안내문
여: 안녕하세요, **Hill Fresh** 마트 고객 여러분. 저희는 오늘 저희의 새로운 혼합 과일 코너가 개장되었음을 알리게 되어 기쁩니다. 여러분은 이국적인 과일을 포함해 매우 다양한 과일을 보게 되실 겁니다. 그리고 현금 계산기 옆에 있는 저희의 서비스 데스크에서 고객 설문 조사 양식을 찾으실 수 있다는 것도 알려 드립니다. 양식을 작성하는 데 시간이 얼마 안 걸릴 것이고, 저희가 저희 고객 분들께 더 잘 응대할 수 있는 방법을 아는 데 도움이 될 것입니다. 양식을 작성하신 분은 80달러 상당의 물건 경품 추첨에 자동적으로 등록될 것입니다. 저희 가게에서 쇼핑해 주셔서 감사 드리며 좋은 하루 되십시오.

어휘 frozen 냉동된 cash register 금전 등록기 prize lottery 경품 추첨

---

80. 이 안내가 의도한 대상은 누구인가?
(A) 과일 판매 회사
(B) 슈퍼마켓 계산원
(C) 대회 참가자
(D) 식료품점 고객

해설 이 안내가 의도한 대상이 누구인지 묻는 문제이다. 화자의 대사인 **Good afternoon, Hill Fresh Mart shoppers.**에서 화자는 청자가 마트 고객임을 언급하고 있다. 따라서 정답은 (D)이다.
어휘 cashier 출납원 vendor 행상인, 노점상, (특정한 제품) 판매 회사 grocery 식료품점 competition 경쟁, 대회
정답 (D)

81. What is the business now offering?
(A) A special discount
(B) A new food section
(C) A membership program
(D) Employee benefits

81. 이 업체가 지금 제공하는 것은 무엇인가?
(A) 특별 할인
(B) 새로운 식품 코너
(C) 회원 프로그램
(D) 직원 혜택

해설 이 업체가 지금 제공하는 것이 무엇인지 묻는 문제이다. 화자의 대사인 We're pleased to announce that our new mixed fruit section has just opened today.에서 화자는 새로운 과일 코너가 오늘 개장되었음을 언급하고 있다. 따라서 정답은 (B)이다.
어휘 benefit 이점, 혜택
정답 (B)

82. What should the listeners do to enter a competition?
(A) Request a delivery
(B) Buy more goods
(C) Sign up for membership
(D) Fill out a form

82. 경쟁에 참가하기 위해 청자가 해야 하는 것은 무엇인가?
(A) 배달을 요청하는 것
(B) 더 많은 상품을 구매하는 것
(C) 회원 등록을 하는 것
(D) 양식을 작성하는 것

해설 경쟁에 참가하기 위해 청자가 해야 하는 일이 무엇인지 묻는 문제이다. 화자의 대사인 Those who complete the form will be automatically entered into a prize draw for 80 dollars, worth of items.에서 화자는 양식을 작성한 사람은 자동적으로 경품 추첨 행사에 등록됨을 언급하고 있다. 따라서 정답은 (D)이다.
어휘 fill out 작성하다
정답 (D)

Questions 83-85 refer to the following excerpt from a meeting.

M: (84) Before we start the meeting, I'd like to make an announcement about some changes. (83) Our shipping company will be opening another store in downtown Detroit next year. The opening of the fifth location will have a positive impact on you as employees. The biggest change is that our main office will be moving to a new building downtown. The building's right by the subway station. So it's very convenient for those of you who commute. Also, (85) we will have more employee benefits such as a fitness center and a new employee lounge that will provide opportunities to relax or to interact with colleagues. Any questions?

[83-85] 회의 발췌록
남: 회의를 시작하기 전에, 몇 가지 변경 사항에 대해 말씀 드리고 싶습니다. 저희 배송 회사가 내년에 Detroit 시내에 또 가게를 열 것입니다. 다섯 번째 지점의 개장은 직원 여러분들께 긍정적인 영향을 가져다 줄 것입니다. 가장 큰 변경 사항은 저희 본사가 시내에 있는 새 건물로 이동할 것이라는 점입니다. 그 건물은 지하철 역 옆에 바로 위치해 있습니다. 그래서 여러분 모두의 통근이 매우 편리합니다. 또한, 저희는 헬스클럽과 새 직원 휴게실과 같은 직원 혜택을 더 많이 제공할 것입니다. 이것은 휴식을 취하거나 동료들과 소통할 수 있는 기회를 제공할 것입니다. 질문 있으신가요?

어휘 fitness center 피트니스 센터, 헬스클럽 lounge 휴게실, 라운지 interact 소통하다

---

83. What type of business does the speaker work in?
(A) A fitness center
(B) A shipping company
(C) A travel agency
(D) A bank

83. 화자는 어떤 업체에서 일하는가?
(A) 헬스클럽
(B) 배송 회사
(C) 여행사
(D) 은행

해설 화자가 어떤 업체에서 일하는지 묻는 문제이다. 화자의 대사인 Our shipping company will be opening another store in downtown Detroit next year.에서 화자는 배송 회사에서 일하고 있음을 언급하고 있다. 따라서 정답은 (B)이다.
어휘 retail 소매
정답 (B)

84. What does the speaker say about the business?
(A) It decided to hire more workers.
(B) It just started doing business in another country.
(C) It has several locations.
(D) It will merge with another business.

85. What benefit will the business provide to its employees?
(A) It will offer more flexible working hours.
(B) Employees will have more vacation time.
(C) It will provide a free shuttle bus.
(D) There will be more space for employees.

84. 화자는 업체에 대해 무엇이라 언급하는가?
(A) 그것은 더 많은 직원을 고용하기로 결정했다.
(B) 그것은 다른 도시에서 사업을 방금 시작했다.
(C) 그것은 몇 개의 지점을 갖고 있다.
(D) 그것은 다른 업체와 합병할 것이다.

해설 업체에 대해 언급된 것이 무엇인지 묻는 문제이다. 화자의 대사인 Before we start the meeting, I'd like to make an announcement about some changes. Our shipping company will be opening another store in downtown Detroit next year. The opening of the fifth location will have a positive impact on you as employees.에서 화자는 배송 회사가 Detroit 시내에 새 가게를 열 것인데, 이 지점은 다섯 번째 지점이라고 언급하고 있다. 따라서 배송 회사가 현재 여러 개의 지점을 갖고 있음을 알 수 있으므로 정답은 (C)이다.
어휘 merge 합병하다 hire 고용하다
정답 (C)

85. 업체는 직원들에게 어떤 혜택을 제공할 것인가?
(A) 업체는 더 유연한 근무 시간을 제공할 것이다.
(B) 직원들은 더 많은 휴가 시간을 갖게 될 것이다.
(C) 업체는 무료 셔틀 버스를 제공할 것이다.
(D) 직원들을 위한 공간이 더 많이 생길 것이다.

해설 업체가 직원들에게 제공할 혜택이 무엇인지 묻는 문제이다. 화자의 대사인 we will have more employee benefits such as a fitness center and a new employee lounge that will provide opportunities to relax or to interact with colleagues.에서 화자는 업체가 헬스클럽과 직원 휴게실을 제공할 것임을 언급하고 있다. 따라서 직원들을 위한 공간을 더 많이 제공할 것이라는 (D)가 정답이다.
어휘 vacation time 휴가 시간 flexible 유연한
정답 (D)

Questions 86-88 refer to the following broadcast.
W: Good evening, I'm Magaret Wilson with your local news today. (86) According to a city official, Nolan City Sports Stadium will be reopening next weekend. The stadium has been closed for the past two months while its roof and seating areas were being renovated. (87) Due to the heavy snow, the project was delayed in February. Local sports organizers are pleased that the stadium will be ready in time for the summer season. (88) All residents of Nolan are invited to celebrate the reopening with famous sports stars this Saturday evening.

[86~88] 방송
여: 안녕하세요, 저는 오늘의 지역 뉴스 진행자 Magaret Wilson이라고 합니다. 시 공무원에 따르면, Nolan City 스포츠 경기장이 다음 주 주말에 다시 개장할 예정이라고 합니다. 경기장은 지난 2개월 동안 지붕과 좌석 공간을 수리하는 기간 동안 폐쇄되어 있었습니다. 이 프로젝트는 폭설로 인해 2월에 지연되었습니다. 지역 스포츠 조직 위원들은 경기장이 여름 시즌을 위해 제시간에 준비될 것이란 사실에 기뻐하고 있습니다. 모든 Nolan 시 주민들은 이번 주 토요일 저녁 유명한 스포츠 스타와 함께 재개장식을 축하해 주시기 바랍니다.

어휘 stadium 경기장 celebrate 기념하다, 축하하다

---

86. According to the speaker, what will happen next weekend?
(A) The opening of a new shopping mall
(B) The renovation of a community library
(C) The reopening of a sports stadium
(D) The launch of a new sports league

86. 화자에 따르면, 다음 주 주말에 무슨 일이 발생할 것인가?
(A) 새 쇼핑몰을 여는 것
(B) 지역 도서관을 수리하는 것
(C) 스포츠 경기장 문을 다시 여는 것
(D) 새로운 스포츠 리그를 시작하는 것

해설 다음 주 주말에 발생하는 일이 무엇인지 묻는 문제이다. 화자의 대사인 **According to a city official, Nolan City Sports Stadium will be reopening next weekend.**에서 화자는 다음 주 주말에 Nolan City 스포츠 경기장을 다시 개장할 것임을 언급하고 있다. 따라서 정답은 (C)이다.
어휘 league 리그
정답 (C)

---

87. Why was the renovation delayed?
(A) A shipment was damaged.
(B) There was a shortage of supplies
(C) The weather was bad.
(D) A budget was cut.

87. 왜 수리가 연기되었는가?
(A) 배송품이 파손되었다.
(B) 공급품이 부족했다.
(C) 날씨가 좋지 않았다.
(D) 예산이 절감되었다.

해설 수리가 연기된 이유를 묻는 문제이다. 화자의 대사인 **Due to the heavy snow, the project was delayed in February.**에서 화자는 2월에 폭우가 내려 프로젝트가 연기되었음을 언급하고 있다. 따라서 정답은 (C)이다.
어휘 damage 손상을 주다
정답 (C)

---

88. What kind of event will take place on Saturday?
(A) A community picnic
(B) A charity event
(C) A celebrity appearance
(D) A street parade

88. 어떤 행사가 토요일에 열릴 것인가?
(A) 마을 소풍
(B) 자선 행사
(C) 유명 인사의 등장
(D) 거리 퍼레이드

해설 토요일에 어떤 행사가 열리는지 묻는 문제이다. 화자의 대사인 **All residents of Nolan are invited to celebrate the reopening with famous sports stars this Saturday evening.**에서 화자는 유명 스포츠 스타와 Nolan 시 주민들에게 이번 주 토요일에 재개점식을 축하해 달라고 요청하고 있으므로 정답은 (C)이다.
어휘 charity 자선 celebrity 유명 인사 appearance 등장
정답 (C)

Questions 89-91 refer to the following excerpt from a meeting.

W: I'd like to welcome you all to the first board meeting of the year. (89) In the annual reports each of you have, you can see that business at our fitness center has decreased over the last year even though we've launched several seasonal campaigns. As you also know, there will be a new sports center opening within a year. It might make the situation worse. I think that now is the time to make some changes. (91) We need to renovate our old and outdated facility. I know many of you are concerned about spending a lot of money on improvements. But, I believe it will be worth it for us.

[89-91] 회의 발췌록
여: 올해 첫 번째 이사회에 오신 여러분 모두 환영합니다. 여러분 모두 각각 받으신 연례 보고서를 보시면, 저희가 계절적인 캠페인을 몇 개 열었음에도 불구하고 저희 헬스클럽 사업 실적이 작년 전반에 걸쳐 감소했음을 보실 수 있습니다. 여러분도 아시다시피, 1년 내에 새 스포츠 센터가 생길 예정입니다. 이것은 상황을 더 악화시킬 수 있습니다. 저는 지금이 변화할 시간이라고 생각합니다. 저희는 저희의 오래되고 구식인 시설을 개조해야만 합니다. 저는 여러분 대다수가 개조 작업에 많은 돈을 사용하는 것에 대해 걱정하신다는 것을 알고 있습니다. 하지만, 저는 이 작업이 저희에게 충분히 값어치 있는 일이 될 것이라 믿습니다.

어휘 business 사업, 일, 실적 seasonal 계절의, 계절적인

---

89. What kind of business does the speaker work for?
(A) A local hotel
(B) A fitness center
(C) An advertising company
(D) A travel agency

89. 화자는 어떤 업체에서 일하는가?
(A) 지역 호텔
(B) 헬스클럽
(C) 광고 회사
(D) 여행사

90. What does the speaker imply when she says, "there will be a new sports center opening within a year"?

(A) She is worried about competition from another business.
(B) She believes that more job opportunities are needed.
(C) She is concerned about construction noise.
(D) She expects that the local economy will grow.

해설 화자가 어떤 업체에서 일하는지 묻는 문제이다. 화자의 대사인 In the annual reports each of you have, you can see that business at our fitness center has decreased over the last year even though we've launched several seasonal campaigns.에서 화자는 자신이 일하고 있는 곳이 헬스클럽임을 언급하고 있다. 따라서 정답은 (B)이다.
어휘 advertising 광고
정답 (B)

90. 화자가 "there will be a new sports center opening within a year"라고 말할 때 암시하는 것은 무엇인가?
(A) 그녀는 다른 사업과의 경쟁에 대해 걱정하고 있다.
(B) 그녀는 더 많은 직업 기회가 필요하다고 생각한다.
(C) 그녀는 공사 소음을 걱정하고 있다.
(D) 그녀는 지역 경제가 성장할 것이라 기대한다.

해설 앞뒤 내용을 통해 화자의 말의 의미를 파악하는 문제이다. 화자는 작년도 사업 실적이 저조했음을 언급한 뒤 "there will be a new sports center opening within a year"라고 말한다. 그리고 이어서 It might make the situation worse. 즉, 새 스포츠 센터가 상황을 더 악화시킬 수 있음을 언급한다. 따라서 화자는 새 스포츠 센터가 들어서면 경쟁이 생기기 때문에 현재의 사업 상황이 더 악화될 수 있음을 암시하는 의미임을 알 수 있다. 따라서 정답은 (A)이다.
어휘 noise 소음 competition 경쟁
정답 (A)

91. What does the speaker mention about the facility?
(A) It is located far from the city center.
(B) Its price is competitive.
(C) It is a new building.
(D) It needs to be renovated.

91. 화자가 시설에 대해 언급한 것은 무엇인가?
(A) 그것은 도시 중심가에서 멀리 떨어져 있다.
(B) 그것의 가격은 경쟁력이 있다.
(C) 그것은 새 건물이다.
(D) 그것은 수리될 필요가 있다.

해설 화자가 시설에 대해 언급한 것이 무엇인지 묻는 문제이다. 화자의 대사인 We need to renovate our old and outdated facility.에서 화자는 시설을 개조할 필요가 있음을 언급하고 있다. 따라서 정답은 (D)이다.
어휘 city center 도심부 competitive 경쟁을 하는, 경쟁력 있는
정답 (D)

Questions 92-94 refer to the following talk.

M: OK, everyone. (92) I just wanted to remind you about our travel policy before the Paris conference next month. I am aware that many of you are attending the conference and need to book airline tickets and accommodations soon. (93) Before you make reservations, please send all booking information to Diana, our accounting manager. She will review it and notify you if the cost is approved. After that, you can book your tickets and hotel rooms. Remember that you will have to pay for your own meals and transportation during your stay. (94) But you'll get the money back when you return, so keep all the original receipts.

[92–94] 담화
남: 여러분, 저는 다음 달에 있을 Paris 컨퍼런스 전에 저희의 출장 방침에 관해 여러분들에게 상기시켜 드리고 싶은 것이 있습니다. 많은 분들이 conference에 참석하시기 때문에 여러분들은 항공기 티켓과 숙박 시설을 예약하셔야 할 것으로 알고 있습니다. 여러분들이 예약하시기 전에, 저희의 회계 담당자인 Diana에게 모든 예약 정보를 보내 주시기 바랍니다. 그녀가 정보를 검토한 뒤 여러분에게 그 비용이 승인이 될지를 알려 드릴 것입니다. 그 후에, 여러분들은 티켓과 호텔을 예약하시면 됩니다. 여러분들은 체류 기간 동안 각자의 식사비와 교통비를 지불하셔야 함을 기억하세요. 그러나 여러분들이 돌아왔을 때 그 돈을 다시 돌려받으실 것이니, 모든 원본 영수증을 갖고 계시기 바랍니다.

어휘 remind 상기시키다 conference 회의
accommodations 숙박 시설 approve 승인하다

92. What is the purpose of the talk?
(A) To explain a conference in Paris
(B) To remind staff about a company policy
(C) To ask employees to attend a conference
(D) To get some feedback about travel policies

92. 담화의 목적은 무엇인가?
(A) 파리에 있는 회의에 대해 설명하기 위해
(B) 직원들에게 회사 방침을 상기시키기 위해
(C) 직원들에게 회의에 참석하는 것을 요청하기 위해
(D) 출장 방침에 관해 의견을 얻기 위해

해설 담화의 목적이 무엇인지 묻는 문제이다. 화자의 대사인 I just wanted to remind you about our travel policy before the Paris conference next month.에서 화자는 당사의 출장 방침에 관해 청자들에게 상기시키려고 담화를 시작했음을 알 수 있다. 따라서 정답은 (B)이다.
어휘 feedback 반응, 의견
정답 (B)

93. Why are the listeners required to contact Diana?
(A) To request payment in advance
(B) To submit a conference registration
(C) To learn more about the policies
(D) To get approval for a purchase

93. 왜 청자들은 Diana에게 연락할 것을 요구 받았는가?
(A) 미리 지불을 요청하기 위해
(B) 회의 신청서를 제출하기 위해
(C) 방침에 관해 더 많이 알기 위해
(D) 구매를 위한 승인을 얻기 위해

해설 청자들이 Diana에게 연락할 것을 요구 받은 이유를 묻는 문제이다. 화자의 대사인 Before you make reservations, please send all booking information to Diana, our accounting manager. She will review it and notify you if the cost is approved.에서 화자는 청자들에게 모든 예약 정보를 Diana에게 보내 줄 것을 요청했는데, 그 이유는 Diana가 직원들이 제출한 비용이 회사에서 승인이 될 것인지 아닌지를 알려 줄 사람이기 때문이다. 따라서 정답은 (D)이다.
어휘 request 요청하다, 요구하다 payment 지불
정답 (D)

94. According to the speaker, what will the company do at a later time?
(A) Reimburse costs
(B) Hold a welcome reception
(C) Ask for a report about a project
(D) Provide a free shuttle

94. 화자에 따르면, 회사는 나중에 무엇을 할 것인가?
(A) 비용을 상환하는 것
(B) 환영회를 여는 것
(C) 프로젝트에 관해 보고서를 요청하는 것
(D) 무료 셔틀 버스를 제공하는 것

해설 회사가 나중에 할 일이 무엇인지 미래 상황을 묻는 문제이다. 화자의 대사인 But you'll get the money back when you return, so keep all the original receipts.에서 화자는 청자들이 돌아오면 회사가 비용을 상환해 줄 것임을 언급하고 있다. 따라서 정답은 (A)이다.
어휘 welcome reception 환영회 reimburse 배상하다, 상환하다
정답 (A)

Questions 95-97 refer to the following telephone message and floor plan.

M: Hi, Rita, it's Marcus. (95) This morning I asked you to leave the Indian Carpets project contract on my desk before you leave today. (96) Unfortunately I just remembered that I have a meeting with a new client all afternoon and I won't be able to review the contract today. So just go ahead and leave it on my desk tomorrow morning. And remember, I just moved to a new office on the second floor. (97) To get here, exit the elevator and head toward the lounge. My office is on the right next to the meeting room. It is right next to the lounge. You need to walk to the end of the hall.

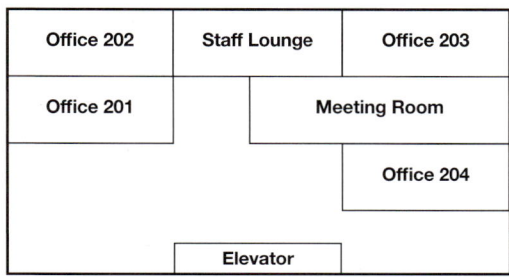

[95–97] 전화 메시지와 평면도

남: 안녕하세요, Rita. 저는 Marcus입니다. 오늘 아침에 당신이 오늘 사무실을 떠나기 전에 Indian Carpets 프로젝트 계약서를 제 책상 위에 올려놔 주실 것을 요청 드렸는데요. 안타깝게도, 제가 오후 내내 새 고객과의 회의가 있다는 사실이 방금 기억이 나서, 제가 오늘 그 계약서를 검토할 수 없을 거예요. 그래서 오늘은 그냥 가시고, 내일 아침에 제 책상 위에 올려놔 주세요. 그리고 제가 2층에 있는 새 사무실로 이사했음을 기억해 주세요. 여기로 오시려면, 엘리베이터에서 나오셔서 휴게실 쪽으로 오시면 됩니다. 제 사무실은 회의실 바로 옆에 있습니다. 이곳은 휴게실 바로 옆이에요. 당신은 복도 끝으로 걸어 오셔야 합니다.

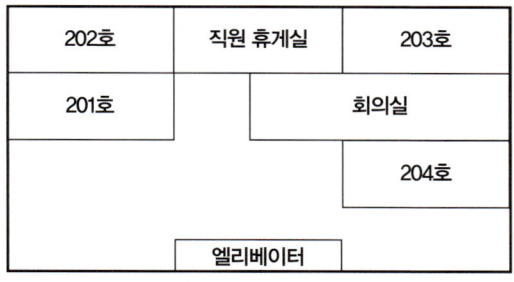

어휘 floor plan (건물의) 평면도 exit 나가다, 떠나다

---

95. What kind of document is the speaker requesting?
(A) A contract
(B) A sales report
(C) A project plan
(D) A budget proposal

95. 화자는 어떤 종류의 문서를 요청하고 있는가?
(A) 계약서
(B) 판매 보고서
(C) 프로젝트 계획서
(D) 예산안

해설 화자가 어떤 종류의 문서를 요청하고 있는지 묻는 문제이다. 화자의 대사인 This morning I asked you to leave the Indian Carpets project contract on my desk before you leave today.에서 화자가 청자에게 프로젝트 계약서를 요청했음을 알 수 있다. 따라서 정답은 (A)이다.
어휘 proposal 제안, 제의
정답 (A)

---

96. Why does the speaker postpone a deadline?
(A) He wants a job to be done by others.
(B) He knows the listener has a client meeting.
(C) He will not have a chance to review a document.
(D) He needs management's approval before proceeding with a project.

96. 왜 화자는 마감일을 연장하는가?
(A) 그는 다른 사람들이 작업을 끝내기를 원한다.
(B) 그는 청자가 고객회의를 한다는 사실을 알고 있다.
(C) 그는 문서를 검토할 기회가 없을 것이다.
(D) 그는 프로젝트를 시작하기 전에 경영진의 승인을 받아야 한다.

해설 화자가 마감일을 연장한 이유를 묻는 문제이다. 화자의 대사인 Unfortunately I just remembered that I have a meeting with a new client all afternoon and I won't be able to review the contract today.에서 화자는 오늘 오후 내내 고객 회의가 있어서 오늘은 계약서를 검토할 수 없을 것이라 언급하고 있다. 따라서 계약서를 검토할 기회가 없어서라고 언급한 (C)가 정답이다.
어휘 chance 기회 approval 승인, 찬성 proceed 나아가다, 가다
정답 (C)

97. Look at the graphic. Which is the speaker's office?
(A) Office 201
(B) Office 202
(C) Office 203
(D) Office 204

97. 시각 자료를 보시오. 화자의 사무실은 어떤 것인가?
(A) 201호
(B) 202호
(C) 203호
(D) 204호

해설 지문의 내용을 시각 자료에서 확인하는 문제이다. 화자의 대사인 To get here, exit the elevator and head toward the lounge. My office is on the right next to the meeting room. It is right next to the lounge. You need to walk to the end of the hall.에서 화자는 자신의 사무실이 회의실 바로 옆, 그리고 휴게실 바로 옆에 위치해 있음을 언급하고 있다. 따라서 정답은 203호인 (C)이다.
정답 (C)

Questions 98-100 refer to the following telephone message and weather forecast.

W: Hi, this message is for Jihey. It's Sally. (98) I have some updates on logistics for the local art exhibit we are organizing. (99) I just checked this week's weather forecast and it says that rain is expected the day before the event starts. So we decided to move the reception inside for the first day. I'm just worried the ground would still be too wet. (100) Also, since you're in charge of contacting local artists, please let them know about this change and that the rest of the event will proceed as scheduled.

Monday	Tuesday	Wednesday	Thursday	Friday
☀	⛅	🌧	⛅	☀

[98–100] 전화 메시지와 일기 예보
여: 안녕하세요, 이 메시지는 Jihey에게 보내는 것입니다. 저는 Sally입니다. 저는 저희가 준비하고 있는 지역 예술 전시회의 실행 계획을 업데이트하려고 합니다. 제가 방금 이번 주 일기 예보를 확인했는데, 일기 예보에 따르면 행사 시작 전날 비가 올 것으로 예상된다고 합니다. 그래서 저희는 행사 첫날 연회를 건물 안으로 옮기기로 결정했습니다. 저는 땅이 계속 많이 젖어 있을까봐 걱정됩니다. 또한, 당신이 지역 예술가와 연락하는 일을 맡고 계시므로, 그들에게 이 변경 사항에 관해 알려 주시고, 이외의 나머지 부분은 일정대로 진행될 것임을 알려 주세요.

월요일	화요일	수요일	목요일	금요일
☀	⛅	🌧	⛅	☀

어휘 logistics 실행 계획

---

98. What kind of event is being organized?
(A) A local exhibit
(B) An art competition
(C) A product demonstration
(D) An annual company banquet

98. 어떤 행사가 준비되고 있는가?
(A) 지역 전시회
(B) 그림 공모전
(C) 제품 설명회
(D) 연례 회사 연회

해설 준비되고 있는 행사가 무엇인지 묻는 문제이다. 화자의 대사인 I have some updates on logistics for the local art exhibit we are organizing.에서 화자는 올해의 지역 예술 전시회를 준비하고 있음을 언급하고 있다. 따라서 정답은 (A)이다.
어휘 demonstration 설명, 시연
정답 (A)

---

99. Look at the graphic. When will the event begin?
(A) Monday
(B) Tuesday
(C) Wednesday
(D) Thursday

99. 시각 자료를 보시오. 행사는 언제 시작될 것인가?
(A) 월요일
(B) 화요일
(C) 수요일
(D) 목요일

100. What does the speaker ask the listener to do?
(A) Contact artists
(B) Change the date
(C) Reserve another place
(D) Submit a new proposal

100. 화자는 청자에게 무엇을 하도록 요청하는가?
(A) 예술가에게 연락하는 것
(B) 날짜를 변경하는 것
(C) 다른 장소를 예약하는 것
(D) 새로운 제안서를 제출하는 것

해설 화자가 청자에게 요청한 것이 무엇인지 묻는 문제이다. 화자의 대사인 Also, since you're in charge of contacting local artists, please let them know about this change and that the rest of the event will proceed as scheduled.에서 화자는 청자에게 지역 예술가들에게 행사의 변경 사항과 진행 사항에 대해 알려 줄 것을 요청하고 있다. 따라서 정답은 (A)이다.
어휘 reserve 예약하다 proposal 제안
정답 (A)